检验检测机构质量工程师手册

Handbook for Quality Assurance Engineer of the Inspection and Testing Institution

实验室内部审核理论与实务

杨克军 ◎ 主编

Theory and Practice of Laboratory Internal Audit

企业管理出版社
ENTERPRISE MANAGEMENT PUBLISHING HOUSE

图书在版编目（CIP）数据

实验室内部审核理论与实务 / 杨克军主编. -北京：企业管理出版社，2022.1

ISBN 978-7-5164-2475-9

Ⅰ. ①实… Ⅱ. ①杨… Ⅲ. ①质量检验机构 - 资格认证 - 中国 Ⅳ. ①F279.23

中国版本图书馆CIP数据核字(2021)第175349号

书　　名: 实验室内部审核理论与实务
作　　者: 杨克军
责任编辑: 于湘怡
书　　号: ISBN 978-7-5164-2475-9
出版发行: 企业管理出版社
地　　址: 北京市海淀区紫竹院南路 17 号　　　邮编: 100048
网　　址: http://www.emph.cn
电　　话: 编辑部 (010) 68701661　发行部 (010) 68701816
电子信箱: 1502219688@qq.com
印　　刷: 河北宝昌佳彩印刷有限公司
经　　销: 新华书店
规　　格: 787 毫米 × 1092 毫米　16 开本　20 印张　435 千字
版　　次: 2022 年 1 月 第 1 版　2022 年 1 月 第 1 次印刷
定　　价: 68.00 元

主　　编　杨克军

副 主 编　黄　靓　圣丹丹

编写人员　（按姓氏笔画排序）

马　男　王　洁　王婉婷　圣丹丹

古佳丽　李晓帆　李若丽　汤绍坤

陈　帆　陈佐威　杨克军　张建辉

胡和平　黄一珺　黄　靓

前言

根据《国民经济行业分类》（GB/T 4754—2017〈2019修订版〉），我国的国民经济共划分为20个门类、97个大类、473个中类和1381个小类。伴随着人们对美好生活的向往和不断追求，希望每个行业都提升品质（包括质量、健康、安全和环境保护等），新的检验、检测及认证需求不断产生，并催生了检测、检验和认证（Testing, Inspection and Certification，TIC）这个全新的行业。

国家市场监督管理总局发布的最新数据显示，截至2020年年底，我国共有检验检测机构48919家，较上年增长11.16%；2020年检验、检测和认证行业全年实现营业收入3585.92亿元，较上年增长11.19%；从业人员141.19万人，较上年增长9.9%；2020年共出具检验检测报告5.67亿份，平均每天出具报告155.34万份。面对复杂的国内外环境，以及新冠肺炎疫情的冲击，我国检验、检测及认证行业继续保持增长趋势。

同时，我国检验、检测和认证行业“弱、小、散”的面貌还没有根本改观。从规模来看，100人以下的检验检测机构数量占比达到96.43%；从服务半径来看，73.38%的检验检测机构仅在本省区域内提供检验检测服务，业务范围涉及境内外的检验检测机构仅有440家。

政府相关部门一方面简政放权，一方面不断强化重点领域和行业热点的监督与管理。2019年2月，国务院印发《关于在市场监管领域全面推行部门联合“双随机、一公开”监管的意见》。同年，国家市场监督管理总局联合生态环境部、国家食品药品监督管理总局以部门联合“双随机”监管的方式，组织完成了国家级资质认定检验检测机构监督抽查工作。此次联合监督抽查将生态环境检测、机动车检验、食品和医疗器械检验检测作为重点领域，发现存在检验检测数据、结果失实，超出资质认定能力范围出具报告等问题，最终注销了10家机构的资质认定证书，责令一批机构限期整改。各级政府监管部门不断对检验检测行业违规问题进行整治。

面对检验、检测和认证行业的机遇和风险，检验检测机构该如何切实加强自身的质量管理体系建设以规避风险、抓住机遇？内部审核作为各类组织质量管理体系建立与维护“戴明环”（Plan-Do-Check-Action，PDCA）的重要一环（Check），其作用往往被忽视，其功能也没有得到充分发挥，对大量检验检测机构来说，更是如此。

按照《管理体系审核指南》（GB/T 19011—2021）的定义，审核是“为获得客观证据并对其进行客观的评价，以确定满足审核准则的程度所进行的系统的、独立的并形成文件的过程”。大多数内审员培训材料中，第一方审核（即内部审核）的目的通常包括三个方面：确保管理体系正常运行和改进的需要；外部审核前的准备；一种管理手段。本书中，我们将重点介绍实验室内部审核的一项特别功能——合规管理与风险控制。

与其他实验室内审员培训材料不同，本书有如下三大特征。

第一，将风险管理融入实验室质量管理体系策划、实施、检查与改进的全过程。新版《检测和校准实验室能力认可准则》（CNAS—CL01：2018 IDT ISO/IEC 17025：2017）指出：“本准则要求实验室策划并采取措施应对风险和机遇。应对风险和机遇是提升管理体系有效性、取得改进效果，以及预防负面影响的基础。实验室有责任确定要应对哪些风险和机遇”。然而，实验室如何将风险管理融入实验室质量管理体系建设的全过程，尚欠缺专业介绍。本书第六章对实验室质量风险管理体系的“策划”“实施”“监测”与“改进”进行了系统介绍，并提供了一系列工具和方法。

第二，系统整理并介绍最新的重要检验检测行业法律法规、认可规则及相关管理要求。实验室内部审核的审核依据之一是“法律法规及相关方要求”，然而大多数内审员培训材料缺少这部分内容，同时大量检验检测机构在内部审核时也忽视了这一方面。本书弥补了这一短板，系统、全面介绍了《检验检测机构资质认定管理办法》（国家质量监督检验检疫总局令第163号2021修正案）、《检验检测机构监督管理办法》（国家市场监督管理总局令第39号）、《检验检测机构资质认定告知承诺实施办法（试行）》《环境监测数据弄虚作假行为判定及处理办法》（环发〔2015〕175号）、《建设工程质量检测管理办法》（建设部令第141号）、《农产品质量安全检测机构考核办法》（农业部令2017年第8号），以及中国合格评定国家认可委员会（CNAS）关于检验检测机构的部分认可规则等相关法规及要求。

第三，通过丰富的不符合案例加深读者对《检测和校准实验室能力认可准则》（CNAS—CL01：2018 IDT ISO/IEC 17025：2017）、《检验检测机构资质认定能力评价检验检测机构通用要求》（RB/T 214—2017）等内容的理解。这些不符合案例包括两种类型：其一，内部审核不符合案例，集中在本书第二章和第七章；其二，监管机构违规处罚案例，集中在本书第八章。

从供应链管理的角度出发，检验检测是供应链质量管理的重要手段之一，分布在供应链质量管理的多个环节，检验检测本身就是质量保证，从事检验检测工作的人员都属于质量从业人员。因此，本书适用于所有从事检验检测的工作人员，包括实验室负责人、技术负责人、质量负责人、专业科室负责人，以及实验室从事质量保证、质量监督和内部审核等工作的人员。本书既可以作为企事业单位内部获证实验室和第三方商业实验室的内部培训材料，也可以作为高等院校计量及检测相关专业的教学参考书。

本书共分八章。第一章由汤绍坤编写；第二章由圣丹丹、胡和平、黄一珺、陈帆编写；第三章由王婉婷编写；第四章由陈佐威编写；第五章由黄一珺编写；第六章由杨克军、李若丽编写；第七章由李晓帆、张建辉、古佳丽、马男编写；第八章由黄靓、王洁、圣丹丹编写。杨克军担任本书主编，并负责统稿与审核工作，黄靓、圣丹丹担任副主编，并负责审稿和校对工作。

限于作者水平，书中难免出现疏漏，真心希望读者提出批评意见并予以反馈。（作者电子邮箱地址：1554611471@qq.com）

杨克军

2021年8月

目　录

第一章　检验检测机构资质认定与认可制度介绍　1

第一节　实验室认可制度　2

一　合格评定与实验室认可　2

二　实验室认可的国际发展概况　6

三　我国实验室认可工作的探索与成果　9

第二节　检验检测机构资质认定制度　10

一　计量认证（CMA）的发展历程　11

二　审查认可（CAL）的发展历程　12

三　矛盾与统一　12

四　改革之路　13

第三节　检验检测行业的现状、要求与机遇　17

一　检验检测行业的现状　17

二　检验检测行业的要求　17

三　检验检测行业的机遇　18

第二章　实验室认可和资质认定要求理解与实施　19

第一节　范　围　20

第二节　规范性引用文件　21

第三节　术语和定义　21

第四节　ISO/IEC 17025：2017标准释义：通用要求　23

第五节　ISO/IEC 17025：2017标准释义：结构要求　27

第六节　ISO/IEC 17025：2017标准释义：资源要求　34

第七节　ISO/IEC 17025：2017标准释义：过程要求　58

第八节 ISO/IEC 17025：2017标准释义：管理体系要求 96
第九节 RB/T 214—2017与ISO/IEC 17025：2017对比 115

第三章 我国检验检测机构资质认定管理法律法规举例介绍 127
第一节 《检验检测机构资质认定管理办法》 128
一 出台背景和目的 128
二 主要内容介绍 128
三 检验检测机构在内部审核时应注意的相关要点 130
第二节《检验检测机构监督管理办法》 131
一 出台背景和目的 131
二 主要内容介绍 132
三 检验检测机构在内部审核时应注意的相关要点 133
第三节《检验检测机构资质认定告知承诺实施办法（试行）》 134
一 出台背景和目的 134
二 主要内容介绍 134
三 检验检测机构在内部审核时应注意的相关要点 135
第四节 地方政府特殊要求举例介绍 136
一 《上海市检验检测条例》 136
二 《上海市检验检测机构资质认定告知承诺管理办法(试行)》 137

第四章 重点行业对检验检测机构管理的特殊要求举例介绍 139
第一节 《环境监测数据弄虚作假行为判定及处理办法》 140
一 出台背景和目的 140
二 主要内容介绍 140
三 检验检测机构在内部审核时应注意的相关要点 141
第二节 《检验检测机构资质认定 生态环境监测机构评审补充要求》 141
一 出台背景和目的 141
二 主要内容介绍 142
三 检验检测机构在内部审核时应注意的相关要点 143

第三节 《建设工程质量检测管理办法》 143
一 出台背景和目的 143
二 主要内容介绍 144
三 检验检测机构在内部审核时应注意的相关要点 144
第四节 《农产品质量安全检测机构考核办法》 145
一 出台背景和目的 145
二 主要内容介绍 145
三 检验检测机构在内部审核时应注意的相关要点 145

第五章 中国合格评定国家认可委员会关于检验检测机构的认可规则举例介绍 147
第一节 《实验室认可规则》 148
一 出台背景和目的 148
二 主要内容介绍 148
三 实验室在内部审核时应注意的相关要点 149
第二节 《能力验证规则》 150
一 出台背景和目的 150
二 主要内容介绍 150
三 实验室在内部审核时应注意的相关要点 151
第三节 《认可标识使用和认可状态声明规则》 151
一 出台背景和目的 151
二 主要内容介绍 152
三 实验室在内部审核时应注意的相关要点 154

第六章 实验室质量风险管理 155
第一节 实验室质量风险管理概述 156
一 ISO 31000：2018 风险管理的原则、框架和过程 156
二 ISO 45001：2018 职业健康安全管理体系：框架 158

三　检验检测服务风险管理：ISO 31000标准在检验检测行业的应用尝试　160
四　实验室质量风险管理：一种新模式　161
第二节　实验室质量风险管理策划　163
一　实验室质量风险的来源与类别　164
二　实验室质量风险识别　166
三　实验室质量风险分析和评价　169
四　实验室质量风险控制措施的策划　171
第三节　实验室质量风险管理实施　175
一　公正性和保密性的保证　175
二　资源提供　175
三　运行策划和控制　178
四　应急准备和响应　179
第四节　实验室质量风险管理监测　179
一　合规性评价　180
二　目标指标测量　181
第五节　实验室质量风险管理改进　182
一　持续改进　182
二　质量创新　184

第七章　实验室内部审核　187
第一节　基本概念　188
一　审核的基本概念　188
二　质量体系审核的三种类型及其异同　189
第二节　内部审核策划　191
一　内部审核方案制订的依据　191
二　内部审核方案制订的内容　192
三　内部审核方案示例　196

第三节　内部审核实施　197
一　内部审核工作流程　197
二　组建内部审核工作组　198
三　制订内部审核计划　200
四　编制内部审核检查表　202
五　召开首次会议　205
六　实施现场审核　206
七　讨论并形成不符合报告　212
八　召开末次会议　218
第四节　内部审核报告　219
一　内部审核报告的编写形式与编写时机　219
二　内部审核报告编写要点　220
三　内部审核报告编写误区　224
四　内部审核报告示例　225
第五节　内部审核的后续活动　230
一　纠正、纠正措施、预防措施及风险和机遇　230
二　不符合整改步骤　231
三　不符合原因分析的方法 / 工具　232
四　纠正措施的制订与实施　236
五　纠正措施的效果验证　238
第六节　不符合项案例练习　242
一　不符合项描述及判定　242
二　不符合项原因分析及纠正措施　244
三　不符合项判定练习题　248

第八章　近年外部通报案例　261
第一节　市场监督管理部门通报案例　262
第二节　中国合格评定国家认可委员会（CNAS）通报案例　263
第三节　生态环境厅通报案例　265

附录1 检验检测机构资质认定告知承诺实施办法（试行） 268
附录2 检验检测机构资质认定管理办法 270
附录3 检验检测机构监督管理办法 274
附录4 环境监测数据弄虚作假行为判定及处理办法 277
附录5 检验检测机构资质认定 生态环境监测机构评审补充要求 280
附录6 建设工程质量检测管理办法 283
附录7 农产品质量安全检测机构考核办法 289
附录8 CNAS—RL01：2019《实验室认可规则》节选 293
附录9 CNAS—RL02：2018《能力验证规则》节选 300
附录10 CNAS—R01：2020《认可标识使用和认可状态声明规则》节选 303

第一章

检验检测机构资质认定与认可制度介绍

检验检测机构资质认定（China Inspection Body and Laboratory Mandatory Approval，CMA）是我国一项市场准入行政许可制度，是市场监督管理部门依照法律、行政法规等规定，对向社会出具具有证明作用的数据、结果的检验检测机构是否符合法定要求实施的评价许可。实验室认可制度是目前国际上的通行认可制度，实验室按照国际认可准则的要求开展检测／校准活动，既能增强市场竞争能力，赢得政府及社会各方信任，又能借助签署互认协议，获得国际互认，促进工业、技术和商贸的发展。

本章首先介绍实验室认可制度的发展历程，从20世纪70年代起到世界上最早的合格评定活动出现，再到目前国际实验室认可合作组织（International Laboratory Accreditation Cooperation，ILAC）一枝独秀、大型地区性认可组织（EAL、APAC等）各有特色的局面形成。然后阐述我国当前实行的检验检测机构资质认定制度的发展之路，包括历史渊源及新生活力。最后对我国目前的检验检测行业现状进行分析，结合实际，阐述新时期持续深化改革和行业开放背景下，检验检测行业面临的机遇与风险，以及从业机构面临的发展新课题。

第一节　实验室认可制度

一　合格评定与实验室认可

在JJF 1001—2011《通用计量术语及定义》中，“实验室认可”定义为“对校准和检测实验室有能力进行特定类型校准和检测所做的一种正式承认”。在GB/T 27011—2019《合格评定 认可机构要求》中，“认可”定义为“正式表明合格评定机构具备实施特定合格评定工作的能力的第三方证明”。认可的对象是合格评定机构，包括校准和检测实验室；认可的目的在于向公众证明其特定能力；认可机构则是第三方即权威或获得授权的组织。

1. 合格评定的发展

伴随标志着工业革命的蒸汽机的发明和电的使用，加上现代标准化的诞生，工业化大生产形成，市场经济逐步发育并日趋成熟。然而，随之而来的诸如锅炉爆炸、电器失火等大量造成财毁人亡的事故，给社会造成不安，给公众带来痛苦，也给保险商带来巨额损失。人们意识到，来自产品提供方（第一方）的自我评价和产品接收方（第二方）的验收评价，因其各自的利益考虑而变得越来越不可信。所以，公众强烈呼吁由独立于产销双方并不受双方经济利益支配和影响的第三方，用科学、独立、公正的方法对市场上流通的，特别是涉及安全、健康的产品性能进行评价与监督。

实现这个目的有两种办法：一是等待政府立法，即定规矩、建机构，然后实施；二是由民间（主要是保险商）集资组建检测实验室，即先行动，推动政府立法和规范。多数工业化国家选择的是后者，因而第三方检测、检验、认证等合格评定活动首先从民间为适应市场需求自发产生。如美国保险商实验室（UL）、德国技术监督协会（TUV）等就是这样应运而生的，它们均始于锅炉、电器、防火材料等检验，现多已成为国际著名检验、认证集团。1903年，英国政府授权英国标准协会（BSI）对铁轨进行合格认证，并给合格的铁轨打上BSI风筝标志（认证标志），开创了政府直接管理和组织认证的先河。由此，第三方的测量、评价、认证和合格评定，从民间行为转变成政府立法管理和民间共同参与的活动。

合格评定是对产品过程、体系、人员或机构有关规定要求得到满足的证实。工业化生产使商品交换的形式从简单的供需见面、以货易货，走向供需双方不直接见面即能成交的商业网络形式，从而促进了合格评定的发展。20世纪70年代，关税及贸易总协定（GATT）决议在世界范围内签订“贸易技术壁垒协议（TBT）”，该协议生效于1980年，规定了技术法规、标准和认证制度。由GATT改组成立的世界贸易组织（WTO）所使用的1994版的TBT，将“认证制度”一词更改为“合格评定制度”，并在定义中将其内涵扩展为“证明符合技术法规和标准而进行的第一方自我声明、第二方验收、第三方认证以及认可活动”，同时规定合格评定程序应包括抽样、检测和检验程序；合格评价、证实和保证程序；注册、认可和批准程序以及它们的综合运用。近年来，随着质量认证工作向纵深发展，在合格评定领域逐渐形成产品认证、体系认证、人员认证、认证机构认可、实验室认可和检查机构认可等诸多体系。

总之，在WTO/TBT框架下，国际经济与技术体系以计量、标准化与合格评定作为技术支撑，协调相关标准与质量评价活动，促进各国相互承认测量结果，降低技术壁垒对全球贸易的影响或阻碍。当前，无论是发展中国家还是发达国家都越来越认识到有必要研究并改善与经济效益及产品、服务的市场准入有关的技术基础。计量标准化、认证认可与检验检测紧密结合，构成国家质量基础设施，保障可持续发展和充分参与全球贸易。

2. 合格评定与实验室认可的关系

从20世纪初到20世纪70年代，各国开展的认证活动均以产品认证为主。1982年国际标准化组织（International Organization Standardization，ISO）发布《认证的原则和实践》，总结了70年来各国开展产品认证所使用的八种形式：型式检验；型式检验+工厂抽样检验；型式检验+市场抽查；型式检验+工厂抽样检验+市场抽查；型式检验+工厂抽样检验+市场抽查+企业质量体系检查+发证后跟踪监督；企业质量体系检查；批量检验；100%检验。

从以上可以看出，各国开展产品认证活动的做法差异很大，为了实现国际间相互承认，ISO和国际电工委员会（International Electrotechnical Commission，IEC）向各国正式提出建议，以上述第五种形式为基础，建立各国的国家认证制度。

开展产品认证需要大量具有第三方公正地位的实验室从事产品检测工作，实验室检测在产品认证过程中扮演了十分重要的角色。此外，在市场经济和国际贸易中，买卖双方也十分需要检测数据来判定合同中的质量要求。因此，实验室的资格和技术能力的评价显得尤其重要，不仅要满足检测任务的需要，同时亦是实行合格评定制度的基础，是实现合格评定程序的重要手段。为此，各国和各地区纷纷建立自己的实验室认可制度和体系。我国于1993年建立了实验室国家认可体系。

3. 实验室认可的目的和意义

无论是用于科研、教育、内部质量控制的第一方实验室，还是独立运营的第三方商业实验室，通过建立实验室质量管理体系并获得认可机构认可，均可实现以下目标。

（1）向社会各界证明获准认可实验室（主要是提供校准、检验和测试服务的实验室）的体系和技术能力满足实验室用户的需要。

（2）促进实验室提高内部管理水平、技术能力、服务质量和服务水平，增强竞争能力，使其能公正、科学、准确地为社会提供高信誉的服务。

（3）减少和消除实验室用户（第二方）对实验室进行重复评审或认可。

（4）通过国与国之间的实验室认可机构签订相互承认协议（双边或多边互认）来获得对认可的实验室出具证书或报告的相互承认，以此减少重复检验，消除贸易技术壁垒，促进国际贸易。

实验室认可是一种组织自愿性的行为，就是表明实验室的能力得到认可，其意义主要表现在如下几个方面。

（1）表明实验室具备按相应认可准则开展检测和校准服务的技术能力。

（2）增强市场竞争能力，赢得政府部门、社会各界的信任。

（3）获得签署互认协议国家和地区认可机构的承认。

（4）有机会参与国际间合格评定机构认可双边、多边合作交流。

（5）可在认可的范围内使用CNAS国家实验室认可标志和ILAC国际互认联合标志。

（6）列入获准认可机构名录，提高实验室的知名度。

4. 实验室认可标准（ISO/IEC 17025）的发展历程

标准是开展实验室认可活动的基础，为了指导各国开展实验室认可工作，早在1978年ILAC就组织工作组起草了“检测实验室基本技术要求”等文件。ILAC将此文件作为对检测实验室进行认可的技术准则推荐给ISO，希望能将之作为国际标准在全世界发布。同年，ISO批准了这份文件，即用于实验室认可的国际标准ISO导则25：1978《实验室能力评审指南》。1982年，ISO联系IEC共同发布了该标准的修订版ISO/IEC 导则25：1982《检测实验室基本技术要求》。

1987年，ISO 9000系列标准发布实施，并在全世界掀起了采用ISO 9000标准建立质量管理体系的热潮，在国际贸易中需方也常常将能够按照ISO 9000标准的要求提供质量保证作为向供方提出的基本要求。为顺应发展潮流，1988年，ILAC全体会议提出进一步修订ISO/IEC导则25的要求。1990年，ISO/IEC导则25：1990《检测和校准实验室能力的通用要求》正式发布实施。1999年，标准再次修订发布，并更名为ISO/IEC 17025：1999《检测和校准实验室能力的通用要求》。

ISO/IEC 17025：1999标准“包含了对检测和校准实验室的所有要求”，可供希望证明自己“实施了质量管理体系并具备技术能力，同时能够出具技术上有效结果”的实验室使用。与ISO/IEC导则25：1990比较，该标准在结构上把实验室应符合的“管理要求”和进行检测/校准的“技术能力要求”分为两个章节详尽阐述。该标准在内容上已注重将ISO 9001：1994和ISO 9002：1994中与实验室所包含的检测和校准服务范围有关的全部要求汇集起来，并突出了检测与校准方法的验证、不确定度和量值溯源等要求。该标准指出“按照本国际标准运作的检测和校准实验室也能符合ISO 9001：1994和ISO 9002：1994要求”，但“获得ISO 9001或ISO 9002认证本身并不能证明该实验室具有提供正确的技术数据和结果的能力”，以此明确实验室认可标准和ISO 9000认证标准之间的重要区别。

随着2000版ISO 9000系列标准的发布，ISO/IEC 17025于2005年5月15日升级为2005版标准。与1999版标准相比，2005版标准在管理要素上增加了改进、数据分析等要求，同时调整了一些名词的表述，而技术要素无变化。2005版标准明确了“实验室质量管理体系符合本标准，也不认为其运作符合ISO 9001的所有要求”，更加突出了该标准对实验室的检测、校准能力的要求。

随着ISO 9001：2015、ISO 14001：2015，以及ISO 45001：2018世界三大管理体系标准先后按照ISO/IEC导则第2部分《ISO和IEC文件的结构和起草原则与规则》（第8版）的要求采用高阶结构（High Level Structure），2017年发布的ISO/IEC 17025也在标准架构上进行了重大调整。

按照ISO合格评定委员会（CASCO）对所辖标准的统一要求，ISO/IEC 17025的总体框架结果必须满足CASCO决议12/2002中给出的框架。对各项合格评定标准都可能涉及的公共要素，如公正性、保密性和投诉等提出管理要求，所用措辞必须采用CASCO内部文件QS—CAS—PROC/33《ISO/CASCO标准中的公共要素》中给出的表述方式。调整后的结构如图1-1所示。

1 范围
2 规范性引用文件
3 术语和定义
4 通用要求
  4.1 公正性
  4.2 保密性
5 结构要求
6 资源要求
  6.1 总则
  6.2 人员
  6.3 设施和环境条件
  6.4 设备
  6.5 计量溯源性
  6.6 外部提供的产品和服务
7 过程性要求
  7.1 要求、标书和合同评审
  7.2 方法的选择、验证和确认
  7.3 抽样
  7.4 检测或标准物品的处置
  7.5 技术记录
  7.6 测量不确定的评定
  7.7 结果有效性的保证
  7.8 结果的报告
  7.9 投诉
  7.10 不符合工作
  7.11 数据控制和信息管理
8 管理要求
  8.1 方式
  8.2 管理体系文件（方式A）
  8.3 管理体系文件的控制（方式A）
  8.4 记录控制（方式A）
  8.5 风险和机会的管理措施
  8.6 改进（方式A）
  8.7 纠正措施（方式A）
  8.8 内部审核（方式A）
  8.9 管理评审（方式A）
附录A（资料性附录）
  计量溯源性
附录B（资料性附录）
  管理体系方式17020
参考文献

图1-1 ISO/IEC 17025：2017标准框架

此次ISO/IEC 17025修订，除了在结构框架和公共要素上与CASCO的要求统一以外，标准的管理要求与ISO 9001：2015相协调，采用了新版的术语标准，引入了风险管理、判定规则、免责声明和信息管理系统等内容，在人员、设备、计量溯源性、结果报告、内部审核和管理评审等方面都有重要变化，具体如下。

（1）引入风险管理的要求。ISO/IEC 17025：2017在引言和第8.5条中明确和引入了风险管理的要求。同时，在修订过程中，在设备校准、质量控制、人员培训和监督等方面引入风险管理的概念，要求实验室在自身的业务范围、客户需求和测试技术的复杂性等风险分析的基础上，制订相应的程序。因此，实验室是否有必要单独建立风险管理体系，由实验室自己决定。

（2）判定规则。ISO/IEC 17025：2017增加了对“判定规则”的要求，即实验室在做与规范的符合性判断时，应如何考虑测量不确定度，特别是结果的区间跨越了规定的限值时，实验室如何做出“合格”或“不合格”的判断，使判定结果更加科学和透明。

（3）免责声明。ISO/IEC 17025：2017明确要求，在以下情况下实验室应做出免责声明：样品处置（7.4.3条款）——当客户已知检测或校准物品偏离了规定条件仍要求进行检测或校准时，实验室应在报告中做出免责声明，说明偏离可能影响结果；报告结果（7.8.2.2条款）——当报告中包含客户提供的数据时，应予明确标识，当客户提供的信息可能影响结果的有效性时，报告中应有免责声明。

（4）测量不确定度评定。ISO/IEC 17025：2017对测量不确定度评定要求的变化主要体现在以下方面：首次提出在测量不确定度评定中应考虑“抽样”所引入的不确定度（7.6.1条款）；明确要求校准和检测实验室均应评定测量不确定度（7.6.2和7.6.3条款），但不再强调实验室应有测量不确定度评定的程序；以往的形式说明，对某一特定方法，如果已确定并验证了结果的测量不确定度，实验室只要证明已识别的关键影响因素受控，不需要对每个结果评定测量不确定度（7.6.3注2）。

（5）实验室信息管理系统（Laboratory Information Management Systems，LIMS）。对LIMS的要求主要来自ISO/IEC 17025：2005，同时参考了ISO 15189：2012《医学实验室质量和能力认可准则》，并强调实验室的信息管理系统应有功能记录系统故障以及应急纠正措施。

二　实验室认可的国际发展概况

实验室认可这一概念可追溯到70多年前。由于缺乏一致的检测标准和仪器而无法在第二次世界大战中为英军提供满足要求的军火，1947年，澳大利亚建立世界上第一个国家实验室认可体系并成立认可机构NATA；1973年，丹麦建立STP制度；同时，美国建立美国实验室认可体系（NVLAP）的实验室认可制度，实验室认可工作开始启动。1977年，由丹麦和美国倡议，召开了第一届国际实验室认可大会，具体落实关贸总协定的精神，即消除国家间非关贸壁垒（技术壁垒），促进各国实验室认可活动的合作，实现实验室检测和核准结果的国际相互承认。

ILAC成果经ISO/CASCO审议，以ISO导则的形式发布。按照ISO导则对实验室认可机构的公正性、组织管理、质量体系、认可过程、监督、实验室评审员、咨询委员会、技术委员会等方面的要求，各国和地区纷纷建立各自的实验室认可机构。.

英国于1985年将英国校准服务局（BCS，1964年成立）和国家检测实验室认可体系（NATLAS，1980年成立）合并成英国国家实验室认可机构（NAMAS），统一管理本国的核准和检测实验室的认可工作。加拿大标准理事会（BCC）、新西兰实验室国家认可组织（TELARC）、越南实验室认可委员会（VILAS）、新加坡实验室认可机构（SINGLAS）、法国实验室认可体系（COFRAC）、芬兰实验室认可服务机构（FINAS）、韩国实验室认可体系

（KOLAS）等分别建立。

随着各国实验室认可机构的建立，20世纪70年代初，欧洲开始出现区域性的合作组织。1975年，西欧各国成立西欧校准合作组织（WECC），1989年又成立西欧实验室认可合作组织（WELAC），1994年5月这两个组织合并为欧洲实验室认可合作组织（EAL）。

为加强欧洲共同体成员国之间实验室认可方面的合作，还成立了欧洲实验室认可机构（EUROLAB）。1993年，分析化学国际可追溯性合作组织（CITAC）和北欧测试合作组织（NORDTEST）也建立了起来。1992年，亚太地区成立了亚太实验室认可合作组织（APLAC），1995年4月，该组织的成员在印度尼西亚正式签署了谅解备忘录。

1. 澳大利亚国家实验室认可

1947年，澳大利亚建立世界上第一个实验室国家认可机构——澳大利亚国家实验室认可协会（NATA）。经过数十年的发展，这个在建立时曾遭到国内很多政府部门反对的机构已确立了自己与澳大利亚标准化协会（负责起草制订标准）同等的地位。其工作范围也由认可实验室扩展到企业质量体系认证，并成立了一个具有法人地位的机构——国际认证服务机构（NCSI）。在近些年的发展中，NATA的模式已成为很多国家建立实验室认可体系的典范。

NATA现在是由澳大利亚工业科学技术部（DIST）授权的第三方从事实验室认可和企业质量体系认证工作的机构。CITAC和ISO的合格评定委员会、化学分析协调委员会和医疗实验室质量体系组成委员会均有NATA的人员参加。NATA已与美国、英国、瑞士、瑞典、新加坡、挪威、新西兰、荷兰、意大利、爱尔兰、德国、法国、芬兰、丹麦、中国香港等15个国家和地区签署了互认协议。NATA还承担着（APLAC）秘书处的工作。

2. 英国国家实验室认可

1967年，英国贸工部利用国家物理实验室（NPL）的国家计量基准和雄厚的技术力量，建立了专门从事校准实验室认可工作的英国校准服务局（BCS），开始了实验室认可工作。1981年，贸工部又授权成立国家检测实验室认可体系（NATLAS），从事检测实验室的认可工作。在工作开展中，发现BCS和NATLAS的工作性质有许多相似之处，于是1985年BCS和NATLAS合并为国家实验室认可机构（NAMAS），由NAMAS统一管理国家的校准和检测实验室认可工作。1995年，英国政府为了对认可机构进行统一管理，将NAMAS与国家认证机构认可委员会（NACCB）合并为英联邦认可服务机构（UKAS）。英国的实验室认可、产品认证机构认可和质量体系认证的机构认可均由UKAS统一管理。

UKAS是英国贸工部授权的唯一从事校准和检测实验室的国家认可机构。其宗旨是：统一国家实验室认可服务业务；促进英国校准和检测实验室提高工作质量；避免重复评审实验室；与其他国家实验室认可机构签署互认协议；宣传被认可的实验室。

UKAS建立了一套完善的国家实验室认可体系，不仅形成了有效地对实验室认可和对实验室评审员的管理程序，还建立了控制自身机构内部运作有序的质量体系。UKAS与澳大利亚、法国、荷兰、新西兰等国家和地区达成检测实验室的互认协议；与澳大利亚、芬兰、法国、荷兰、新西兰、德国、意大利、瑞典、瑞士等国家和地区达成校准实验室的互认协议。

3. 国际和区域性实验室认可组织简介

实验室认可的国际活动发展较快，目前，已形成三个影响较大的国际和区域性的合作组织，它们是国际实验室认可合作组织（ILAC）、欧洲认可合作组织（EA）、亚太认可合作组织（APAC）。各国的实验室认可机构和对实验室认可工作感兴趣的有关组织的专家参加这些合作组织，目的是促进实验室认可的国际合作，交流各国情况，讨论和制订实验室认可的国际性准则和程序，探讨实验室认可的国际互认，消除国际贸易中的技术壁垒。

4. 国际实验室认可合作组织（ILAC）

1977年，丹麦和美国倡议成立国际实验室认可合作组织（International Laboratory Accreditation Cooperation，ILAC），其宗旨是实现实验室检测和校准结果的国际互认，提供有关实验室认可方面的基本信息并促进国际贸易发展，同时召开了第一届国际实验室认可会议。ILAC在1977年至1984年每年召开一次会议，1984年以后改为每两年召开一次会议。会议参加者主要是已开展实验室认可活动的国家的代表和对实验室认可感兴趣的国家的代表，此外还有ISO、IEC、BIPM（国际计量局）、OILM（国际法制计量组织）等国际组织代表与会。

1996年9月，包括原中国实验室国家认可委员会（CNACL）和原中国国家进出口商品检验实验室认可委员会（CCIBLAC）在内的44个实验室认可机构在荷兰的阿姆斯特丹签署《谅解备忘录》，正式成立ILAC（在荷兰注册，秘书处设在澳大利亚的悉尼），标志着ILAC这个缩写被赋予了新的内容：研究实验室认可的程序和规范；推动实验室认可的发展，促进国际贸易；帮助发展中国家建立实验室认可体系；促进世界范围的实验室互认，避免不必要的重复评审。

ILAC通过建立同行评审制度，形成国际多边互认机制，并通过多边协议促进对认可的实验室结果的利用，减少技术壁垒。截至2006年，54个实验室认可机构成为ILAC的正式成员，并签署了多边互认协议，为逐步结束国际贸易中重复检测的历史，为实现产品“一次检测、全球承认”的目标奠定了基础。

5. 欧洲认可合作组织（EA）

欧洲是实验室认可工作开展最早、各国之间实验室认可互认协议签署最多、实验室认可工作发展最快的地区。1975年，西欧各国成立了西欧校准合作组织（WECC），该组织由欧洲共同体和欧洲自由联盟17个成员国组成。1989年，又成立西欧实验室认可合作组织（WELAC）。1994年，WECC与WELAC合并为欧洲实验室认可合作组织（EAL）。1997年，EAL又与欧洲认证组织（EAC）合并组成欧洲认可合作组织（European co-operation for Accrediation，EA）。

6. 亚太认可合作组织（APAC）

亚太认可合作组织（Asia Pacific Accreditation Cooperation，APAC）由亚太实验室认可

合作组织（APLAC）和太平洋认可合作组织（PAC）合并，成立于2019年，是区域性认可合作组织。其宗旨是提升认可活动及被认可的合格评定活动的一致性和有效性，建立和发展认可机构间多边相互承认协议，推动相关方采信认可结果及被认可的合格评定结果，减少国际贸易中重复的检验、检测、认证、认可，为亚太经济合作组织贸易便利化和实现可持续发展目标提供技术支持。我国作为APLAC和PAC正式成员于2019年成为APAC成员。

APLAC于1992年以论坛形式首次出现，1995年4月，包括原中国实验室国家认可委员会（CNACL）和原中国国家进出口商品检验实验室认可委员会（CCIBLAC）在内的16个国家和地区的认可机构代表在印度尼西亚雅加达签署《谅解备忘录》，APLAC作为地区性组织正式成立。

PAC是由亚太经济合作组织成员经济体的认证机构或类似合格评定机构的认可机构及利益相关方组成的协会。PAC的目标是在国际认可论坛（IAF）组织的管理体系、产品、服务、人员合格评定或类似合格评定制度的全球承认体系下，促进亚太地区贸易和商务的发展。

PAC正式成立于1994年10月。原中国质量体系认证机构国家认可委员会（CNACR）和原中国国家进出口企业认证机构认可委员会（CNAB）是PAC的创始成员机构。原中国环境管理体系认证机构认可委员会（CACEB）于1999年加人PAC。

1998年1月，PAC在中国广州召开了特别全体会议，CNACR获准与其他3个国家的认可机构首批签署了PAC/MLA—质量管理体系认证认可。原中国国家进出口企业认证机构认可委员会（CNAB）于同年10月签署了PAC/MLA—质量管理体系认证认可。

2004年10月，原中国认证机构国家认可委员会（CNAB，由原中国质量体系认证机构国家认可委员会CNACR、原中国产品认证机构国家认可委员会CNACP、原中国国家进出口企业认证机构认可委员会CNAB和原中国环境管理体系认证机构认可委员会CACEB于2002年整合成立）签署了PAC/MLA—环境管理体系认证认可。

认可已成为国际通行的质量管理手段和贸易便利化工具，其运用日益广泛、发展异常迅猛，已有77个国家和经济体的81家认可机构签署了国际互认协议，占世界经济总量95%的国家的认可机构均加入了国际或区域认可合作组织。

三　我国实验室认可工作的探索与成果

我国实验室认可活动可以追溯到1980年，原国家标准局和原国家进出口商品检验局共同派员组团参加了当年在巴黎召开的ILAC大会。1986年，国家经济管理委员会授权，原国家标准局开展对检测实验室的审查认可工作，同时原国家计量局依据《中华人民共和国计量法》对全国的产品质检机构开展计量认证工作。

1994年，原国家技术监督局成立中国实验室国家认可委员会（CNACL），并依据ISO/IEC导则58运作。1989年，原中国国家进出口商品检验局成立中国进出口商品检验实验室认证管理委员会，形成以该局为核心、由6个行政大区实验室考核领导小组组成的进出口领域实验室认可工作体系，后于1996年依据ISO/IEC导则58改组成立中国国家进出口商品检验实验室认可委员会（CCIBLAC），并于2000年8月更名为中国国家出入境检验检疫实验室认可委员会。

CNACL和CCIBLAC分别于1999年和2001年顺利通过APLAC同行评审，并签署了APLAC相互承认协议。

2000年11月和2001年11月，CNACL和CCIBLAC分别签署了ILAC多边互认协议（MRA）。

2002年7月，CNACL和CCIBLAC合并成立中国实验室国家认可委员会（CNAL），初步形成我国统一的实验室认可体系。2003年2月，CNAL续签ILAC多边互认协议（MRA）。为进一步整合资源、发挥整体优势，2006年3月，中国国家认证认可监督管理委员会（CNCA）根据《中华人民共和国认证认可条例》将CNAL和中国认证机构国家认可委员会（CNAB）合并，成立中国合格评定国家认可委员会（China National Accreditation Service for Conformity Assessment，CNAS），并授权其统一负责对认证机构、实验室和检验机构等相关机构的认可工作。CNAS的宗旨是推进合格评定机构按照相关标准和规范等要求加强建设，促进合格评定机构以公正的行为、科学的手段、准确的结果有效地为社会提供服务；并依据国家相关法律法规，以及国际和国家标准、规范等开展认可工作，遵循客观公正、科学规范、权威信誉、廉洁高效的工作原则；确保认可工作的公正性，并对做出的认可决定负责。

中国合格评定国家认可制度已经融入国际认可互认体系，并在国际认可互认体系中有着重要地位，发挥着重要作用。中国认证机构国家认可委员会（CNAB）作为国际认可论坛（IAF）和太平洋认可合作组织（PAC）的正式成员，分别签署了多边互认协议IAF/MLA和PAC/MLA；中国实验室国家认可委员会（CNAL）作为国际实验室认可合作组织（ILAC）和亚太实验室认可合作组织（APLAC）的正式成员分别签署了多边互认协议ILAC/MRA和APLAC/MRA。中国合格评定国家认可委员会（CNAS）继续保持我国认可机构在IAF、ILAC和APAC（2019年由APLAC和PAC合并成立）的正式成员身份和互认协议签署方地位。

我国的实验室认可从起初的行政管理主导，逐步过渡到市场经济下的自愿、开放的认可体系。

中国合格评定国家认可委员会（CNAS）对实验室认可相关文件几经修订，形成了目前的强制性要求（认可规则、基本认可准则及认可应用准则）与推荐性要求（认可指南和认可说明）相结合的认可文件体系，为保障实验室认可的实施及实验室活动规范性的实现奠定了基础。

第二节　检验检测机构资质认定制度

当前，从事第三方检验检测的机构大都熟悉国家关于检测市场准入的行政许可——资质认定，20年前，国家认证认可监督管理委员会刚成立的时候，政府对检测机构的行政许可有两套制度：一是源自《中华人民共和国计量法》和《中华人民共和国计量法实施细则》的产品质量监督检验机构计量认证（CMA）制度；二是源自《中华人民共和国标准化法》和《中华人民共和国标准化法实施条例》的产品质量监督检验机构审查认可（验收）（CAL）制度。

一　计量认证（CMA）的发展历程

为防止假冒伪劣产品出现，满足政府对生产和流通领域的产品开展质量监督工作的需要，从国家到各行业、各部门，从省、自治区、直辖市到地市县相继成立了各级产品质量监督检验中心，承担抽查、检验及仲裁任务。

分别于1985年和1987年实施的《中华人民共和国计量法》及《中华人民共和国计量法实施细则》均体现出对产品质量监督检验机构和其他依照法律法规设立的专业检验机构的行为的规范要求：为社会提供公证数据的产品质量检验机构，必须经省级以上人民政府计量行政部门对其计量检定、测试能力和可靠性考核合格。后来将对产品质量检验机构的考核称为“计量认证”。

为依法实施产品质量检验机构的计量认证工作，原国家计量局计量认证办公室于1985年6月编印《产品质量检验机构计量认证工作手册》，同年9月开始推进产品质量检验机构的认证工作；1987年3月，原国家计量局编印《产品质量检验机构计量认证工作文件汇编》；1987年7月，颁布《产品质量检验机构计量认证管理办法》，明确了计量认证的内容、计量认证的管理、计量认证程序、计量认证监督等方面的内容。

1985年到1989年，原国家计量局和原国家标准局面临合并改革（1988年两局合并组成国家技术监督局），加上当时很多实验室都属行业管理，地方技术监督局系统的综合性质检机构大都还未建立，这个时期的计量认证工作并没有取得太大的成绩和发挥太大的影响。

1990年11月，原国家技术监督局（计量司）发布了《产品质量检验机构计量认证技术考核规范》（JJG 1021—1990）及计量认证标识CMA（China Metrology Accreditation）。JJG 1021规定了计量认证考核时对实验室要按照“人、机、料、法、环、测”6个方面共50条考核要求（后称“50条”）开展，既融汇了ISO/IEC导则25：1982的精神，又切合中国实际。至此，我国的计量认证工作走向正轨，同时也标志着统一的计量认证制度正式建立。

为发挥行业主管部门的作用，规范行业检测中心的管理，在行业检测中心更好地推进计量认证，原国家技术监督局通过与行业主管部门联合发文的形式，先后成立了36个计量认证行业评审组，负责推动实施各行业检测中心的计量认证工作。通过上述计量认证行业评审组考核，便可获得原国家技术监督局颁发的CMA证书（国家计量认证）。各省、自治区、直辖市的检测实验室向当地省级技术监督局申请考核并通过的，由省级技术监督局颁发CMA证书（省级计量认证）。国家级和省级计量认证证书具有同等效力。

二　审查认可（CAL）的发展历程

20世纪80年代中期，原国家标准局作为政府产品质量监督管理部门，为监督产品质量，在全国范围内设立了各类产品质量监督检验中心，同时国务院各部门，各省、自治区、直辖市，各地市县区也相继成立了涉及国民经济各领域中各类产品的质量监督检验机构，对生产和流通领域的产品进行监督检验。

审查认可，源自《中华人民共和国标准化法》和《中华人民共和国标准化法实施条例》的规定。

《中华人民共和国标准化法》第19条规定：县级以上标准化行政主管部门，可以根据需要设置检验机构，或者授权其他单位的检验机构，对产品是否符合标准进行检验。同时又规定了处理产品质量争议，以标准化行政主管部门设置或授权的检验机构的检验数据为准。

《中华人民共和国标准化法实施条例》第29条规定：国家级的检验机构由国务院标准化行政主管部门会同国务院有关行业主管部门规划、审查；地方检验机构由省级标准化主管部门会同省级有关行政主管部门规划、审查。

后来一般将对技术监督系统内的质量监督检验机构的考核称为验收，对非技术监督系统的检测机构的考核称为授权，验收和授权统称“审查认可”。

1986年4月，原国家标准局印发《国家级产品质量监督检验测试中心基本条件》，作为对国家级产品质量检验检测中心进行验收的主要依据。同年10月，原国家经济委员会印发《国家产品质量监督检验测试中心管理试行办法》，正式确定审查认可制度。

原国家技术监督局按照《中华人民共和国标准化法》和《中华人民共和国标准化法实施条例》的相关规定，于1990年印发《国家产品质量监督检验中心审查认可细则》《产品质量监督检验所验收细则》《产品质量监督检验站审查认可细则》等文件，同时还发布了审查认可标识CAL（China Accreditation Laboratory）。前述三个评审细则参考了ISO/IEC导则25：1982，在法律地位、检测能力、管理能力等方面，制定了39项考核指标（后称“39条”）。

按上述考核要求，原国家技术监督局着手对第一批规划建设的国家级产品质量监督检验中心进行了验收，同时指导地方省级技术监督局（有的也称标准局）对系统内的综合性产品质量监督检验所进行验收和对系统外其他行业的检测机构开展授权。

三　矛盾与统一

在《中华人民共和国计量法》《中华人民共和国计量法实施细则》和《中华人民共和国标准化法》《中华人民共和国标准化法实施条例》的各自要求下，技术监督系统内的产品质量监督检验院所和系统外其他行业的检测机构若想通过审查认可挂牌为国家××质量监督检验中心、省级××产品质量监督检验站（中心），前提是必须取得计量认证，即既要接受计量认证“50条”的考核，又要接受审查认可“39条”的考核。

“50条”和“39条”内容均参照了国际标准《检测实验室基本技术要求》（ISO/IEC导

则25：1982），二者的考核内容在很多地方是相似甚至重复的。原国家技术监督局于1994年成立认证办公室（认证办），设立了实验室处，开始启动中国的实验室认可工作。为了避免对产品质量检验机构重复考核，推进我国实验室认可工作与国际接轨，同时兼顾国情特色，1996年，原国家技术监督局把计量司负责的计量认证、监督司负责的审查认可和认证办启动的实验室认可三项职能合并，由实验室评审办公室（评审办）全权负责。

原国家质量技术监督局（由原国家技术监督局更名）将实验室评审办与认证办合并，组建了认证与实验室评审管理司（认评司），认评司设实验室管理处，全面负责国家质检中心事务、计量认证和审查认可事务。

认评司于2000年印发《产品质量检验机构计量认证/审查认可（验收）评审准则》，将两套评价制度（CMA和CAL）“二合一”。该准则不仅涵盖国际标准《检测和校准实验室能力的通用要求》（ISO/IEC导则25：1990）及国家标准《检测和校准实验室能力的通用要求》（GB/T 15481—2000，等同采用ISO/IEC 17025：1999）的要求，也满足《中华人民共和国计量法》和《中华人民共和国标准化法》的要求。该评审准则的发布，既有助于提高检验检测机构的管理水平，又减轻了检验检测机构的评审负担，规范了评审行为。

国家质量监督检验检疫总局和国家认证认可监督管理委员会成立之前，计量认证（CMA）和审查认可（CAL）是我国最主要的两套实验室评价制度。其中，CMA是最基本的检测市场准入制度（分两级实施的行政许可）；CAL是针对技术监督部门承担特定产品质量监督抽查、仲裁检验的特殊考核制度。

包括实验室认可在内，这些实验室评价制度、准则都源自国际标准《检测和校准实验室能力的通用要求》（ISO/IEC 17025），各有各的定位和特定的服务对象，但对一些优秀的检测实验室，三套评价制度都要遵循。除了国家质检中心和出入境检验检疫实验室，在国家认证认可监督管理委员会推动下实现“三合一”“二合一”评审，其他社会实验室还是要分别接受两次甚至多次评审。一些行业主管部门，如农业、建设、交通、气象、公安、药监、安全生产，对进入其行业开展检测的机构还要进行各种资质评审考核。

多套实验室评价制度的存在，干扰了我国统一的实验室评价制度的建立，增加了机构的负担，增加了社会管理成本，也不利于机构间的公平竞争。为此，建立统一的实验室资质认定制度就成了国家认证认可监督管理委员会成立之后的迫切任务。国家认证认可监督管理委员会（实验室与检测监管部）从有利于检测市场发展和监管、减轻机构负担出发，致力于建立我国统一的实验室资质认定制度，并取得了初步成果。

四　改革之路

2002年，国家认证认可监督管理委员会成立，着手酝酿《中华人民共和国认证认可条例》（以下简称《条例》）的制定工作。基于我国存在多套实验室资质评价制度，在《条例》中，如何把握好主要的三套评价制度（计量认证、审查认可、实验室认可）的定位、如何体现主管部门建立统一的实验室资质认定制度的设计思路，对当时的相关领导和工作人员提出了挑战。2003年9月3日，《中华人民共和国认证认可条例》发布，有关实验室资质管理要求体现在第16条：向社会出具具有证明作用的数据和结果的检查机构、实验室，应当具备有关法律、行政法规规定的基本条件和能力，并经依法认定后，方可从事相应活动，认定结果由国务院认证认可监督管理部门公布。

围绕着如何落实《条例》第16条规定的向社会出具具有证明作用的数据和结果的检查机构、实验室要依法认定，国家认证认可监督管理委员会指示实验室与检测监管部起草《实验室和检查机构资质认定管理办法》。一开始，还就“资质认定”还是“资格认定”展开过讨论，最后多数意见认为，应该叫“资质认定”而不是“资格认定”。资质，属于自身应达到的条件；资格，属于从事某项特定业务活动要获取的许可。2006年2月，《实验室和检查机构资质认定管理办法》（国家质检总局令第86号）发布，标志着我国正式建立了统一的实验室资质认定制度，标志着检测实验室的资质评价由计量认证／审查认可正式迈入实验室资质认定时代。

为贯彻落实《实验室和检查机构资质认定管理办法》，国家认证认可监督管理委员会于2006年5月在北京召开了全国实验室和检查机构资质认定工作会议，组织专家设计了资质认定证书，印发《关于启用资质认定证书的通知》和《关于实施资质认定工作有关证书转换的补充通知》。2006年7月，印发《实验室资质认定评审准则》，取代《产品质量检验机构计量认证／审查认可（验收）评审准则（试行）》。并按照《实验室和检查机构资质认定管理办法》和《实验室资质认定评审准则》的内容，组织编写《实验室资质认定工作指南》，在其指引下，从2007年到2012年，全国检测行业掀起了学习《实验室和检查机构资质认定管理办法》和《实验室资质认定评审准则》的高潮。

从2014年7月起，国家认证认可监督管理委员会对实验室资质认定工作开始了一系列改革。

1. 163号令替代86号令

2015年4月9日，《检验检测机构资质认定管理办法》（国家质量监督检验检疫总局令第163号）发布，2015年8月1日起正式实施。

表1-1　163号令的主要变化（改革）内容

序号	变化内容
1	调整范围，不再包括校准机构和检查机构
2	证书有效期从3年改为6年
3	资质认定标志CMA的英文释义，由原来的China Metrology Accreditation改为China Inspection Body and Laboratory Mandatory Approval
4	增加了罚则
5	规定了非授权签字人不得签发检测报告

2. 双管齐下

2015年7月31日，为了163号令的贯彻实施，《国家认监委关于实施〈检验检测机构资质认定管理办法〉的若干意见》（国认实〔2015〕49号）印发。

表1-2 “意见”几处关键变化

序号	变化内容
1	取消“在华设立外资检验检测机构的外方投资者，需要具有3年以上检验检测从业经历”的准入规定
2	明确国家级资质认定和省级资质认定受理范围，国家认证认可监督管理委员会不再负责省级（含副省级市）质检院所的审查认可（CAL），交由各省级质监局负责
3	明确了授权签字人应当具有中级及以上技术职称或者同等能力，对“同等能力”做了界定：博士毕业工作1年及以上；硕士毕业工作3年及以上；本科毕业工作5年及以上；专科毕业工作8年及以上
4	不含检验检测方法的各类产品标准、限值标准可不列入检验检测机构资质认定的能力范围，但在出具检验检测报告或者证书时可作为判定依据使用
5	自2015年10月1日起，取消对检测实验室资质认定（CMA）的收费

随之发布的《国家认监委关于印发检验检测机构资质认定配套工作程序和技术要求的通知》（国认实〔2015〕50号）包括15份资质认定配套工作文件，为8月1日正式实施《检验检测机构资质认定管理办法》（国家质量监督检验检疫总局令第163号）打下基础。

15份文件中包括原来已有本次升级更新的8份：评审准则、申请书、评审报告、评审程序、审批表、司法鉴定机构评审补充要求、评审员要求、专业技术评价机构基本要求等；新增的文件7份：公正性和保密要求、标志及其使用要求、证书及其使用要求、检验专用章使用要求、分类监管实施意见、刑事技术机构评审补充要求、许可公示表等。

2016年5月31日，《认监委关于印发〈检验检测机构资质认定评审准则〉及释义》和《检验检测机构资质认定评审员管理要求》（国认实〔2016〕33号）发出，标志着CMA历史上第四套评审准则正式诞生。（前三套分别是：1990年计量司的“50条”和监督司的“39条”；2000年认评司的046号文；2006年7月国家认证认可监督管理委员会的《实验室资质认定评审准则》）。

由于各地出现了步伐不一致问题，2017年的元旦刚过，国家认证认可监督管理委员会就印发了《国家认监委关于进一步明确检验检测机构资质认定工作有关问题的通知》（国认实〔2017〕02号），除了明确CMA可以租赁设备和分包，可以以非标方法立项，要求地方不得擅自设立CMA申请门槛，还对标签检验项目如何实施CMA立项做出明确规定。为方便实验室招投标，设计了CMA证书副本，副本与正本具有同等法律效力。

3. 取消审查认可（CAL）

2017年，新修订的《中华人民共和国标准化法》取消了关于质量技术监督部门可以依法设置和依法授权质检机构的规定，审查认可（授权）（CAL）失去了上位法的支持，难以为继。另一方面，政府大力推行简政放权，实验室领域可以只保留为社会提供公证检验数据的检验检测实验室资质认定（CMA），取消审查认可（授权）（CAL），包括取消国家质检中心的授权（CAL）。

4. 采用第五套资质认定评审文件

2018年5月，《国家认监委关于检验检测机构资质认定工作采用相关认证认可行业标准的通知》（国认实〔2018〕28号）发布。“通知”说明，为进一步推进检验检测机构资质管理制度改革完善，将采用相关认证认可行业标准作为相关领域检验检测机构的资质认定评审依据，并继续遵循“通用要求+特殊要求”的模式。

表1-3 第五套资质认定评审文件

文件号	通用要求	特殊要求	适用领域
RB/T 214—2017	《检验检测机构资质认定能力评价 检验检测机构通用要求》	–	适用所有检验检测领域
RB/T 218—2017	–	《检验检测机构资质认定能力评价 机动车检验机构要求》	适用机动车安全技术检验机构、机动车排放检验机构和汽车综合性能检验机构等
RB/T 219—2017	–	《检验检测机构资质认定能力评价 司法鉴定机构要求》	适用司法鉴定机构
RB/T 213—2017	–	《检验检测机构资质认定能力评价 评审员管理要求》	作为管理资质认定评审员的依据
RB/T 216—2017	–	《检验检测机构资质认定能力评价 食品复检机构要求》	作为食品复检机构能力要求的依据

“通知”要求，上述五项认证认可行业标准于2018年6月1日起在检验检测机构资质认定评审和管理中开始试行，2019年1月1日全面实施，并替代2016年5月31日国家认证认可监督管理委员会印发的《国家认监委关于印发〈检验检测机构资质认定评审准则〉及释义》《检验检测机构资质认定评审员管理要求》（国认实〔2016〕33号）。

上述五项标准吸收了国际标准的最新内容，融合了国内有关管理部门的特殊要求，进一步规范了检验检测机构资质认定的评审和管理活动。

5. 发布39号令和163号令修正案

2021年4月8日及4月23日，市场监督管理总局分别发布了《检验检测机构监督管理办法》（国家市场监督管理总局令第39号）和《检验检测机构资质认定管理办法》（国家质量监督检验检疫总局令第163号修正案）。

新163号令，更加聚焦资质认定后行政许可时代“一般程序评审”与“告知承诺后核查”的交替并存，这也是新163号令修规立新、守正创新的根本。新163号令在原有7章50条款的基础上删、增、并、保、移，达39处，涉及11个领域，形成了5章40条款。其中最大的变化，是将原有第四章“从业规范”、第五章“监督管理”、第六章“法律责任”大篇幅、多条款整合转移，向《检验检测机构监督管理办法》靠拢。新163号令主要内容侧重于“告知承诺后核查”以及由此带来的CMA受理范围清单制、国家资质层级制、远程评审程序化、时限压缩高效化、网上审批便捷化、分类监管信用化、促良打劣合理化、严管证标规范化、CMA报告效力清晰化，以及罚则聚焦“不实承诺获得资质后处理”等11个领域变化。正是这11个领域的变化，将资质认定许可制度带入全新的后行政许可时代，这也是新163号令的出发点、落脚点和聚焦点。

随着改革的不断深入推进，检验检测机构资质认定制度一直向着“简政放权、放管结合、优化服务”的方向不断发展，检验检测行业也将迎来新的发展机遇期，迈上更广阔的历史舞台。

第三节　检验检测行业的现状、要求与机遇

一　检验检测行业的现状

截至2020年年底，全国取得资质认定的检验检测机构近4.9万家（48919家），全年营业收入3585.92亿元，机构户均营收732.5万元，从业人员141.19万人，人均营收25.45万元，出具检验报告5.67亿份，拥有各类仪器设备808.01万台套，设备资产原值4118.91亿元。营收在1亿元以上的机构481家，营收在5亿元以上的机构42家。民营检验检测机构27302家，占比55.8%（2019年年底首次突破半数，占比52.17%）；营业收入1391.94亿元，占比38.8%；机构户均营收509万元，人均营收20.8万元；从业人员66.86万人，占比47.4%；出具报告数3.48亿份，占比61.4%（人均520份，户均1.27万份）；拥有仪器设备318.08万台套，原值945.01亿元，占比22.9%。

民营检验检测机构的快速发展、体制内检验检测机构随着深化改革不断壮大，外资检验检测机构强势进入，“三足鼎立”的局面初步形成。

二　检验检测行业的要求

创新发展对检验检测提出了新要求。管理部门继续推行简政放权，进一步完善行政审批审查要求，规范程序，提高效率，充分保障从业机构的自主经营权利和自主创新活力。伴随着新163号令的发布实施，“告知承诺”“远程评审”逐渐走入检验检测的行业舞台，使从业机构的办事选择具有极大的自由度，但若从业机构自身实力不足或内部管理不到位，极易导致一着不慎满盘皆输。

全面深化改革对检验检测提出了新要求。国家不断推动国有检验检测认证机构改革，鼓励引入社会资本参与国有机构改革，推动具备条件的国有检验检测认证机构上市。推动检验检测认证供给侧结构性改革，引导国有检验检测认证资源向关系行业发展的关键领域聚焦，向技术密集、资源密集的基础性、战略性领域集中。推动检验检测认证事业单位分类改革，明确公益类检验检测认证机构的功能定位，加快具备条件的经营性事业单位与行政部门脱钩、转企改制改革。这些举措为检验检测市场注入更多活力，也带来了更多、更优秀的竞争对手。

持续强化的监管体系对检验检测提出了新要求。监管手段不断创新，利用新一代信息技

术，积极探索“互联网+监管”模式，探索引入在线监管、全程监管，提升认证执法监管智能化水平；探索在生产、进出口、销售等重点监管环节利用物联网等手段进行跟踪监管，进一步提高监管效率；研究利用二维码技术，实现食品、消费品等重点监管对象，以及检验检测证书/报告的全程可追溯。监管制度不断创新，丰富风险信息收集渠道，完善风险监测、评估和预警制度，建立分级分类监管制度，将监管重点向高风险领域及对象转移，实现精准监管。全面推进执法内容、执法程序、结果处置标准化，制度化推进“双随机、一公开”监管，随机抽取检查对象，随机选派执法检查人员，及时公布查处结果。上述监管手段和监管制度共同组成了监管体系，且仍在不断优化调整中，并有愈加严格的趋势，这就要求检验检测从业机构不断完善、提升自我，依法依规开展合格评定活动。

三　检验检测行业的机遇

检验检测在服务国家治理、提升质量安全、促进供给侧结构性改革等方面发展空间巨大，政策和市场需求强劲。深化改革为认证认可、检验检测增添了新的发展动力，依法治国、从严治党为检验检测提供了坚强有力的法治和组织保障。

经济发展新常态带来了新的机遇。发展模式的转变，以及供给侧结构性矛盾的亟待解决，使创新发展显得尤为重要。借助检验检测手段，可以促进创新要素集聚和辐射，给产业发展带来技术外溢效应，提升创新驱动能力，从而为主动适应和引领新常态提供必要的技术支撑和科学的制度安排。

制造强国和网络强国战略的实施带来了新的机遇。《中国制造2025》明确了“质量为先”的基本方针，确定了加强质量品牌建设的战略任务和重点；《国务院关于积极推进“互联网+”行动的指导意见》也明确提出了建设网络安全监测评估和标准认证体系、数据安全流动认证体系的任务。

新一代产业及技术发展带来了新的机遇。新兴产业及新兴市场的形成发展，新技术的持续升级，带来了新的检验检测服务需求，也为检验检测创新服务模式、增强服务能力创造了必要的技术条件。充分运用先进的技术与设备，加快互联网、云计算与大数据技术应用，全面提供“一站式”综合服务，将是检验检测向现代服务业转型的必由之路。

“一带一路”倡议明确将认证认可作为合作重点，这将为认证认可和检验检测促进贸易便利、增进双边互信、推动国际质量共治带来更大的作为空间；自贸区、京津冀协同发展、长江经济带建设将会显著提升检验检测制度创新水平，持续推动检验检测监管一体化和区域协调发展。

本章至此，已对实验室认可的作用和意义、实验室认可制度的国内外发展以及我国资质认定制度的发展改革历程、我国检验检测从业机构未来面对的机遇和要求做了大致介绍，下文将针对检验检测从业机构在运行中涉及的“通用+特殊”要求、相关法律法规、认可准则/规则，以及内部质量建设及完善进行详细介绍。

第二章

实验室认可和资质认定要求理解与实施

一方面为了遵循国际惯例，另一方面为了符合法规要求，目前我国大多数检验检测机构都获得了CNAS和CMA两张实验室资质认可证书，并同时运行CNAS—CL01：2018《检测和校准实验室能力认可准则》（等同采用ISO/IEC 17025：2017）和RB/T 214—2017《检验检测机构资质认定能力评价 检验检测机构通用要求》两套管理体系。其中，RB/T 214—2017基本上参考ISO/IEC 17025：2017进行编制，差异不大，因此，本章重点讲解CNAS—CL01：2018，并补充说明RB/T 214—2017的差异点。

本章以CNAS—CL01：2018（等同采用ISO/IEC 17025：2017）的标准结构为主线，依次阐明标准的“前言”“范围”（第一节）、“规范性引用文件”（第二节）、“术语和定义”（第三节）、“通用要求”（第四节）、“结构要求”（第五节）、“资源要求”（第六节）、“过程要求”（第七节）以及“管理体系要求”（第八节）。为了避免重复，本书针对RB/T 214—2017的相关要求，在第九节中通过RB/T 214—2017与ISO/IEC 17025：2017 差异对比的方式，主要从结构、条款内容两个方面进行比较分析，旨在帮助审核员更好地理解两个标准的关键要素及差别。

理论结合实际是本章的一大特色。本章在标准条文讲解的基础上，详细阐述每个标准条款的审核要点，给出了切合实际的审核方式（如查阅记录、人员询问、审阅文件、抽查报告），明确应审核的相关信息。同时结合实际案例分析将理论落实到执行层面，以帮助审核员正确理解和实施审核工作，推动实验室质量管理体系不断改进。

CNAS将CNAS—CL01：2018《检测和校准实验室能力认可准则》（等同采用ISO/IEC 17025：2017）作为对实验室进行能力认可的基本认可准则，它包含了实验室能够证明其运作能力，并出具有效结果的要求。

ISO 9000系列认证标准的修订和更新一直影响着ISO/IEC 17025的发展和变化，ISO/IEC 17025：2017也不例外。从结构上，ISO/IEC 17025：2017 采用CASCO通用标准结构，按照通用要求、结构要求、资源要求、过程要求、管理要求五个部分建立，体现了ISO 9000系列标准对过程管理的模式和理念；从形式和内容上，ISO/IEC 17025：2017紧密跟踪ISO 9000系列标准的变化要点，引入“风险管理”的要求和条款，要求实验室在管理中应用基于风险的思维，实验室应策划并采取措施应对风险和机遇，提升管理体系有效性，取得改进效果，预防负面影响，一定程度上减少了规定性的要求，灵活处理实验室信息化发展，更加符合国际社会和检验检测市场的实际需要。

为支持特定领域的认可活动，CNAS还根据不同领域的专业特点，制定一系列特定领域应用说明，对CNAS—CL01：2018《检测和校准实验室能力认可准则》的要求进行必要的补充说明和解释，但并不增加或减少CNAS—CL01：2018《检测和校准实验室能力认可准则》的要求。申请CNAS认可的实验室应同时满足CNAS—CL01：2018《检测和校准实验室能力认可准则》以及相应领域的应用说明。

CNAS—CL01：2018《检测和校准实验室能力认可准则》的附录是资料性附录，不作为评审的具体要求，主要是帮助理解和实施CNAS—CL01：2018《检测和校准实验室能力认可准则》的要求。

在准则原文中使用如下助动词：“应”表示要求；“宜”表示建议；“可”表示允许；“能”表示可能或能够。“注”的内容是理解要求和说明有关要求的指南。

第一节　范围

标准条文

本准则规定了实验室能力、公正性以及一致运作的通用要求。

本准则适用于所有从事实验室活动的组织，不论其人员数量多少。

实验室的客户、法定管理机构、使用同行评审的组织和方案、认可机构及其他机构采用本准则确认或承认实验室能力。

条文释义和理解

“实验室能力”是实验室的核心内容，本条款明确了CNAS—CL01：2018《检测和校准实验室能力认可准则》是规定实验室能力的通用要求，同时“公正性”和“一致性”需要贯穿实验室实施能力的全要素和全过程。组织是为实现其目标，通过职责、权限和相互关系而拥有其自身职能的一个人或一组人（ISO 9000：2015），强调适用所有从事实验室活动的组织，不再区别第一方、第二方、第三方实验室，不考虑实验室的独立性，而是更关注其公正性的问题。CNAS—CL01：2018《检测和校准实验室能力认可准则》规定的实验室活动包括检测／校准，以及与检测或校准相关的抽样活动，且同样适用于实验室的客户、法定管理机构、使用同行评审的组织和方案、认可机构及其他机构，作为评价其能力的依据和准则。

第二节　规范性引用文件

标准条文

本准则引用了下列文件，这些文件的部分或全部内容构成了本准则的要求。对注明日期的引用文件，只采用引用的版本；对没有注明日期的引用文件，采用最新版本（包括任何的修订）。

ISO/IEC指南99国际计量学词汇—基本和通用概念及相关术语（VIM）[1)]

GB/T 27000合格评定—词汇和通用原则（ISO/IEC 17000，IDT）

1）也称为JCGM 200

条文释义和理解

CNAS—CL01：2018《检测和校准实验室能力认可准则》的引用文件为ISO/IEC 指南99《国际计量学词汇—基本和通用概念及相关术语》（VIM）和GB/T 27000《合格评定—词汇和通用原则》（ISO/IEC 17000，IDT），并采用两个文件的最新版本（包括任何的修订）。

第三节　术语和定义

标准条文

3 术语和定义（对应RB/T 214—2017条款3）

ISO/IEC指南99和GB/T 27000中界定的以及下述术语和定义适用于本准则。

ISO和IEC维护的用于标准化的术语数据库地址如下：

——ISO在线浏览平台：http: //www.iso.org/obp

——IEC电子开放平台：http: //www.electropedia.org/

3.1

公正性 impartiality

客观性的存在。

注1：客观性意味着利益冲突不存在或已解决，不会对后续的实验室（3.6）活动产生不利影响。

注2：其他可用于表示公正性要素的术语有：无利益冲突、没有成见、没有偏见、中立、公平、思想开明、不偏不倚、不受他人影响、平衡。

[源自：GB/T 27021.1—2017（ISO/IEC 17021—1：2005，IDT），3.2，修改——在注1中以“实验室”代替“认证机构”，并在注2中删除了“独立性”。]

3.2

投诉 complaint

任何人员或组织向实验室（3.6）就其活动或结果表达不满意，并期望得到回复的行为。

[源自：GB/T 27000—2006（ISO/IEC 17000：2004，IDT），6.5，修改——删除了“除申诉外”，以“实验室就其活动或结果”代替“合格评定机构或认可机构就其活动”。]

3.3

实验室间比对 interlaboratory comparison

按照预先规定的条件，由两个或多个实验室对相同或类似的物品进行测量或检测的组织、实施和评价。

[源自：GB/T 27043—2012（ISO/IEC 17043：2010，IDT），3.4]

3.4

实验室内比对 intralaboratory comparison

按照预先规定的条件，在同一实验室（3.6）内部对相同或类似的物品进行测量或检测的组织、实施和评价。

3.5

能力验证 proficiency testing

利用实验室间比对，按照预先制订的准则评价参加者的能力。

[源自：GB/T 27043—2012，3.7，修改——删除了注。]

3.6

实验室 laboratory

从事下列一种或多种活动的机构：

——检测；

——校准；

——与后续检测或校准相关的抽样。

注1：在本准则中，“实验室活动”指上述三种活动。

3.7

判定规则 decision rule

当声明与规定要求的符合性时，描述如何考虑测量不确定度的规则。

3.8

验证 verification

提供客观证据，证明给定项目满足规定要求。

例1：证实在测量取样质量小至10mg时，对相关量值和测量程序，给定标准物质的均匀性与其声称的一致。

例2：证实已达到测量系统的性能特性或法定要求。

例3：证实可满足目标测量不确定度。

注1：适用时，宜考虑测量不确定度。

注2：项目可以是，例如一个过程、测量程序、物质、化合物或测量系统。

注3：满足规定要求，如制造商的规范。

注4：在国际法制计量术语（VIML）中定义的验证，以及通常在合格评定中的验证，是指对测量系统的检查并加标记和（或）出具验证证书。在我国的法制计量领域，"验证"也称为"检定"。

注5：验证不宜与校准混淆。不是每个验证都是确认（3.9）。

注6：在化学中，验证实体身份或活性时，需要描述该实体或活性的结构或特性。

[源自：ISO/IEC指南99：2007，2.44]

3.9

确认 validation

对规定要求满足预期用途的验证（3.8）。

例：一个通常用于测量水中氮的质量浓度的测量程序，也可被确认为可用于测量人体血清中氮的质量浓度。

[源自：ISO/IEC指南99：2007，2.45]

条文释义和理解

本准则使用ISO/IEC指南99和GB/T 27000以及ISO/IEC维护的用于标准化的术语数据库中的术语，并给出了9个关键术语的定义。

第四节　ISO/IEC 17025：2017标准释义：通用要求

标准条文

4.1 公正性（对应RB/T 214—2017条款4.1.3、4.1.4）

4.1.1 实验室应公正地实施实验室活动，并从组织结构和管理上保证公正性。

4.1.2 实验室管理层应作出公正性承诺。

4.1.3 实验室应对实验室活动的公正性负责，不允许商业、财务或其他方面的压力损害公正性。

4.1.4 实验室应持续识别影响公正性的风险。这些风险应包括其活动、实验室的各种关系，或者实验室人员的关系而引发的风险。然而，这些关系并非一定会对实验室的公正性产生风险。

注：危及实验室公正性的关系可能基于所有权、控制权、管理、人员、共享资源、财务、合同、市场营销（包括品牌）、支付销售佣金或其他引荐新客户的奖酬等。

4.1.5 如果识别出公正性风险，实验室应能够证明如何消除或最大程度降低这种风险。

条文释义和理解

4.1.1 组织结构和管理上的公正性需考虑组织架构设置的合理性、职责分配的公正性及管理和过程控制的科学合理性等。

4.1.2 公正性承诺的主体不应局限于公司管理层，全体员工也需进行公正性自我承诺。设计公正性承诺表单，可每年一签，特别注意新进员工需签署。

4.1.3 当实验室为非独立法人实验室时，应进行双公正性声明（即法人单位与实验室均应进行公正性声明），确保生产、商业营销或财务等部门不对实验室活动的公正性产生影响。

4.1.4 实验室应在从事日常实验室活动的过程中有意识地、持续地识别是否存在公正性风险。应特别关注对所有权或控制权发生变化、新实验室活动、新客户、新合同、新要求、新人员等的风险识别。

4.1.5 可通过员工自我承诺、定期/不定期上报相关方、自主回避制度、举报制度等方式消除或最大程度降低公正性风险。

实验室应保留识别影响公正性风险及消除/降低公正性风险的记录。

制订关于公正性的体系文件时，需注意内容的完整性及可操作性。如体系文件有相关规定，则应按规定执行，反之，则视为不符合进行处理。

必备知识与技能

① 熟悉公正性承诺涉及的关键点；② 掌握公正性风险的来源及必要的控制措施。

审核要点及方式

条款号	序号	审核要点（Check List）	审核方式	审核记录
4.1.1	1	实验室是否从组织结构和管理上保证公正性。	审阅文件	实验室和部门内部组织架构图
4.1.2	1	实验室管理层及员工是否做出公正性承诺。	人员询问 现场观察 查阅记录	公正性承诺
4.1.3	1	实验室是否承诺对实验室活动的公正性负责，不允许商业、财务或其他方面的压力损害公正性。	人员询问 现场观察 查阅记录	公正性承诺
4.1.4	1	实验室是否进行公正性风险识别。	人员询问 查阅记录	公正性风险识别记录
4.1.5	1	实验室是否采取控制措施消除或最大程度降低识别出的公正性风险，并保留相关记录。	人员询问 查阅记录	公正性风险控制措施记录

参考不符合案例

案例4.1-1

《质量手册》附录2“组织机构图”显示实验室还隶属铜板带公司、铜管公司、审计部、材料部、工程技术中心、考核办公室、财务部等部门管理，无法保证作为公司第一方实验室的独立建制和公正性。

不符合条款号：CNAS—CL01：2018 4.1.1和RB/T 214—2017 4.1.4

分析：实验室归属多家公司及部门直接管理，组织结构和管理上不合理，未考虑公正性要求。

案例4.1-2

实验室只发布法定代表人（非管理层）的公正性声明，缺少最高管理者满足客户等机构/组织的公正性声明。

不符合条款号：CNAS—CL01：2018　4.1.2

分析：实验室管理层应做出公正性承诺。

案例4.1-3

某独立法人第三方实验室专门检测冰箱的检测工程师李×的儿子大学毕业后在ABC冰箱厂工作，李×仍负责检测ABC冰箱厂的产品，实验室未识别公正性风险。

不符合条款号：CNAS—CL01：2018　4.1.4和RB/T 214—2017　4.1.4

分析：实验室应持续识别影响公正性的风险。这些风险应包括其活动、实验室的各种关系，或者实验室人员的关系而引发的风险。

标准条文

4.2 保密性（对应RB/T 214—2017条款4.1.5）

4.2.1 实验室应通过作出具有法律效力的承诺，对在实验室活动中获得或产生的所有信息承担管理责任。实验室应将其准备公开的信息事先通知客户。除客户公开的信息，或实验室与客户有约定（例如：为回应投诉的目的），其他所有信息都被视为专有信息，应予保密。

4.2.2 实验室依据法律要求或合同授权透露保密信息时，应将所提供的信息通知到相关客户或个人，除非法律禁止。

4.2.3 实验室从客户以外渠道（如投诉人、监管机构）获取有关客户的信息时，应在客户和实验室间保密。除非信息的提供方同意，实验室应为信息提供方（来源）保密，且不应告知客户。

4.2.4 人员，包括委员会委员、合同方、外部机构人员或代表实验室的个人，应对在实施实验室活动过程中获得或产生的所有信息保密，法律要求除外。

条文释义和理解

4.2.1 新要求："具有法律效力的承诺"。保密性承诺不是口头的，而是要求实验室从法律层面上做出承诺，但对保密措施的具体形式要求比较灵活，给予了实验室更高的自由度，可通过与客户签订具有法律效力的保密协议或合同达成，同时不应再以实验室缺少《保护客户机密信息程序》开具不符合项，不符合条款号：CNAS—CL01：2006　4.1.5 c）。

信息获得的三个渠道：实验室活动中获得或产生、客户提供获得、客户以外渠道获得。不论以何种渠道获得的"专有"信息，均应履行保密承诺。

4.2.2 法大于合同，如食品检验工作规范第二十四条规定，在检验工作中发现食品存在严重安全问题或高风险问题，以及区域性、系统性、行业性食品安全风险隐患时，应当及时向所在地县级以上食品药品监督管理部门报告。

4.2.4 涉密人员主要为委员会委员（如董事会、技术或生物安全委员会等）、合同方（如LIMS的开发商或维护商）、外部机构人员（如设备设施安装调试修理人员、软件安装维护人员、评审和内审人员、现场校准人员等）、代表实验室的个人（如法律顾问、律师、审计人员等）。实验室可根据自身涉及的人员类型来明确要求。

必备知识与技能

① 熟悉保密性承诺涉及的关键点；② 了解保密性涉及的各检测环节及人员。

审核要点及方式

条款号	序号	审核要点（Check List）	审核方式	审核记录
4.2.1	1	实验室及从事实验室活动的人员是否做出具有法律效力的保密性承诺。	查阅记录	实验室和员工保密性承诺
4.2.2	1	实验室依据法律要求或合同授权透露保密信息时，是否将所提供的信息通知到相关客户或个人，除非法律禁止。	人员询问 审阅文件 查阅记录	保密信息透露规定及通知相关客户或个人的记录
4.2.3	1	实验室从客户以外渠道（如投诉人、监管机构）获取有关客户的信息时，是否在客户和实验室间保密。除非信息的提供方同意，实验室应为信息提供方（来源）保密，且不应告知客户。	人员询问 审阅文件 查阅记录	保密规定及实施记录
4.2.4	1	实验室是否针对外部涉密人员采取保密措施。	审阅文件 查阅记录	保密规定及实施记录

参考不符合案例

案例4.2-1

实验室无法提供对客户信息和客户材料进行保密性承诺的证明文件或记录。

不符合条款号：CNAS—CL01：2018 4.2.1

分析：实验室应通过做出具有法律效力的承诺，对在实验室活动中获得或产生的所有信息承担管理责任。

案例4.2-2

实验室未针对外部涉密人员采取必要的保密措施。

不符合条款号：CNAS—CL01：2018 4.2.4

分析：人员，包括委员会委员、合同方、外部机构人员或代表实验室的个人，应对在实施实验室活动过程中获得或产生的所有信息保密。

第五节　ISO/IEC 17025：2017标准释义：结构要求

标准条文

5 结构要求（对应RB/T 214—2017条款4.1、4.2）

5.1 实验室应为法律实体，或法律实体中被明确界定的一部分，该实体对实验室活动承担法律责任。

注：在本准则中，政府实验室基于其政府地位被视为法律实体。

5.2 实验室应确定对实验室全权负责的管理层。

5.3 实验室应规定符合本准则的实验室活动范围，并制订成文件。实验室应仅声明符合本准则的实验室活动范围，不应包括持续从外部获得的实验室活动。

5.4 实验室应以满足本准则、实验室客户、法定管理机构和提供承认的组织要求的方式开展实验室活动，这包括实验室在固定设施、固定设施以外的地点、临时或移动设施、客户的设施中实施的实验室活动。

5.5 实验室应：

a）确定实验室的组织和管理结构、其在母体组织中的位置，以及管理、技术运作和支持服务间的关系；

b）规定对实验室活动结果有影响的所有管理、操作或验证人员的职责、权力和相互关系；

c）将程序形成文件的程度，以确保实验室活动实施的一致性和结果有效性为原则。

5.6 实验室应有人员（不论其他职责）具有履行职责所需的权力和资源，这些职责包括：

a）实施、保持和改进管理体系；

b）识别与管理体系或实验室活动程序的偏离；

c）采取措施以预防或最大程度减少这类偏离；

d）向实验室管理层报告管理体系运行状况和改进需求；

e）确保实验室活动的有效性。

5.7 实验室管理层应确保：

a）针对管理体系有效性、满足客户和其他要求的重要性进行沟通；

b）当策划和实施管理体系变更时，保持管理体系的完整性。

条文释义和理解

5.1 对实验室的法律地位和法律责任的要求，实验室应当是一个从法律程序上能够承担相应法律责任的实体。

实验室的法律地位存在两种类型：一是实验室是独立法人（企业法人、机关法人、事业单位法人或社会团体法人）；二是其所在的组织是独立法人，实验室是其组成部分，即非独立法人，通过法人授权的方式获得相对独立的资格，独立对外开展检测业务，独立对外行文，有独立财务或账目，独立核算。

本条款中“注”为新增内容，如果实验室本身不是独立法人，而是政府的一个部门，可视为满足本准则的要求，政府实验室的母体往往是行政机关，基于其政府地位被视为法律实体。

CNAS—CL01—G001：2018中5.1规定：实验室或其母体机构应是法定机构登记注册的法人机构，一般为企业法人、机关法人、事业单位法人或社会团体法人。

实验室为独立注册法人机构时，认可的实验室名称应为其法人注册证明文件上所载明的名称；实验室为注册法人机构的一部分时，其认可的实验室名称中应包含注册的法人机构名称。政府或其他部门授予实验室的名称如果不是法人注册名称，不能作为认可的实验室名称。

实验室为独立法人机构时，检测或校准业务应为其主要业务，检测或校准活动应在法人注册核准的经营范围内开展。

实验室是某个组织的一部分时，申请的检测或校准能力应与法人机构核准注册的业务范围密切相关。

5.2 对实验室管理人员配备及其权责的总体要求。CNAS—CL01—G001：2018中5.2规定：实验室应明确对实验室活动全面负责的人员，可以是一个人，也可以是由负责不同技术领域的多名技术人员组成的团队，其技术能力应覆盖实验室所从事的检测或校准活动的全部技术领域。管理层人员的资格和数量应满足检测／校准的工作类型、工作范围、工作量的需求。管理层不仅要有明确的职责，还要有相应的权利和资源支持和保证其履行职责。管理层的职责主要有四个方面：一是确保检测／校准工作符合本准则的要求；二是满足客户的需求；三是满足监管机构的要求；四是满足对其提供承认的组织的要求。

5.3 实验室建立管理体系时结合自身实际情况与特点，与其活动范围即检测／校准的工作类型、工作范围（专业领域）、工作量相适应，将准则的通用要求转换成自身的要求，覆盖准则（包括相关检测领域应用说明）的所有适用条款和要素，量体裁衣，避免“囫囵吞枣”“生搬硬套”，建立符合自身实际状况的文件化的管理体系。“文件化”指将质量方针、目标、承诺、政策、制度、规定、程序和作业指导书等编制成书面的文件，经审核批准后发布实施，便于有关人员能够随时学习和使用。文件的详略程度与编制、审批人员的教育培训程度和能力有关，最重要的是要能达到确保检测／校准结果客观公正、准确可靠和客户满意的目的，避免管理体系文件与实验室实际运行“两张皮”的现象，使管理体系持续有效地运行。

实验室应声明符合本准则的实验室活动范围，如制订成文件化的检测能力清单，声明其已获认证认可的检测能力。实验室声明的符合本准则的实验室活动不应包括持续从外部获得的实验室活动，如实验室将自身不具备检测能力的项目长期从外部购买服务（即分包）不属于实验室自身具备能力的实验室活动，不包含在本准则规定的实验室活动范围中。

5.4 实验室在以下场所或设施中所开展的所有涉及检测／校准（包括抽样）的所有质量管理、行政管理和技术管理工作都应在实验室管理体系覆盖范围内。

（1）固定设施：用于检测／校准的设备的安放和使用的场所，设施相对永久、固定。

（2）固定设施以外的地点：离开固定设施的场所，或在实验室固定场所外进行现场检测／校准，如环保部门对公共场所和作业场所环境的噪声检测。

（3）临时设施：设施在时间上是临时的，过后将被撤除或更换，如为高速公路施工阶段和桥梁通车前的检测所配置的设施。

（4）移动设施：设施在空间上是移动的，可以是车载、船载和机载等，如环境监测车。

（5）客户的设施：检测 / 校准活动有时需要在客户的实验室或场所进行，如对客户的大型仪器进行现场校准；对客户的洁净室 / 洁净厂房进行现场检测和采样；到客户现场进行土壤和大气的采样等。

实验室应明确表示组织的隶属关系和各部门之间的相互关系，绘制组织机构图，包括内部组织机构图和外部隶属关系图。实验室内部组织机构图应与实际设立的部门、岗位职责的设定保持一致；外部隶属关系图应明确实验室的各种外部隶属关系，包括与母体单位、上级主管部门、其他部门的关系等，重点是描述实验室和外部组织之间的接口。

为达到检测 / 校准数据或结果质量管理的目的，需要实施有效的质量管理活动；为了出具检测 / 校准数据或结果，需要按照标准或技术规范要求实施一系列的技术活动；无论是开展质量管理还是技术活动，都需要一定的内外部支持和服务。所以，实验室应确定质量管理、技术运作和支持服务三者之间的关系。一般采用“管理体系要素职能分配表”的形式，明确决策领导职能、执行职能、协同配合职能，通过适当的符号表示，按照准则的要求逐条逐款地分解落实到相应的部门或岗位，要分工清晰，职责明确，防止职能交叉、重叠，或者错位。

要确定质量管理、技术运作和支持服务三者之间的关系，就要先明确三者的内涵。

质量管理指实验室的各级管理者进行的指挥和控制与检测 / 校准工作质量有关的相互协调的活动，包括质量策划、质量控制、质量保证和质量改进。

技术运作是实验室检测 / 校准服务实现的主过程，包括从识别客户需求开始（过程输入），利用实验室的人力、物力、资金、信息等各种资源，通过对人、机、料、法、环的有效控制，开展检测 / 校准活动，输出数据和结果（过程输出），最后以检测报告 / 校准证书的形式提交给客户的整个运作全过程。

支持服务指支持检测 / 校准工作所需的服务。如文件资料的保管清理，供应品的消耗性材料的采购，样品的储存、运输和保管，仪器设备的检定 / 校准、维护保养等。

质量管理、技术运作和支持服务三者之间的关系总结如下。

技术运作是实验室活动的主过程，即产品实现（数据和结果形成）的过程，实验室通过技术运作证明其具有出具技术上有效数据和结果的能力。

质量管理是技术运作的根本保证，是通过管理体系的运作来实现的，主要起策划、组织、领导（协调）、控制（监督、检查）、持续改进的作用，确保出具的数据和结果有效、准确、可靠，高效地实现预期的目标。

支持服务是技术运作的有效支撑，起保障作用，为技术运作做好所有资源上的准备，使技术运作正常进行。

5.5 b）实验室应书面规定对检测 / 校准结果有影响的所有管理、操作和验证人员的职责、权力和相互关系。管理人员指对质量、技术负有管理职责的人员，包括最高管理者、质量负责人、技术负责人、部门主管及各管理岗位人员。操作人员指具体从事技术检测 / 校准的人员，包括直接从事检测 / 校准的人员，也包括间接从事技术工作的人员，如设备和试剂耗材采购人员，文件、档案、样品、标物、设备管理员等。验证人员（又称核查人员）指数据和

结果的复核 / 校核人员，包括设备自校人员、监督人员和审核人员。以上三类人员除规定本职岗位的职责权力以外，还必须规定同其他部门或岗位人员协同配合的要求，即相互关系。

5.5 c）对程序文件化的要求，可联系上文5.3条款的释义。

5.6条款规定实验室的管理人员和技术人员的数量、能力、资格应满足检测 / 校准工作类型、工作范围和工作量的需要，与实验室规模相适应。实验室的管理和技术人员要有职、有责，还要有权力、有资源，因为权力和资源是支持其履行职责的根本保证。以下职责无论管理人员还是技术人员均应共同承担。

实施、保持和改进管理体系。这是对管理和技术人员最基本的要求。只有全体管理和技术人员严格按照管理体系的要求工作，切实履行实施、保持和改进管理体系的职责，管理体系的总体目标才能得以实现。

识别对管理体系的偏离和检测 / 校准各项程序的偏离，并采取措施预防或减少这些偏离。这是实验室管理和技术人员的又一重要职责，不仅要能识别例外情况下允许的偏离，更重要的是当管理体系运作和检测 / 校准工作可能偏离方针、程序和出现不符合工作时，要有能力识别出来并制订相应的措施预防或减少这种偏离。

实验室可指定一名或多名人员，一般为管理层人员，赋予其明确的职责和权力，给予其必要的资源，负责管理体系的日常运行，确保管理体系在任何时候都能有效运行，并及时向实验室管理层报告管理体系运行状况和改进的需求。

实验室管理层应确保实验室开展的检测 / 校准的所有过程符合本准则的要求，确保实验室活动的有效性。

5.7 a）对实验室内部各部门、各岗位之间，各层次之间信息沟通和交流的规定。实验室应做到上情下达、下情上报、侧向沟通、信息传递畅通无阻。

沟通的目的：促进各职能、各层次间的信息交流，达成共识，统一行动，提高管理体系有效性。

沟通的内容：客户要求、政府主管部门要求、法定要求、管理体系要求、技术规范和标准要求等。

沟通的时机：在行动前（明确目的和要求）、中（沟通程序、方法、途径，明确怎么做）、后（总结绩效、提出改进计划及措施）沟通，或者定期沟通。

沟通的方式：是多样化的，如班组周例会、月度会议、宣贯培训会、碰头会、面谈、网站交流、简报、宣传栏、内部刊物、微信群、公众号等，重点在沟通有效性，达到沟通的目的。实验室应能提供有关沟通的相关规定及相关活动的记录，必要时，包括评价沟通方式有效性。

5.7 b）若管理体系需要换版或修订，管理层在策划和实施管理体系变更时，应从总体结构考虑，确保管理体系的完整性和适宜性。

审核要点及方式

条款号	序号	审核要点（Check List）	审核方式	审核记录
5.1	1	独立法人实验室是否有合法的设立或注册证书，是否由相关行政主管部门核发，是否在有效期内；实验室所用名称、地址是否与法人登记、注册文件或营业执照等一致，经营范围是否包含检验检测、检验、检测或相关表述，是否有影响其检验检测活动公正性的诸如生产和销售等经营项目。	审阅文件	实验室法律地位证明文件编号、统一社会信用代码、地址、经营范围
	2	非独立法人实验室是否有批准文件、授权书、最高管理者的任命文件和母体的公正性声明；其所在的法人单位是否依法成立并能承担法律责任，该实验室在其法人单位内是否有相对独立的运行机制。	审阅文件	批准文件、授权书、最高管理者的任命文件和母体的公正性声明
	3	实验室是否在其管理体系文件中明确应承担的法律责任。	审阅文件	管理体系文件编号、名称
	4	实验室名称、地址变更是否及时报发证机关或授权部门备案。	查阅记录	名称、地址等变更备案证明文件及日期
5.2	1	实验室是否明确了管理层（最高管理者、技术负责人、质量负责人、各部门负责人等）及其职责并正式任命，职责规定是否明确、恰当，是否明确职责履行状况。	审阅文件 人员询问	管理体系文件中管理层架构及其岗位职责、管理层任命文件
	2	实验室管理层中是否在申请认可或已获认可的检测领域内有具备足够知识和经验的足够数量人员；负责实验室技术活动的人员是否具有与检测领域相关专业或与所从事检测范围密切相关专业的教育背景和检测工作经历。	查阅记录	管理层人员档案，学历、培训、工作经历、职称等证明材料
	3	实验室法定代表人、最高管理者、技术负责人、质量负责人、授权签字人等管理层人员变更是否及时报发证机关或授权部门备案。	查阅记录	人员变更备案证明文件
5.3	1	实验室是否有文件化的管理体系，该管理体系是否符合实验室的实际情况，是否覆盖所有实验室活动范围和场所（如固定的、移动的、临时的、多场所等），相应的管理记录能否证明体系有效运行，是否存在系统性或区域性不符合。	审阅文件 查阅记录	管理体系文件及体系运行情况
	2	实验室管理体系文件的系统性和协调性，以及对照本准则（包括相关检测领域应用说明）的完整性和符合性。	审阅文件	管理体系文件对照本准则的符合性、完整性情况
	3	实验室是否制订了检测能力清单，是否包含未经认证认可、不具备检测能力的项目。	审阅文件	检测能力清单
5.4	1	实验室的管理体系文件是否覆盖了所有的工作场所或地点，尤其是各部门／岗位职责以及各项管理活动的控制程序；检查实验室所有场所的所有工作，验证管理体系能否对其有效覆盖。	现场观察 审阅文件	管理体系中各部门和岗位职责、各项管理活动的控制程序、实验室活动涉及的所有场所覆盖情况记录

续表

条款号	序号	审核要点（Check List）	审核方式	审核记录
5.5	1	分析实验室内部机构设置是否合理，部门职责是否明确，是否能够保证管理体系的有效运行。	审阅文件	实验室组织机构图、职责分配表
	2	实验室管理体系文件是否规定了所有管理、操作和核查人员的职责；所有管理、操作和核查人员是否明确本岗位的职责和权限。	人员询问 审阅文件	管理体系中所有管理、操作和核查人员的职责
	3	实验室是否制订文件化的程序，确保实验室活动实施的一致性和结果有效性。	审阅文件	实验室程序文件
5.6	1	实验室管理体系文件中是否指定人员负责实施；保持和改进管理体系；识别与管理体系或实验室活动程序的偏离；采取措施以预防或最大程度减少这类偏离；向实验室管理层报告管理体系运行状况和改进需求；确保实验室活动的有效性，并具有所需的权力和资源。	审阅文件 人员询问	人员岗位职责
5.7	1	实验室各层次、各部门之间是否进行了有效的沟通，以及沟通的方式和记录。	人员询问 查阅记录	实验室各层次、各部门之间的沟通记录
	2	查实验室管理体系文件变更记录及变更后体系完整性。	审阅文件 查阅记录	管理体系文件变更记录

必备知识与技能

① 熟悉本准则及其在相关检测领域的应用说明的要求；② 具备一定的管理体系文件编制工作经验。

参考不符合案例

案例5.1-1

某实验室是A食品公司内部检测机构，申请实验室认可的实验室名称为B检测中心，也提供不出实验室负责人的正式书面任命文件。

不符合条款号：CNAS—CL01：2018 5.1和RB/T 214—2017 4.2.7。

分析：该实验室是非独立法人，其认可的实验室名称中应包含注册的法人机构名称，其最高管理者也应有其母体法人代表对实验室最高管理者的授权书。

案例5.1-2

某检测中心提交的管理体系文件中明确描述该机构成立于2019年，具有独立法人资格，能独立对外行文和开展检测业务，有各级管理人员等。但在评审人员索要相关文件和证件时却不能提供。后经核实，该机构没有获准成立的正式批文，也没有营业执照。

不符合条款号：CNAS—CL01：2018 5.1和RB/T 214—2017 4.1.1。

分析：实验室应有明确的法律地位。该单位既没有获准成立的正式批文，也不是独立法人，无营业执照，没有能够承担相应法律责任的证据。

案例5.3-1

某化妆品检测实验室有微生物检测项目，其管理体系文件未明确涵盖CNAS—CL01—A001：2018《检测和校准实验室能力认可准则在微生物检测领域的应用说明》中第4.2.2条款的相关要求，也未制订生物安全管理规章制度。

不符合条款号：CNAS—CL01：2018 5.3和RB/T 214—2017 4.2.2 e）。

分析：实验室建立管理体系应与其活动范围即检测/校准的工作类型、工作范围（专业领域）相适应，覆盖准则（包括相关检测领域应用说明）的所有适用条款和要素。从事微生物检测的实验室的管理体系文件应明确涵盖微生物检测领域应用说明的所有要求，并按照要求制订文件化的生物安全规章制度。

案例5.3-2

审核员在审核A食品检验机构时，发现其对外公布的《实验室检测能力清单》中“甲胺磷”的检测方法之一为“《中国药典》2020版四部 通则2341 农药残留量测定法”并未获得实验室认可；询问实验室主任得知，客户要求使用“药典”方法检测时一直都是分包给经常合作的具备资质的B实验室进行检测。

不符合条款号：CNAS—CL01：2018 5.3。

分析：实验室应仅声明符合本准则的实验室活动范围，不应包括持续从外部获得的实验室活动。“药典”方法未获认可，一直都是由外部实验室提供检测数据，不应在对外公布的《实验室检测能力清单》内声明。

案例5.4-1

查某校准实验室出具的气相色谱仪校准证书及原始记录，校准地点为客户的化学分析室，查其管理体系文件，无对在客户现场进行仪器设备校准时的控制程序或规定。

不符合条款号：CNAS—CL01：2018 5.4和RB/T 214—2017 4.2.2 e）。

分析：实验室管理体系文件应覆盖实验室在所有场所进行的所有实验室活动，包括在客户的设施中实施的实验室活动。

案例5.5-1

实验室管理手册中管理结构及内部组织机构图没有描述两个试验场所。

不符合条款号：CNAS—CL01：2018　5.5 a）和RB/T 214—2017 4.1.2。

分析：实验室内部组织机构图应与实际设立的部门、岗位职责的设定保持一致。

案例5.5-2

某检测中心组织机构图未表述其母体组织中财务部、行政部对检测中心的支持服务关系。

不符合条款号：CNAS—CL01：2018　5.5 a）和RB/T 214—2017 4.1.2。

分析：财务部、行政部等涉及或影响实验室检测活动的关键部门对检测中心的支持服务关系应在检测中心组织机构图中进行明确。

案例5.7-1

某实验室管理体系文件进行换版，新版体系文件缺少风险和机遇管理的相关规定。

不符合条款号：CNAS—CL01：2018　5.7 b）和RB/T 214—2017 4.5.1

分析：当策划和实施管理体系变更时，实验室应保持管理体系的完整性。

第六节　ISO/IEC 17025：2017标准释义：资源要求

标准条文

6 资源要求

6.1 总则

实验室应获得管理和实施实验室活动所需的人员、设施、设备、系统及支持服务。

条文释义和理解

本条款是对实验室资源的总体要求，实验室管理层应承担起资源要求策划的任务。实验室资源包括人员、设施和环境条件、设备、计量溯源性、外部提供的产品和服务等。实验室管理层应根据实验室活动范围、工作类型、业务量等，统筹合理配置所必需的人员、设施、设备、系统及支持服务等资源，为实施实验室活动提供有效的资源保障。

审核要点及方式

条款号	序号	审核要点（Check List）	审核方式	审核记录
6.1	1	查实验室人员一览表、设备台账、人员数量和能力，以及设备配置是否满足所申请检测能力的需要。	查阅记录	人员数量、能力情况，设备配置情况
	2	查看实验室现场是否配置了满足实验室活动必需的设施、数据信息管理系统、行政管理支持服务。	现场观察 人员询问	实验室现场配置的各类设施、系统及行政管理描述
	3	实验室是否与工作人员签订劳动合同，是否有设备、设施、场所采购／租赁合同。	查阅记录	劳动合同、采购／租赁合同

标准条文

6.2 人员（对应RB/T 214—2017条款4.2）

6.2.1 所有可能影响实验室活动的人员，无论是内部人员还是外部人员，应行为公正、有能力、并按照实验室管理体系要求工作。

6.2.2 实验室应将影响实验室活动结果的各职能的能力要求制订成文件，包括对教育、资格、培训、技术知识、技能和经验的要求。

6.2.3 实验室应确保人员具备其负责的实验室活动的能力，以及评估偏离影响程度的能力。

6.2.4 实验室管理层应向实验室人员传达其职责和权限。

6.2.5 实验室应有以下活动的程序，并保存相关记录：

a）确定能力要求；

b）人员选择；

c）人员培训；

d）人员监督；

e）人员授权；

f）人员能力监控。

> 6.2.6 实验室应授权人员从事特定的实验室活动，包括但不限于下列活动：
> a）开发、修改、验证和确认方法；
> b）分析结果，包括符合性声明或意见和解释；
> c）报告、审查和批准结果。

条文释义和理解

人员是实验室最宝贵的资源，是实验室资源中最重要的和最活跃的要素。人员的素质与水平是决定实验室活动结果和质量的关键要素，特别是对关键人员的任职资格条件应加以规定，如受教育程度、理论基础、工作经验、实际工作能力（包括管理能力和技术能力）等。本要素共有6个条款要求。

6.2.1 对实验室人员的总体要求，所有可能影响实验室活动的人员，无论是内部还是外部人员，都应行为公正，满足所在工作岗位对应能力和资质的要求，并按照实验室管理体系要求履行职责。此处的“人员”不再区分在培人员、长期雇用人员或签约人员，只要有可能影响实验室活动结果的人员，包括外部人员，均应该按本准则要求管理。外部人员一般包括设备设施安装、维护、设备现场检定／校准人员、现场检测／校准所在单位人员等。

6.2.2 实验室应根据人员所承担的工作来确定每个岗位的能力要求，包括对教育、资格、培训、技术知识、技能和经验等的要求。不同岗位对人员能力的要求是不一样的，要确保人员的能力就要分别明确其任职条件，即某岗位人员至少应具备的能力要求，主要包括教育背景、培训经历、专业技能、工作经历等，是经证实应用知识和技能实现预期结果的本领。

CNAS—CL01—G001：2018 中6.2.2规定：除非法律法规或CNAS对特定领域的应用要求有其他规定，实验室人员应满足以下要求。

从事实验室活动的人员不得在其他同类型实验室从事同类的实验室活动。

从事检测或校准活动的人员应具备相关专业大专以上学历。如果学历或专业不满足要求，应有10年以上相关检测或校准经历。关键技术人员，如进行检测或校准结果复核、检测或校准方法验证或确认的人员，除满足上述要求外，还应有3年以上本专业领域的检测或校准经历。关键技术人员还应包括签发证书或报告的人员（包括授权签字人），CNAS对授权签字人的要求更为严格。

授权签字人除满足 b）要求外，还应熟悉CNAS所有相关的认可要求，并具有本专业中级以上（含中级）技术职称或同等能力。

注：“同等能力”需满足的条件：a）大专毕业后，从事专业技术工作8年及以上；b）大学本科毕业，从事相关专业5年及以上；c）硕士学位以上（含），从事相关专业3年及以上；d）博士学位以上（含），从事相关专业 1 年及以上。

授权签字人指被CNAS认可的可以签发带有认可标识证书或报告的人员，其在被授权的范围内应有相应的技术能力和工作经验。实验室负责人可以不是授权签字人，授权范围也可以不是全部认可范围，授权范围应根据其实际技术能力确定。

CNAS在微生物、化学、纺织、校准等多个领域应用说明中均对实验室人员能力从教育背景、工作经验等方面做了明确规定。检测／校准操作人员是实验室的基础，其能力直接决定

了检测 / 校准结果的质量。实验室应按岗位要求提出人员应满足的能力要求，编制“人员任职资格要求”“检测人员能力要求”或“岗位说明书”等文件进行明确规定。

6.2.3 实验室确保人员不仅要具备其从事的实验室活动的类型、范围和工作量所必须具备的基本能力，还应该包括专业判断能力。如被检测 / 校准物品、材料的制造和运行过程的相关技术知识，在使用过程中可能出现的缺陷或失效等方面的知识，以及被检物品和材料正常使用过程中发生的偏离所产生的影响的程度了解。同时还要具备识别偏离和评估偏离影响程度的能力，并采取措施预防或减少这些偏离。如标准方法要求某项技术操作的提取时间为4小时，当客户要求压缩至3小时就出具结果时，操作人员应有能力评估其对结果的影响程度。评估偏离影响程度的能力，可在日常技术培训（设备操作、检测方法等）中增加识别偏离或不符合的内容；或通过制订作业指导书、收集常见偏离或不符合建立案例库等方式使人员了解发生偏离或不符合如何处理。

能力是由知识、技能和经验构成的，因此，对人员能力的确认不仅要考虑其学历、经历、培训、已获得资质等，还要考虑其工作经验和实际操作能力。确保人员能力不仅是管理问题，还是各级管理者首要的工作和任务。当所有岗位的人员均能胜任自己工作时，管理体系运行是最有效的。

6.2.4 实验室管理层应向实验室人员传达其职责和权限，让各层次、各部门、各岗位人员明确其工作职责和权限、上岗要求，并按照要求开展工作，确保检测 / 校准数据和结果的准确性、有效性。管理层可根据实际情况通过书面告知（岗位说明书、人员任职资格要求、人员授权表、上岗证等）形式，与实验室人员交流沟通，让每一个人清楚其职能、责任和授权，并有针对性地对人员进行能力评价和相关培训，达到人—岗匹配。

6.2.5 实验室应制订确定人员能力要求、人员选择、人员培训、人员监督、人员授权、人员能力监控等内容的程序，并保存相关记录。

实验室应与工作人员确定劳动或聘用关系，签订用人合同，不得使用在两个及以上同类型实验室从业的人员，应对人员从录用、培训、资格确认、授权、能力保持等各环节进行系统管理。应将人员管理的各项制度和程序文件化，形成《人员管理程序》等文件进行控制。

确定人员能力，应对照相应岗位人员的任职要求对人员的教育、培训、工作经验、技能等进行资格确认。上岗前的资格确认方式可以根据工作的复杂程度、个人的学历和经验水平等有所差异，有些岗位或人员需要进行岗位所需知识技能培训、见习，并考核或考评合格后方可授权，有些岗位人员可能只需简单确认即可授权。除需要根据认可准则和各领域应用说明确认人员的相应教育背景、工作经验是否符合基本要求，还应对人员进行对应岗位培训，并确认其技能是否满足岗位要求。

CNAS—CL01—G001：2018中6.2.5 c）规定，实验室应制订程序对新进技术人员和现有技术人员新的技术活动进行培训。实验室应识别对实验室人员的持续培训需求，对培训活动进行适当安排，并保留培训记录。

从事特殊产品检测 / 校准活动的实验室，应注意识别相关法律法规对从业人员资格的规定要求，并确保其专业技术人员和管理人员符合这些规定要求。如相关法律法规对食品检测从业人员的资格要求，对特种设备操作人员的资格要求等。

常见的实验室人员考核 / 考评方式如下。

（1）理论考核：对相关知识或要求的理解掌握情况，解决问题的能力。

（2）实操考核：对盲样、已知结果的样本或质控样品进行检测操作，检测过程、结果报告、仪器操作、设备维护等是否满足标准或作业指导书的要求。

（3）评估解决问题的能力：对口头语提出问题的回答和反应等。

（4）人员监督：直接观察人员检测过程，对标准的理解和执行能力，操作规范性、仪器维护与功能检查情况等。

（5）监测实验结果报告 / 证书、核查记录。

对实验室人员的考评形式应多样化，如对操作岗位的人员，不应仅限于理论或书面考试，考评要偏重实际操作，涵盖实验原理及操作的规范要求、操作和安全注意事项、原始记录及报告规范性要求等，目的是使操作人员尽快掌握实验原理和正确的操作方法。实验室可制订考核细则，对考核的规定进行量化，明确考核要点和标准，对关键步骤加以重点关注，从而判断被考核人员是否在关键点上都达到了相应标准要求；是否能够正确和准确地执行检测方法；测试样品和质控样品的检测结果是否在可接受范围内；是否能够对实验每一步骤进行完整记录；结果报告是否书写正确，为操作人员正式上岗后检测结果的准确性、可靠性提供保障。

某些技术领域标准要求从事某些特定工作岗位的人员必须持有个人资格证书才能上岗，人员持证上岗的要求可能是法定的、特定技术领域标准包含的，或是客户要求的。本准则5.4条款明确规定“实验室应以满足本准则、实验室客户、法定管理机构和提供承认的组织要求的方式开展实验室活动”。如CNAS—CL01—A011：2018《实验室能力认可准则在无损检测领域的应用说明》中明确规定，无损检测领域的检测人员应具有无损检测II级人员的资格，具有无损检测的经验，具有使用有关标准和根据具体的要求应用合适的标准、整理分析无损检测数据和结果、保持工作记录和编制常规报告的经验和能力；授权签字人当仅对射线或超声探伤的检测项目负责时，其资格应满足射线或超声探伤Ⅲ级人员的资格；授权签字人当仅对磁粉或渗透检测项目负责时，其资格应满足磁粉或渗透Ⅱ级人员的资格。

“人员监督”主要指对新员工、新授权之前和新项目运行的人员在授权上岗前的监督。CNAS—CL01—G001：2018 中6.2.5 d）规定，实验室应关注对人员能力的监督模式，确定可以独立承担实验室活动的人员，以及需要在指导和监督下工作的人员。负责监督的人员应有相应的检测或校准能力。

实验室应建立监督过程，通常，每年由技术负责人组织监督员识别本专业领域需要监督人员，如实习生、转岗人员、操作新设备或使用新方法人员等，并编制监督计划，说明监督对象、内容、形式等。实验室可结合其检测专业领域类型和特点制订人员监督管理程序，规定人员监督方法、监督结果评估方法等要求。实验室应设置覆盖其检测 / 校准能力范围的监督员，监督员应有相应监督领域的检测 / 校准能力和丰富的经验，熟悉检测 / 校准目的、程序、方法并能够评价检测 / 校准结果。常用的监督模式有观察现场试验、核查原始记录和报告 / 证书、面谈、评审参加质控活动的结果等。监督应有记录，监督员应对被监督人员进行评价，并将监督记录存档，可将其用于识别人员培训需求和能力评价，进行必要的再培训和再监督。实验室应定期评审监督的有效性，形成监督报告并输入管理评审。

“人员能力监控”主要指对已授权上岗人员是否持续保持能力进行监控。授权并不是一劳永逸的，随着检测／校准项目和范围的增加，使用新设备、新方法，人员的能力应与之相适应，故应根据工作需要随时确认相关人员能力后再授权，才能保证实验室的技术能力持续满足要求。实验室应依据方法稳定性、技术复杂性、人员经验、专业教育、工作量、客户现场、各种可能的变动等，基于风险分析，建立监控方案和评价标准。CNAS—CL01—G001：2018 中6.2.5 f）规定，实验室可以通过质量控制结果（见CNAS—CL01中7.7条款），包括盲样测试、实验室内比对、能力验证和实验室间比对结果、现场监督实际操作过程、核查记录等方式对人员能力实施监控，做好监控记录并进行评价。

实验室应保留所有可能影响实验室活动结果的人员的相关教育背景、工作经验、专业资格、技能、培训、考核、监督、授权、监控的记录，包括能力确认和授权的日期，建立人员技术档案，并持续更新。人员技术档案作为实验室技术性档案资料的重要组成部分，是实验室管理体系持续高效运行不可或缺的证明材料之一，应以便于存取的方式保存，做好防尘、防火、防盗、防水、防潮、防虫蛀等措施，防止损坏、变质、丢失。人员技术档案的保存期限应满足CNAS—CL01—G001：2018中8.4.2规定，除特殊情况外，所有技术记录，包括检测或校准的原始记录，应至少保存6年。人员或设备记录应随同人员工作期间或设备使用时限全程保留，在人员调离或设备停止使用后，人员或设备技术记录应再保存 6 年。

6.2.6 实验室对从事以下（不限于）特定实验室活动的人员进行明确的授权：a）开发、修改、验证和确认方法；b）分析结果，包括符合性声明或意见和解释；c）报告、审查和批准结果。

从事“开发、修改、验证和确认方法”和“分析结果，包括符合性声明或意见和解释”的人员，除具备相应的资格、教育培训经历、经验和其所进行的检测领域的充分知识外，还需具有以下能力。

（1）开发和改进方法，对所得数据和结果进行评估的能力。

（2）被测物品、材料、产品等相关技术知识，已使用或拟使用方法的知识，以及在使用过程中可能出现缺陷或降级等方面的知识。

（3）被测物品、材料、产品等正常测试中发现的偏离所产生的影响程度的评估的经验和知识。

（4）有关法律法规和标准中的通用要求的知识等。

从事“报告、审查和批准结果”的人员负责在授权范围内审批、签发检测／校准报告／证书，对报告／证书数据和结果的准确性、完整性负责。所以，授权签字人相较于其他岗位人员要求更高。

（1）授权签字人应了解相关法律法规，如食品实验室授权签字人须了解《中华人民共和国食品安全法》《食品检验工作规范》《食品添加剂卫生管理办法》等，了解相关规章中与食品检验机构相关的内容、职责和法律责任；环境实验室的授权签字人须了解《中华人民共和国环境保护法》《环境监测数据弄虚作假行为判定及处理办法》《中华人民共和国大气污染防治法》等，了解相关规章中与环境监测机构相关的内容、职责和法律责任。

（2）实验室授权签字人应掌握定量 / 定性检测、系统 / 随机误差、灵敏度、测量不确定度、检测限、精密度、准确度、标准物质、期间核查、检定校准、计量溯源性等检验检测相关基本概念。

（3）实验室授权签字人须了解认可规则、认可准则及相关应用说明等的要求，熟悉检测和校准实验室能力的通用要求；应熟练掌握其认可范围内的检测 / 校准项目、方法标准、规程 / 规范等，应有能力对相关检测 / 校准结果进行评定；应熟悉质量控制的方法和要求及统计技术在质控中的应用等。

必备知识与技能

① 熟练掌握认证认可准则及相关认可领域应用说明、法律法规、行业部门规章对人员资质能力的要求；② 具备对人员监督 / 监控结果评价的能力，尤其是专业技术知识和经验。

审核要点及方式

条款号	序号	审核要点（Check List）	审核方式	审核记录
6.2.1	1	所有可能影响实验室活动的内 / 外部人员是否行为公正、受到监督、胜任工作，并按照管理体系要求履行职责。	审阅记录	内 / 外部人员行为描述、能力情况、工作履职情况、监督记录
6.2.2	1	管理人员和技术人员是否有岗位说明，规定了岗位职责、权限和任职要求，以及与其他岗位的工作关系；管理人员和技术人员是否知悉自己所在岗位的职责、权限和任职要求，以及与其他岗位的工作关系。	审阅文件 人员询问	人员任职资格要求、检测人员能力要求或岗位说明书，人员询问及回答情况记录
6.2.3	1	查人员技术档案，技术人员的资质和能力是否胜任所从事的工作，是否经过能力确认后持证上岗，是否具备评估偏离影响程度的能力。	查阅记录	技术人员资质和能力情况
	2	其他管理人员和关键支持人员是否胜任本岗位工作。	查阅记录	管理人员和关键支持人员资质和能力情况
	3	设备管理员、文件管理员、样品管理员、标物试剂管理员、分包管理员等人员是否明确其岗位职责，是否具备所需的资质和能力履行其职责，是否具备评估偏离影响程度的能力。	审阅记录 人员询问	各管理员资质和能力情况、履职情况
6.2.4	1	实验室管理和技术岗位人员是否了解自身的岗位职责和权限并履职。	人员询问	被询问人员姓名、岗位、职责、权限，及履职情况
6.2.5	1	实验室是否建立人员管理程序，是否对人员能力、资格确认、培训、任用、监督、授权和能力保持等进行规范化管理，要求是否明确、是否得到执行。	审阅文件 查阅记录	人员管理程序，被抽查人员技术档案中培训、考核、能力确认、授权、监督及持续监控记录的情况
	2	实验室是否按任职要求对其管理和技术人员进行资格确认，选用的人员是否满足相关认证认可准则要求。	查阅记录	人员技术档案、人员能力确认情况

续表

条款号	序号	审核要点（Check List）	审核方式	审核记录
6.2.5	3	实验室是否建立了人员培训程序，其内容是否覆盖人员培训的全部要求，并具有可操作性；是否识别培训需求，制订人员培训计划，计划是否适宜并得到实施，是否保存有培训记录及有效性评价记录。	审阅文件 查阅记录	人员培训程序、培训计划、计划实施及记录情况
	4	实验室是否设置了覆盖其检测／校准能力范围的监督员，监督员是否熟悉检测／校准目的、程序、方法并能够评价检测／校准结果，是否对“三新”人员安排了监督，是否有监督计划、监督记录，是否对被监督人进行了评价并保存了监督记录。	查阅记录	监督员技术档案、任命文件、覆盖领域，人员监督计划、监督记录情况
	5	实验室是否对管理及技术人员在能力确认的基础上进行授权并保留授权记录。	查阅记录	人员授权情况
	6	人员授权后是否进行人员能力持续监控，人员能力是否持续满足原有及新增项目、设备、方法要求，并保存记录。	查阅记录	人员能力监控情况
6.2.6	1	实验室从事开发、修改、验证和确认方法、分析结果（包括符合性声明或意见和解释）、报告、审查和批准结果的人员是否具备相应的资格、能力，有无授权文件。	查阅记录	从事特定的实验室活动的人员技术档案及授权情况
备注	对人员能力的考核，可结合现场试验考核方式进行综合考核			

参考不符合案例

案例6.2-1

某食品检测实验室《岗位说明书》中技术负责人、授权签字人任职条件要求未纳入认可准则在化学和微生物领域新版应用说明中对技术负责人、授权签字人的相关要求。

不符合条款号：CNAS—CL01：2018　6.2.2。

分析：实验室《岗位说明书》制订的依据应覆盖实验室所有检测／校准活动相关领域应用说明的要求中对相应岗位人员的要求。

案例6.2-2

某建材实验室内部审核时，内审员发现《管理手册》中“关键岗位代理人”描述为“授权签字人李某不在时，由技术负责人王×代理其职责”，但王×为非经认证认可机构考核合格的授权签字人。

不符合条款号：CNAS—CL01：2018　6.2.6和RB/T 214—2017 4.2.4。

分析：体系文件建立人员对检验检测机构相关认证认可准则关于授权签字人的有关规定不清楚；授权签字人是经检验检测机构推荐、认证认可部门考核合格后授权签发报告的人员，不允许设置代理人。

案例6.2-3

某检测机构进行内部审核时，审核员发现实验室未对灯具、线缆检测岗位新入职人员进行充分监督，也提供不出相应监督记录。

不符合条款号：CNAS—CL01：2018 6.2.5 d）和RB/T 214—2017 4.2.5。

分析：人员监督主要指对新员工、新授权之前和新项目运行的人员在授权上岗前的监督。实验室应设置覆盖其检测/校准能力范围的监督员，监督员应有相应监督领域的检测/校准能力和经验。实验室应保存人员监督的相关记录。

标准条文

6.3 设施和环境条件（对应RB/T 214—2017条款4.3、4.4）

6.3.1 设施和环境条件应适合实验室活动，不应对结果有效性产生不利影响。

注：对结果有效性有不利影响的因素可能包括但不限于，微生物污染、灰尘、电磁干扰、辐射、湿度、供电、温度、声音和振动。

6.3.2 实验室应将从事实验室活动所必需的设施及环境条件的要求形成文件。

6.3.3 当相关规范、方法或程序对环境条件有要求时，或环境条件影响结果的有效性时，实验室应监测、控制和记录环境条件。

6.3.4 实验室应实施、监控并定期评审控制设施的措施，这些措施应包括但不限于：

a）进入和使用影响实验室活动区域的控制；

b）预防对实验室活动的污染、干扰或不利影响；

c）有效隔离不相容的实验室活动区域。

6.3.5 当实验室在永久控制之外的地点或设施中实施实验室活动时，应确保满足本准则中有关设施和环境条件的要求。

条文释义和理解

实验室的设施和环境条件，是开展实验室活动的必要条件，是抽样、检测、校准数据结果准确可靠的保障，属于资源配置的过程。同时，实验室的设施和环境条件还应满足对工作人员的健康安全防护、对环境的安全保护等的需要。

6.3.1 实验室的设施和环境条件应与所从事的检测/校准工作类型相适应，不同类型的实验室有不同的要求，都不应对结果有效性产生不良影响。

实验室的设施和环境条件主要指场地、能源、采暖、采光（照明）、通风等。实验室的环境条件包括内部和外部的环境条件，内部环境条件主要包括温度、湿度、洁净度、干扰度（如电磁干扰、冲击振动）等，外部环境条件主要包括灰尘、温度、湿度、噪声、振动、海拔、雷电、大气压强、有害气体、电磁干扰、电源电压、微生物菌种等。这些设施和环境条件首先应满足相关法律法规、技术规范、方法标准的要求，避免影响结果的质量或准确性；还应确保实验室的安全性，不能影响和危害公共安全；同时应满足仪器设备对环境条件的要求，并保障操作人员安全和健康的要求，如基因实验室、生物安全实验室和有严格防火要求的实验室等。

CNAS—CL01—G001：2018中6.3.1规定，实验室的设施应为自有设施，并拥有设施的全部使用权和支配权。自有设施指购买或长期租赁（至少2年）并拥有完全使用权和支配权的设施。如果实验室通过签订合同，在有检测或校准任务时临时使用其他机构的设施，不能视为自有设施，将不予认可。如果实验室仅租借场地，不涉及仪器设备，如汽车试验场或类似情况则允许租借。“实验室应有充足的设施和场地实施检测或校准活动，包括样品储存空间；对相互干扰的设备、相邻的工作区域必须进行有效的隔离”，以防止影响检测/校准工作的质量和对环境的交叉污染。

以食品检测机构为例，在实验室设计和建设初期就应充分考虑相关认证认可准则通用要求以外的专业要求，如CNAS—CL01—A001：2018《检测和校准实验室能力认可准则在微生物检测领域的应用说明》和CNAS—CL01—A002：2020《检测和校准实验室能力认可准则在化学检测领域的应用说明》等专业领域应用说明的要求。食品微生物和化学检测区域应隔离，微生物检测区（样品交接区、保存区、培养基配置区、洁净室、培养室、洗刷消毒室等）应按照从低污染到高污染的顺序、遵循“单方向工作流程”原则设计，并配备紫外消毒等装置，洗刷消毒区应远离操作区，防止潜在的交叉污染。如果从事食品致病菌的检测，应限定在致病菌检测区域内进行相关操作，防护服、移液器、离心管等也限定在该区域使用。实验室的生物危害标识应与其检测活动的生物安全等级相适应。食品化学检测区域一般分为接样室、样品保存室、样品前处理区、天平室、标物储存及配置室、有机及无机仪器分析室等，有机仪器分析室气相色谱和液相色谱最好单独分区隔离，仪器与操作人员分区隔离，配置洗眼及紧急喷淋装置、个人安全防护装备、烟雾及毒气报警器、灭火器、消防沙等，并定期检查其功能有效性；天平室和标物保存区则要求对温度和湿度进行控制，确保称量数据的准确性和标物的有效性。

6.3.2 实验室将实验室活动所必需的设施及环境条件的要求制订成文件。文件制订的依据一般为：实验室从事活动相关的法律法规、技术规范、方法标准、仪器设备正常运行要求，以及保障人员健康安全必需的环境条件等。

6.3.3 当相关规范、方法或程序对环境条件有要求时，或环境条件影响结果的有效性时，实验室应具备监测、控制环境条件的能力，并应维护和保持这种能力，及时发现和调控环境条件的波动，避免影响检测/校准结果的质量。实验室在从事实验室活动前应充分识别环境条件要求，并采取相应的措施。对各类设施和场所环境条件实施监控应及时、真实地记录，保证在同等条件下可以复现检测/校准环境条件，以作为反映环境条件变化的信息，并为分析数据变化提供参考。当环境条件影响实验室数据结果的准确性，使报告数据不准确或不可靠时，应立即停止实验室活动，宣布已获得数据结果无效，对环境条件采取措施进行调控，必要时，重复实验室活动、扣发报告。

6.3.4 实验室应对人员进入和使用影响实验室活动区域进行控制，实验室应根据自身实际情况，包括特定区域的技术要求、标准规定等，确定控制的区域和范围，并进行正确的、显著的标识，制订相关规定和措施，如标识“非请勿入”、安装门禁系统等，防止未经授权人员进入实验室活动区域，对实验室活动造成污染、干扰或不利影响。在确保不会对实验室活动质量产生不利影响的前提下，同时还应考虑保护客户和实验室机密和所有权、保护人员的人身安全的需求。当客户（或其代表）要求参观为其进行的实验室活动时，在确保其他客户机密的前提下允许客户（或其代表）在指定人员陪同下合理进入与客户相关的受控区域观察。

实验室应对开展的实验室活动进行合理布局。任何相邻区域的工作或活动不相容或者相互影响时，实验室应对相关区域采取措施进行有效隔离，消除相互间的不良影响，防止交叉污染。如微生物检测区域中洁净区和非洁净区必须有效隔离。对使用ICP—MS进行痕量分析测试的实验室，应将ICP—MS放置在专门建立的洁净室中，避免其他实验室活动对其造成不利影响。

理解此条款时还应关注微生物、化学、纺织、电气、建工等各专业领域应用说明的要求。实验室应对实验室安全作业进行管理和控制，尤其对涉及易制毒易制爆化学品、化学危险品、毒品、有害生物、高温、高压、撞击、电离辐射，以及水、电、气、火等危及安全的因素和环境，必须有效控制，确保安全。如接触危险化学品、毒品、有害生物的实验室，应从采购、验收、储存、标识、领用、交接、无害化处置等各个环节建立严密的安全控制措施，确保不泄露、不扩散、不遗失、不会对人员和公共安全造成危害。实验室还应建立紧急处理措施或应急方案，如出现险情和意外事故，应能及时做出正确和快速的反应，防止事态扩大和人员伤亡，并立即向主管部门和安全管理部门汇报。

6.3.5 当实验室在永久控制之外的地点或设施中实施实验室活动时，应确保满足 本准则中有关设施和环境条件的要求。“永久控制之外的地点或设施”一般指客户的场所、移动的设施、临时的检测场所等，在这些场所进行采样 / 抽样、检测、校准等实验室活动时，应对环境条件给予特殊关注，其环境条件应同样满足相关标准规范、方法或程序的要求，应实施有效的监控，并真实、及时记录。必要时，应有措施保障检查采样、现场检测设备的性能不受影响，并记录环境条件和采取的措施。

必备知识与技能

① 熟练掌握实验室活动相关规范、方法或程序对环境条件的要求；② 熟练掌握与被审核部门相关的CNAS专业领域应用要求对环境条件的要求；③ 具备识别不相容的实验室活动区域以及对结果有效性有不利影响的因素的能力；④ 了解实验室活动的范围是否有“永久控制之外的地点或设施”，都涉及哪些场所和设施。

审核要点及方式

条款号	序号	审核要点（Check List）	审核方式	审核记录
6.3.1	1	设施和环境条件是否适合实验室活动，是否对结果有效性产生不利影响。	现场观察	实验室设施和环境条件情况（简述）
6.3.2	1	实验室是否制订文件化的设施及环境条件控制程序，是否符合要求。	审阅文件	设施及环境条件控制程序
6.3.3	1	是否对实验室的环境条件进行监控并记录，环境条件是否满足相关规范、方法或程序的要求。	现场观察 查阅记录	实验室环境条件监控记录，环境条件满足相关规范、方法或程序要求的情况（简述）
6.3.4	1	是否对进入和使用影响实验室活动区域采取措施进行控制，并明确标识。	现场观察	特定区域控制的措施及标识情况

续表

条款号	序号	审核要点（Check List）	审核方式	审核记录
6.3.4	2	相邻区域间的工作是否相容，是否相互有不利影响。	现场观察	相邻区域工作相容情况
	3	实验室是否有安全作业及环境保护相关管理制度或措施，是否有相应的应急处置措施。	审阅文件	安全作业及环境保护相关管理制度或措施
6.3.5	1	实验室是否对其涉及的永久控制之外的地点或设施的环境条件制订措施或制度进行监控并记录。	审阅文件 查阅记录	对永久控制之外的地点或设施的环境条件监控和记录情况

参考不符合案例

案例6.3-1

审核员在查看天平室时，发现分析天平放在中央空调出风口正下方位置。

不符合条款号：CNAS—CL01：2018 6.3.4 b）和RB/T 214—2017 4.3.4。

分析：分析天平有控温和温度波动要求。该实验室将分析天平放置在空调出风口正下方，既不能保证对温度波动的控制，也不能排除空调吹风气流对天平的干扰。

案例6.3-2

审核员在实验室审核时发现，电池电性能检测设备没有配备稳压电源（试验电压应保持在额定电压的 ± 3%）。

不符合条款号：CNAS—CL01：2018 6.3.1和RB/T 214—2017 4.4.1。

分析：电池性能检测要求配备稳压电源，试验电压应保持在额定电压的 ± 3%，才能确保测试数据的稳定、准确、可靠。

案例6.3-3

审核员在审核食品实验室时，发现样品库里待检的鲜鸡蛋样品在常温条件下已存放一周，询问样品管理员，样品管理员说没有见到样品保存环境条件相关要求文件，也不知道鲜鸡蛋保存要求的温度范围是多少。

不符合条款号：CNAS—CL01：2018 6.3.2和RB/T 214—2017 4.3.1。

分析：实验室未将可能影响检测结果的环境条件的技术要求形成文件，并宣贯到相关岗位工作人员。

案例6.3-4

内燃机实验室在进行噪声试验时，试验间的大门敞开，门外有其他发动机试验和铲车在移动，造成多种声源，无法测定准确的数据。

不符合条款号：CNAS—CL01：2018 6.3.4 c）和RB/T 214—2017 4.3.4。

分析：试验间外的其他试验产生的噪声对内燃机实验室的噪声试验造成了干扰，未将两个不相容的实验室活动区域进行有效隔离。

标准条文

6.4 设备（对应RB/T 214—2017条款4.4）

6.4.1 实验室应获得正确开展实验室活动所需的并影响结果的设备，包括但不限于：测量仪器、软件、测量标准、标准物质、参考数据、试剂、消耗品或辅助装置。

注1：标准物质和有证标准物质有多种名称，包括标准样品、参考标准、校准标准、标准参考物质和质量控制物质。ISO 17034给出了标准物质生产者的更多信息。满足ISO 17034要求的标准物质生产者被视为是有能力的。满足ISO 17034要求的标准物质生产者提供的标准物质会提供产品信息单/证书，除其他特性外至少包含规定特性的均匀性和稳定性，对有证标准物质，信息中包含规定特性的标准值、相关的测量不确定度和计量溯源性。

注2：ISO指南33给出了标准物质选择和使用指南。ISO指南80给出了内部制备质量控制物质的指南。

6.4.2 实验室使用永久控制以外的设备时，应确保满足本准则对设备的要求。

6.4.3 实验室应有处理、运输、储存、使用和按计划维护设备的程序，以确保其功能正常并防止污染或性能退化。

6.4.4 当设备投入使用或重新投入使用前，实验室应验证其符合规定要求。

6.4.5 用于测量的设备应能达到所需的测量准确度和（或）测量不确定度，以提供有效结果。

6.4.6 在下列情况下，测量设备应进行校准：

——当测量准确度或测量不确定度影响报告结果的有效性；和（或）

——为建立报告结果的计量溯源性，要求对设备进行校准。

注：影响报告结果有效性的设备类型可包括：

——用于直接测量被测量的设备，例如使用天平测量质量；

——用于修正测量值的设备，例如温度测量；

——用于从多个量计算获得测量结果的设备。

6.4.7 实验室应制订校准方案，并应进行复核和必要的调整，以保持对校准状态的可信度。

6.4.8 所有需要校准或具有规定有效期的设备应使用标签、编码或以其他方式标识，使设备使用人方便地识别校准状态或有效期。

6.4.9 如果设备有过载或处置不当、给出可疑结果、已显示有缺陷或超出规定要求时，应停止使用。这些设备应予以隔离以防误用，或加贴标签/标记以清晰表明该设备已停用，直至经过验证表明能正常工作。实验室应检查设备缺陷或偏离规定要求的影响，并应启动不符合工作管理程序（见7.10）。

6.4.10 当需要利用期间核查以保持对设备性能的信心时，应按程序进行核查。

6.4.11 如果校准和标准物质数据中包含参考值或修正因子，实验室应确保该参考值和修正因子得到适当的更新和应用，以满足规定要求。

6.4.12 实验室应有切实可行的措施，防止设备被意外调整而导致结果无效。

> 6.4.13 实验室应保存对实验室活动有影响的设备记录。适用时，记录应包括以下内容：
> a）设备的识别，包括软件和固件版本；
> b）制造商名称、型号、序列号或其他唯一性标识；
> c）设备符合规定要求的验证证据；
> d）当前的位置；
> e）校准日期、校准结果、设备调整、验收准则、下次校准的预定日期或校准周期；
> f）标准物质的文件、结果、验收准则、相关日期和有效期；
> g）与设备性能相关的维护计划和已进行的维护；
> h）设备的损坏、故障、改装或维修的详细信息。

条文释义和理解

设备是实验室开展检测／校准工作所必需的重要资源，也是保证检测／校准工作质量、获取可靠测量数据的基础。

6.4.1 对设备配备的要求。实验室应可获得正确开展实验室活动所需的并能影响结果的设备。“正确开展实验室活动”指能够正确地依据检测／校准标准／规范进行的检测／校准活动。实验室设备包括但不限于测量仪器、软件、测量标准、标准物质、参考数据、试剂、消耗品或辅助装置。本条款中除测量仪器和标准物质外，将软件、测量标准、参考数据、试剂、消耗品及辅助装置全部纳入设备管理的范畴。实验室应配备满足实验室活动的设备和设施，包括满足抽样、物品制备、物品保存、数据处理与分析要求的设备，且设备应有利于检测／校准工作的正常开展。如食品检测机构，应配备足够数量的样品均质器用于样品处理，以及足够数量的冷藏及冷冻设备用于保存样品；微生物项目检测应配备足够数量的培养箱以满足检测标准对不同培养温度控制的要求。实验室应有设备配置一览表或设备台账，内容一般包括设备管理编号、设备名称、出厂编号、规格型号、生产厂家、采购日期、放置地点、使用部门、保管人等信息，且如有新增或报废设备应及时更新台账。

CNAS—CL01—G001：2018 6.4.1规定，a）实验室配置的设备应在其申报认可的地点内，并对其有完全的支配权和使用权；b）有些设备，特别是化学分析中一些常用设备，通常用标准物质来校准，实验室应有充足的标准物质来对设备的预期使用范围进行校准。

标准物质（Reference Material，RM）是一种已经确定了具有一个或多个足够均匀的特性值的物质或材料。有证标准物质（Certified Reference Material，CRM），指附有证书的标准物质，其一种或多种特性值用建立了溯源性的程序确定，使之可溯源到准确复现的用于表示该特性值的计量单位，而且每个标准值都附有给定置信水平的不确定度。标准物质和有证标准物质有多种名称，包括标准样品、参考标准、校准标准、标准参考物质和质量控制物质。满足ISO 17034要求的标准物质生产者提供的标准物质会提供产品信息单／证书，除其他特性外至少包含规定特性的均匀性和稳定性，对有证标准物质，信息中包含规定特性的标准值、相关的测量不确定度和计量溯源性。

本准则要求使用满足ISO 17034要求的标准物质生产者提供的标准物质。ISO指南33给出了标准物质选择和使用指南，帮助实验室选择和使用合适的标准物质。ISO指南80给出了内部制备质量控制物质的指南，指导实验室制备内部质控样品，降低运行成本。

实验室应建立标准物质台账及出入库记录，主要内容包括标准物质编号、中英文名称、规格、纯度、批号、有效期、生产厂家、储存条件、出入库日期、领用量及领用人登记信息等，实施动态管理，并收集整理标准物质证书妥善保管。

6.4.2 对实验室使用永久控制以外的设备的要求。“永久控制以外的设备”一般指租用、借用、使用客户的设备，不仅应满足本条款的要求，也应满足本准则其他条款技术和管理要求。租借设备的管理也应纳入本机构的管理体系，应在租赁合同中明确规定设备的使用权，本机构可以全权支配使用，由本机构人员进行操作、维护、检定／校准，并对使用环境条件进行控制。如租借的设备的功能、性能、技术参数应满足技术要求，应经检定／校准确认合格后投入使用，应进行期间核查、日常维护保养，应保留相关原始记录等。需要注意的是，同一台设备不允许在同一时期被不同的实验室共同租赁和用于认可和资质认定。CNAS—CL01—A002：2020 6.4.1规定，对检测结果有影响的实验室关键检测设备应为自有设备。注：自有设备指购买或长期租赁（租期 2 年以上）且具有完全的使用权和支配权的设备。

6.4.3 实验室应有处理、运输、储存、使用和按计划维护设备的程序，以确保其功能正常并防止污染或性能退化。CNAS—CL01—G001：2018 6.4.3规定，实验室应指定专人负责设备的管理，包括校准、维护和期间核查等。实验室应建立机制以提示对到期设备进行校准、核查和维护。因设备使用者最了解设备的使用状态，因此建议其参与设备管理。设备管理员负责整体的设备管理，包括设备采购，组织验收，安装调试，检定／校准／自校，标识管理，建立设备档案，投入使用，制订设备检定／校准、维护、期间核查计划并监督计划实施情况，设备报废等各个环节。设备使用人员根据实际情况参与设备管理的相关过程和环节。

6.4.4 当设备（包括但不限于测量仪器、标准物质、试剂、软件、测量标准、参考数据、消耗品和辅助装置）投入使用或重新投入使用前，实验室应验证其是否符合规定要求。CNAS—CL01—G001：2018 6.4.4规定，因校准或维修等原因又返回实验室的设备，在返回后实验室也应对其进行验证。如大气采样器、pH计在每次使用前应进行校准；设备送外部机构检定／校准／维修期间，设备脱离实验室的直接控制，其状况是不确定的，设备返回后，实验室应对其进行功能和校准状态核查，显示满意结果后方可恢复使用；如设备的关键零部件或功能损坏维修完毕后，需再次进行检定／校准且确认结果符合相关技术规范要求后方可再次投入使用；验证的过程、方法及结论等应予以记录。

6.4.5 为保证实验室活动结果的有效性，所用测量设备的技术指标（测量准确度或测量不确定度）应满足方法或测量程序规定的要求。如化学实验室应配备高精度的天平用于称量和配制标准溶液。

6.4.6 在下列情况下测量设备应进行校准：当测量准确度或测量不确定度影响报告结果的有效性；为建立报告结果的计量溯源性，要求对设备进行校准。

影响报告结果有效性的设备可包括类型包括：用于直接测量被测量的设备，例如使用天平测量质量；用于修正测量值的设备，例如温度测量；用于从多个量计算获得测量结果的设备。

CNAS—CL01—G001：2018中6.4.6规定，应注意到并非实验室的每台设备都需要校准，实验室应评估该设备对结果有效性和计量溯源性的影响，合理地确定是否需要校准。对不需要校准的设备，实验室应核查其状态是否满足使用要求。实验室应根据校准证书的信息，判断设备是否满足方法要求。依据校准结果判断设备是否满足方法要求是实验室自身的工作，不宜由校准服务提供者来做。

需要注意的是，对设备校准证书信息进行确认，判断设备是否满足要求的依据应是方法标准要求；对一台设备用于多个方法标准测试的应满足最严格的方法标准要求；对不需要检定／校准的设备，实验室可自行核查其状态是否满足使用要求，核查频次可根据设备稳定性、使用频率、环境等情况确定，并保留相关核查记录。

6.4.7 实验室应制订校准方案，并应进行复核和必要的调整，以保持对校准状态的可信度。CNAS—CL01—G001：2018 6.4.7规定，对需要校准的设备，实验室应建立校准方案，方案中应包括该设备校准的参数、范围、不确定度和校准周期等，以便送校时提出明确的、针对性的要求。如果设备的预期用途或使用范围有变化，校准方案也应进行必要的调整，以满足方法标准的要求。每次实施校准前，实验室应将校准方案提供给校准机构，明确每台设备的校准要求，避免参数漏校、多校、错校。

6.4.8 所有需要校准或具有规定有效期的设备应使用标签、编码或以其他方式标识，使设备使用人方便地识别校准状态或有效期。设备的标识管理是检查设备处于受控管理的措施之一。实验室所有的仪器设备及其软件、标准物质均应有效实施标识管理。

设备的状态标识分为“合格”“准用”和“停用”三种，通常以“绿”“黄”“红”三种颜色表示，且状态标识中应包含检定／校准日期、有效期、检定／校准单位、设备编号、确认人等信息。

（1）合格标识（绿色）：经计量检定或校准、验证合格，经确认符合相关检测／校准技术规范规定的。

（2）准用标识（黄色）：仪器设备存在部分缺陷，但在限定范围内可以使用的，包括设备的某一量程准确度不合格，但检测／校准所用的量程合格的；多功能设备的个别功能丧失，但不影响检测／校准所用的功能正常使用，且经过检定或校准验证合格的；降等级使用的设备。

（3）停用标识（红色）：故障、损坏、设备性能无法确定、经检定／校准不合格、超过检定／校准周期未检定／校准、不符合检测／校准技术规范规定的使用要求的设备。

6.4.9 如果设备有过载或处置不当、给出可疑结果、已显示有缺陷或超出规定要求时，应停止使用。这些设备应予以隔离以防误用，或加贴标签／标记以清晰表明该设备已停用，直至修复，并经检定／校准／核查、验证表明其能正常工作，方可重新投入使用。

实验室还应对因设备缺陷或偏离规定要求对以往实验室活动所造成的影响进行追溯，如发现不符合应执行不符合工作管理程序，暂停检测／校准工作、停发或追回已发放给客户的检测报告／校准证书。

6.4.10 对设备期间核查的要求。当需要利用期间核查以保持设备的可信度时，应建立期间核查程序，规定核查的方法和周期。CNAS—CL01—G001：2018 6.4.10规定，实验室应根据设备的稳定性和使用情况来判断设备是否需要进行期间核查。实验室应确定期间核查的方法与周期，并保存记录。

并非所有设备都需要进行期间核查。判断设备是否需要期间核查至少需考虑以下因素：设备校准周期、历次校准结果、质量控制结果、设备使用频率和性能稳定性、设备维护情况、设备操作人员及环境的变化、设备使用范围的变化等。

期间核查不是一般的功能检查，更不是检定／校准，而是在两次校准之间适当的时间间隔内设备稳定性的核查，其目的是确认设备的校准状态是否得到维持，是否持续符合相关技术规范要求。期间核查的时间并非一定是设备一个校准周期的中间时间点，可视设备的具体情况而定。期间核查的对象主要是使用非常频繁、漂移率大、性能不够稳定、经常携带或运输到现场检测，以及在恶劣环境下使用的仪器设备。期间核查的形式可以是多样的，通常以核查标准、设备比对、单点内部校准、标准物质验证、加标回收等形式进行。如在检测过程中结合过程质量控制，对已赋值的标准物质进行测定的方式也是期间核查。对无须校准的设备，检测人员在使用设备测试前进行的功能、性能检查也是一种核查。实验室应对期间核查的数据进行评审，核查结果接近或超过规定要求时，或出现较大偏离时，应及时采取预防措施或纠正措施，并验证措施的有效性，直到经证实的结果满意方可投入使用。

此条款中的“设备”也包括标准物质，和检测／校准设备一样，标准物质也要根据程序综合考虑各方面因素进行期间核查。对有证标准物质期间核查的主要内容包括包装、外观、物理性状、储存条件、有效期等；对已开封的有证标准物质除前面所述内容外，还应在考虑其稳定性等综合因素的前提下进行技术核查；对无证标准物质，可使用已知的稳定可靠的有证标准物质、测试近期参加过的水平测试结果满意的样品，送有资质的校准机构校准、机构间比对等方式进行核查，并对数据进行分析和评价，保留相关记录。

6.4.11 如果校准和标准物质数据中包含参考值或修正因子，实验室应确保该参考值和修正因子得到适当的更新和应用，以满足规定要求。当校准证书给出一组修正信息时，实验室应确保有关数据及时得到修正，计算机软件也应该得到更新，在实验室相关检测数据及记录中更新并加以利用。如微生物实验室使用的培养箱，其校准证书给出了36℃时面板显示温度值与内部实际测量值之差为0.25℃，实验室在进行培养箱温度设定时应使用这一校正值。

6.4.12 实验室应有切实可行的措施，防止设备被意外调整而导致结果无效。实验室的设备（包括硬件和软件）经安装、调试、检定／校准、核查确认后，应采取适当的保护措施，防止未经授权的调整导致结果失效。例如气相色谱、液相色谱、ICP、PCR仪等直接影响检测结果的设备，应设置登录密码和权限范围，限制使用人员，未经授权的人员不得操作，避免不具备能力的人员操作不当给设备正常运行带来不良影响；对已授权人员也应规定不得使用未经控制的移动盘或闪存从设备上导出数据。

6.4.13 实验室应保存对实验室活动有影响的设备记录。适用时，记录应包括以下内容：a）设备的识别，包括软件和固件版本；b）制造商名称、型号、序列号或其他唯一性标识；c）设备符合规定要求的验证证据；d）当前的位置；e）校准日期、校准结果、设备调整、验收准则、下次校准的预定日期或校准周期；f）标准物质的文件、结果、验收准则、相关日期和有效期；g）与设备性能相关的维护计划和已进行的维护；h）设备的损坏、故障、改装或维修的详细信息。

实验室应建立仪器设备和标准物质／试剂台账，实施动态管理。对检测／校准结果有影响的和主要的仪器设备和标准物质，实验室应建立仪器设备档案，内容至少包括上述内容，并且以一机一档的方式建立档案，如人员技术档案一样实施动态管理，及时补充相关信息和记录。同类的小型计量器具可一类一档，如温湿度计、百分表等。

必备知识与技能

① 熟悉认证认可准则对设备的要求，以及实验室设备管理程序规定；② 知悉检测/校准技术规范、方法标准对设备和设施配置的要求；③ 知悉应进行检定／校准的设备范围及计量溯源性的要求，设备检定／校准周期；④ 了解设备校准结果确认方法、期间核查程序及核查结果评审方法。

审核要点及方式

条款号	序号	审核要点（Check List）	审核方式	审核记录
6.4.1	1	实验室是否配备了正确开展实验室活动所需的并影响结果的设备（包括但不限于测量仪器、标准物质、试剂、消耗品、软件、测量标准、参考数据或辅助装置）。	现场观察 查阅记录	设备配置情况
6.4.2	1	实验室是否有租赁、借用、使用客户设备的情况，如有，是否确保满足本准则要求。	现场观察 查阅记录 人员询问	租赁、借用、使用客户设备的管理情况
6.4.3	1	实验室是否建立了处理、运输、储存、使用和按计划维护设备的程序，防止设备设施的污染和性能退化，并按程序要求实施。	审阅文件 查阅记录 现场观察	设备管理程序及实施情况
6.4.4	1	设备投入使用前，是否经过检定／校准、核查，并按照技术要求进行了计量确认，确认其满足标准或技术规范要求。	查阅记录	设备检定／校准情况，及检定／校准结果确认记录、核查记录
6.4.5	1	设备的测量准确度和（或）测量不确定度是否满足相关标准、技术规范要求。	查阅记录	设备使用说明书、检定／校准结果确认情况
6.4.6	1	对检测/校准结果有影响的设备是否制订了周期检定／校准计划，是否按计划实施了检定／校准、核查。	查阅记录	设备周期检定／校准计划及其实施情况
6.4.7	1	实验室是否制订了设备校准方案，方案是否适宜，并按方案实施校准。	查阅记录	设备校准方案及其实施情况
6.4.8	1	实验室是否对所有需要校准或具有规定有效期的设备进行标识，标识是否规范，标识信息是否完整，是否在有效期内。	现场观察	设备标识管理情况
6.4.9	1	曾经过载或处置不当、给出可疑结果，或显示有缺陷、超过规定限度的设备，是否已停用，是否予以隔离或加贴标签、标记，直至修复。	查阅记录 现场观察	设备信息、停用原因、标识情况
	2	修复后的设备是否经检定／校准／核查表明其功能正常后投入使用。	查阅记录	修复后设备检定／校准／核查记录

续表

条款号	序号	审核要点（Check List）	审核方式	审核记录
6.4.9	3	实验室是否对因这些设备缺陷或偏离规定要求对以往检验检测／校准活动所造成的影响进行了追溯，并采取相应措施。	查阅记录	追溯记录
6.4.10	1	需要期间核查的设备是否制订了核查程序及计划，并保留了核查的记录。	审阅文件 查阅记录	设备期间核查计划及实施记录
6.4.11	1	设备校准证书或标准物质证书是否给出参考值或修正因子，是否在实验室相关检测数据及记录中及时更新并加以利用。	查阅记录	设备校准证书给出修正因子及其利用情况

参考不符合案例

案例6.4-1

实验室配制的用于成分分析的次氯酸钠溶液的标识缺少配置人、有效期等必要信息，实验室用水标识缺少有效期信息。

不符合条款号：CNAS—CL01：2018 6.4.8和RB/T 214—2017 4.4.3。

分析：实验室配制的所有试剂（包括实验用水）应加贴标签，并根据使用情况标识成分、浓度、溶剂（除水外）、制备日期和有效期等必要信息，便于使用人识别其状态或有效期。

案例6.4-2

审核员在某实验室天平室发现一台在用的电子天平读数不能回零，且无停用标识。该实验室在现场盲样考核中出现了考核不合格项，检查原因时发现，考核中使用了该天平。

不符合条款号：CNAS—CL01：2018　6.4.9和RB/T 214—2017 4.4.5。

分析：当发现电子天平不能回零时，应立即停止使用，并加以明显标识以防误用。

案例6.4-3

抽查某实验室的电热鼓风干燥箱（设备编号：a）的校准证书，校准结果表明在105℃时，实际温度比显示温度高2.5℃，经确认相关标准要求为105±2℃。询问设备使用人员，不知道有此修正值，故在使用时未对实际温度进行修正。

不符合条款号：CNAS—CL01：2018　6.4.11和RB/T 214—2017 4.4.3。

分析：如果校准证书给出的数据中包含参考值或修正因子，实验室应确保该参考值和修正因子得到适当的更新和应用，以满足规定要求。

标准条文

6.5 计量溯源性（对应RB/T 214—2017条款4.4.3、4.4.6）

6.5.1 实验室应通过形成文件的不间断的校准链将测量结果与适当的参考对象相关联，建立并保持测量结果的计量溯源性，每次校准均会引入测量不确定度。

注1：在ISO/IEC指南99中，计量溯源性定义为“测量结果的特性，结果可以通过形成文件的不间断的校准链与参考对象相关联，每次校准均会引入测量不确定度”。

注2：关于计量溯源性的更多信息见附录A。

> 6.5.2 实验室应通过以下方式确保测量结果溯源到国际单位制（SI）：
> a）具备能力的实验室提供的校准；或
> 注1：满足本准则要求的实验室被视为是有能力的。
> b）具备能力的标准物质生产者提供并声明计量溯源至SI的有证标准物质的标准值；或
> 注2：满足ISO 17034要求的标准物质生产者被视为是有能力的。
> c）SI单位的直接复现，并通过直接或间接与国家或国际标准比对来保证。
> 注3：SI手册给出了一些重要单位定义的实际复现的详细信息。
> 6.5.3 技术上不可能计量溯源到SI单位时，实验室应证明可计量溯源至适当的参考对象，如：
> a）具备能力的标准物质生产者提供的有证标准物质的标准值；
> b）描述清晰的参考测量程序、规定方法或协议标准的结果，其测量结果满足预期用途，并通过适当比对予以保证。

条文释义和理解

6.5.1 实验室应建立并保持测量结果的计量溯源性，应通过形成文件的不间断的校准链将测量结果与适当的参考对象相关联，建立并保持测量结果的计量溯源性，且每次校准均会引入测量不确定度。实验室应制订溯源的总体要求，如计量溯源程序，规定实验室的计量溯源方法，确保使用的设备的量值能够溯源到国家基准和国际单位制，以保证相关检测/校准结果能够溯源到国家基准。

计量溯源性是通过一条具有规定不确定度的不间断的校准链，使测量结果或标准的值能够与规定的参考标准，通常是国家或国际标准联系起来的一种特性，是贸易全球一体化和实验室结果互认的基础。

计量溯源性是确保测量结果在国内和国际上可比性的重要概念，准则的附录A给出建立计量溯源性需考虑的因素以及如何证明计量溯源性。

6.5.2 实验室通过以下方式确保测量结果溯源到国际单位制（SI）。

（1）由具备能力的实验室提供的校准。具备能力的实验室指通过CNAS实验室认可的校准实验室和经过法定授权的计量检定机构，这些机构的校准能力在其认可或授权范围内，其测量结果包含测量不确定度信息。根据国家法律法规要求，属于国家强制检定目录内的工作计量器具，应依法送检。其他可溯源的计量器具，可由实验室自行寻求具备能力的校准机构。

（2）使用具备能力的标准物质生产者提供并声明计量溯源至SI的有证标准物质的标准值。具备能力的标准物质生产者指通过CNAS认可、满足ISO 17034要求的标准物质生产者。标准物质证书是介绍标准物质的技术文件，内容一般包括名称及编号、研制和生产单位信息、包装形式、制备方法、特性量值及其测量方法、标准值的不确定度、均匀性及稳定性说明、储存条件、注意事项等信息，是向用户提供的质量保证，随同标准物质一起提供给客户。标准物质证书和标签上均有MC标识。

（3）SI单位的直接复现，并通过直接或间接与国家或国际标准比对来保证。本条款一般指国家计量院。SI手册给出了一些重要单位定义的实际复现的详细信息。

6.5.3 技术上不可能计量溯源到SI单位时，实验室应尽可能使用有证的标准物质或参考物质，收集并保存提供者的证明及有效的校准证书；如果没有，应通过能力验证、比对试验等方式证明量值的准确性和溯源性。有些量值在我国尚未建立计量基准，对此类检测结果，应通过进行设备比对、参加能力验证并且获得满意结果来提供溯源的证据。需要注意的是，实验室必须明确校准可追溯性的依据和出处，收集并保存有关证明材料；应描述清晰的参考测量程序、规定方法或协议标准的结果，其测量结果满足预期用途，并通过适当比对予以保证。

必备知识与技能

① 了解计量溯源性的概念，掌握本准则对量值溯源的要求；② 了解实验室确保测量结果溯源到国际单位制（SI）的常用方式；③ 了解技术上不可能计量溯源到SI单位时准则的要求。

审核要点及方式

条款号	序号	审核要点（Check List）	审核方式	审核记录
6.5.1	1	实验室是否制订了文件化的量值溯源的总体要求，是否确保结果能溯源到国家基准和国际单位制（SI），是否每次校准均引入测量不确定度。	审阅文件 查阅记录	量值溯源程序及记录
6.5.2	1	实验室是否制订设备检定／校准计划并实施，为实验室设备提供检定／校准服务的机构是否具备相应的能力和资质。	查阅记录	设备检定／校准计划；检定／校准机构资质及能力情况
	2	实验室是否使用有证标准物质，没有有证标准物质时，是否确保量值准确。	现场观察 查阅记录	标准物质使用情况；无有证标物时，其他能证明量值的准确性和溯源性的材料
6.5.3	1	技术上不可能计量溯源到SI单位时，实验室是否能证明可计量溯源至适当的参考对象。	查阅记录	可计量溯源至适当的参考对象的证明材料

参考不符合案例

案例6.5-1

现场审核时，实验室提供不出“量值溯源程序”或其他对量值溯源总体要求的文件。

不符合条款号：CNAS—CL01：2018 6.5.1

分析：实验室应制订溯源的总体要求，如量值溯源程序，规定实验室的量值溯源方法，确保使用的仪器设备的量值能够溯源到国家基准和国际单位制，以保证相关检测／校准结果能够溯源到国家基准。

案例6.5-2

审核员在某校准实验室审核时，工程师正在对电动式振动试验台现场试验中的失真度校准，发现其校准模块（标准器）的溯源证书上缺少有效的失真度溯源数据。

不符合条款号：CNAS—CL01：2018 6.5.2和RB/T 214—2017 4.4.3。

分析：实验室应确保测量结果溯源到国际单位制（SI），其校准模块（标准器）应经过具备能力的实验室检定／校准后使用。

案例6.5-3

实验室不能提供编号为A的力值砝码（校准扭矩扳子检定仪）、编号为B的标准规（校准激光测径仪）2020年有效溯源证据。

不符合条款号：CNAS—CL01：2018 6.5.2和RB/T 214—2017 4.4.3。

分析：实验室应确保测量结果溯源到国际单位制（SI），编号为A的力值砝码、编号为B的标准规应经过具备能力的实验室检定/校准后使用。

标准条文

6.6 外部提供的产品和服务（对应RB/T 214—2017条款4.5.5、4.5.6）

6.6.1 实验室应确保影响实验室活动的外部提供的产品和服务的适宜性，这些产品和服务包括：

a）用于实验室自身的活动；

b）部分或全部直接提供给客户；

c）用于支持实验室的运作。

注：产品可包括测量标准和设备、辅助设备、消耗材料和标准物质。服务可包括校准服务、抽样服务、检测服务、设施和设备维护服务、能力验证服务以及评审和审核服务。

6.6.2 实验室应有以下活动的程序，并保存相关记录：

a）确定、审查和批准实验室对外部提供的产品和服务的要求；

b）确定评价、选择、监控表现和再次评价外部供应商的准则；

c）在使用外部提供的产品和服务前，或直接提供给客户之前，应确保符合实验室规定的要求，或适用时满足本准则的相关要求；

d）根据对外部供应商的评价、监控表现和再次评价的结果采取措施。

6.6.3 实验室应与外部供应商沟通，明确以下要求：

a）需提供的产品和服务；

b）验收准则；

c）能力，包括人员需具备的资格；

d）实验室或其客户拟在外部供应商的场所进行的活动。

条文释义和理解

6.6.1 对实验室建立和实施外部提供的产品和服务管理程序并保存相关记录的规定。

实验室应当对外部采购的产品和寻求的服务进行有效的控制和管理，以保证检测/校准结果的质量。

6.6.1 a）“用于实验室自身的活动”的外部提供的产品和服务，通常指测量标准和设备、辅助设备、试剂耗材、标准物质、检定/校准服务、培训、环境设施的设计和施工、检测服务、设施和设备维护服务等；b）“部分或全部直接提供给客户”的外部提供的产品和服务，一般指分包、抽样、检测、校准等；c）“用于支持实验室的运作”的外部提供的产品和服务主要包括能力验证服务、评审和审核服务等。

CNAS—CL01—G001：2018 6.6.1 a）规定，实验室应根据自身需求，对需要控制的产品和服务进行识别，并采取有效的控制措施。通常情况下，实验室至少采购 3 种类型的产品和服务。

（1）易耗品。可包括培养基、标准物质、化学试剂、试剂盒和玻璃器皿。适用时，实验室应对其品名、规格、等级、生产日期、保质期、成分、包装、贮存、数量、合格证明等进行符合性检查或验证。对商品化的试剂盒，实验室应核查该试剂盒已经过技术评价，并有相应的信息或记录予以证明。当某一品牌的物品验收的不合格比例较高时，实验室应考虑更换该产品的品牌或制造商。

（2）设备及维护。选择设备时应考虑满足检测、校准或抽样方法以及CNAS—CL01的相关要求；应单独保留主要设备的制造商记录；对设备性能不能持续满足要求或不能提供良好售后服务和设备维护的供应商，实验室应考虑更换。

（3）选择校准服务、标准物质和参考标准时，应满足CNAS—CL01—G002《测量结果的计量溯源性要求》以及检测、校准或抽样方法对计量溯源性的要求。

6.6.2条款规定，实验室应有以下活动的程序，并保存相关记录。

6.6.2 a）确定、审查和批准实验室对外部提供的产品和服务的要求，明确验收标准，经验收合格的产品和服务方可投入使用。

6.6.2 b）实验室应确定评价、选择、监控表现和再次评价外部供应商的准则，规定评价的内容、标准和频次，符合准则要求的供应商方可纳入合格供方名录，并在以后的合作过程中通过收集实验室的反馈、同行的评价等方式进行持续评价和监控。对供应商评价的内容一般包括资质、能力、社会信誉和影响力、质量、价格、交付周期、顾客满意度、财务和服务支持能力等，并应保留相关记录。

6.6.2 c）实验室在使用外部提供的产品和服务前，或直接提供给客户之前，应确保符合实验室规定的要求，或适用时满足本准则的相关要求；可索要供应商的能力、资质等相关材料，必要时进行现场审核，对其进行综合评价，确保满足实验室规定的要求，并形成评审记录。

6.6.2 d）实验室应根据对外部供应商的评价、监控表现和再次评价的结果采取措施。实验室应建立合格供应商的档案，对其质量保证能力予以证明。对供应商的评价应是动态的、持续的，根据监控和评价的结果进行留用或从合格供方名录里剔除。

CNAS—CL01—G001：2018 6.6.2 b）规定，当实验室需要从外部机构获得实验室活动服务时，应尽可能选择相关项目已获认可的实验室（经CNAS认可或其他签署ILAC互认协议的认可机构认可）。对实验室自身没有能力而需从外部获得的实验室活动，CNAS不将其纳入认可范围。CNAS仅认可通常是由实验室独立实施的实验室活动。对实验室具备能力但自己不实施，而是长期从外部机构获得的项目不予认可。如果实验室通过租赁合同将另一家机构的全部人员、设施和设备等纳入自身体系管理，则这部分能力视为由外部机构提供，不予认可。

6.6.3 实验室在采购产品和服务前应和供应商进行充分的沟通，明确需提供的产品和服务。可签订采购合同，对具体产品的类型、等级、规格、数量、交付期限、验收标准等进行约定，对提供服务的供应商的资质、能力、效率、应满足的质量管理体系标准等要求进行明确表述。实验室或其客户拟在外部供应商的场所进行的活动，如检测实验室将其设备送往校准实验室进行校准等。

实验室因工作量、关键人员、设备设施、环境条件和技术能力等原因需分包检验检测项目时，应分包给有相应条件和能力的实验室，具体分包的检验检测项目以及拟承担分包项目检验检测机构应事先取得委托人同意（可以多种形式“同意”，如书面、电子、口头等），并在检验检测报告或证书中注明分包的检验检测项目以及承担分包项目检验检测机构。实验室应要求承担分包的机构提供合法的检测报告或证书，并予以使用和保存。

产生分包的需求主要有以下两种形式。

“有能力的分包”。指一个实验室拟分包的项目已获得认证或认可，但因工作量急增、关键人员暂缺、设备设施故障、环境状况变化等原因，暂时不满足检验检测条件而进行的分包。选择分包供应商时应选择有相应条件和能力的实验室，征得委托人和分包实验室同意后，该实验室可出具包含分包结果的检测 / 校准报告或证书，在其报告或证书中应明确分包项目，并注明承担分包的实验室的名称及认证认可证书编号。

“没有能力的分包”。指一个实验室拟分包的项目是其未获得认证认可的技术能力，应分包给有相应条件和能力的实验室，分包部分的检测项目数据、结果可由承担分包的实验室单独出具检测 / 校准报告或证书。经委托人和分包实验室许可，实验室可将承担分包实验室的检验检测数据、结果纳入自身的检测 / 校准报告或证书，并在其报告或证书中说明自身无相应资质和技术能力，同时标明分包项目和承担分包的实验室的名称及认证认可证书编号。

除非是客户或法律法规指定的分包，实验室应对分包结果负责。实验室不得将法律法规、技术标准等文件禁止分包的项目实施分包，如国家监督抽查工作不允许分包；机动车检测工作不允许分包；司法鉴定中的抽样 / 取样、鉴定结果的分析和判断以及鉴定意见形成等重要工作不允许分包。

审核要点及方式

条款号	序号	审核要点（Check List）	审核方式	审核记录
6.6.1	1	实验室采购的产品和服务是否适宜，采购、验收、出入库台账等记录是否完整。	查阅记录	采购、验收、出入库记录情况
6.6.2	1	实验室是否制订了外部提供的产品和服务选择、采购、验收、储存的相关管理程序文件，是否对本条款要求明确的内容进行了规定。	审阅文件	程序文件适宜性、符合性
	2	实验室是否建立了合格供应商名录，保留供应商档案，并进行评价、监控表现和再次评价。	查阅记录	合格供方名录、评价及监控记录
	3	实验室已发生的采购是否受控，是否选择具备资质或能力的供应商。	查阅记录	采购记录
6.6.3	1	实验室是否与供应商签订合同 / 订单并明确需提供的产品和服务、验收准则、能力（包括人员需具备的资格）、拟在外部供应商的场所进行的活动等。	查阅记录	合同 / 订单内容及客户确认情况
	2	实验室对采购的产品和服务是否按要求进行了验收。	人员询问 查阅记录	验收记录

续表

条款号	序号	审核要点（Check List）	审核方式	审核记录
6.6.3	3	实验室是否有合格分包方名录，并进行评价和监控，分包方是否具备相应的技术能力。	查阅记录	合格分包方名录、评价及监控记录
	4	实验室分包检测项目是否规范，是否经客户同意。	查阅记录 抽查报告	经客户确认同意分包的证明材料，报告/证书中分包说明

参考不符合案例

案例6.6-1

审核员抽查A实验室的一份检测报告，其中有两个项目分包给了B实验室，但A实验室提供不出对B实验室评价的资料，B实验室也未在其合格供方名录里。

不符合条款号：CNAS—CL01：2018 6.6.2 c）和RB/T 214—2017 4.5.5。

分析：在实施分包前，实验室应确保分包方符合实验室规定的要求、满足相关准则的要求；实验室应收集分包方的有关资料，经审核和评价合格后纳入合格分包方名录，建立合格分包方档案，定期进行评价和监控，并保留相关记录。A实验室未对分包供应商B实验室进行评价，未将B实验室纳入合格供方名录，也无相关记录。

案例6.6-2

查编号为HC009的易耗品采购申请/验收单，对采购的乙炔、氮气、氩气无纯度技术要求；编号为BW025的标准物质及试剂采购申请/验收单，苯甲酸、脱氢乙酸标准品缺少相关技术要求。

不符合条款号：CNAS—CL01：2018 6.6.3 a）和RB/T 214—2017 4.5.6。

分析：实验室在采购产品前应与外部供应商沟通，明确采购产品的各项技术要求，确保采购的产品满足相关标准和技术规范要求。

案例6.6-3

查某微生物实验室采购培养基时向供应商提供的《培养基要求》无实验室接受/拒收培养基的标准。

不符合条款号：CNAS—CL01：2018 6.6.3 b）和RB/T 214—2017 4.5.6。

分析：实验室应在相关作业文件中明确采购产品验收的准则，确保采购的产品满足相关标准和技术规范要求。

第七节　ISO/IEC 17025：2017标准释义：过程要求

标准条文

7.1 要求、标书和合同评审（对应RB/T 214—2017条款4.5.4、4.5.7）

7.1.1 实验室应有要求、标书和合同评审程序。该程序应确保：

a）明确规定要求，形成文件，并被理解；

b）实验室有能力和资源满足这些要求；

c）当使用外部供应商时，应满足6.6条款的要求，实验室应告知客户由外部供应商实施的实验室活动，并获得客户同意；

注1：在下列情况下，可能使用外部提供的实验室活动

——实验室有实施活动的资源和能力，但由于不可预见的原因不能承担部分或全部活动；

——实验室没有实施活动的资源和能力。

d）选择适当的方法或程序，并能满足客户的要求。

注2：对内部或例行客户，要求、标书和合同评审可简化进行。

7.1.2 当客户要求的方法不合适或是过期的，实验室应通知客户。

7.1.3 当客户要求针对检测或校准作出与规范或标准符合性的声明时（如通过 / 未通过，在允许限内 / 超出允许限），应明确规定规范或标准以及判定规则。选择的判定规则应通知客户并得到同意，除非规范或标准本身已包含判定规则。

注：符合性声明的详细指南见ISO/IEC指南98—4。

7.1.4 要求或标书与合同之间的任何差异，应在实施实验室活动前解决。每项合同应被实验室和客户双方接受。客户要求的偏离不应影响实验室的诚信或结果的有效性。

7.1.5 与合同的任何偏离应通知客户。

7.1.6 如果工作开始后修改合同，应重新进行合同评审，并与所有受影响的人员沟通修改的内容。

7.1.7 在澄清客户要求和允许客户监控其相关工作表现方面，实验室应与客户或其代表合作。

注：这种合作可包括

a）允许适当进入实验室相关区域，以见证与该客户相关的实验室活动；

b）客户出于验证目的所需物品的准备、包装和发送。

7.1.8 实验室应保存评审记录，包括任何重大变化的评审记录。针对客户要求或实验室活动结果与客户的讨论，也应作为记录予以保存。

条文释义和理解

实验室应根据自身实际的资源等情况建立要求、标书和合同评审的相关程序，用文件的方式对与客户所签订的要求、标书和合同评审的过程进行有效控制。

7.1.1 a）本条款的“要求”指的是客户的要求，包括行政机关、执法单位下达的指令性任务通知或者文件；“标书”指的是客户发出的招标书和实验室做出的投标书；“合同”指

的是供方（实验室）和客户之间设立、变更、终止民事权力义务关系的协议，可以任何方式（书面的或口头的）传递，需规定彼此职责，并双方接受和共同遵守，依法成立的合同，具有法律约束力。

7.1.1 b）合同评审的实施发生在合同签订前，实验室需要评审客户的要求和自身的能力和资源，在充分识别出客户要求的基础上，对自身的能力（不限于检测／校准／抽样能力、人员能力等方面）和资源（不限于场地、设备、物质、信息、环境等）进行评审，以确定能满足客户的要求。

7.1.1 c）本条款外部供应商提供的服务指的是分包，这里将分包分为两种，一种是“有能力的分包”，指的是实验室有能力和资源满足与客户的约定，但由于不可预见的原因（如工作量急增、关键人员暂缺、设备设施故障、环境状况变化等）不能承担部分或全部工作而进行的分包；另一种是“无能力分包”，指的是实验室完全没有能力和资源满足与客户的约定而进行的分包。不管是哪一种分包，将客户委托的实验室活动进行分包时，应充分告知客户分包的实施情况，并事先取得客户的同意。

7.1.1 d）实验室应有能力选择适当的检测／校准／抽样方法或者程序来满足客户的要求，并能得到客户和实验室双方的接受。这里的“客户”包括内部和外部客户，内部客户通常发生在实验室既从事检测又从事校准活动，此时检测可能就是校准的内部客户。对内部或例行客户，合作前客户和实验室已彼此有所了解，可进行简化评审。

7.1.2 评审过程中实验室应有能力区分客户要求的方法不合适或是过期，如存在此种情况，实验室应告知客户并明确要求。

7.1.3 当客户要求针对检测或校准做出与规范或标准符合性的声明时（如通过／未通过，在允许限内／超出允许限），实验室应与客户书面约定规范或标准以及判定规则，如规范或标准本身已包含判定规则，则不需要进一步考虑风险水平。

7.1.4 对出现的差异，应在实施实验室活动前和客户约定好，最好是在合同签订前协商解决，每项合同应被实验室和客户双方接受。对客户要求的偏离（如样品偏离、方法偏离等），实验室应评估这些偏离，以确定这些偏离不会影响实验室的诚信和结果的有效性。

7.1.5 对实验室出现的偏离（如方法偏离、周期变更等），实验室应告知客户，与客户协商方案，并征得客户的同意。

7.1.6 对实施实验室活动后发生的合同修改，也应重新进行合同评审，合同的修改可能是客户或者实验室导致的，应特别注意，修改的相关信息应及时通知到所有受影响的部门和人员，防止执行过程中的差异产生不良后果。

7.1.7 强调以客户为关注焦点的原则，在整个实施实验室活动的过程中，实验室应保持与客户的沟通与合作，以便准确地了解客户的要求，更好地为客户服务。这里的合作可包括允许适当进入实验室相关区域，以见证与该客户相关的实验室活动；客户出于验证目的所需物品的准备、包装和发送。应特别注意，服务客户的过程应关注保密性原则，应采取必要措施，对可能被观察到的其他客户的机密和所有权进行保护。

CNAS—CL01—G001：2018 7.1.7规定，必要时，实验室应给客户提供充分说明，以便客户在申请检测或校准项目时能更加适合自身的需求与用途。

7.1.8 实验室应保存评审记录（如合同评审记录），包括任何有重大变化的评审记录（如变更后的合同评审记录、变更单等），以及在和客户合作过程中客户要求或实验室活动结果与客户的讨论（如邮件）。

必备知识与技能

① 知悉合同评审应包含的内容；② 知悉分包的要求；③ 知悉偏离的要求；④ 知悉符合性声明的要求；⑤ 知悉合同修改、偏离、变更的要求；⑥ 知悉合同评审记录保存的要求。

审核要点及方式

条款号	序号	审核要点（Check List）	审核方式	审核记录
7.1.1 a）	1	实验室是否制订了要求、标书和合同评审的程序，并包含足够的内容，程序是否易于理解并有利于执行，是否适用于公司目前的实际资源（架构、部门和人员等方面）。	审阅文件	要求、标书和合同评审的相关文件
7.1.1 b）	1	抽查实验室涉及的不同形式的要求（行政机关、执法单位下达的指令性任务通知等）、标书（招标书、投标书）、合同（口头协议、委托协议等），在签订前是否有相关评审记录，是否对客户的要求、自身的能力和资源进行了充分的评审。	查阅记录	要求、标书、合同评审记录
7.1.1 c）	1	抽查实验室涉及分包的报告，询问相关人员，在合同评审阶段是否充分告知客户，并获得客户同意。	查阅记录 人员询问	分包协议，涉及分包的委托单等
7.1.1 d）	1	抽查合同评审记录，实验室是否有能力选择适当的检测/校准/抽样方法或者程序，是否有简化评审记录。	查阅记录	评审记录以及简化的评审记录
7.1.2	1	实验室是否有能力评审客户要求的方法是否不合适或是否已过期；若存在方法不合适或过期的情况，是否告知客户并协商。	查阅记录 人员询问	询问是否涉及方法不合适或过期情况的合同、委托单、订单等评审记录
7.1.3	1	实验室是否涉及需做出与规范或标准符合性声明的情况；若涉及，是否与客户充分沟通判定规则，并得到客户的同意。	查阅记录 人员询问	询问是否涉及判定规则的合同、委托单、订单等记录
7.1.4 7.1.5	1	合同是否得到客户和实验室双方的同意；对出现的偏离（可来自实验室或者客户），实验室是否和客户达成一致，并取得同意；如涉及客户要求的偏离，客户的要求是否影响实验室的诚信或结果的有效性。	查阅记录	客户和实验室签订证明（如签字，盖章邮件等），涉及偏离的合同、委托单、订单等
7.1.6	1	询问相关人员，工作开始后，是否发生过修改或变更合同的情况；如发生，是否进行了重新评审，并与所有受影响的人员沟通修改的内容。	查阅记录 人员询问	询问合同变更的情况，合同变更的记录，相关通知记录证明
7.1.7	1	实验室是否允许客户进入实施实验室活动的现场；是否采取措施，对可能被观察到的其他客户的机密和所有权进行保护。	审阅文件 查阅记录	服务客户的相关规定及执行记录，对保密性采取的措施等
7.1.8	1	实验室是否保留相关的评审记录，包括任何有重大变化的评审记录。	查阅记录 人员询问	评审记录、询问记录保存情况。

参考不符合案例

案例7.1-1

查实验室A已和客户B签订了合同，在实施实验室活动的过程中，实验室A仪器突然出现了故障，无法完成与客户B签订的检测项目C，实验室A立即协商外部供应商，将检测项目C分包给另一个实验室D，但未告知客户B并获得其同意。

不符合条款号：CNAS—CL01：2018 7.1.1 c）和RB/T 214—2017 4.5.4

分析：该实验室在开始工作后产生了关于分包的变更，应及时告知客户，变更合同，并留下客户同意的相关证明。

案例7.1-2

编号为A的委托单仅和客户约定了检测项目，缺少检测依据（标准方法）。

不符合条款号：CNAS—CL01：2018 7.1.1d）和RB/T 214—2017 4.5.4

分析：委托单是合同的一种，具有法律效力，实验室应在委托单中与客户约定适当的检测依据（标准方法），以作为实施实验室活动的依据，并留下客户同意的相关证明。

案例7.1-3

编号为B的合同有客户和实验室双方签字，合同中备注了客户要求当样品数量不满足标准方法时，仍按标准方法出具判定结果。

不符合条款号：CNAS—CL01：2018 7.1.4和RB/T 214—2017 4.5.4

分析：当客户提出的要求违反了实验室公正性和诚实性时，实验室不应接受。

标准条文

7.2 方法的选择、验证和确认（对应RB/T 214—2017条款4.5.14）

7.2.1 方法的选择和验证

7.2.1.1 实验室应使用适当的方法和程序开展所有实验室活动，适当时，包括测量不确定度的评定以及使用统计技术进行数据分析。

注：本准则所用“方法”可视为是ISO/IEC指南99定义的“测量程序”的同义词。

7.2.1.2 所有方法、程序和支持文件，例如与实验室活动相关的指导书、标准、手册和参考数据，应保持现行有效并易于人员取阅（见8.3）。

7.2.1.3 实验室应确保使用最新有效版本的方法，除非不合适或不可能做到。必要时，应补充方法使用的细则以确保应用的一致性。

注：如果国际、区域或国家标准，或其他公认的规范文本包含了实施实验室活动充分且简明的信息，并便于实验室操作人员使用时，则不需再进行补充或改写为内部程序。对方法中的可选择步骤，可能有必要制订补充文件或细则。

7.2.1.4 当客户未指定所用的方法时，实验室应选择适当的方法并通知客户。推荐使用以国际标准、区域标准或国家标准发布的方法，或由知名技术组织或有关科技文献或期刊中公布的方法，或设备制造商规定的方法。实验室制订或修改的方法也可使用。

7.2.1.5 实验室在引入方法前，应验证能够正确地运用该方法，以确保实现所需的方法性能。应保存验证记录。如果发布机构修订了方法，应在所需的程度上重新进行验证。

7.2.1.6 当需要开发方法时，应予以策划，指定具备能力的人员，并为其配备足够的资源。在方法开发的过程中，应进行定期评审，以确定持续满足客户需求。开发计划的任何变更应得到批准和授权。

7.2.1.7 对实验室活动方法的偏离，应事先将该偏离形成文件，做技术判断，获得授权并被客户接受。

注：客户接受偏离可以事先在合同中约定。

7.2.2 方法确认

7.2.2.1 实验室应对非标准方法、实验室制订的方法、超出预定范围使用的标准方法、或其他修改的标准方法进行确认。确认应尽可能全面，以满足预期用途或应用领域的需要。

注1：确认可包括检测或校准物品的抽样、处置和运输程序。

注2：可用以下一种或多种技术进行方法确认

a）使用参考标准或标准物质进行校准或评估偏倚和精密度；

b）对影响结果的因素进行系统性评审；

c）通过改变控制检验方法的稳健度，如培养箱温度、加样体积等；

d）与其他已确认的方法进行结果比对；

e）实验室间比对；

f）根据对方法原理的理解以及抽样或检测方法的实践经验，评定结果的测量不确定度。

7.2.2.2 当修改已确认过的方法时，应确定这些修改的影响。当发现影响原有的确认时，应重新进行方法确认。

7.2.2.3 当按预期用途评估被确认方法的性能特性时，应确保与客户需求相关，并符合规定要求。

注：方法性能特性可包括但不限于测量范围、准确度、结果的测量不确定度、检出限、定量限、方法的选择性、线性、重复性或复现性、抵御外部影响的稳健度或抵御来自样品或测试物基体干扰的交互灵敏度以及偏倚。

7.2.2.4 实验室应保存以下方法确认记录：

a）使用的确认程序；

b）规定的要求；

c）确定的方法性能特性；

d）获得的结果；

e）方法有效性声明，并详述与预期用途的适宜性。

条文释义和理解

7.2.1.1 实验室应使用适合的方法和程序（包括检测、校准和抽样方法）开展所有实验室活动，检测/校准/抽样的方法作为实验室数据和结果的重要依据之一，应确保其适用于实验室的各项活动，包括送样（抽样）、处理、存储和准备、结果分析或比对、结果的符合性判断等方面，需要时，包括测量不确定度的评定以及使用统计技术进行数据分析。

本准则所用“方法”可视为是ISO/IEC指南99定义的“测量程序”的同义词。ISO/IEC指南99定义的“测量程序”为：根据一种或多种测量原理及给定的测量方法，在测量模型和获得测量结果所需计算的基础上，对测量所做的详细描述。（注：测量程序通常要求写成充分而详尽的文件，以便操作者能进行测量。测量程序可包括有关目标测量不确定度的描述。测量程序有时被称作标准操作程序，缩写为SOP。参考测量程序是在校准或表征校准物质时为提供测量结果所采用的测量程序，它适用于评定由同类量的其他测量程序获得的被测量的测量正确度。原级参考测量程序或原级参考程序是用于获得与同类量测量标准没有关系的测量结果所用的参考测量程序。）

CNAS—CL01—G001：2018 7.2.1.1规定：实验室应对使用的检测或校准方法实施有效的控制与管理，明确每种新方法投入使用的时间，并及时跟进检测或校准技术的发展，定期评审方法能否满足检测或校准需求。

7.2.1.2 实验室所有的方法、程序和支持文件，都应有措施及时确保其有效性，并保证相关人员易于取阅。除了实验室活动相关的体系文件需要及时受控，这里强调了对在用的和检测/校准/抽样活动相关的方法（包括标准方法和非标方法）、程序（如作业指导书）和支持文件（如手册和参考数据等），也应纳入文件控制（见8.3）的范围，应确保传达的版本是现行有效，特别关注在检测/校准/抽样现场使用的方法文本，实验室需要保证这些文件易于员工取阅，且传达的文件需保证是最新有效版本，要有措施防止实验室使用过期或者作废的方法文本，以防止对最终的数据和结果产生不良影响。

7.2.1.3 实验室应对方法的有效性进行控制，以确保结果和数据的准确性和科学性，除非该版本不适合目前的实验室活动，或者当前的实验室活动并不涉及该方法。

标准分为有效、作废、代替和废止四种状态。有几种情况不属于现行有效标准：已被新标准所代替的旧标准；审批单位已宣布废止的标准；行业标准在相应的国家标准实施后，自行废止的；地方标准在相应的国家标准或行业标准实施后，自行废止的；企业标准复审期一般不超过三年，到期不进行复审的。

实验室所使用的方法需保证为最新有效版本，为此，实验室应采取相关措施，如定期进行标准方法的查新、对标准文本进行受控管理、对现行有效版本进行标识和发放等措施，这些措施要确保非现行有效版本文件在实施实验室活动过程中不会被误用，从而不会对最终的数据和结果产生不良影响。

对实验室现行有效版本的方法，需要对其是否编制作业指导书或标准操作程序（SOP）做出衡量，如方法足够详细，不会由于操作人员差异带来误差，能确保方法使用过程中的一致性，则不需对方法进行再次细化并编写作业指导书。如方法有可选择的步骤或实施方法的过程很难保持一致性，且可操作性比较低，这时需要对方法进行补充、细化和对可选择的步骤进行确认，并编制相关的作业指导书，以防止影响最终数据和结果。如是实验室采用的外文标准方法，由于其使用的语言（英语、日语等）对不同的检测/校准/抽样人员会产生理解的差异，则必须制订相关的作业指导书；实验室的设备、试剂等使用说明书中如果内容不够关翔实，也应编制相关作业指导书。

CNAS—CL01—G001：2018 7.2.1.3规定：对标准方法，应定期跟踪标准的制修订情况，及时采用最新版本标准。

7.2.1.4 重点强调方法的选择，方法的选择应以客户的需求为中心，实验室需要将选择的方法和客户沟通并得到双方（实验室和客户）的接受。一般将方法分为标准方法和非标准方法。

标准方法：指由国际（ISO、IEC、ITU等）、区域（CEN、PASC等）或国家（包括行业和地方）标准化组织发布的各类标准。

非标准方法：指未经相应标准化组织批准的各类标准。非标准方法包括知名技术组织、有关科学书籍和期刊公布的方法，设备制造商指定的方法等，广义上也包括实验室制订的方法、超出预定范围使用的和修改过的标准方法。

7.2.1.5 当实验室选择由国际、区域、国家（包括行业和地方）发布的标准方法时，初次使用前，需要进行方法验证（见3.8），以证明和确保实验室有能力正确运用这些标准方法完成实验室活动，并获得可信结果。如果标准方法发生了变更，也应及时进行标准比对分析，如发生了技术性的变更，则应重新进行验证，并补充相关验证记录。

CNAS—CL01—G001：2018 7.2.1.5规定，验证不仅需要识别相应的人员、设施和环境、设备等，还应通过试验证明结果的准确性和可靠性，如精密度、线性范围、检出限和定量限等方法特性指标，必要时应进行实验室间比对。

7.2.1.6 主要强调实验室为自身制订和开发的方法应关注的内容。实验室应系统统筹为自身制订和开发的方法，实验室管理者应将其视为项目进行管理，并授权有资格和能力的人员组成项目开发小组（见6.2.6），同时应明确项目过程的各个阶段，包括策划、输入（客户和实验室的信息收集和筛选等）、输出、方法的验证／确认、定期评审、变更等过程控制。实验室应定期对开发的方法进行评审，以确定能应对客户需求的变化，应识别开发计划的任何变更，并在决定实施变更前，确保得到批准和授权。

7.2.1.7 主要强调对方法偏离的要求，原则上任何实验室活动必须遵照规定进行作业，但实施实验室活动过程中，可能会出现差异，也就是偏离。这里的偏离通常指的是不得已而为之的一种负向偏离，是可能对结果产生不利影响的、一次性的、暂时的、偶发事件，一般发生后应立即回归正常程序，并不是方法的改进、提升、扩充。同时应关注，当偏离来自客户的要求，应不影响实验室的诚信或结果的有效性（见7.1.4）。

偏离指一定的允许范围、一定的数量、一定的时间段、特定客户要求等情况下的书面许可，需要形成文件、经过技术判断、获得授权和被客户接受，四个要求缺一不可。

当需要长期使用偏离的方法时，可以修订方法，作为方法的补充，形成细则或者作业指导书进行管理和执行。

7.2.2.1 当实验室选择以下非标准方法时，需要进行方法确认（见3.9）。

（1）实验室采用的非标准方法。

（2）实验室设计／制订的方法。

（3）超出其预定范围使用的标准方法，如用检测化工品中重金属含量的标准来检测食品中重金属的含量。

（4）其他修改的标准方法，如抽样方式、数量、比例改变；试样前处理方法、过程改变（恒温恒湿）；试验方法的改进（经典法改为仪器法）；数据传输、处理、计算方法改变（由人工改为计算机）。

应尽可能针对实验室的预期用途对方法进行全面确认。

7.2.2.1注1 确认的程序不仅需要对检测/校准程序进行确认，也可以包括检测或校准物品的抽样、处置和运输程序。

7.2.2.1注2 用于确认某方法性能的技术手段应当是下列之一，或是其组合：a）使用参考标准或标准物质进行校准或评估偏倚和精密度；b）对影响结果的因素进行系统性评审；c）通过改变控制检验方法的稳健度，如培养箱温度、加样体积等；d）与其他已确认的方法进行结果比对；e）实验室间比对；f）根据对方法原理的理解以及抽样或检测方法的实践经验，评定结果的测量不确定度。

7.2.2.2 已确认的方法出现变更时，实验室应开展变更分析，分析变更的部分对实验室活动的影响，如需要，则对方法重新进行确认。

7.2.2.3 方法的确认除了评估其是否满足预期用途，还应考虑客户的需求，方法性能确认的过程是方法确认的核心过程，包括但不限于测量范围、准确度、结果的测量不确定度、检出限、定量限、方法的选择性、线性、重复性或复现性、抵御外部影响的稳健度或抵御来自样品或测试物基体干扰的交互灵敏度以及偏倚。

7.2.2.4 综上，方法确认记录可包含以下内容：a）实验室使用的方法确认程序或规定；b）客户和规定对方法的要求；c）确定的方法性能特性；d）获得的结果（实验室记录或报告）；e）方法适用于预期用途的结论/声明。

需要时，对此非标方法是否能够在实验室中得到正确使用进行验证，并提供证明材料。

必备知识与技能

① 知悉方法选择的原则；② 知悉方法有效性和易于取阅的要求；③ 知悉以客户为中心的要求；④ 知悉方法验证、确认、偏离的不同点和要求。

审核要点及方式

条款号	序号	审核要点（Check List）	审核方式	审核记录
7.2.1.1	1	实验室是否制订了相关的方法控制文件；是否针对其实验室活动（抽样、处理、运输、检验检测等）选用了适当的方法和程序；需要时是否包含测量不确定度的评定程序和数据分析方法。	审阅文件	方法和程序相关文件
7.2.1.2	1	实验室所有的方法、程序和支持文件是否现行有效，且存放位置是否适当，并易于获取。	查阅记录 现场观察	文件受控记录、文件存放位置
7.2.1.3	1	实验室是否使用最新有效版本的方法；是否制订了必要的作业指导书或细则（如对检测/校准方法的补充、样品管理程序等）。	审阅文件 查阅记录	作业指导书或细则、标准查新记录

附录

条款号	序号	审核要点（Check List）	审核方式	审核记录
7.2.1.4	1	方法的选择是否和客户沟通并得到双方的接受，尤其是当实验室选用非标方法和自制方法时。	人员询问 查阅记录	询问日常方法选择的情况、委托单/合同记录
7.2.1.5	1	标准方法是否进行了必要的验证。	查阅记录	方法验证记录、涉及方法变更的验证记录
	2	当方法变更后是否评估其是否需要再验证。		
	3	验证记录是否可以证明和确保实验室有能力正确运用这些标准方法。		
7.2.1.6	1	实验室涉及自制订和开发方法时，是否制订了相关程序，并按照程序对其策划、输入、输出、评审等过程进行控制。	查阅记录	方法开发记录
7.2.1.7	1	实验室偏离是否形成文件、经过技术判断、获得授权并被客户接受。	查阅记录	方法偏离记录
7.2.2.1	1	实验室对非标准方法是否进行了科学、合理、充分和有效的确认，以确保能满足预期用途。	查阅记录	方法确认记录
	2	方法确认是否关注到检测或校准物品的抽样、处置和运输程序的确认。		
	3	是否采用一种或多种技术手段进行方法确认。		
7.2.2.2	1	当已确认的方法发生变更时，是否充分分析并重新进行确认。	人员询问 查阅记录	询问已确认方法变更情况、方法再确认记录
7.2.2.3	1	对方法性能特性进行确认时是否考虑了客户的要求，并满足规定要求。	人员询问 查阅记录	询问客户需求、方法确认记录
7.2.2.4	1	方法确认记录是否充分并能确保满足预期用途。	查阅记录	方法确认记录

参考不符合案例

案例7.2-1

现场查看实验室某检测员使用ISO 9227：2006版本标准操作，但该标准现行有效版本为ISO 9227：2017，且该标准为外文标准，未能提供作业指导书。

不符合条款号：CNAS—CL01：2018 7.2.1.3和RB/T 214—2017 4.5.14

分析：实验室应使用现行有效版本的标准，当标准为外文标准，应制订相关作业指导书。

案例7.2-2

查HJ 734—2014《固定污染源废气挥发性有机物的测定固相吸附-热脱附/气相色谱-质谱法》的方法验证报告，缺少现场采样过程内容的验证。

不符合条款号：CNAS—CL01：2018 7.2.1.5和RB/T 214—2017 4.5.14

分析：实验室应进行充分验证，以确保实验室有能力正确运用这些标准方法。

案例7.2-3

查某实验室自制方法未能提供方法确认记录。

不符合条款号：CNAS—CL01：2018 7.2.2.1和RB/T 214—2017 4.5.14

分析：实验室使用实验室制订的方法时，应进行充分确认，以确保方法能满足预期用途。

标准条文

7.3 抽样（对应RB/T 214—2017条款4.5.17）

7.3.1 当实验室为后续检测或校准对物质、材料或产品实施抽样时，应有抽样计划和方法。抽样方法应明确需要控制的因素，以确保后续检测或校准结果的有效性。在抽样地点应能得到抽样计划和方法。只要合理，抽样计划应基于适当的统计方法。

7.3.2 抽样方法应描述：

a）样品或地点的选择；

b）抽样计划；

c）从物质、材料或产品中取得样品的制备和处理，以作为后续检测或校准的物品。

注：实验室接收样品后，进一步处置要求见7.4条款的规定。

7.3.3 实验室应将抽样数据作为检测或校准工作记录的一部分予以保存。相关时，这些记录应包括以下信息：

a）所用的抽样方法；

b）抽样日期和时间；

c）识别和描述样品的数据（如编号、数量和名称）；

d）抽样人的识别；

e）所用设备的识别；

f）环境或运输条件；

g）适当时，标识抽样位置的图示或其他等效方式；

h）与抽样方法和抽样计划的偏离或增减。

条文释义和理解

7.3.1 抽样是取出物质、材料或产品的一部分作为其整体的代表性样品进行检测/校准的一种规定程序。除包含从一个批次抽取样品的活动外，还包含“采样”和“取样”，抽样的基本原则是其代表性和随机性。

实验室可能会需要对物质、材料或产品实施抽样活动，以为后续的检测／校准活动服务。抽样活动在开始实施前，应准备确定的抽样计划和方法。抽样计划应根据适当的统计方法制订，应充分分析抽样对检验检测结果的影响。抽样方法应明确需要控制的因素（如天气、抽样器具、现场环境等），以确保后续检测／校准结果的有效性。在抽样实施的过程中，应确保抽样计划和方法能在抽样的地点方便获得，以确保抽样人员能严格执行。

CNAS—CL01—G001：2018中7.3.1规定：a）如果实验室仅进行抽样，而不从事后续的检测或校准活动，CNAS 将不认可该抽样项目；b）实验室如需从客户提供的样品中取出部分样品进行后续的检测或校准活动时，应有书面的取样程序或记录，并确保样品的均匀性和代表性。注：抽样除包含从一个批次抽取样品的活动外，还包含检测领域常用的概念“采样”和“取样”。

7.3.2 实验室用于实施的抽样方法应明确必要的信息，抽样方法应包含抽样地点、抽样样本的选择；抽样计划（基于适当的统计学）；抽取样品后的制备和处理，以作为后续检测／校准。实验室接收样品后，进一步处置要求见准则7.4条款的规定。

7.3.3 实验室应保存实施抽样的相关数据或记录，以支撑检测／校准工作记录的溯源性。抽样记录包含以下内容。

（1）所用的抽样方法：详细释义见7.3.1和7.3.2。

（2）抽样日期和时间：抽取样品的时效性和稳定性控制情况。

（3）识别和描述样品的数据（如编号、数量和名称）：主要为了满足溯源需要。

（4）抽样人的识别：抽样记录人员的签名等信息。

（5）所用设备的识别：抽样所用的设备信息。

（6）环境或运输条件：主要关注是否有效控制特殊要求样品（如贵重物品、易碎品、变质物品、易燃易爆物品等）。

（7）适当时，标识抽样位置的图示或其他等效方式：如简图、草图、照片等。

（8）与抽样方法和抽样计划的偏离或增减：应关注客户要求的偏离是否获得客户同意，并告知涉及的相关人员，当偏离影响结果和数据，应在报告中予以注明（见7.8.3.2）。

必备知识与技能

① 知悉抽样计划应关注的内容；② 知悉抽样方法应包含的内容；③ 知悉抽样记录应包含的信息；④ 知悉抽样涉及偏离时的要求。

审核要点及方式

条款号	序号	审核要点（Check List）	审核方式	审核记录
7.3.1	1	实验室涉及抽样时，是否根据所涉及实验室活动制订了确定的抽样计划和方法。	审阅文件 查阅记录 人员询问	抽样相关程序文件、抽样计划和方法、抽样计划和方法在抽样地的获取情况
	2	抽样计划是否基于适当的统计学。		
	3	抽样方法是否明确需要控制的因素（如天气、抽样器具、现场环境等）。		
	4	是否有措施确保抽样计划和方法在抽样地点易于获得。		
7.3.2	1	实验室抽样方法是否包含本准则7.3.2所列内容。	查阅记录	抽样方法
7.3.3	1	实验室是否将抽样数据作为检测或校准工作记录的一部分予以保存；相关时，这些记录是否包括本准则7.3.3 a）~h）所列信息。	查阅记录	抽样相关记录、涉及偏离的抽样相关记录、涉及特殊样品（如易碎品、变质物品等）的抽样记录、抽样运输设备

参考不符合案例

案例7.3-1

编号为A的报告，实验室负责抽样，但未能提供相关的抽样计划和抽样方法。

不符合条款号：CNAS—CL01：2018 7.3.1和RB/T 214—2017 4.5.17

分析：实验室在实施抽样活动时，未按要求制订抽样计划，未明确抽样方法。

案例7.3-2

查××年××月××日地下水采样原始记录，挥发性酚类（以苯酚计）样品缺少添加固定剂的记录。

不符合条款号：CNAS—CL01：2018 7.3.3 f）和RB/T 214—2017 4.5.17

分析：生态环境标准规定对涉及挥发酚类项目样品，应在采样时根据需要检测的有机物种类立即添加不同的保存剂，调节pH、低温避光保存等要求，因此实验室应记录保存的环境条件、所添加的固定剂信息等内容，以保证采样的溯源信息完整。

案例7.3-3

查某实验室水质采样记录，缺少样品采集容器材质、样品颜色、采样体积等信息。

不符合条款号：CNAS—CL01：2018 7.3.3 c）和RB/T 214—2017 4.5.17

分析：实验室应确保采样信息的充分性，以保证采样的溯源信息完整。

标准条文

7.4 检测或校准物品的处置（对应RB/T 214—2017条款4.5.18）

7.4.1 实验室应有运输、接收、处置、保护、存储、保留、清理或返还检测或校准物品的程序，包括为保护检测或校准物品的完整性以及实验室与客户利益需要的所有规定。在处置、运输、保存／等候、制备、检测或校准过程中，应注意避免物品变质、污染、丢失或损坏。应遵守随物品提供的操作说明。

7.4.2 实验室应有清晰标识检测或校准物品的系统。物品在实验室负责的期间内应保留该标识。标识系统应确保物品在实物上、记录或其他文件中不被混淆。适当时，标识系统应包含一个物品或一组物品的细分和物品的传递。

7.4.3 接收检测或校准物品时，应记录与规定条件的偏离。当对物品是否适于检测或校准有疑问，或当物品不符合所提供的描述时，实验室应在开始工作之前询问客户，以得到进一步的说明，并记录询问的结果。当客户知道偏离了规定条件仍要求进行检测或校准时，实验室应在报告中作出免责声明，并指出偏离可能影响的结果。

7.4.4 如物品需要在规定环境条件下储存或调置时，应保持、监控和记录这些环境条件。

条文释义和理解

7.4.1 重点讲解样品管理要求，样品管理涉及各个环节，实验室应制订相关的程序，程序应对实验室活动中检测／校准物品的运输、接收、处置、保护、存储、保留、清理或返还做出明确规定，应考虑到保证检测或校准物品的完整性以及实验室与客户利益需要的相关措施。实验室应有措施和资源避免在处置、运输、保存／等候、制备、检测或校准过程中发生变质、污染、丢失或损坏，如配备冷藏设施，采取加保存剂、避光、防震、通风等保护措施，样品管理的过程也应遵守随物品提供的操作说明。

样品是“客户的财产”，实验室应注意保护其完整性，所谓“完整性”包括法律上的完整性（如保护客户的机密和所有权）、实物尤其是其检测特性的完整性以及过程的完整性，实验室应根据客户（包括法定管理部门）的规定，不能随意偏离。当一个检测或校准样品或其一部分需要安全保护时，实验室应有存放和确保安全的具体措施，以保护该样品或其有关部分的状态和完整性。如对危险样品应隔离存放，做出明显安全警示标记；对贵重或特别要求的样品必须存放于指定地点，采取防盗、防损等防护措施。当发现样品有泄密事件时，要追究责任人，并通知客户。保护完整性不仅是检测或校准的需要，也是保护客户机密和所有权的需要，以及实验室证明诚信服务的需要。

CNAS—CL01—G001：2018 7.4.1规定，已检测或校准过的样品处理程序应保障客户的信息安全，确保客户的所有权和专利权。适当时，实验室应在合同评审时明确对样品的处理方式。

7.4.2 重点讲解样品标识系统的要求，实验室应根据实际情况，建立适用的标识系统。当物品在实验室流转，应在流转的整个期间内均保留唯一性标识，唯一性标识应注意不会轻易和物品分离，应采取措施确保物品不会在实物上或在涉及的记录和其他文件中混淆。如果合适，标识系统应包含一个物品或一组物品的细分和物品在实验室内外部的传递。

这里所说的“标识系统”指由多种标识构成的标识体系，包括区分不同样品的唯一性标识、同一样品在不同流转阶段的状态标识、样品存放区域的标识，还可包括样品群组的细分标识、样品在实验室内部甚至外部（如分包实验室）的传递标设。

CNAS—CL01—G001：2018 7.4.2规定，通常情况下，样品标识不应粘贴在容易与盛装样品容器分离的部件上，如容器盖，因其可能会导致样品的混淆。

7.4.3 重点讲解样品偏离的要求，在接收检测 / 校准物品时，应记录异常情况或对检测方法中所述正常（或规定）条件的偏离。当对物品是否适合检测 / 校准存有疑问，或当物品不符合所提供的描述，或对所要求的检测规定得不够详尽时，实验室应在开始工作之前询问客户，以得到进一步的说明，并记录询问结果。当客户知道检测物品偏离规定条件仍要求进行检测时，实验室应在报告中做出免责声明，并指出偏离可能影响的结果。

7.4.4 重点讲解样品储存和监控的要求，实验室应确保检测物品在仓库、检测区域或场所的存储、处置和准备过程中不发生退化、丢失或损坏，应遵守随物品提供的处理说明。当物品需要在规定的环境条件储存或处置时，实验室应保持、监控和记录这些环境条件。

必备知识与技能

① 知悉样品管理的要求；② 知悉样品标识系统的要求；③ 知悉样品偏离的要求；④ 知悉样品储存和监控的要求。

审核要点及方式

条款号	序号	审核要点（Check List）	审核方式	审核记录
7.4.1	1	实验室是否制订了样品管理的相关程序；程序是否完整、适宜，是否对实验室活动中检测 / 校准物品的运输、接收、处置、保护、存储、保留、清理或返还做出明确规定，是否考虑到保证检测或校准物品的完整性以及实验室与客户利益需要的相关措施。	审阅文件	样品管理相关文件
	2	在处置、运输、保存 / 等候、制备、检测或校准过程中，是否注意避免物品变质、污染、丢失或损坏，遵守随物品提供的操作说明。	审阅文件 现场观察	随物品提供的操作说明、样品管理场地和设施、样品运输设备和设施

附录

条款号	序号	审核要点（Check List）	审核方式	审核记录
7.4.2	1	实验室是否有清晰标识检测或校准物品的系统。	审阅文件 查阅记录 现场观察	样品标识相关文件、样品标签、样品流转记录
	2	物品在实验室负责的期间内是否保留该标识。		
	3	标识系统是否确保物品在实物上、记录或其他文件中不被混淆。		
	4	适当时，标识系统是否包含一个物品或一组物品的细分和物品的传递。		
	5	样品标识是否粘贴在容易与盛装样品容器分离的部件上。		
7.4.3	1	接收检测或校准物品时，是否记录与规定条件的偏离。	人员询问 查阅记录 抽查报告	合同／委托单关于偏离的内容、实验室和客户沟通的记录、涉及偏离的报告
	2	当对物品是否适于检测或校准有疑问，或当物品不符合所提供的描述时，实验室是否在开始工作之前询问客户，以得到进一步的说明，并记录询问的结果。		
	3	当客户知道偏离了规定条件仍要求进行检测或校准时，实验室是否在报告中做出免责声明，并指出偏离可能影响的结果。		
7.4.4	4	如物品需要在规定环境条件下储存或调置时，是否保持、监控和记录这些环境条件。	查阅记录 现场观察	环境监控记录

参考不符合案例

案例7.4-1

现场查看某样品常温存放，但其样品标签注明保存条件为冷藏，其包装说明书要求也为冷藏。

不符合条款号：CNAS—CL01：2018 7.4.1和RB/T 214—2017 4.5.18

分析：样品的储存应按照要求进行，防止其变质、污染等，以免对最终的结果产生不良影响。

案例7.4-2

现场查看某实验室样品间，某液体样品的样品标签粘贴在瓶盖上。

不符合条款号：CNAS—CL01：2018 7.4.2和RB/T 214—2017 4.5.18

分析：样品的标识不应粘贴在容易和盛装样品容器分离的部件上，以免后期产生混淆的风险。

案例7.4-3

查编号为A的报告，该报告样品数量少于相关标准规范的要求数量，实验室在报告中进行了免责声明，但未提供客户同意的相关证明。

不符合条款号：CNAS—CL01：2018 7.4.3和RB/T 214—2017 4.5.18

分析：样品的任何偏离应和客户充分沟通，并得到客户的同意。

标准条文

7.5 技术记录（对应RB/T 214—2017条款4.5.11、4.5.27）

7.5.1 实验室应确保每一项实验室活动的技术记录包含结果、报告和足够的信息，以便在可能时识别影响测量结果及其测量不确定度的因素，并确保能在尽可能接近原条件的情况下重复该实验室活动。技术记录应包括每项实验室活动以及审查数据结果的日期和责任人。原始的观察结果、数据和计算应在观察或获得时予以记录，并应按特定任务予以识别。

7.5.2 实验室应确保技术记录的修改可以追溯到前一个版本或原始观察结果。应保存原始的以及修改后的数据和文档，包括修改的日期、标识修改的内容和负责修改的人员。

条文释义和理解

7.5.1 主要强调技术记录应包括的内容和要求，记录分为质量记录和技术记录。质量记录指实验室管理体系活动中的过程和结果的记录，包括内部审核、管理评审、不符合报告、风险控制、投诉等记录；技术记录指进行实验室活动的信息记录，包括原始的观察、导出数据与建立审核路径有关信息的记录，如检测／校准／抽样、方法验证和确认、人员、样品、设备管理、质量控制和环境条件控制等记录，也包括发出的检测报告或校准证书的副本。

技术记录应完整地记录每一项实验室活动中规程、标准、方法等规定的信息，包括观察结果、导出数据与建立审核路径有关信息的记录，以及影响不确定度的各种因素，记录的详细程度应确保实验室活动能在尽可能接近原条件的情况下复现，并全程确保样品与报告／证书的对应性。

技术记录应包括每项实验室活动以及审查数据结果的日期和责任人（包括每项工作抽样／检测／校准人员和结果审核人员的签名或等效标识）。原始的观察结果、数据和计算应在观察或获得时予以记录，并应按特定任务（如按照合同编号、任务号、申请单号、样品编号等）予以识别。

CNAS—CL01—G001：2018 中7.5.1的相关规定。

a）实验室应确保能方便获得所有的原始记录和数据，记录的详细程度应确保在尽可能接近条件的情况下能够重复实验室活动。只要适用，记录内容应包括但不限于以下信息：样品描述；样品唯一性标识；所用的检测、校准和抽样方法；环境条件，特别是实验室以外的地点实施的实验室活动；所用设备和标准物质的信息，包括使用客户的设备；检测或校准过程中的原始观察记录以及根据观察结果所进行的计算；实施实验室活动的人员；实施实验室活动的地点（如果未在实验室固定地点实施）；检测报告或校准证书的副本；其他重要信息。

注：检测报告或校准证书的副本指实验室发给客户的报告或证书版本的副本，可以是纸质版本或不可更改的电子版本，其中应包含报告或证书的签发人、认可标识（如使用）等信息。

b）实验室应在记录表格中或成册的记录本上保存检测或校准的原始数据和信息，也可直接录入信息管理系统中，也可以是设备或信息系统自动采集的数据。对自动采集或直接录入信息管理系统中的数据的任何更改，应满足准则7.5.2的要求。

注1：原始记录为试验人员在试验过程中记录的原始观察数据和信息，而不是试验后所誊

抄的数据。当需要另行整理或誊抄时，应保留对应的原始记录。

注2：实验室不能随意用一页白纸来保存原始记录。

7.5.2 主要强调记录修改的要求，实验室应保存原始的和修改后的数据和文档，记录可以保存于纸质或电子表单中，也可以在信息管理系统中保存记录，应确保技术记录的修改可以追溯到前一个版本或原始观察结果。若记录发生修改，应充分备注相关信息，包括修改的日期、标识修改的内容和负责修改的人员。以电子形式存储的记录需要修改时，可使用文档修订功能来标识更改人、更改日期和更改内容；对纸质记录需要修改，可采用杠改的方式，将正确信息填写在旁边，并记录更改人的签名标识和修改的日期。

必备知识与技能

① 知悉技术记录包含的内容和要求；② 知悉记录溯源的要求；③ 知悉记录更改的要求。

审核要点及方式

条款号	序号	审核要点（Check List）	审核方式	审核记录
7.5.1	1	实验室是否有能力对技术记录进行控制，每一项实验室活动的技术记录是否包含足够的信息，包括观察结果、导出数据与建立审核路径有关信息，以及影响不确定度的各种因素。	审阅文件 查阅记录 人员询问	记录管理相关程序文件、抽查技术记录、询问技术记录控制情况
	2	记录是否足够详细，以确保在尽可能接近条件的情况下复现实验室活动。	查阅记录	抽查技术记录
	3	技术记录是否包括每项实验室活动以及审查数据结果的日期和责任人。	查阅记录	抽查技术记录
	4	原始的观察结果、数据和计算是否在观察或获得时予以记录。	查阅记录 现场观察	抽查技术记录及记录方式
	5	记录是否按特定任务予以识别。	查阅记录 现场观察	查看记录保存方式
7.5.2	1	实验室是否确保技术记录的修改可以追溯到前一个版本或原始观察结果。	查阅记录	查看更改的相关记录
	2	是否保存原始的以及修改后的数据和文档，包括修改的日期、标识修改的内容和负责修改的人员。		
备注：	对技术记录的审核，可结合现场试验考核方式进行综合考核			

参考不符合案例

案例7.5-1

查某添加剂原始记录，未体现测试的设备编号和标准物质编号。

不符合条款号：CNAS—CL01：2018 7.5.1和RB/T 214—2017 4.5.11

分析：实验室应确保技术记录包含足够的信息，以便能够溯源，并在尽可能接近原始条件下能够重复。

案例7.5-2

查某样品净含量原始记录，实验室天平称量记录为机打信息，经询问，实验室人员回复“日常称量先简单记录在记录本上，后期再输入到电脑上，以便计算的准确性和便利性”，但未保留该记录本。

不符合条款号：CNAS—CL01：2018 7.5.1和RB/T 214—2017 4.5.11

分析：原始记录并非试验后进行誊抄的数据，应为人员在试验过程中及时记录的原始观察数据和信息。实验室应编制合适的受控表单记录原始的观察数据，如需后期利用电脑整理数据，应将原始的观察数据作为附件保存。

案例7.5-3

查某原始记录，实验室人员直接对数据进行涂改，上一数据无法识别，且未注明修改人及修改日期。

不符合条款号：CNAS—CL01：2018 7.5.2和RB/T 214—2017 4.5.11

分析：实验室对原始记录的修改，应方便追溯到前一个版本的原始记录，不可涂改，且应标识修改的日期和负责修改的人员。

标准条文

7.6 测量不确定度的评定（对应RB/T 214—2017条款4.5.15）

7.6.1 实验室应识别测量不确定度的贡献。评定测量不确定度时，应采用适当的分析方法考虑所有显著贡献，包括来自抽样的贡献。

7.6.2 开展校准的实验室，包括校准自有设备，应评定所有校准的测量不确定度。

7.6.3 开展检测的实验室应评定测量不确定度。当由于检测方法的原因难以严格评定测量不确定度时，实验室应基于对理论原理的理解或使用该方法的实践经验进行评估。

注1：某些情况下，公认的检测方法对测量不确定度主要来源规定了限值，并规定了计算结果的表示方式，实验室只要遵守检测方法和报告要求，即满足7.6.3条款的要求。

注2：对一特定方法，如果已确定并验证了结果的测量不确定度，实验室只要证明已识别的关键影响因素受控，则不需要对每个结果评定测量不确定度。

注3：更多信息参见ISO/IEC指南98—3、ISO 21748和ISO 5725系列标准。

条文释义和理解

国际上对测量不确定度定义为：根据所用到的信息，表征赋予被测量值分散性的非负参数。准则中关于判定规则（见3.7）、方法验证（见3.8、7.2.1）、方法确认（见3.9、7.2.2）、设备（见6.4）、计量溯源性（见6.5）、合同（见7.1）、技术记录（见7.5）、报告（见7.8）等条款要素均提到不确定度的相关要求，经典的误差理论并不适合实际测量过程，测量不确定度是在真值不可知的情况下，对测量结果的认识和表达最科学的方式，使得在实际测量过程中能客观地评价测量结果的质量，因此，测量不确定度是衡量测量结果和数据准确性及可靠性的重要参数。

测量不确定度应重点参考JJF 1059.1、CNAS—CL01—G003、ISO/IEC指南98—3、ISO 21748和 ISO 5725系列标准。

7.6.1 主要强调不确定度的识别，实验室应识别测量不确定度的贡献。评定测量不确定度时，应采用适当的分析方法考虑所有显著贡献，包括来自抽样的贡献。

不确定度的来源主要包括所用的方法和设备、标准物质、环境条件、被测物品的性能和状态以及操作人员等，测量不确定度有时候并不仅仅来源于分析过程，抽样过程对测量不确定度的贡献有时会更大，所以在进行测量不确定度评定时，不可忽视来自抽样的不确定度，可采用分析工具（如鱼骨图等）将所有可能贡献不确定度的分量（包括人、机、料、法、环以及抽样等信息）进行系统识别。

7.6.2 主要强调校准实验室的要求，开展校准的实验室，或涉及设备自校的实验室，均应评定所有校准的测量不确定度。“所有校准结果”通常不包括定性评价结果和功能性检查结果。如果校准过程中直接测量的量需经过数据处理，转换为最终报告给客户，则应评定并报告最终校准结果的不确定度。

7.6.3 鼓励检测实验室评定每一项用数值表示的测量结果的测量不确定度。尤其当客户有要求、当不确定度影响到对规范限度的符合性时（如用检测结果判断产品合格与否）、当不确定度与检测结果的有效性或影响相关时，鼓励实验室报告测量不确定度。当由于检测方法的原因难以严格评定测量不确定度时，实验室应基于对理论原理的理解或使用该方法的实践经验进行评估。某些情况下，公认的检测方法对测量不确定度主要来源规定了限值，并规定了计算结果的表示方式，实验室只要遵守检测方法和报告要求，即满足准则7.6.3条款的要求。对一特定方法，如果已确定并验证了结果的测量不确定度，实验室只要证明已识别的关键影响因素受控，则不需要对每个结果评定测量不确定度。

必备知识与技能

① 知悉测量不确定度的识别要求；② 知悉校准实验室测量不确定度评定的要求；③ 知悉检测实验室测量不确定度评定的要求；④ 知悉评定不确定度相关人员应具备的能力要求。

审核要点及方式

条款号	序号	审核要点（Check List）	审核方式	审核记录
7.6.1	1	当有相关要求时，实验室是否建立评定测量不确定度的相关程序。	审阅文件	不确定程序文件
	2	系统是否识别出不确定度的所有分量（包括人、机、料、法、环以及抽样等信息）。	查阅记录	不确定度报告
7.6.2	1	开展校准的实验室，或涉及设备自校的实验室，是否评定所有校准的测量不确定度。	人员询问 查阅记录	设备自校情况、不确定度评定报告
	2	校准证书中是否均报告校准结果的测量不确定度。	抽查报告	校准证书
7.6.3	1	当客户有要求、不确定度影响到对规范限度的符合性时（如用检测结果判断产品合格与否）或不确定度与检测结果的有效性或影响相关时，实验室是否报告了测量不确定度。	人员询问 抽查报告 查阅记录	不确定度实施情况、不确定度评定报告、涉及测量不确定度的报告
	2	测量不确定度的报告和表述是否规范。		
	3	最终报告的测量结果末尾是否与扩展不确定度的末尾对齐。		
	4	扩展不确定度数值的有效数字是否超过两位。		

参考不符合案例

案例7.6-1

查某原子吸收法测定水中铅含量的测量不确定度报告，未考虑配制标准溶液过程中所引入的不确定度分量。

不符合条款号：CNAS—CL01：2018 7.6.1和RB/T 214—2017 4.5.15

分析：评定测量不确定度时，实验室应充分考虑分析方法中所有对不确定度有影响的因素的贡献。

案例7.6-2

查某热电偶校准证书中，未报告200℃温度点的扩展不确定度。

不符合条款号：CNAS—CL01：2018 7.6.2

分析：校准实验室在出具证书时，均应报告校准结果的测量不确定度。

案例7.6-3

查实验室新扩项的农残领域项目不能提供不确定度评估报告。

不符合条款号：CNAS—CL01：2018 7.6.3和RB/T 214—2017 4.5.15

分析：开展检测的实验室应进行相关项目不确定度的评定。

标准条文

7.7 确保结果的有效性（对应RB/T 214—2017条款4.5.19）

7.7.1 实验室应有监控结果有效性的程序。记录结果数据的方式应便于发现其发展趋势，如可行，应采用统计技术审查结果。实验室应对监控进行策划和审查，适当时，监控应包括但不限于以下方式：

a）使用标准物质或质量控制物质；

b）使用其他已校准能够提供可溯源结果的仪器；

c）测量和检测设备的功能核查；

d）适用时，使用核查或工作标准，并制作控制图；

e）测量设备的期间核查；

f）使用相同或不同方法重复检测或校准；

g）留存样品的重复检测或重复校准；

h）物品不同特性结果之间的相关性；

i）审查报告的结果；

j）实验室内比对；

k）盲样测试。

7.7.2 可行和适当时，实验室应通过与其他实验室的结果比对监控能力水平。监控应予以策划和审查，包括但不限于以下一种或两种措施：

a）参加能力验证；

注：GB/T 27043包含能力验证和能力验证提供者的详细信息。满足GB/T 27043要求的能力验证提供者被认为是有能力的。

b）参加除能力验证之外的实验室间比对。

7.7.3 实验室应分析监控活动的数据用于控制实验室活动，适用时实施改进。如果发现监控活动数据分析结果超出预定的准则时，应采取适当措施防止报告不正确的结果。

条文释义和理解

7.7.1 主要强调质量监控的管理要求，实验室应制订监控结果有效性的程序，明确实验室质量控制的方式和要求，确保并证明实验室活动过程受控以及结果的准确性和可靠性。

对结果数据的记录和分析，如可行，鼓励应用统计技术（如质量控制图）进行分析，应基于统计原理来制订质量控制图和警戒线，以便于有效发现结果的发展趋势，实验室应及时观察和识别出异常趋势，并进行必要的分析，根据分析结果，必要时采取相关的处理措施。

实验室可以根据实验室活动本身的特点和工作量情况，综合使用适合的质量监控方式。如专业领域对质量控制有特殊要求，也应按照要求执行。常见的质控方式包括但不限于本准则7.7.1 a）~k）所列方式。

CNAS—CL01—G001：2018中7.7.1有以下规定。

a）实验室对结果的监控应覆盖到认可范围内的所有检测或校准（包括内部校准）项目，确保检测或校准结果的准确性和稳定性。当检测或校准方法中规定了质量监控要求时，实验室应符合该要求。适用时，实验室应在检测方法中或其他文件中规定对应检测或校准方法的质量监控方案。实验室制订内部质量监控方案时应考虑以下因素：检测或校准业务量；检测或校准结果的用途；检测或校准方法本身的稳定性与复杂性；对技术人员经验的依赖程度；参加外部比对（包含能力验证）的频次与结果；人员的能力和经验、人员数量及变动情况；新采用的方法或变更的方法等。

注：实验室可以采取多种适用的质量监控手段，如定期使用标准物质、核查标准或工作标准来监控结果的准确性；通过使用质量控制物质制作质控图持续监控精密度；通过获得足够的标准物质，评估在不同浓度下检测结果的准确性；定期留样再测或重复测量以及实验室内比对，监控同一操作人员的精密度或不同操作人员间的精密度；采用不同的检测方法或设备测试同一样品，监控方法之间的一致性；通过分析一个物品不同特性结果的相关性，以识别错误；进行盲样测试，监控实验室日常检测的准确度或精密度水平。

b）适用时，实验室应使用质量控制图来监控检测或校准结果的准确性和精密度。

c）一些特殊的检测活动，检测结果无法复现，难以按照 7.7.1 a）进行质量控制，实验室应关注人员的能力、培训、监督以及与同行的技术交流。

7.7.2 主要强调实验室外部质量监控的要求，外部质量监控主要包括实验室间比对（见3.3）和能力验证（见3.5），测量审核也是能力验证计划的一种。实验室应对外部质量监控进行充分的策划，具体可参考CNAS—RL02：2018《能力验证规则》，策划时应考虑到以下因素（不限于）：a）认可范围所覆盖的领域；b）人员的培训、知识和经验；c）内部质量控制情况；d）检测、校准和检验的数量、种类以及结果的用途；e）检测、校准和检验技术的稳定性；f）能力验证是否可获得。

对选择能力验证计划时，可参考CNAS—RL02：2018《能力验证规则》，实验室应优先选择按照ISO/IEC 17043运作的能力验证计划。

参加能力验证的领域和频次应满足CNAS能力验证领域和频次的要求（见CNAS-RL02：2018《能力验证规则》附录b），鼓励实验室根据检测/校准能力范围和质量保证的需求，参加更多的能力验证活动。

CNAS—CL01—G001：2018 7.7.2以有以下规定。

外部质量监控方案不仅包括CNAS—RL02《能力验证规则》中要求参加的能力验证计划，适当时，还应包含实验室间比对计划。实验室制订外部质量监控计划除应考虑 7.7.1 a）中描述的因素外，还应考虑以下因素：内部质量监控结果；实验室间比对（包含能力验证）的可获得性，对没有能力验证的领域，实验室应有其他措施来确保结果的准确性和可靠性；CNAS、客户和管理机构对实验室间比对（包含能力验证）的要求。

注：CNAS—RL02《能力验证规则》要求参加的能力验证领域和频次只是CNAS对能力验证的最低要求。实验室应关注对没有能力验证的领域，可以采取有何措施确保结果的准确性和可靠性。

7.7.3 主要强调对内外部质量监控结果利用的要求，实验室应对实施质量监控的结果进行分析，如发现监控活动数据分析结果超出规定的准则时（如内部质量控制超出评价的技术指标，能力验证出现可疑和不满意结果），实验室应按照准则7.10规定采取纠正措施，如暂停该项目正在进行的检测/校准作业、对已经检测/校准完毕的结果准确性进行核查、停止对外检测/校准业务、召回报告、对外发表声明等，防止报告出具不准确的结果。同时应对原有的质量监控策划方案进行修订，从而有效控制和改进实验室活动。

必备知识与技能

① 知悉质量监控的管理要求；② 知悉质量监控方案策划应识别的因素和包含的内容；③ 知悉统计技术分析数据的要求；④ 知悉常见的质控方式；⑤ 知悉外部质量监控的要求；⑥ 知悉内外部质量监控结果利用的要求。

审核要点及方式

条款号	序号	审核要点（Check List）	审核方式	审核记录
7.7.1	1	实验室是否有监控结果有效性的相关程序，程序是否完整并适应实验室实际活动，是否包含对内、外部质量监控的各项要求。	审阅文件	监控结果有效性的相关程序文件
	2	实验室内、外部质量监控方案是否经过充分策划和审查。	查阅记录	内、外部质量监控方案
	3	监控是否包括但不限于本准则7.7.1 a）~k）所列方式。		
	4	对结果的记录分析是否应用统计技术。	人员询问 查阅记录	统计技术分析的情况和记录（如有）

附录

条款号	序号	审核要点（Check List）	审核方式	审核记录
7.7.2	1	实验室是否通过与其他实验室的结果比对监控能力水平。	人员询问 查阅记录	实验室比对情况、外部质量监控的方案和相关记录
	2	监控应予以策划和审查，包括但不限于以下一种或两种措施：参加能力验证和参加能力验证之外的实验室间比对。		
	3	对获准认可合格评定机构参加能力验证的领域、频次以及能力验证计划是否满足CNAS相关政策的要求。		
7.7.3	1	实验室是否对实施质量监控的结果进行分析，是否出现监控活动数据分析结果超出规定的准则的情况，如有，实验室采取的措施是否能有效控制和改进实验室活动。	人员询问 查阅记录	质量监控结果分析情况、质量监控结果出现异常情况的处理记录（如有）
备注	对确保结果有效性的审核，可结合现场试验考核方式进行综合考核			

参考不符合案例

案例7.7-1

查某实验室质量监控计划，未覆盖微生物检测领域。

不符合条款号：CNAS—CL01：2018 7.7.1和RB/T 214—2017 4.5.19

分析：为确保检测或校准结果的准确性和稳定性，实验室质量监控计划应覆盖到认可范围内的所有检测或校准（包括内部校准）项目。

案例7.7-2

某食品实验室重金属领域参加能力验证频次要求为1次／年，未见其2020年该领域能力验证参加记录。

不符合条款号：CNAS—CL01：2018 7.7.2

分析：对获准认可合格评定机构参加能力验证的领域和频次应满足CNAS能力验证领域和频次的要求（见CNAS-RL02：2018《能力验证规则》附录b）。

案例7.7-3

某实验室参加饮料中苯甲酸能力验证活动，能力验证结果为不满意，实验室未采取措施。

不符合条款号：CNAS—CL01：2018 7.7.3和RB/T 214—2017 4.5.19

分析：实验室应对实施质量监控的结果进行分析，如发现能力验证出现可疑和不满意结果，应采取相应措施，如暂停该项目正在进行中的检测／校准作业、对已经检测／校准完毕的结果准确性进行核查、停止对外检测／校准业务、召回报告等，防止报告不正确的结果。

标准条文

7.8 报告结果（对应RB/T 214—2017条款4.5.20~4.5.26）

7.8.1 总则

7.8.1.1 结果在发出前应经过审查和批准。

7.8.1.2 实验室应准确、清晰、明确和客观地出具结果，并且应包括客户同意的、解释结果所必需的以及所用方法要求的全部信息。实验室通常以报告的形式提供结果（例如检测报告、校准证书或抽样报告）。所有发出的报告应作为技术记录予以保存。

注1：检测报告和校准证书有时称为检测证书和校准报告。

注2：只要满足本准则的要求，报告可以硬拷贝或电子方式发布。

7.8.1.3 如客户同意，可用简化方式报告结果。如果未向客户报告7.8.2至7.8.7条款中所列的信息，客户应能方便地获得。

7.8.2 （检测、校准或抽样）报告的通用要求

7.8.2.1 除非实验室有有效的理由，每份报告应至少包括下列信息，以最大限度地减少误解或误用的可能性：

a）标题（例如“检测报告”“校准证书”或“抽样报告”）；

b）实验室的名称和地址；

c）实施实验室活动的地点，包括客户设施、实验室固定设施以外的地点、相关的临时或移动设施；

d）将报告中所有部分标记为完整报告一部分的唯一性标识，以及表明报告结束的清晰标识；

e）客户的名称和联络信息；

f）所用方法的识别；

g）物品的描述、明确的标识以及必要时物品的状态；

h）检测或校准物品的接收日期，以及对结果的有效性和应用至关重要的抽样日期；

i）实施实验室活动的日期；

j）报告的发布日期；

k）如与结果的有效性或应用相关时，实验室或其他机构所用的抽样计划和抽样方法；

l）结果仅与被检测、被校准或被抽样物品有关的声明；

m）结果，适当时，带有测量单位；

n）对方法的补充、偏离或删减；

o）报告批准人的识别；

p）当结果来自于外部供应商时，清晰标识。

注：报告中声明除全文复制外，未经实验室批准不得部分复制报告，可以确保报告不被部分摘用。

7.8.2.2 实验室对报告中的所有信息负责，客户提供的信息除外。客户提供的数据应予明确标识。此外，当客户提供的信息可能影响结果的有效性时，报告中应有免责声明。当实验室不负责抽样（如样品由客户提供），应在报告中声明结果仅适用于收到的样品。

7.8.3 检测报告的特定要求

7.8.3.1 除7.8.2条款所列要求之外，当解释检测结果需要时，检测报告还应包含以下信息：

a）特定的检测条件信息，如环境条件；

b）相关时，与要求或规范的符合性声明（见7.8.6）；

c）适用时，在下列情况下，带有与被测量相同单位的测量不确定度或被测量相对形式的测量不确定度（如百分比）：

——测量不确定度与检测结果的有效性或应用相关时；

——客户有要求时；

——测量不确定度影响与规范限的符合性时。

d）适当时，意见和解释（见7.8.7）；

e）特定方法、法定管理机构或客户要求的其他信息。

7.8.3.2 如果实验室负责抽样活动，当解释检测结果需要时，检测报告还应满足7.8.5条款的要求。

7.8.4 校准证书的特定要求

7.8.4.1 除7.8.2条款的要求外，校准证书应包含以下信息：

a）与被测量相同单位的测量不确定度或被测量相对形式的测量不确定度（如百分比）；

注：根据ISO/IEC指南99，测量结果通常表示为一个被测量值，包括测量单位和测量不确定度。

b）校准过程中对测量结果有影响的条件（如环境条件）；

c）测量如何计量溯源的声明（见附录a）；

d）如可获得，任何调整或修理前后的结果；

e）相关时，与要求或规范的符合性声明（见7.8.6）；

f）适当时，意见和解释（见7.8.7）。

7.8.4.2 如果实验室负责抽样活动，当解释校准结果需要时，校准证书还应满足7.8.5条款的要求。

7.8.4.3 校准证书或校准标签不应包含校准周期的建议，除非已与客户达成协议。

7.8.5 报告抽样——特定要求

如果实验室负责抽样活动，除7.8.2条款中的要求外，当解释结果需要时，报告还应包含以下信息：

a）抽样日期；

b）抽取的物品或物质的唯一性标识（适当时，包括制造商的名称、标示的型号或类型以及序列号）；

c）抽样位置，包括图示、草图或照片；

d）抽样计划和抽样方法；

e）抽样过程中影响结果解释的环境条件的详细信息；

f）评定后续检测或校准测量不确定度所需的信息。

7.8.6 报告符合性声明

7.8.6.1 当作出与规范或标准符合性声明时，实验室应考虑与所用判定规则相关的风险水平（如错误接受、错误拒绝以及统计假设），将所使用的判定规则制订成文件，并应用判定规则。

注：如果客户、法规或规范性文件规定了判定规则，无须进一步考虑风险水平。

7.8.6.2 实验室在报告符合性声明时应清晰标识：

a）符合性声明适用的结果；

b）满足或不满足的规范、标准或其中的部分；

c）应用的判定规则（除非规范或标准中已包含）。

注：详细信息见ISO/IEC指南98—4。

7.8.7 报告意见和解释

7.8.7.1 当表述意见和解释时，实验室应确保只有授权人员才能发布相关意见和解释。实验室应将意见和解释的依据制订成文件。

注：应注意区分意见和解释与GB/T 27020（ISO/IEC 17020，IDT）中的检验声明、GB/T 27065（ISO/IEC 17065，IDT）中的产品认证声明以及7.8.6条款中符合性声明的差异。

7.8.7.2 报告中的意见和解释应基于被检测或校准物品的结果，并清晰地予以标注。

7.8.7.3 当以对话方式直接与客户沟通意见和解释时，应保存对话记录。

7.8.8 修改报告

7.8.8.1 当更改、修订或重新发布已发出的报告时，应在报告中清晰标识修改的信息，适当时标注修改的原因。

7.8.8.2 修改已发出的报告时，应仅以追加文件或数据传送的形式，并包含以下声明：

“对序列号为……（或其他标识）报告的修改”，或其他等效文字。

这类修改应满足本准则的所有要求。

7.8.8.3 当有必要发布全新的报告时，应予以唯一性标识，并注明所替代的原报告。

条文释义和理解

实验室的最终产品是数据和结果，而报告/证书是实验室数据和结果的载体，报告作为最终产品将数据和结果传递给客户及相关利益人，具有法律效力，关系客户利益，也关系着实验室自身的形象和信誉。报告的管理要求除遵循本准则要求外，还应参考CNAS—EL—13《检测报告和校准证书相关要求的认可说明》。

7.8.1 总则

7.8.1.1 强调实验室数据和结果在发出前需经审查和批准。报告和证书至少需要经过审查和批准，也可以采用三审制度，即有编制、审核、签发（批准）人。

7.8.1.2 强调实验室应准确、清晰、明确和客观地报告每一项或一系列的实验室活动的结果，并且应包括客户同意的（如偏离等）、解释结果所必需的（如意见和解释等）以及所用方法要求的全部信息。

CNAS—EL—13《检测报告和校准证书相关要求的认可说明》2.1补充了规定。

a）样品信息准确，并且必须是实测样品。

b）如果测试地点不在实验室的固定场所，如在客户地点或样品所在地，报告中应给出详细的地址信息，仅给出“客户地点”等模糊信息是不充分的，参见 CNAS—CL01：2018 7.8.2.1 c）。

c）如果实际测试过程是由客户的技术人员操作，实验室只是目击了试验的过程并记录测试数据和信息，报告应以清晰的方式在正文中注明是目击试验，并且不得使用认可标识或声明认可。

注：有些客户会接受目击试验报告，但目击试验不在 CNAS 的认可范围内。

d）实验室出具的报告中如有摘用其他机构报告信息的内容，则应在报告中给出清晰的标注，标注的方式应确保报告的使用人不会产生误解，参见 CNAS—CL01：2018，7.8.2.1 p）。当使用认可标识时，按“外部提供的信息”（视同“分包”）要求控制。

实验室报告提供的结果应包含检测、校准和抽样活动的信息，这里强调了抽样活动（见7.3）也应作为实验室活动进行管控和报告。报告应被作为技术记录（见7.5）予以保存和管控。

报告发布的方式可以是硬拷贝或者电子发布方式，硬拷贝是二维的保持被压缩信息的板状物体实体，与其对应的是软拷贝，软拷贝表示另有存储（记忆）的不可见信息。通俗来说，硬拷贝就是把资料用打印机打印出来，软拷贝就是把资料拷贝在记忆体里（如U盘、光盘等）。

7.8.1.3 强调简化报告的要求，特殊情况下，如果征得客户同意或客户有要求，可用简化方式报告结果。简化报告如未向客户报告7.8.2至7.8.7条款所列的信息，应能保证客户能方便从进行检测/校准的实验室获得，同时需注意报告对应的原始记录应信息充分，不可简化。

CNAS—CL01—G001：2018 7.8.1有以下规定。

a）除检测方法、法律法规另有要求外，实验室应在同一份报告上出具特定样品不同检测项目的结果，如果检测项目覆盖了不同的专业技术领域，也可由专业领域出具检测报告。

注：即使客户有要求，实验室也不得随意拆分检测报告，如将“满足规定限值”的结果与“不满足规定限值”的结果分别出具报告，或只报告“满足规定限量”的检测结果。

b）一般情况下，实验室应按GB/T 8170《数值修约规则与极限数值的表示和判定》进行数值修约。

7.8.2 强调报告的通用要求，为了能准确、清晰、明确和客观地将数据用报告的形式进行传递，最大限度地减少误解或误用的可能性，报告中应至少包含以下信息：a）标题（如“检测报告”“校准证书”或“抽样报告”）；b）实验室的名称和地址（需要和资质证书以及营业执照对应）；c）实施实验室活动的地点，包括客户设施、实验室固定设施以外的地点、相关的临时或移动设施（应注意CNAS—EL—13《检测报告和校准证书相关要求的认可说明》2.1 b）补充规定，还应结合行业特点对报告样品描述的要求）；d）将报告中所有部分标记为完整报告一部分的唯一性标识，以及表明报告结束的清晰标识（如报告尾页的终止符的相关标识）；e）客户的名称和联络信息（联络信息可以是电话、邮件、地址和传真等）；f）所用方法的识别（如检测/校准时所用的标准/规程/方法的名称、编号或客户指定方法的信息等，需注意与合同、标书的一致性）；g）物品的描述、明确的标识以及必要时物品的状态（如物品某个测试部位或项目的名称、唯一性标识、接收状态、特征等的描述等）；h）检测或校准物品的接收日期，以及对结果的有效性和应用至关重要的抽样日期；i）实施实验室活动的日期（如检测/校准/抽样日期，可以是一个时间段）；j）报告的发布日期；k）如与结果的有效性或应用相关时，实验室或其他机构所用的抽样计划和抽样方法；l）结果仅与被检测、被校准或被抽样物品有关的声明；m）结果，适当时，带有测量单位（如mg/L等相关单位）；n）对方法的补充、偏离或删减；o）报告批准人的识别（不再要求一定要体现职务、签字等信息）；p）当结果来自外部供应商时，清晰标识（应注意CNAS—EL—13《检测报告和校准证书相关要求的认可说明》2.1 d）补充规定）。为了防止报告被部分摘用，导致被篡改或滥用，应在报告中备注“报告中声明除全文复制外，未经实验室批准不得部分复制报告”。

7.8.2.2 强调免责声明，实验室应注意识别客户提供的信息和相关偏离，当其可能影响结果的有效性时，应做出免责声明，规避实验室风险。同时应注意CNAS—EL—13《检测报告和校准证书相关要求的认可说明》2.2补充规定，对客户送样，除非抽样信息影响到测试结果，报告中不应包含抽样信息。如果报告中包含样品抽样信息（如地点），实验室应以显著方式在报告正文中说明此为客户提供信息，实验室对此真实性不承担责任。

7.8.3 当需要对检测结果进行解释时，还需要包含抽样及特定方法、测量不确定度、符合性声明、意见和解释、法定管理机构或客户要求的其他信息，应确保报告信息充分且不被误解。

7.8.4 明确校准证书的特定要求，强调了校准证书必须注明测量不确定度的信息，而不能仅仅给出与计量规范的符合性信息；明确校准证书中需注明对结果有影响的条件（如环境条件、设施条件等）；同时也明确了校准证书中需给出测量过程中计量溯源性、样品在实验室校准活动中任何调整或修理前后的结果（数据）、符合性声明以及意见和解释等信息。同时应关注CNAS—CL01—G003《测量不确定度的要求》以及CNAS—CL01—A025：2018《检测和校准实验室能力认可准则在校准领域的应用说明》相关补充规定。

7.8.5 强调涉及抽样活动的报告特定要求，为支持报告结果（数据），抽样相关信息均需在报告中注明，抽样日期、抽取物品或物质的唯一性标识、抽样位置、抽样计划和抽样方法、抽样相关的环境条件以及评定后续检测或校准测量不确定度所需的信息均需在报告中体现。

7.8.6 强调报告中符合性声明的要求，应注意符合性声明和意见解释的区别，二者并不等同。本条款对应了准则的7.1.3条款“要求、标书和合同评审”，符合性声明的前提是明确判定规则，判定规则应事先得到客户的同意，除非规范或标准本身已包含判定规则。

7.8.6.1 为了便于应用判定规则，实验室应将常用的判定规则制订成文件管控，如若使用客户、法规或规范性文件未规定的判定规则，应考虑所用判定规则相关的风险水平（如错误接受、错误拒绝以及统计假设）。

7.8.6.2 需要进行符合性声明时，报告中应清晰标识本准则7.8.6.2中所列相关信息，应特别关注ISO/IEC指南98—4《不确定度评估第4部分：不确定度评估在符合性评价中的作用》的相关要求。

7.8.7 主要强调意见和解释的要求。

7.8.7.1 需要对报告结果做出意见和解释时，实验室应充分识别相关的不确定因素，识别相关风险，把做出意见和解释的依据制订成文件，发布意见和解释的人员应进行授权，同时注意将意见和解释与符合性声明进行区分。

7.8.7.2 意见和解释的对象是结果（数据），主要是对如何使用结果的建议，检测/校准报告中的结果需充分支持所做出的“意见和解释”，只有实验室自己做出的结果（数据）才可以进行意见和解释，如若是分包结果（数据），则不可进行意见和解释。报告中的意见和解释应被清晰标注，并和检测/校准结果明显区分，不可写在一栏中。

7.8.7.3 意见和解释的需求来自客户，进行意见和解释时应充分与客户沟通，实验室可通过与客户直接对话（面谈、通话、视频、互联网媒体交谈等）来传达意见和解释，但这些对话应当有文字记录，实验室应按照规定保存。

CNAS—CL01—G001：2018 7.8.7.1有以下规定。

实验室可以选择是否做出意见和解释，并在管理体系中予以明确，并对其进行有效控制，包括合同评审。

注1：根据检测或校准结果，与规范或客户的规定限量做出的符合性判断，不属于本准则所规定的“意见和解释”。“意见和解释”的示例，对被测结果或其分布范围的原因分析，比如在环境中毒素的检测报告中对毒素来源的分析；根据检测结果对被测样品特性的分析；根据检测结果对被测样品设计、生产工艺、材料或结构等的改进建议。

注2：在校准报告中，一般不需要做出意见和解释。CNAS暂不开展对校准结果的意见和解释能力的认可。必要时，CNAS将根据客户需求和相关技术专家的意见，修订此政策。

注3：对检测活动，实验室如果申请对某些特定检测项目的“意见和解释”能力的认可，应在申请书中予以明确，并说明针对哪些检测项目做出哪类的意见和解释，并提供以往做出“意见和解释”时所依据的文件、记录及报告。相关人员能力信息应随同申请一同提交。实验室人员如果仅从事过相关的检测活动，而不熟悉检测对象的设计、制造和使用，则不予认可其“意见和解释”能力。

7.8.8 强调修改报告的要求。

7.8.8.1 报告更改来源一般有两种，一种是外部原因更改，由客户（或委托方）提出，非实验室工作人员导致的报告更改申请；另一种是内部原因更改，指由于实验室工作人员的失误导致的报告更改，这些更改可由客户提出或公司内部人员提出。当更改、修订或重新发布已发出的报告时，应在报告中清晰标识修改的信息，适当时标注修改的原因。

7.8.8.2 另一种修改报告传达方式，即追加文件或数据传送。采取追加文件或数据传送的方式时，实验室应充分识别相关的风险，通常仅适合对数据和结果没有实质性变更且客户有修改需要时使用，如错别字的修改、错误信息的修改。当对结果有效性有影响时，实验室对其风险不可预估，则可以采用其他方式（如追回原报告或声明原报告作废，重新发出一份报告等）。

对已发出的报告，应当采用追加文件或数据传送的方式进行修改，则不需要追回原报告，仅需在追加的报告中声明："对序列号为……（或其他标识）报告的修改"，或其他等效文字。同时确保追加报告的数据和信息的溯源性，满足本准则的所有要求。

7.8.8.3 发布全新的报告时，新签发的报告应具有唯一性标识，并备注所替代的原报告编号。当报告以纸质方式提供给客户时，可收回发放给客户的旧版报告；当以电子档方式提供给客户或当客户无法提供或无法及时提供旧版纸质报告时，实验室可基于资质证明作用、用途、去向、不可回收的原因等因素评估可能因此存在的风险，如果不能回收的旧版报告可能导致实验室、客户及潜在相关方利益受到影响或损害，则需要采取必要的处理措施（如在官网或其他公开渠道发出旧版报告／证书作废的通告／声明等）。

必备知识与技能

① 知悉报告结果的通用要求；② 知悉检测报告的特定要求；③ 知悉校准证书的特定要求；④ 知悉报告抽样的特定要求；⑤ 知悉报告中符合性声明的要求；⑥ 知悉报告中意见和解释的要求；⑦ 知悉报告修改的要求。

审核要点及方式

条款号	序号	审核要点（Check List）	审核方式	审核记录
7.8.1	1	实验室数据和结果在发出前是否经审查和批准。	抽查报告	报告
	2	实验室出具的报告是否"准确、清晰、明确和客观"，是否包括客户同意的、解释结果所必需的以及所用方法要求的全部信息。	抽查报告	报告
	3	所有发出的报告是否作为技术记录予以保存。	查阅记录 现场观察	报告保存方式、报告保存地点
	4	报告是否满足CNAS—EL—13 2.1补充规定。	抽查报告	报告
	5	是否涉及简化报告；简化报告是否获得客户同意；如果未向客户报告7.8.2至7.8.7条款所列的信息，客户是否能方便地获得。	人员询问 抽查报告	简化报告情况、相关简化报告
7.8.2	1	除非实验室有有效的理由，每份证书／报告是否至少需要包含准则7.8.2.1要求的16项信息。	抽查报告	报告
	2	报告／证书中是否有"未经实验室书面批准，不得复制（全文复制除外）报告"的声明。	抽查报告	报告
	3	当客户提供的信息可能影响结果的有效性时，报告／证书中是否有免责声明。	抽查报告	涉及客户提出偏离的相关报告
	4	实验室不负责抽样时（如样品由客户提供），是否在报告中声明结果仅适用于收到的样品。	抽查报告	客户送样报告

续表

条款号	序号	审核要点（Check List）	审核方式	审核记录
7.8.3	1	当涉及检测报告结果需要进行解释时，检测报告中是否包含准则7.8.2.1通用要求和7.8.3特定要求。	人员询问 抽查报告	询问意见和解释情况、检测报告
7.8.4	1	实验室出具的校准证书是否包含准则7.8.2.1通用要求和7.8.4特定要求；是否关注了CNAS—CL01—G003《测量不确定度的要求》以及CNAS—CL01—A025：2018《检测和校准实验室能力认可准则在校准领域的应用说明》相关补充规定。	抽查报告	校准证书
7.8.5	1	实验室涉及抽样的报告是否包含准则7.8.2.1通用要求和7.8.5特定要求。	抽查报告	涉及抽样报告
7.8.6	1	当实验室需要做出与规范或标准的符合性声明时，实验室是否将所使用的判定规则制订成文件。	审阅文件	判定规则相关文件
	2	当客户、法规或规范性文件未规定判定规则时，实验室是否考虑与所用判定规则相关的风险水平（如错误接受、错误拒绝以及统计假设）。	人员询问 抽查报告	判定规则风险识别情况、涉及符合性声明的报告
	3	实验室在报告符合性声明时是否清晰标示：符合性声明适用于哪些结果，应用的判定规则，满足或不满足哪个规范、标准或其中的条款信息等。	抽查报告	涉及符合性声明的报告
7.8.7	1	当实验室需要做出意见和解释时，做出意见和解释的人员是否进行授权。	查阅记录	意见和解释人员授权记录
	2	做出意见和解释的依据是否制订成文件。	审阅文件	意见和解释的依据文件
	3	报告中的意见和解释是否基于被检测或校准物品的结果；是否和检测/校准结果明显区分，并清晰地予以标注。	抽查报告	涉及意见和解释的报告
7.8.8	1	如实验室涉及报告修改，当更改、修订或重新发布已发出的报告时，是否在报告中清晰标识修改的信息，适当时标注修改的原因；这类修改是否满足本准则的所有要求。	抽查报告	涉及修改的报告
	2	修改已发出的报告时，是否仅采取以追加文件或数据传送的形式，并包含以下声明："对序列号为……（或其他标识）报告的修改"，或其他等效文字。	人员询问 抽查报告	涉及以追加文件或数据传送形式的修改的情况和报告
	3	当有必要发布全新的报告时，是否予以唯一性标识，并注明所替代的原报告。	抽查报告	涉及修改且全新发布的报告
	4	如若原报告不能追回，实验室是否识别相关风险，采取了一定措施（如在官网或其他公开渠道发出旧版报告/证书作废的通告/声明等）。	抽查报告 人员询问	涉及修改且不可追回的报告、询问采取措施的情况

参考不符合案例

案例7.8-1

查编号为A的报告中，未见客户的任何联络信息。

不符合条款号：CNAS—CL01：2018 7.8.2 e）和RB/T 214—2017 4.5.20 e）

分析：报告的信息应充分，应包含客户的联络信息，联络信息可以是电话、邮件、地址和传真等。

案例7.8-2

查编号为A的报告，该报告为客户送样报告，报告中未声明结果仅适用于收到的样品。

不符合条款号：CNAS—CL01：2018 7.8.2.2和RB/T 214—2017 4.5.20 1）

分析：实验室应对报告中非实验室负责的信息进行相关免责声明，以规避实验室风险，实验室不负责抽样时（如样品由客户提供），应在报告中声明结果仅适用于收到的样品。

案例7.8-3

查编号为A的报告，该报告发给客户后，因样品信息错误需要更改，重新发布的检测报告（编号为A）与原报告编号相同，且未注明所代替的原报告。

不符合条款号：CNAS—CL01：2018 7.8.8.3和RB/T 214—2017 4.5.26

分析：发布全新的报告时，新签发的报告应具有唯一性标识，并备注所替代的原报告编号。

标准条文

7.9 投诉（对应RB/T 214—2017条款4.5.8）

7.9.1 实验室应有形成文件的过程来接收和评价投诉，并对投诉作出决定。

7.9.2 利益相关方有要求时，应可获得对投诉处理过程的说明。在接到投诉后，实验室应确认投诉是否与其负责的实验室活动相关，如相关，则应处理。实验室应对投诉处理过程中的所有决定负责。

7.9.3 投诉处理过程应至少包括以下要素和方法：

a）对投诉的接收、确认、调查以及决定采取处理措施过程的说明；

b）跟踪并记录投诉，包括为解决投诉所采取的措施；

c）确保采取适当的措施。

7.9.4 接到投诉的实验室应负责收集并验证所有必要的信息，以便确认投诉是否有效。

7.9.5 只要可能，实验室应告知投诉人已收到投诉，并向其提供处理进程的报告和结果。

7.9.6 通知投诉人的处理结果应由与所涉及的实验室活动无关的人员作出，或审查和批准。

注：可由外部人员实施。

7.9.7 只要可能，实验室应正式通知投诉人投诉处理完毕。

条文释义和理解

7.9.1 强调投诉相关管理文件的要求，实验室应建立投诉相关的程序文件，对投诉的接收、受理确认、原因调查分析、决定处理措施及实施等过程进行明确。

客户投诉（见3.2）指的是任何人员或组织向实验室就其活动或结果表达不满意，并期望得到回复的行为。实验室收到投诉的方式可能是口头的或是书面的，投诉可能来自多方面，如客户对实验室数据结果的质疑，客户需要复测的要求，客户对实验室报告交期不满，客户对实验室服务能力不满等情况，实验室应建立必要的投诉渠道收集投诉信息。

CNAS—CL01—G001：2018 7.9.1有以下规定。

实验室应及时处理收到的投诉。如果实验室收到CNAS转交的投诉，应在2个月内向CNAS反馈投诉处理结果。

注：CNAS在收到对实验室的投诉时，通常情况下将转交给实验室进行处理。如果投诉内容是针对实验室能力和诚信时，CNAS将直接处理。处理方式包括安排不定期监督评审等，不定期监督评审可不预先通知实验室。

7.9.2 实验室投诉过程的管控要求，这里的利益相关方指的是实验室客户、对实验室实施认可的认可机构、实验室的上级组织等，当这些利益相关方有要求时，实验室应能提供规定如何处理投诉的说明文件。当接到客户投诉时，实验室应收集并验证所有必要的信息，以便确认投诉是否与其负责的实验室活动相关，如相关（即有效投诉），实验室应对投诉原因进行分析并采取措施进行处理；如无关（即无效投诉），应友善地向客户解释原因，获得客户的理解，并书面答复客户。不论哪种情况，实验室应对投诉处理过程中的所有决定负责（包括行政责任、民事责任及刑事责任）。

客户的投诉形式有多种，不管是口头的、书面的，还是直接的、间接的，实验室都应认为是允许的、应该的、欢迎的，客户所有的投诉都将有利于实验室了解客户需求，更加促进实验室管理体系的改进。

7.9.3 投诉处理的方法，投诉处理过程应包含a）~c）项内容，为更好处理投诉，实验室应明确投诉处理的责任部门和责任人员，明确谁来对投诉接收登记、受理确认、原因调查分析，必要时应成立调查小组，对投诉事实调查清楚。应指定相关部门对投诉过程跟进，并对相关处理过程记录，当需要为解决投诉采取一定措施时，应跟踪纠正措施实施进展并评价改进效果，具体可参照准则7.10条款执行。

7.9.4 强调投诉信息验证的要求，对投诉是否有效的决定，应由实验室负责收集并验证所有必要的信息。强调了以客户为中心的原则，也体现了实验室应主动追求改进的核心。

7.9.5 强调投诉过程的通报要求，鼓励实验室加强与客户的沟通，多听取客户的反馈，以达到改进的目的，实验室应告知投诉人已收到投诉，并向其提供处理进程的报告和结果。

7.9.6 强调回避原则，对投诉人的回复决定进行审查、批准和送达通知的人员应由与投诉所涉及的实验室活动无关的人员做出，是保证实验室公正性的措施之 。本条“注”中说明的可由外部人员实施，主要是针对某些规模较小的实验室而言，可能做不到自己处理投诉，为了保证公平公正，可以找外部人员，比如技术专家等帮助实验室处理投诉。

7.9.7 强调投诉处理的通知要求，同样是鼓励实验室和客户加强沟通，客户对实验室提出的任何投诉处理结果应得到实验室的反馈。

必备知识与技能

① 知悉投诉相关管理文件应包含内容；② 知悉投诉过程的管控要求；③ 知悉投诉处理过程的要素和方法；④ 知悉投诉信息验证的要求；⑤ 知悉投诉过程的通报要求；⑥ 知悉投诉的回避原则；⑦ 知悉投诉处理的通知要求。

审核要点及方式

条款号	序号	审核要点（Check List）	审核方式	审核记录
7.9.1	1	实验室是否制订了投诉相关管理文件；文件是否对投诉的接收、受理确认、原因调查分析、决定处理措施及实施等过程进行明确；是否明确相关过程做出决定的部门和人员的职责。	审阅文件	投诉相关程序文件
7.9.2	1	利益相关方有要求时，实验室是否能提供规定如何处理投诉的说明文件。	人员询问 审阅文件	涉及利益相关方要求的情况、投诉相关程序文件
	2	在接到投诉后，实验室是否确认投诉与其负责的实验室活动的相关性；如相关，是否按照投诉管理文件要求做出处理。	人员询问 查阅记录	涉及有效和无效投诉情况、投诉处理记录
	3	实验室是否对投诉处理过程中的所有决定承担责任（包括行政责任、民事责任及刑事责任）。	查阅记录	投诉处理记录
7.9.3	1	投诉处理过程是否至少包括7.9.3 a）~ c）条款规定的要素和方法。	查阅记录	投诉处理记录
7.9.4	1	接到投诉的实验室是否负责收集并验证所有必要的信息，是否根据收集和验证的信息确认投诉是否有效。	查阅记录	投诉处理记录
7.9.5	1	实验室是否告知投诉人已收到投诉、投诉处理进程及投诉处理结果。	查阅记录	投诉处理记录
7.9.6	1	实验室沟通投诉调查、处理、审查和批准的相关过程，是否由与所涉及的实验室活动无关的人员做出。	查阅记录	投诉处理记录
7.9.7	1	实验室是否正式通知投诉人投诉处理完毕。	查阅记录	投诉处理记录

参考不符合案例

案例7.9-1

客户对实验室出具的数据和结论直接向实验室提出口头异议，该实验室安排检测人员立即进行了复检，经过复检确认，原数据和结论正确。于是该实验室向客户进行了口头解释，客户表示接受，事情就这样过去了。

不符合条款号：CNAS—CL01：2018 7.9.3 b）和RB/T 214—2017 4.5.8

分析：实验室对客户提出的投诉应按投诉文件规定，跟踪并记录投诉相关处理过程，包括为解决投诉所采取的措施。

案例7.9-2

某客户投诉实验室未按照约定的时间提供报告，和业务人员沟通多次未得到满意答复，影响其公司运营，实验室收到投诉后，进行了验证和确认，最终发现系实验室分包方原因导致，决定处理后再联系客户告知其结果。

不符合条款号：CNAS—CL01：2018 7.9.5和RB/T 214—2017 4.5.8

分析：实验室应在接收到投诉后告知其接收的情况，应及时了解客户情况并进行安抚。

案例7.9-3

某客户投诉实验室业务人员沟通能力不佳，沟通过程不顺畅，影响出具报告的进度，实验室对该业务人员进行了批评，并安排其尽快联系客户，向客户解释并尽快处理投诉。

不符合条款号：CNAS—CL01：2018 7.9.6和RB/T 214—2017 4.5.8

分析：不符合回避原则，对投诉人的回复决定进行审查、批准和送达通知的人员应由与投诉所涉及的实验室活动无关的人员做出。

标准条文

7.10 不符合工作（对应RB/T 214—2017条款4.5.9）

7.10.1 当实验室活动或结果不符合自身的程序或与客户协商一致的要求时（例如，设备或环境条件超出规定限值，监控结果不能满足规定的准则），实验室应有程序予以实施。该程序应确保：

a）确定不符合工作管理的职责和权力；

b）基于实验室建立的风险水平采取措施（包括必要时暂停或重复工作以及扣发报告）；

c）评价不符合工作的严重性，包括分析对先前结果的影响；

d）对不符合工作的可接受性作出决定；

e）必要时，通知客户并召回；

f）规定批准恢复工作的职责。

7.10.2 实验室应保存不符合工作和7.10.1条款中b）~f）规定措施的记录。

7.10.3 当评价表明不符合工作可能再次发生时，或对实验室的运行与其管理体系的符合性产生怀疑时，实验室应采取纠正措施。

条文释义和理解

7.10.1 对不符合工作应先弄清楚三个术语。

一个是“不符合”，CNAS—GL008：2018《实验室认可评审不符合项分级指南》指出，不符合指的是实验室的管理或技术活动不满足要求。“要求”指的是，标准或技术规范的要求，包括CNAS发布的认可要求文件（认可准则等）、市场监督管理局发布的要求文件（如通用准则、特殊行业补充要求等）；如实验室自身管理体系和相应检测或校准方法中规定的要求，包括设备或环境条件超出规定限值，监控结果不能满足规定的准则等；与客户的约定要求包括与客户约定的合同未执行等。

另两个需要弄清楚的术语是“纠正”和“纠正措施”，ISO 9000：2015《质量管理体系 基础和术语》指出，纠正指的是为消除已发生的不合格所采取的措施；纠正措施指的是为消除不合格原因并防止再发生所采取的措施。

实验室应有文件明确不符合的处理要求，当实验室识别出不符合，应按照文件要求对不符合工作进行处理，文件应明确不符合工作处置各环节的责任部门、职责、权限和控制要求，包括暂停工作、处理不符合和恢复工作的权利等。应对不符合严重程度进行评价，包括分析对先前结果的影响；依据不符合的严重程度，结合风险水平，对不符合工作的可接受性做出决定，并采取相应的措施（包括必要时暂停工作、扣发报告、通知客户取消工作或召回报告等）。

CNAS—CL01—G001：2018 7.10.1有以下规定。

实验室常见的不符合工作包括（但不限于）实验室环境条件不满足要求、试验样品的处置时间不满足要求、试样未在规定的时间内检测、质量监控结果超过规定的限制、能力验证或实验室间比对结果不满意等。实验室所有人员均应熟悉不符合工作控制程序，尤其是直接从事检测、校准和抽样活动的人员。实验室在内部审核中应特别关注不符合工作控制程序的执行情况。

7.10.2 不符合工作相关的记录（7.10.1 条款中b）~ f）相关记录）应被完整保存和妥善处理，便于跟踪验证。

7.10.3 经评审，如确认不符合工作可能再次发生，或该项不符合工作影响到实验室的运作与管理体系运作有效性时，应采取切实有效的纠正措施（见8.7）；如不符合是偶发性的，不会再次发生，或是未影响到实验室的运作与管理体系运作有效性时，仅需纠正。

CNAS—CL01—G001：2018 7.10.3规定，实验室应对发生的不符合工作的原因进行分析，对不是偶发的、个案的问题，不应仅仅纠正发生的问题，还应按本条款要求启动纠正措施。

必备知识与技能

① 知悉不符合相关程序文件应包含内容；② 知悉不符合工作的要求；③ 知悉采取纠正措施的要求。

审核要点及方式

条款号	序号	审核要点（Check List）	审核方式	审核记录
7.10.1	1	实验室是否制订了不符合控制相关文件；文件是否明确不符合工作处置各环节的责任部门、职责、权限和控制要求，包括暂停工作、处理不符合和恢复工作的权利等。	审阅文件 查阅记录 人员询问	不符合控制程序、不符合工作相关记录、不符合应对情况
	2	是否对不符合严重程度进行评价，包括分析对先前结果的影响。		
	3	是否依据不符合的严重程度，结合风险水平，对不符合工作的可接受性做出决定，并采取相应的措施（包括必要时暂停工作、扣发报告、通知客户取消工作或召回报告等）。		
7.10.2	1	实验室是否保存不符合工作和7.10.1条款中b）~f）规定措施的记录。	查阅记录	不符合工作相关记录
7.10.3	1	当评价表明不符合工作可能再次发生时，或对实验室的运行与其管理体系的符合性产生怀疑时，实验室是否采取纠正措施。	查阅记录	不符合工作相关记录

参考不符合案例

案例7.10-1

查实验室“不符合检测和校准工作的控制管理程序”（编号A）中，对不符合工作范围识别、管理的责任和权力没有规定。

不符合条款号：CNAS—CL01：2018 7.10.1 a）和RB/T 214—2017 4.5.9 a）

分析：实验室应有不符合控制程序予以实施，该程序应明确不符合工作范围识别、管理的职责和权力。

案例7.10-2

查实验室未对不符合工作发生后，实验室应基于风险水平采取相应措施进行文件规定。

不符合条款号：CNAS—CL01：2018 7.10.1 b）和RB/T 214—2017 4.5.9 b）

分析：实验室应有不符合控制程序予以实施，该程序应明确基于实验室建立的风险水平采取措施（包括必要时暂停或重复工作以及扣发报告）的相关规定。

案例7.10-3

查不符合工作处理记录表格中，未查到能体现对不符合工作严重性的评价。

不符合条款号：CNAS—CL01：2018 7.10.1 c）和RB/T 214—2017 4.5.9 c）

分析：实验室应对不符合严重程度进行评价，包括分析对先前结果的影响。

标准条文

7.11 数据控制和信息管理（对应RB/T 214—2017条款4.5.16）

7.11.1 实验室应获得开展实验室活动所需的数据和信息。

7.11.2 用于收集、处理、记录、报告、存储或检索数据的实验室信息管理系统，在投入使用前应进行功能确认，包括实验室信息管理系统中界面的适当运行。对管理系统的任何变更，包括修改实验室软件配置或现成的商业化软件，在实施前应被批准、形成文件并确认。

注1：本准则中“实验室信息管理系统”包括计算机化和非计算机化系统中的数据和信息管理。相比非计算机化的系统，有些要求更适用于计算机化的系统。

注2：常用的现成商业化软件在其设计的应用范围内使用可视为已经过充分的确认。

7.11.3 实验室信息管理系统应：

a）防止未经授权的访问；

b）安全保护以防止篡改和丢失；

c）在符合系统供应商或实验室规定的环境中运行，或对非计算机化的系统，提供保护人工记录和转录准确性的条件；

d）以确保数据和信息完整性的方式进行维护；

e）包括记录系统失效和适当的紧急措施及纠正措施。

7.11.4 当实验室信息管理系统在异地或由外部供应商进行管理和维护时，实验室应确保系统的供应商或运营商符合本准则的所有适用要求。

7.11.5 实验室应确保员工易于获取与实验室信息管理系统相关的说明书、手册和参考数据。

7.11.6 应对计算和数据传送进行适当和系统的检查。

条文释义和理解

7.11.1 强调数据和信息的获取，实验室应获得开展实验室活动所需的数据和信息，并对其进行有效控制。

7.11.2 强调实验室信息管理系统的功能确认要求，应注意，本条款中的“实验室信息管理系统”包括计算机化和非计算机化系统，相比非计算机化的系统，有些要求更适用于计算机化的系统。数据控制和信息管理通常借助于实验室信息管理系统，实验室信息管理系统一般用于收集、处理、记录、报告、存储或检索数据。为确保数据和信息的完整性和保密性，实验室应该对实验室信息管理系统进行有效控制，投入使用前应进行功能确认，其界面应适当运行。当对管理系统进行任何变更（包括修改配置、升级等），包括修改实验室软件（如实验室自行开发软件）配置或现成的商业化软件，在实施前均应被批准、形成文件并确认。应注意常用的现成商业化软件在其设计的应用范围内使用可视为已经过充分确认。

CNAS—CL01—G001：2018 7.11.2有以下规定。

实验室使用信息管理系统（LIMS）时，应确保该系统满足所有相关要求，包括审核路径、数据安全和完整性等。实验室应对LIMS与相关认可要求的符合性和适宜性进行完整的确认，并保留确认记录；对 LIMS 的改进和维护应确保可以获得先前产生的记录。

7.11.3 强调实验室信息管理系统的控制要点，实验室用于数据收集、处理、记录、报告、存储或检索数据的软件或系统应符合有关技术规范要求，并确保：a）防止未经授权的访问，应对相关人员进行授权，不同人员在系统根据其授权设置不同级别的访问；b）安全保护以防止篡改和丢失，可采取计算机由指定人员操作，未经批准不可交叉使用，所有数据定期备份，对磁盘、光盘、闪存等应由专人妥善保管等措施；c）实验室应维护计算机和自动设备以确保其功能正常，并提供保护检测和校准数据完整性所必需的环境和运行条件，对非计算机化的系统，应提供保护人工记录和转录准确性的条件；d）应采取定期或不定期的方式对计算机或自动化设备进行必要的维护，维护方式应保证数据和信息完整性，防止丢失维护前产生的记录；e）应组织对系统运行情况进行审核，记录系统失效的情况，对系统软件中出现的问题进行分析，查找原因，并采取适当的紧急措施及纠正措施。

7.11.4 强调系统维护的特定要求，对在异地或由外部供应商进行管理和维护的信息管理系统，应对外部供应商进行管理（见6.6），确保符合认可准则的所有适用要求，实验室可采用签订保密和公正性协议的方式确保供应商满足准则要求。

7.11.5 实验室应确保需要使用实验室信息管理系统的员工能够易于获取与信息管理系统或软件相关的说明书、手册和参考数据，以确保能正确实施相关活动。

7.11.6 实验室应对计算和数据转移进行系统和适当的检查。如在Excel中输入公式及输入原始数据即可计算结果，应对公式的正确性进行检查；在转移数据时，应审核确保数据的完整性。

必备知识与技能

① 知悉数据和信息获取要求；② 知悉实验室信息管理系统的功能确认要求；③ 知悉实验室信息管理系统的控制要求；④ 知悉实验室信息管理系统维护的要求；⑤ 知悉实验室信息管理系统相关文件易于取阅的要求；⑥ 知悉计算和数据转移时系统和适当的检查的要求。

审核要点及方式

条款号	序号	审核要点（Check List）	审核方式	审核记录
7.11.1	1	实验室是否能以计算机化或非计算机化，包括人员采集等方式获得开展实验室活动所需的信息和数据，并对其进行了有效控制。	人员询问 审阅文件	信息和数据控制情况、相关文件规定
7.11.2	1	用于收集、处理、记录、报告、存储或检索数据的实验室信息管理系统（包括计算机化和非计算机化系统）在投入使用前是否进行功能确认，系统中界面是否适当运行。	查阅记录	实验室信息管理系统确认记录
	2	对管理系统进行任何变更（包括修改配置、升级等），包括修改实验室软件（如实验室自行开发软件）配置或现成的商业化软件，在实施前是否被批准、形成文件并确认。	查阅记录	实验室信息管理系统变更相关记录
7.11.3	1	实验室信息管理系统是否：a）采取对相关人员进行授权等方式防止未经授权的访问；b）采取备份和制订人员管理等方式安全保护系统以防止篡改和丢失；c）在符合系统供应商或实验室规定的环境中运行，或对非计算机化的系统，提供保护人工记录和转录准确性的条件；d）采取定期或不定期的方式进行维护，维护方式是否保证数据和信息完整性；e）是否记录系统失效并采取适当的紧急措施及纠正措施。	人员询问 查阅记录	实验室信息管理系统相关设置（如LIMS）情况和记录
7.11.4	1	当实验室信息管理系统在异地或由外部供应商进行管理和维护时，实验室是否采取如签订公正性和保密性协议等方式确保系统的供应商或运营商符合本准则的所有适用要求。	查阅记录	采取相关措施记录（如签订的公正性和保密性协议等）
7.11.5	1	实验室是否确保员工易于获取与实验室信息管理系统相关的说明书、手册和参考数据。	现场观察	确保员工方便取阅的措施（如放置于现场）
7.11.6	1	是否对计算和数据传送进行适当和系统的检查。	查阅记录	检查的措施和记录
备注	对数据控制和信息管理的审核，可结合现场试验考核方式进行综合考核			

参考不符合案例

案例7.11-1

查实验室没有文件规定如何控制以电子形式存储的数据和报告等记录。

不符合条款号：CNAS—CL01：2018 7.11.1和RB/T 214—2017 4.5.16

分析：实验室应能以计算机化或非计算机化，包括人员采集等方式获得开展实验室活动所需的信息和数据，并对其进行有效控制。

案例7.11-2

查实验室自行制订的天平自动数据采集系统，未在使用前对该系统采集、处理和存储等功能进行确认。

不符合条款号：CNAS—CL01：2018 7.11.2和RB/T 214—2017 4.5.16 a）

分析：用于收集、处理、记录、报告、存储或检索数据的实验室信息管理系统，在其投入使用前应进行功能确认。

案例7.11-3

查实验室不能提供计算机化实验室信息管理系统的维护记录。

不符合条款号：CNAS—CL01：2018 7.11.3 d）和RB/T 214—2017 4.5.16c）

分析：实验室应采取定期或不定期方式维护实验室信息管理系统，保证数据和信息完的整性。

第八节　ISO/IEC 17025：2017标准释义：管理体系要求

标准条文

8.1 方式（对应RB/T 214-2017条款4.5.1）

8.1.1 总则

实验室应建立、实施和保持文件化管理体系，该管理体系应能够支持和证明实验室持续满足本准则要求，并且保证实验室结果的质量。除满足第4章至第7章的要求，实验室应按方式A或方式B实施管理体系。

注：更多信息参见附录B。

8.1.2 方式A

实验室管理体系至少应包括下列内容：

——管理体系文件（见8.2）；

——管理体系文件的控制（见8.3）；

——记录控制（见8.4）；

——应对风险和机遇的措施（见8.5）；

——改进（见8.6）；

——纠正措施（见8.7）；

——内部审核（见8.8）；

——管理评审（见8.9）。

8.1.3 方式B

实验室按照GB/T 19001的要求建立并保持管理体系，能够支持和证明持续符合第4章至第7章要求，也至少满足了第8.2条至第8.9条中规定的管理体系要求的目的。

条文释义和理解

8.1.1 管理体系的运作包括体系的建立、体系的实施、体系的保持和体系的持续改进。该条款要求实验室将其管理体系、组织机构、程序、资源和过程等这些相互关联和相互依赖的过程要素形成文件，即政策、制度、程序和作业指导书等制成文件，系统进行规定和有效控制，从而达到确保检测/校准结果质量。管理体系的实现提供了两种方式：方式A和方式B。

CNAS—CL01—G001：2018 8.1.1规定，如果实验室是某个机构的一部分，该机构的管理体系已覆盖了实验室的活动，实验室应将该组织管理体系中有关实验室的规定予以提炼和汇总，形成针对实验室活动的文件，并明确相关的支持性文件；如果针对实验室建立单独的管理体系，管理体系还应覆盖为支撑体系运作的所有相关部门，管理体系中有关实验室和相关支持部门工作职责的文件应由对实验室和相关部门承担管理职责的该组织的负责人批准。

8.1.2 明确方式A应包括的内容。

8.1.3 明确管理体系方式B的要求。

CNAS—CL01—G001：2018 8.1.3规定，如果实验室采用方式B建立和运行管理体系，实验室也应提供证据证明实验室活动的管理和运作满足CNAS—CL01中8.2条款至8.9条款规定的管理体系要求。

标准条文

8.2 管理体系文件（方式A）（对应RB/T 214—2017条款4.5.1、4.5.2）

8.2.1 实验室管理层应建立、编制和保持符合本准则目的的方针和目标，并确保该方针和目标在实验室组织的各级人员得到理解和执行。

8.2.2 方针和目标应能体现实验室的能力、公正性和一致运作。

8.2.3 实验室管理层应提供建立和实施管理体系以及持续改进其有效性承诺的证据。

8.2.4 管理体系应包含、引用或链接与满足本准则要求相关的所有文件、过程、系统和记录等。

8.2.5 参与实验室活动的所有人员应可获得适用其职责的管理体系文件和相关信息。

条文释义和理解

8.2.1 质量方针是由实验室管理层结合自身情况和特点，制订、贯彻并保持的总的质量宗旨和方向，一般在《质量手册》中阐明并发布。质量目标是质量方面所追求的目的，通常依据质量方针制订，各部门可以根据公司目标，制订本部门的质量目标，质量目标应在管理评审时予以评审。质量管理是全员参加的质量管理，因此实验室所有与实验室活动相关的人员都要熟悉并理解质量方针和质量目标及质量文件，并在工作中执行这些政策。同时，质量方针、目标、政策应定期加以评审确保适应性。

8.2.2 质量方针和质量目标没有具体的要求，但应满足原则要求，即体现实验室能力、公正性和一致性。

8.2.3 实验室管理层要了解体系运作现状，并提供管理体系建立和实施，特别是在持续改进管理体系有效性方面履行承诺的证据（如相关的文件、记录，投入的资源等）。记录包括以下内容。

（1）向组织宣讲满足客户和法律、法规规定要求的重要性。

（2）制订质量方针、目标。

（3）已发布适用系统的文件化管理体系。

（4）按计划进行内部审核和管理评审。

（5）确保所需资源的获得。

8.2.4 管理体系文件不仅包括准则要求的体系文件（通常包括质量手册、程序文件、作业指导书、表单等），满足准则要求的所有相关文件、过程、系统和记录等也应被纳入、引用或链接至管理体系。

8.2.5 管理体系文件应传达或宣贯至与实验室活动相关人员，并使之了解文件中的信息要求，以保证在工作中得到理解和执行，确保质量活动的受控、体系的有效运行。

必备知识和技能

① 知悉质量目标、质量方针的制订要求及实验室制订质量方针 / 目标的意义；② 知悉管理体系文件的构成；③ 知悉管理体系运行相关的记录。

审核要点及方式

条款号	序号	审核要点（Check List）	审核方式	审核记录
8.2.1	1	是否制订和发布质量方针和质量目标，并被全体员工理解及在管理评审中对质量目标进行评审。	人员询问 查阅记录	质量方针、质量目标
8.2.2	1	质量方针和质量目标是否与实验室活动相适应，是否体现公正性和一致性。	人员询问 审阅文件	质量方针、质量目标
8.2.3	1	是否有管理体系建立、实施及持续改进的相关证据。	人员询问 查阅记录	相关记录
8.2.4	1	是否纳入质量管理体系文件相关的外部文件	人员询问 审阅文件	外来文件一览表
	2	实验室是否将管理体系文件化；体系文件是否协调一致，表达是否清晰准确。	审阅文件	实验室管理体系文件清单、管理体系文件构成图
	3	管理体系文件的构架是否与其实验室活动相适应，是否详略得当、确保结果质量。	审阅文件	
8.2.5	1	质量体系文件是否宣贯；有关人员对管理体系文件是否理解并容易获得。	人员询问 查阅记录	人员宣贯记录、人员询问情况记录

参考不符合案例

案例8.2-1

质量管理手册及其体系文件存在欠缺：质量方针缺少持续改进管理体系有效性的承诺；未能明确总体目标。

不符合条款号：CNAS—CL01：2018 8.2.3和RB/T 214—2017 4.5.2

CNAS—CL01：2018 8.2.1和RB/T 214—2017 4.5.2

分析：实验室未建立和实施管理体系持续改进的措施 / 承诺，管理层未发布或制订质量目标。

案例8.2-2

某化学实验室规定对受控文件采取文件清单方式进行管理，并规定分门别类进行定期审查，确保获得的外部受控文件是最新有效版本，但现场发现实验室制订的受控文件清单未包括“CNAS CL01—A002：2020《检测和校准实验室能力认可准则在化学领域中的应用说明》”等文件。

不符合条款号：CNAS—CL01：2018 8.2.4和RB/T 214—2017 4.5.1

分析：实验室未将相关的特殊领域的应用要求纳入管理体系的执行规定。

标准条文

8.3 管理体系文件的控制（方式A）（对应RB/T 214—2017条款4.5.3）

8.3.1 实验室应控制与满足本准则要求有关的内部和外部文件。

注：本准则中，“文件”可以是政策声明、程序、规范、制造商的说明书、校准表格、图表、教科书、张贴品、通知、备忘录、图纸、计划等。这些文件可能承载在各种载体上，例如硬拷贝或数字形式。

8.3.2 实验室应确保：

a）文件发布前由授权人员审查其充分性并批准；

b）定期审查文件，必要时更新；

c）识别文件更改和当前修订状态；

d）在使用地点应可获得适用文件的相关版本，必要时，应控制其发放；

e）对文件进行唯一性标识；

f）防止误用作废文件，无论出于任何目的而保留的作废文件，应有适当标识。

条文释义和理解

实验室管理体系文件（包括内部制订的文件和外来文件）是保证其管理体系正常运作，规范各项质量活动，防止、克服随意性的内部法规。实验室管理层应管理和控制文件的编制、审核、审查、批准、发放、使用、回收等作业活动，确保各工作场所的文件处于安全、有效和受控的状态。

8.3.1 明确文件控制的范围，实验室中构成其管理体系的所有文件都应纳入受控范围。这些文件包括内部文件和外部文件。内部文件包括政策声明、程序、规范等；外部文件包括制造商的说明书、校准表格、图表、教科书、张贴品、通知、备忘录、图纸、计划等。

8.3.2 a）为确保文件的完整性和适应性，纳入管理体系控制范围内的所有文件，在发布前，应经授权人员进行审核并批准后方能使用。授权应按照职责权限做出明确的规定。

8.3.2 b）实验室应做好文件的定期评审工作，必要时进行修订，修订后的文件必须重新批准。一方面是为了确保文件的持续的适宜性，另一方面是为了确保文件满足使用要求。文件评审应覆盖全部管理体系文件，评审方式包括但不限于内审、管理评审、组织文件意见反馈及专题文件评审等。

对外部文件，应依据尽量可靠的查新渠道，定期审查文件的现行有效，特别是技术标准规范。此处，也应关注CNAS认可准则应用说明的具体要求，如CNAS—CL01—A001：2018规定“每两个月在国家卫生和计划生育委员会网站上对食品安全国家标准微生物检测方法进行方法查新”。

对内部制订的文件，应当定期评审，发现不适用或不满足使用要求时应及时修订。为做好此项工作，实验室应就定期审查文件的职责予以明确，应对审查时间做出规定，审查情况和结果应有记录。

8.3.2 c）编制识别管理体系文件的当前修订状态，目的是使文件便于查阅，避免使用失效或作废的文件。

8.3.2 d）为确保实验室体系和技术有效运行，在实验室有效运作起重要作用的所有作业场所，都能得到相应的适用的授权版本文件。

8.3.2 e）文件要有唯一性标识，可以是数字、验收符号、受控章等，实验室应使用简易有效的、适合自己的方法。文件标识的内容也可以包括发布日期和（或）修订标识、页码、总页数或标识文件的标记和发布人。如果实验室有多份相同的外来标准，可以采用分发号作为唯一性标识加以识别和控制。

8.3.2 f）标识无论出于任何目的保留的过期文件，都是为了防止非预期使用无效或作废文件，实验室应及时从所有使用现场或发放场所撤除这些文件，或用其他方法，如对无效或作废文件适当标识。尤其是技术标准汇编，其中有些是现行有效标准，有些是无效作废标准，往往需通过标识加以区别。

必备知识和技能

① 了解管理体系文件的组成，确保管理体系的完整性和适应性；② 熟悉质量管理体系文件控制的要点。

审核要点及方式

条款号	序号	审核要点（Check List）	审核方式	审核记录
8.3.1	1	实验室文件控制的范围是否满足要求，包括内部文件和外部文件	审阅文件	文件控制程序描述
8.3.2	1	实验室对各类文件控制过程（包括编制、审批、发放、使用、更改、再次批准、标识、回收和作废等）的文件规定。	人员询问 查阅记录	文件控制程序规定
	2	文件发布前是否经过授权人员批准	查阅记录	文件批准记录
	3	实验室是否定期对文件进行评审，必要时是否做了修改。	查阅记录	文件评审记录
	4	实验室文件的更改和修订，及文件的修订状态。	查阅记录 审阅文件	文件修订记录及文件状态标识
	5	现场是否有可获得的适用文件。	人员询问 现场观察	作业现场适用的作业指导书

续表

条款号	序号	审核要点（Check List）	审核方式	审核记录
8.3.2	6	实验室是否对文件的唯一性标识进行规定；是否都有唯一性标识。	审阅文件	文件唯一性标识规定
	7	检查文件是否有被误用的情况；现场是否有过时作废的文件在使用。	现场观察	文件标识记录

参考不符合案例

案例8.3-1

实验室对文件的制订、审查及批准缺少管理规定，文件审查批准混乱。

不符合条款号：CNAS—CL01：2018 8.3.2 a）和RB/T 214—2017 4.5.3

分析：实验室缺少对文件控制的规定。

案例8.3-2

实验室的《质量手册》4.3文件控制章节规定："本实验室的文件一律不得手写修改。"但相应的《文件控制程序》又允许可对文件手写修改，两处的规定相互矛盾，且在该程序中也未描述对文件应定期审查的内容。

不符合条款号：CNAS—CL01：2018 8.3.2 c）和RB/T 214—2017 4.5.3

分析：《质量手册》和《文件控制程序》对文件修改的规定不一致，缺少定期文件评审的规定。

案例8.3-3

物理检测实验室在墙上公布的仪器操作规程无任何受控标识。

不符合条款号：CNAS—CL01：2018 8.3.2 d）和RB/T 214—2017 4.5.3

分析：外部文件控制范围不全，现场文件无现行有效的文件标识。

标准条文

8.4 记录控制（方式A）（对应RB/T 214—2017条款4.5.11、4.5.27）

8.4.1 实验室应建立和保存清晰的记录以证明满足本准则的要求。

8.4.2 实验室应对记录的标识、存储、保护、备份、归档、检索、保存期和处置实施所需的控制。实验室记录保存期限应符合合同义务。记录的调阅应符合保密承诺，记录应易于获得。

注：对技术记录的其他要求见7.5条。

条文释义和理解

记录是为已完成的活动或达到的结果提供客观证据的文件，是实验室一切工作的有效书面证明。记录是受控文件的一类，记录一经填写即生效，不用批准发布；填写记录所用的表格有版本的区别，而记录没有，记录表格是记录的载体。记录分为质量记录和技术记录，两者密不可分，质量记录通常指来自质量管理活动的记录；技术记录通常指来自技术管理活动的记录。

8.4.1 对实验室记录的总体要求。

8.4.2 实验室应当对记录的标识、存储、保护、备份、归档、检索、保存期和处置进行控制和管理，以证实管理体系运行的状况和检测工作的所有结果。

实验室记录保存期限应与其合同义务相一致的要求。CNAS—CL01—G001：2018 8.4.2有以下规定。

除特殊情况外，所有技术记录，包括检测或校准的原始记录，应至少保存6年。如果法律法规、CNAS专业领域认可要求文件或客户规定了更长的保存期要求，则实验室应满足这些要求。人员或设备记录应随同人员工作期间或设备使用时限全程保留，在人员调离或设备停止使用后，人员或设备技术记录应再保存6年。技术记录，无论是电子记录还是纸面记录，应包括从样品的接收到出具检测报告或校准证书过程中观察到的信息和原始数据，并全程确保样品与报告/证书的对应性。除非相关法律法规另有规定，当实验室承担的检测结果用于产品认证、行政许可证书等用途时，相关技术记录和报告副本的保存期不得少于相关产品认证、行政许可证书规定的有效期。

因追溯、验证或制订不符合措施等目的需要借阅和复制记录时，应符合保密承诺，对应CNAS—CL01：2018 4.2保密性。因为实验室的记录涉及保护客户机密和所有权、保护实验室机密和所有权等问题。

记录应易于获得，实验室应注意记录的保管方式应便于检索，并应明确可以查阅、使用的人员范围和取用手续。

技术记录的要求放在了7.5章节。

必备知识和技能

① 知悉实验室记录控制的基本原则；② 知悉实验室记录控制过程中各环节的要求及注意事项。

审核要点及方式

条款号	序号	审核要点（Check List）	审核方式	审核记录
8.4.1	1	实验室对记录的要求是否满足要求。	审阅文件	记录管理文件
8.4.2	1	实验室是否对记录的标识、收集、检索、借阅、归档、存储、维护和处置等内容做出规定。	审阅文件 人员询问 查阅记录	记录管理文件
	2	记录（质量记录和技术记录）的保存期是否都有明确的规定，并满足相关需求。	审阅文件	记录保存期的规定
	3	记录是否进行了很好分类，存取是否方便快速；记录保存的环境是否符合要求。	人员询问 现场观察	记录保存情况
	4	所有记录是否都做到了妥善（安全）保护和保密。	人员询问 现场观察	记录保密的规定

参考不符合案例

案例8.4-1

实验室编制的《记录保存期限一览表》中缺少对检测原始记录、检测报告（副本）保存期限的规定。

不符合条款号：CNAS—CL01：2018 8.4.2和RB/T 214—2017 4.5.27

分析：记录无保存期规定。

案例8.4-2

程序文件编号A的《记录控制程序》缺少记录的编号规则；现场看到编号都为2013—01的《日常监督记录表》3份，但填写时间和内容都不同。

不符合条款号：CNAS—CL01：2018 8.4.2和RB/T 214—2017 4.5.11

分析：缺少记录的编号规则，记录表格的标识不明。

标准条文

8.5 应对风险和机遇的措施（方式A）（对应RB/T 214—2017条款4.5.10）

8.5.1 实验室应考虑与实验室活动相关的风险和机遇，以：

a）确保管理体系能够实现其预期结果；

b）增强实现实验室目的和目标的机遇；

c）预防或减少实验室活动中的不利影响和可能的失败；

d）实现改进。

8.5.2 实验室应策划：

a）应对这些风险和机遇的措施；

b）如何

——在管理体系中整合并实施这些措施

——评价这些措施的有效性。

注：虽然本准则规定实验室应策划应对风险的措施，但并未要求运用正式的风险管理方法或形成文件的风险管理过程。实验室可决定是否采用超出本准则要求的更广泛的风险管理方法，如通过应用其他指南或标准。

8.5.3 应对风险和机遇的措施应与其对实验室结果有效性的潜在影响相适应。

注1：应对风险的方式包括识别和规避威胁，为寻求机遇承担风险，消除风险源，改变风险的可能性或后果，分担风险，或通过信息充分的决策而保留风险。

注2：机遇可能促使实验室扩展活动范围，赢得新客户，使用新技术和其他方式应对客户需求。

条文释义和理解

8.5 准则引言中指出“本准则要求实验室策划并采取措施应对风险和机遇。应对风险和机遇是提升管理体系有效性、取得改进效果，以及预防负面影响的基础。实验室有责任确定要应对哪些风险和机遇。”对实验室是否有必要单独建立风险管理体系，由实验室自己决定，ISO/IEC 17025：2017并不要求，也未鼓励，实验室只需要满足要求即可。

ISO/IEC 17025：2017在起草过程中已充分纳入了风险管理的模式，比如设备校准、质量控制、人员培训和监督等均需要实验室在自身检查活动范围、客户需求和测试技术的复杂性等风险分析的基础上，制订相应的程序。

风险指不确定性对目标的影响（ISO 31000，3.1）。对风险的理解应该是相对的，既可以是一个正面的概念，也可以是一个负面的概念。一方面风险可与机会、概率、不测事件和随机性相结合，另一方面风险可与危险、损失和破坏相结合。对实验室，风险管理的目标是为客户提供准确数据或结果。机遇可能是潜在的识别新客户或市场，确定新的检测或校准服务的需求，或确定通过采用新技术或替代技术使结果更有效的需求等。风险可能是检测结果、服务不能满足要求，或组织不能实现客户满意等。

在检测的全过程中可能存在不确定性，因此，8.5.1提出实验室应考虑与实验室活动有关联的风险和机遇，目的是确保实验室在策划管理提出过程中，确定其风险和机遇，并策划应对它们的措施。风险管理是针对风险所采取的组织指导和控制风险的协调活动（ISO 31000，3.2）。实验室应运用风险管理的方法，对检测的全过程进行分析和梳理，识别和描述过程中不同节点的风险，提出对这些风险的控制措施并实施，目的是将风险降到最低程度。检测活动的风险因素包括人员、客户要求/方法、抽样/样品管理、设施与环境、设备、测量不确定度/质量控制、记录和报告等。通过风险降低或预防措施，实施改进，保证结果和服务的符合性，提高客户满意度，其目的在于防止不合格检测或校准结果的输出，以达到实验室的质量目标。

8.5.2 要求实验室策划应对风险和机遇的措施，在管理体系中整合并实施这些措施，评价这些措施的有效性。实验室在运行这一条款时应将风险管理融合到实验室管理体系中，嵌入检测或校准实践中，并针对实验室的运行过程策划和实施。

在风险管理上有许多理论和模型可参考，如ISO 31000《风险管理原则和指南》给出了风险管理过程（如图2-1所示）。检验检测机构风险管理包括风险识别、风险分析、风险评价、风险处理。风险管理贯穿了检验检测前、中、后各个阶段，构成有机结合的整体，相辅相成，有联系又有区别。

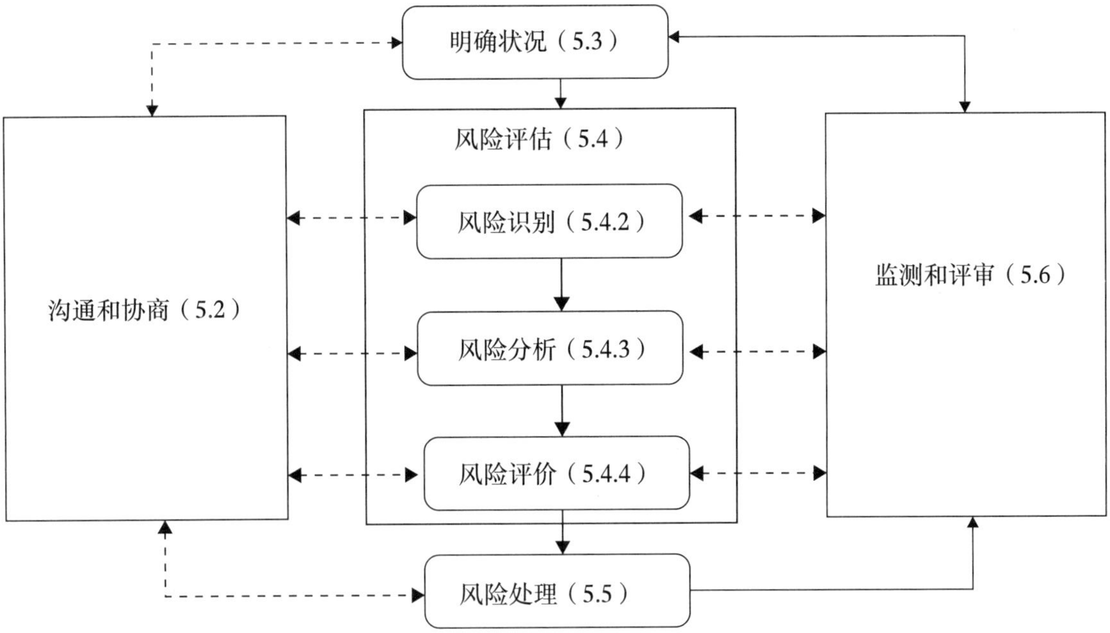

图2-1　风险管理过程

风险识别。指在风险事故发生之前，运用各种方法系统、连续地认识所面临的各种风险以及分析风险事故发生的潜在原因。实验室的风险识别首先应收集与检测相关的国际、区域、国家、地方等相关法律法规、认可认定文件，以及实验室质量手册、程序文件、安全要求、财务要求等要求，明确实验室内外部信息和状况，还应包括考察特定后果直接影响，包括连锁和积累影响，所有重要的原因和后果都应予以考虑。风险的识别方法包括询问、交谈、现场观察、查阅有关记录、过程分析、获取外部信息、问卷调查、历史数据分析等。

风险分析。指分析引起风险事故的各种因素，是风险评估的关键。风险分析为风险评价和确定风险是否需要处理以及最适合的风险处理策略和方法提供输入。风险分析也可以为必须做出选择及选择涉及不同类型和程度的风险的决策提供输入。风险分析包括考虑风险的原因和来源、风险带来的后果（可以是正面的也可能是负面的）、发生后果的可能性。应识别影响后果的因素和可能性。可以通过风险矩阵，将危害绘制在图表上进行量化来计算风险。严重程度和频率的结果计算将成为风险分析的结果，实现对高风险事件的及时补救。

风险评价。指在风险识别和分析的基础上，综合考虑风险发生的概率、损失幅度以及其他因素，得出系统发生风险的可能性及其程度，确定检验检测机构的风险等级。由此决定是否需要采取控制措施，以及控制到什么程度。风险评价包括将分析过程中确定的风险程度与在明确环境时建立的风险准则进行比较，将风险分析的结果与实验室已制订的风险评价标准进行比较，确定实验室现存风险严重程度和等级（或不可接受风险），其目的是为风险规避和领导决策提供支持。

风险处理。指通过对检验检测过程中识别出的风险大小进行判定，决定是否启动检验检测活动来避免风险的发生。风险处理包括风险规避、冒险以寻求机会、消除风险源、改变可能性或者后果、风险共担或基于合理的决策承受风险。实验室应结合各种内外部环境，包括检验检测机构的风险承受度，以及相关的法律、法规及政策方面的要求，制订一种或多种控制措施来防止风险事件的发生或降低风险的影响程度。

根据风险等级的不同确定相应的风险应对措施。对轻微或可忽略或可接受的风险，可采取日常监督进行应对。对中等风险，可制订相应的预防措施，进行有效控制或整改。对重大风险，应立即采取措施，暂停相关工作，制订有效的措施予以控制或解决。

实验室经风险分析后识别出应控制的风险点，制订控制措施，措施应尽可能消除对结果产生不良影响的风险源。风险源不一定能够完全消除，应对风险的措施也不止一种，此时应识别出对检测或校准结果影响最显著的风险源，采取最适宜的措施。应对机遇的措施实施后，可能发生风险改变或结果的变化，应通过风险评价，对效果进一步分析，开展新的风险决策。可以通过内审、管理评审及日常监督等方式对发现的一般以上的风险进行重点监督评审，对发现的问题采取纠正措施。

面对日新月异的科技进步和蓬勃发展的检验检测市场，实验室应运用风险管理的理念，善于使用新技术，提高自身能力，或采取互利共赢的合作方式，抓住发展的每一次契机，扩展活动范围，不断提升检验检测能力，应对客户发展需求或赢得新的客户。

必备知识和技能

① 知悉实验室风险管理的要求；② 了解实验室需要从哪些方面进行风险管理。

审核要点及方式

条款号	序号	审核要点（Check List）	审核方式	审核记录
8.5.1	1	实验室是否实施风险管理相关工作。	人员询问 查阅记录	实验室风险管理相关记录
	2	风险管理工作是否能够实现预期结果，减少实验室活动中的不利影响，实现改进。	人员询问 查阅记录	
8.5.2	1	应对风险和机遇的措施是否整合到管理体系中；是否评价措施的有效性。	人员询问 查阅记录	风险管理措施有效性评价
8.5.3	1	应对风险的措施是否与实验室结果有效性的潜在影响相适应。	人员询问 查阅记录	风险管理措施适宜性

参考不符合案例

案例8.5-1

实验室没有制订风险管理相关程序，也不能提供风险识别的记录.

不符合条款号：CNAS—CL01：2018 8.5.1和RB/T 214—2017 4.5.10

分析：无风险管理相关文件和记录。

案例8.5-2

实验室按照相关的程序文件进行了风险的识别，制订应对措施，但不能提供措施有效性的评价记录。

不符合条款号：CNAS—CL01：2018 8.5.2 b）和RB/T 214—2017 4.5.10

分析：实验室没有评价措施有效性的记录。

标准条文

8.6 改进（方式A）（对应RB/T 214—2017条款4.5.10）

8.6.1 实验室应识别和选择改进机遇，采取必要措施。

注：实验室可通过评审操作程序、实施方针、总体目标、审核结果、纠正措施、管理评审、人员建议、风险评估、数据分析和能力验证结果识别改进机遇。

8.6.2 实验室应向客户征求反馈，无论是正面的还是负面的。应分析和利用这些反馈，以改进管理体系、实验室活动和客户服务。

注：反馈的类型示例包括客户满意度调查、与客户的沟通记录和共同审查报告。

条文释义和理解

改进不仅是改正或纠正，也不是保持、停滞不前；改进的核心是“进”，是完善、是发展、是创新、是能力的提升、是与时俱进、是更上一层楼、是提高有效性和效率的循环活动。持续改进应是实验室永恒的主题、永恒的目标、永恒的追求、永恒的活动。

8.6.1 质量管理体系的时序性、动态性决定了实验室的最高管理者和管理层必然要通过评审结果、市场调查、客户反馈、数据分析等，随时调整质量方针、目标，或在方针、目标实现活动过程中，坚持体系的改进，以不断提高体系的有效性和效率，更好地服务于客户和社会。

改进需要全员参与，因此，实验室应制订实施持续改进的相关政策，使全体员工能在自身工作范围内积极识别改进的机会。实验室应通过确立质量方针目标，明确改进的方向；应用质量监督、质量控制、数据分析、内部审核等方式，积极识别改进需求，寻求改进机会；应用纠正措施和风险控制等实施改进活动；应用管理评审评价改进效果，提出改进建议，确立新的改进目标。实验室应遵循PDCA循环的工作原理，持续改进其整体业绩、改进管理体系、改进检测／校准活动、改进对客户的服务。

8.6.2 客户的反馈意见是实验室识别改进需求的重要信息。实验室应设法向客户征求反馈意见，使用并分析这些意见（无论是正面的还是负面的），这是实验室识别改进机会的重要途径，有利于改进实验室的管理体系，改进实验室的检测或校准活动，改进对客户的服务。客户意见反馈的形式包括客户满意度调查，如定期采用问卷或调查表形式调查客户满意度；与客户的沟通记录，如在合同评审时、在客户进入实验室相关区域观察实验时、电话沟通时都可能产生沟通记录；共同评价报告，即实验室与客户就报告的讨论。

必备知识和技能

① 知悉实验室改进的要求；② 知悉实验室改进的几种方式或渠道。

审核要点及方式

条款号	序号	审核要点（Check List）	审核方式	审核记录
8.6.1	1	实验室是否通过实验室活动或各项评审对管理体系持续改进；是否有改进措施及评价改进工作有效性和适时性的记录。	人员询问 查阅记录	实验室改进相关记录
8.6.2	1	实验室是否有为客户服务的意识，采取措施收集顾客满意与否的信息；是否对收集到的信息进行了分析，并作为评价质量体系和改进的依据。	人员询问 查阅记录	客户满意度调查，以及客户投诉或反馈意见的回复记录

参考不符合案例

案例8.6-1

实验室2018年2月19日管理评审报告中提出要组织员工学习管理体系文件，但实验室提供不出实施该项改进的记录

不符合条款号：CNAS—CL01：2018 8.6.1和RB/T 214—2017 4.5.10

分析：无实验室实施改进的记录。

案例8.6-2

实验室提供2018年度客户满意度调查表反馈意见统计表，但未能提供使用和分析这些意见并应用于改进管理体系、检测活动及对客户的服务。

不符合条款号：CNAS—CL01：2018 8.6.2和RB/T 214—2017 4.5.10

分析：实验室未对客户满意度调查的意见进行分析。

标准条文

8.7 纠正措施（方式A）（对应RB/T 214—2017条款4.5.10）

8.7.1 当发生不符合时，实验室应：

a）对不符合作出应对，并且适用时

——采取措施以控制和纠正不符合

——处置后果；

b）通过下列活动评价是否需要采取措施，以消除产生不符合的原因，避免其再次发生或者在其他场合发生

——评审和分析不符合

——确定不符合的原因

——确定是否存在或可能发生类似的不符合；

c）实施所需的措施；

d）评审所采取的纠正措施的有效性；

e）必要时，更新在策划期间确定的风险和机遇；
f）必要时，变更管理体系。
8.7.2 纠正措施应与不符合产生的影响相适应。
8.7.3 实验室应保存记录，作为下列事项的证据：
a）不符合的性质、产生原因和后续所采取的措施；
b）纠正措施的结果。

条文释义和理解

当发生不符合时，实验室应采取“纠正”或“纠正措施”，这两者有着本质的不同。“纠正”是消除已发现不符合所采取的行动或措施；“纠正措施”是为消除已发现不符合原因，或其他不期望的原因所采取的措施，以防不符合再度发生。

CNAS—CL01—G001：2018 8.7.1有以下规定。

对发现的不符合，实验室不应仅纠正发生的问题，还应进行全面、细致的分析，确定不符合是否为独立事件，是否还会再次发生，查找产生问题的根本原因，按本条款要求启动纠正措施。

注：对不符合，仅进行纠正，无须采取纠正措施的情况很少发生。比如在认可评审中，经常发现实验室未按CNAS规定的要求参加能力验证，仅是提供事后参加能力验证的证据，这种措施是不充分的，实验室应当全面分析未参加能力验证的根本原因，如资金不足、能力验证计划不全面、缺乏对计划实施情况的有效监督等，从而采取有效的纠正措施。

纠正措施程序应从调查确定不符合可能再度发生的根本原因开始。根本原因调查分析是该程序最关键也是最困难的部分，所以在解决比较复杂的问题时，往往需要集中相关部门来研究分析造成不符合的根本原因（包括一些难以发现的潜在原因），如客户要求、样品本身、工作程序、员工技能与培训、设备标物管理、消耗品等。

8.7.1 a）明确对不符合需要应对，只在适用时才需要采取措施控制和纠正不符合。

8.7.1 b）强调原因分析（调查确定根本原因）。明确需要评审和分析不符合；明确评估采取措施的需求。实验室应评审和分析不符合，以确定所发生的不符合的原因以及该不符合是否还存在于其他区域／部门，或该不符合是否可能再次出现或可能在其他区域／部门出现。根据不符合对实验室的潜在影响，实验室应确定需要采取的措施的程度。

实验室应根据此评审实施必要的措施。当出现不符合时，实验室应采取措施调查何处发生错误，并尽可能纠正错误，避免将来再发生类似问题。处理不合格、采取纠正和纠正措施是改进的重要活动和手段，其目的是控制、纠正不合格，消除不合格的危害和影响，纠正产生不合格的原因，防止不合格再次发生。

8.7.1 c）选择实施的纠正措施。

8.7.1 d）实验室应通过确认已实施措施或已采取纠正措施的证据来验证纠正措施的有效性。为确保有效验证纠正措施的有效实施，实验室可确定完成措施的适当时间周期。

8.7.1 e）必要时更新策划时确定的风险和机遇。实验室在某个区域采取纠正措施时，应该考虑是否会对其他区域产生负面影响。实验室应在评审纠正措施后，考虑是否存在以往策划期间未确定的风险或机遇。有必要时应更新计划，发现严重问题或其余风险时进行附加审核。

8.7.2 选择并实施最有可能消除问题并防止再次发生的纠正措施，纠正措施的力度必须与问题的严重性和危险性相适应。

8.7.3 实验室应保留体现采取了哪些纠正或纠正措施的记录，包括不符合的性质信息（如不符合描述、不符合评级），产生的原因，采取的措施及结果。这些形成文件的信息可以是纠正措施表、数据库以及证明采取了措施的证据。

必备知识和技能

① 知悉不符合项发生时，需要采取的措施；② 知悉纠正 / 纠正措施实施的流程和原因分析方式；③ 知悉纠正措施的有效性评价。

审核要点及方式

条款号	序号	审核要点（Check List）	审核方式	审核记录
8.7.1	1	实验室发生不符合时的规定或要求；是否符合认可准则要求以及适合实验室的实际情况。	审阅文件	纠正措施控制程序
	2	实验室是否发生不符合情况；不符合发生后是如何处理的。	人员询问	人员询问记录
	3	实验室不符合的纠正措施记录是否对问题的根本原因进行了调查研究分析。	查阅记录	纠正措施记录、有效性及相关见证材料
	4	纠正措施的选择能否防止问题的再发生；是否综合考虑了问题的严重性、风险以及成本；因采取纠正措施而导致程序变更和文件修改时，是否进行了必要的工作。	人员询问 查阅记录	
8.7.2	1	纠正措施是否与不符合项产生的影响相适应。	查阅记录	纠正措施记录
8.7.3	1	是否保存采取纠正措施记录。	查阅记录	

参考不符合案例

案例8.7-1

现场核查5份实验室检测报告的相关信息错误或不全的投诉处理报告，实验室对不符合进行了纠正，没有就不符合工作产生的原因进行分析，采取的纠正措施无针对性。

不符合条款号：CNAS—CL01：2018 8.7.1和RB/T 214—2017 4.5.10

分析：实验室的纠正措施无原因分析，未实施有效的纠正措施。

案例8.7-2

实验室对2018年、2019年内部审核均出现检测原始记录画改不符合要求，制订“质量监督员加强监督”的纠正措施，但不能提供有效的纠正措施监控记录。

不符合条款号：CNAS—CL01：2018 8.7.3和 RB/T 214—2017 4.5.10

分析：无纠正措施的监控记录。

标准条文

8.8 内部审核（方式A）（对应RB/T 214—2017条款4.5.12）

8.8.1 实验室应按照策划的时间间隔进行内部审核，以提供有关管理体系的下列信息：

a）是否符合

——实验室自身的管理体系要求，包括实验室活动

——本准则的要求；

b）是否得到有效的实施和保持。

8.8.2 实验室应：

a）考虑实验室活动的重要性、影响实验室的变化和以前审核的结果，策划、制订、实施和保持审核方案，审核方案包括频次、方法、职责、策划要求和报告。

b）规定每次审核的审核准则和范围；

c）确保将审核结果报告给相关管理层；

d）及时采取适当的纠正和纠正措施；

e）保存记录，作为实施审核方案和审核结果的证据。

注：内部审核相关指南参见GB/T 19011（ISO 19011，IDT）。

条文释义和理解

内部审核（内审），有时称为第一方审核，是组织为验证各部门运作（包括实验室活动）的符合性和有效性，确保持续满足管理体系要求实施的审核。内审是实验室质量体系的自我诊断、完善机制的关键要素，是实验室保证检测数据可靠、有效，实现质量方针的关键因素。因此，实验室内审不可忽略对技术要求的评审。

8.8.1 内审应当按照一定的时间间隔进行。CNAS—GL011：2018《实验室和检验机构内部审核指南》5.1规定，内部审核依据文件化的程序每年至少实施一次。内部审核的周期和覆盖范围应当基于风险分析。

实验室应根据自身情况，按照程序文件的要求，组织内审，以保证实验室运行持续符合质量体系和本准则的要求。

8.8.2 a）实验室应综合考虑自身情况，制订详尽的审核方案，包括内审的频次、方法、职责、策划要求和报告。在确定审核频次时，实验室应考虑实验室活动运行的频次、活动的成熟度或复杂度、活动变更以及内审方案的目标。审核方法可包括访谈、观察、抽样和信息评审。策划时还应确保审核过程的客观性和公正性。在一般情况下，内审员不应审核自身工作。

CNAS—GL011：2018《实验室和检验机构内部审核指南》5.2规定，内部审核应当制订方案，以确保质量管理体系的每一个要素至少每 12 个月被检查一次。对规模较大的实验室或检验机构，比较有利的方式是建立滚动式审核计划，以确保管理体系的不同要素或组织的不同

部门在12个月内都能被审核。

8.8.2 b）作为内审活动的一部分，实验室应确定每次内审的准则和范围。内审准则可以是具体的标准或要求，内审范围可以是具体部门、实验流程或设施。对实施了多个有同类要求的管理体系标准的实验室而言，开展结合审核能避免重复，减少冗余。通常在内审计划中会体现这一信息。

CNAS—CL01—G001：2018中8.8.2 b）规定，实验室内部审核依据应包括CNAS发布的CNAS-CL01在相关领域的应用说明。内部审核的周期和覆盖范围应当基于风险分析。

8.8.2 c）和d）强调在每次内审结束后，应将结果汇报给相关管理层，并根据这些结果提出适当的纠正或采取纠正措施的要求。实验室可建立程序，规定如何根据不符合工作的严重程度来确定何时需要纠正措施。通常实验室会确定响应时间和纠正不符合的时间，以确保及时解决不符合。

在审核期间，可能观察到一些尽管满足了要求但可能存在质量管理体系潜在不足的情况。这种情况下，可将这一信息纳入审核报告，审核报告可为管理层提供信息，以决定是否适合采取行动。

8.8.2 e）应保留内审结果形成文件的信息和作为审核方案得以实施的证据。内审的结果是管理评审的输入。

必备知识和技能

① 知悉内部审核的意义及内部审核的有效性；② 熟悉内部审核实施的流程；③ 熟悉内部审核实施过程中不符合项的整改。

审核要点及方式

条款号	序号	审核要点（Check List）	审核方式	审核记录
8.8.1	1	实验室是否制订了内审文件化的程序；内审程序是否具有完整性与适应性；内审程序是否符合准则要求，同时又适应本实验室管理体系运作特性、特点的需要。	审阅文件	内审程序
	2	实验室是否有效实施了内审。	查阅记录	内审实施记录
8.8.2	1	实验室的内审方案信息是否完整，是否符合准则要求，在规定周期内是否覆盖所有部门和要素；审核过程能否满足客观性和公正性。	查阅记录	内审实施记录（内审方案、内审检查表、审核报告、内审不符合项纠正措施报告、见证材料）
	2	内审实施过程是否正确使用内审检查表；抽取样品是否具有典型性与代表性；取证记录是否具有准确性与完整性；是否做好详细的审核记录，不符合项报告填写是否正确。	人员询问 查阅记录	
	3	每次审核结果是否编写了审核报告，并经主管领导审批分发到有关部门。	人员询问 查阅记录	

续表

条款号	序号	审核要点（Check List）	审核方式	审核记录
8.8.2	4	审核发现的不符合项证据是否充分，结论是否正确；是否有纠正／纠正措施，采取的纠正／纠正措施是否有效；审核部门是否对纠正／纠正措施进行了跟踪，是否验证了其有效性。	人员询问 查阅记录	
	5	内审结果是否作为管理评审的输入。	查阅记录	

参考不符合案例

案例8.8-1

实验室提供不出2019年度内审计划。2018年度内审计划中内审目的为“确保管理体系的适宜性、充分性、有效性和实现持续改进”。内审实施计划中没有技术负责人审核要求的要素。

不符合条款号：CNAS—CL01：2018 8.8.2 a）和RB/T 214—2017 4.5.12 a）

分析：无内审计划；内审实施计划中缺少技术负责人的审核要素。

案例8.8-2

某CNAS认可的食品实验室，2018年的内审依据缺少CNAS—CL01—A001和CNAS—CL01—A002应用说明，也未见到是否满足这两个应用说明要求的核查记录。

不符合条款号：CNAS—CL01：2018 8.8.2 b）

分析：内审未覆盖相关应用说明要素。

案例8.8-3

2018年度内审记录，质量负责人审核了要素8.1～8.9，其中多项活动由其主管负责，未能独立于审核活动。（对此要求程序文件未描述）

不符合条款号：CNAS—CL01：2018 8.8.2 a）和RB/T 214—2017 4.5.12 c）

分析：内审员未独立于审核活动。

标准条文

8.9 管理评审（方式A）（对应RB/T 214—2017条款4.5.13）

8.9.1 实验室管理层应按照策划的时间间隔对实验室的管理体系进行评审，以确保其持续的适宜性、充分性和有效性，包括执行本准则的相关方针和目标。

8.9.2 实验室应记录管理评审的输入，并包括以下相关信息：

a）与实验室相关的内外部因素的变化；

b）目标实现；

c）政策和程序的适宜性；

d）以往管理评审所采取措施的情况；

e）近期内部审核的结果；

f）纠正措施；

g）由外部机构进行的评审；
h）工作量和工作类型的变化或实验室活动范围的变化；
i）客户和员工的反馈；
j）投诉；
k）实施改进的有效性；
l）资源的充分性；
m）风险识别的结果；
n）保证结果有效性的输出；
o）其他相关因素，如监控活动和培训。
8.9.3 管理评审的输出至少应记录与下列事项相关的决定和措施：
a）管理体系及其过程的有效性；
b）履行本准则要求相关的实验室活动的改进；
c）提供所需的资源；
d）所需的变更。

条文释义和理解

8.9.1 管理评审是公司管理层根据策划的时间间隔对公司的管理体系进行评审，以确保其持续的适宜性、充分性和有效性，并根据管理评审的输出，制订改进措施，从而保持公司管理体系的持续改进。

适宜性：是否仍适用于其用途。对出现的新情况，如市场需求，是否要新开项目、新标准、标准更改，技术手段、组织机构、客户要求等是否发生变化。

充分性：是否仍然足够。管理体系内的资源是否足够，对出现的新需求、新变化，分析方针目标、资源设施、人员控制等的适应性并提出建议。

有效性：是否仍达成期望的结果。包括检测／校准结果质量情况、客户投诉、能力验证结果等，分析管理体系运行的有效性，并提出相关的纠正和预防措施的建议。

CNAS—CL01—G001：2018 8.9.1规定，对规模较大的实验室，管理评审可以分级、分部门、分次进行。实验室应根据具体情况进行前期策划，确保管理评审输入和输出的完整性。

CNAS—CL01—G001：2018 8.9.1注1规定，建议管理评审每12个月进行一次。

CNAS—CL01—G001：2018 8.9.1注2规定，对集团式管理的实验室，通常每个地点均为单独的法人机构，对从属于同一法人的实验室应按本条款实施完整的管理评审。CNAS—GL012《实验室和检验机构管理评审指南》也为管理评审的实施提供了指南。

8.9.2 管理评审应当全面，管理评审输入与其他条款直接相关。管理评审的输入应用于确定趋势，以便做出有关质量管理体系的决策和采取措施。

8.9.3 管理评审的输出内容。

管理评审的输出应当纳入管理层的策划系统，可以是质量方针和目标的修订，下一年度具体的改进计划等。同时，在管理评审期间识别的行动的状态需要作为下一次管理评审活动的输入。为确保及时采取措施，实验室可持续监控和评审这些措施。

实验室应记录管理评审的结果和由此产生的措施，确定的措施应按计划实施，保留文件的信息，以作为管理评审结果的证据。

必备知识和技能

① 了解管理评审的目的；② 知悉管理评审的输入和输出要求。

审核要点及方式

条款号	序号	审核要点（Check List）	审核方式	审核记录
8.9.1	1	实验室管理评审的相关规定，实验是否按规定实施。	人员询问 审阅文件	管理评审程序
8.9.2	1	管理评审输入的内容是否全面。	查阅记录	管理评审输入记录
8.9.3	1	管理评审的记录是否齐全，是否形成结论；管理者是否确保所确定的改进措施在适当和约定的日程内得到实施。	查阅记录	管理评审输出记录

参考不符合案例

案例8.9-1

上年度管理评审提出了两条改进要求，实验室未能提供管理体系文件所要求的改进实施及有效性评价记录。

不符合条款号：CNAS—CL01：2018 8.9.3 k）和RB/T 214—2017 4.5.13 k）

分析：管理评审输入信息不全，未包含改进的有效性内容。

案例8.9-2

核查实验室体系文件，其中《管理评审程序》4.4.1“管理评审输入”中没有包含由外部机构进行的评审的内容。进一步核查，2013年4月，CNAS对该中心开展了实验室认可现场评审工作，核查其2013年10月25日开展的管理评审记录及报告，均没有提及该次外部评审内容。

不符合条款号：CNAS—CL01：2018 8.9.2 g）和RB/T 214—2017 4.5.13 g）

分析：管理评审输入信息不全，未包含g）由外部机构进行的评审。

第九节　RB/T 214—2017与ISO/IEC 17025：2017对比

日益激烈的市场竞争环境中，绝大部分第三方综合性检验检测机构，为扩大企业优势、提升市场竞争力，基本需要同时取得检验检测机构资质认定及实验室认可，这就意味着检验检测机构的管理及运行需同时满足RB/T 214—2017与ISO/IEC 17025：2017的要求，因而对两个标准差异的分析就势在必行。进行RB/T 214—2017与ISO/IEC 17025：2017的对比，能帮助各检验检测机构更好地理解两个标准的差别及关键要素，有利于实验室内部体系文件的改版或初次编写；同时为内审员提供参考，识别并指导改进检验检测机构的不符合工作。本节将主要从侧重点、标准结构、条款内容三方面进行综合性比较分析，并以比对表的形式详细分析RB/T 214—2017与ISO/IEC 17025：2017各条款的差异。

（1）侧重点的不同。RB/T 214—2017从中华人民共和国境内检验检测机构的角度出发，更注重符合国内规范要求；ISO/IEC 17025：2017更注重与国际接轨，各条款的要求更加具体和详细。

（2）标准结构的不同。ISO/IEC 17025：2017结构更加清晰明确，贴近检验检测机构运作的整个流程。大型综合性检验检测机构基本以逻辑性更强的ISO/IEC 17025：2017结构为主线编写体系文件及开展审核工作。

（3）条款内容的不同。RB/T 214—2017与ISO/IEC 17025：2017在条款分布方面有所不同，但基本要素相同。比较来看， ISO/IEC 17025：2017的条款分配更清楚细致，RB/T 214—2017则在4.5管理体系条款下涵盖了较多内容。

RB/T 214—2017与ISO/IEC 17025：2017各条款差异详细对比分析如表2-1所示。

表2-1　RB/T 214—2017与ISO/IEC 17025：2017差异对比

ISO/IEC 17025：2017	RB/T 214—2017	差异说明	RB/T 214—2017特别要求审核要点	RB/T 214—2017特别要求不符合参考案例
前言	引言	资质认定是政府行为，属于行政审批的范畴；实验室认可是市场行为，属于社会公信范畴。	–	–
1 范围	1 范围	–	–	–
2 规范化引用文件	2 规范性引用文件	相对ISO/IEC 17025：2017，RB/T 214—2017更多包含检验机构的要求文件。	–	–
3 术语和定义	3 术语和定义	【“检验检测机构”和“实验室”】RB/T 214-2017的“检验检测机构”既包括检测机构，又包括检验机构，但不包括校准机构；ISO/IEC 17025：2017的“实验室”包括检测实验室和校准实验室，但不包括检验机构。故RB/T 214—2017中的“检验检测机构”和ISO/IEC 17025：2017中的“实验室”不能统称为实验室。	对同时获得CNAS和CMA资质的第三方实验室，体系文件不论是以“检验检测机构”或“实验室”来描述，是否在术语和定义中明确说明其既包括检验检机构，还包括从事检测或校准或与检测或校准后续相关的抽样活动的机构。	–

续表

ISO/IEC 17025：2017	RB/T 214—2017	差异说明	RB/T 214—2017特别要求审核要点	RB/T 214—2017特别要求不符合参考案例
3 术语和定义	3 术语和定义	【术语和定义】 RB/T 214—2017特别对“资质认定”和“资质认定评审”给出了定义说明；ISO/IEC 17025：2017增加了对“实验室间比对”和“实验室内比对”的定义。		–
4 通用要求	4 要求	–	–	–
4.1 公正性	4.1.3、4.1.4	【机构及人员承诺】 RB/T 214—2017对机构人员做了遵纪守法和履行社会责任的要求；ISO/IEC 17025：2017未做相关要求。 【程序文件】 RB/T 214—2017要求建立保证公正性和诚信性的程序；ISO/IEC 17025：2017无明确要求。 【人员从业】 RB/T 214—2017规定机构人员不得同时在两个及以上检验检测机构从业。其中，不得同时在两个及以上检验检测机构从业的人员应包括管理层及检测人员等，与检测无关的人员（如不在检测检测机构承担职责的法定代表人）可以兼职。ISO/IEC 17025：2017未对这方面做出要求，但CNAS应用要求文件中有规定。	1.检验检测机构是否向社会公布其“遵守国家相关法律法规的规定，遵循客观独立、公平公正、诚实信用原则，恪守职业道德，承担社会责任”的承诺。 2.检验检测机构是否建立了保证公正性和诚信性的程序，并采取措施进行控制。管理职责是否落实，控制是否有效。 3.检验检测机构是否以文件规定或合同约定等方式，防止录用同时在两个及以上检验检测机构从业的检验检测人员，机构内是否存在在其他机构兼职的人员。	1.检验检测机构仅在《质量手册》中承诺“遵守国家相关法律法规的规定，遵循客观独立、公平公正、诚实信用原则，恪守职业道德，承担社会责任”，未对社会公布。 2.检验检测机构未建立保证公正性和诚信性的程序，并采取措施进行控制。 3.检验检测机构检验检测人员无不同时在两个及以上检验检测机构从业的声明。
4.2 保密性	4.1.5	【程序文件】 RB/T 214—2017要求建立保护客户秘密和所有权的程序；ISO/IEC 17025：2017未明确要求。 【保密承诺】 ISO/IEC 17025：2017要求实验室做出具有法律效力的承诺；RB/T 214—2017未做要求。	检验检测机构是否建立了保护客户秘密和所有权的程序；该程序是否包括保护电子存储和传输结果信息的要求，或者有其他保护电子存储和传输结果信息的程序。	检验检测机构未建立保护客户秘密和所有权的程序，并对保护电子存储和传输结果信息进行规定。

续表

ISO/IEC 17025：2017	RB/T 214—2017	差异说明	RB/T 214—2017特别要求审核要点	RB/T 214—2017特别要求不符合参考案例
4.2 保密性	4.1.5	【保密对象】 ISO/IEC 17025：2017强调全部客户信息均为保密对象，并对公开条件做了明确规定；RB/T 214—2017规定的保密信息限于国家秘密、商业秘密和技术秘密。		
5 结构要求	4.1 机构 4.2 人员	【组织要求】 ISO/IEC 17025：2017要求机构是法人、法人的明确部分或政府部门；RB/T 214—2017中要求机构是法人或经法人授权。需注意，生产企业内部的检验检测机构不在检验检测机构资质认定范围之内，实验室认可则包含。 【实验室活动范围】 ISO/IEC 17025：2017明确要求实验室应规定开展的实验室活动范围，并制订成文件；RB/T 214—2017未做要求。 【管理层职责】 同时引用“管理层”概念代替“最高管理者”，RB/T 214—2017对管理层履行职责进行了详细规定；ISO/IEC 17025：2017仅做了原则性规定。	1.管理层是否了解应承担的职责，是否能提供相关客观证据。 2.管理层是否能够理解“确保管理体系要求融入检验检测的全过程”和“运用过程方法建立管理体系和分析风险、机遇”的要求。	–
6 资源要求	–	–	–	–
6.1 总则	4.1 机构	–	–	–
6.2 人员	4.2 人员	【人员任职条件】 RB/T 214—2017对技术负责人和授权签字人的任职条件进行了详细规定；ISO/IEC 17025：2017未做规定，但CNAS应用要求文件中有详细规定。 【人员职责】 RB/T 214—2017对技术负责人、质量负责人和授权签字人的职责进行了原则性规定；ISO/IEC 17025：2017未做规定。	1.检验检测机构是否设置关键管理人员的代理人。 2.检验检测机构是否“对抽样、操作设备、检验检测、签发检验检测报告或证书以及提出意见和解释的人员”进行能力确认。	1.检验检测机构未设置最高管理者的代理人。 2.检验检测机构未对提出意见和解释的人员进行能力确认。

续表

ISO/IEC 17025：2017	RB/T 214—2017	差异说明	RB/T 214—2017特别要求审核要点	RB/T 214—2017特别要求不符合参考案例
6.2 人员	4.2 人员	【关键人员代理人】 RB/T 214—2017要求指定关键管理人员的代理人；ISO/IEC 17025：2017未做规定。 【人员能力确认】 RB/T 214—2017详细规定了能力确认的对象；ISO/IEC 17025：2017未详细指明对象。 【人员培训】 RB/T 214—2017对人员培训进行了详细规定；ISO/IEC 17025：2017未做详细规定，但CNAS应用要求文件中有详细规定。 【人员授权】 ISO/IEC 17025：2017指明了人员授权类型；RB/T 214—2017未做规定。	3.检验检测机构中所有可能影响检验检测活动的外部人员（设备设施安装、维护、设备现场检定/校准人员，现场检验检测所在单位人员等）是否行为公正，受到监督，胜任工作，并按照管理体系要求履行职责。	
6.3 设施和环境条件	4.3 场所环境 4.4 设备设施	【程序文件】 RB/T 214—2017要求建立内务管理程序；ISO/IEC 17025：2017未做明确要求。 【环境条件控制】 ISO/IEC 17025：2017要求定期评审控制设施的措施；RB/T 214—2017 未做规定。	检验检测机构是否有内务管理程序；是否识别检验检测活动所涉及的危及安全的因素和污染环境等因素并采取了措施予以控制；是否设置了必要的防护设施、应急设施，制订了相应的应急预案。	检验检测机构未建立程序对安全和环境的危害因素进行管理。
6.4 设备	4.4 设备设施	在设备方面的总体要求基本一致，但在一些细节要求上各有侧重。 【租赁设备】 RB/T 214—2017 对租用设备开展检验检测活动进行了详细规定；ISO/IEC 17025：2017未做详细规定。	检验检测机构使用租赁仪器设备申请资质认定的，是否确保其满足本标准要求。	检验检测机构气相色谱仪编号##，未在租赁合同中明确规定租用设备的使用权。

续表

ISO/IEC 17025：2017	RB/T 214—2017	差异说明	RB/T 214—2017特别要求审核要点	RB/T 214—2017特别要求不符合参考案例
6.4 设备	4.4 设备设施	【检定要求】 RB/T 214—2017 要求对强制检定的仪器设备实施检定；ISO/IEC 17025：2017无检定要求。 【设备记录】 ISO/IEC 17025：2017对需保存的设备记录进行了详细规定；RB/T 214—2017仅做原则性要求。		
6.5 计量溯源性	4.4.3 设备管理 4.4.6 标准物质	【程序文件】 RB/T 214—2017要求根据需要建立标准物质管理程序；ISO/IEC 17025：2017未做明确要求。 【计量溯源性】 ISO/IEC 17025：2017对计量溯源性进行了详细描述，重点列举了计量溯源的方式；RB/T 214—2017仅做原则性要求。	检验检测机构是否建立和保持了标准物质管理程序，该程序对标准物质的溯源、安全处置、运输、存储、期间核查和使用做出相应规定。	检验检测机构未建立和保持标准物质管理程序。
6.6 外部提供的产品和服务	4.5.5 分包 4.5.6 采购	【程序文件】 RB/T 214—2017要求建立分包管理程序；ISO/IEC 17025：2017未做明确要求。 【分包对象】 RB/T 214—2017 要求分包时应分包给已取得检验检测机构资质认定并有能力完成分包项目的检验检测机构；ISO/IEC 17025：2017未强调承包机构资质要求。 【分包项目】 RB/T 214—2017 强调检验检测机构不得将法律法规、技术标准等文件禁止分包的项目实施分包，如国家监督抽查工作、司法鉴定工作、机动车检测工作、环境检测领域已经过一次分包的项目等；ISO/IEC 17025：2017未做详细规定。	1.检验检测机构是否建立和保持了分包管理程序。 2.发生分包检验检测报告，承担分包任务的机构是否取得资质认定并有能力完成分包项目。 3.检验检测机构是否将法律法规、技术标准等文件禁止分包的项目实施了分包。	1.检验检测机构未建立和保持分包管理程序。 2.报告编号##，A项目分包给B机构，但A项目不在B机构的资质认定范围内。 3.机构B将承接的生态环境监测分包项目##分包给机构C，违反《检验检测机构资质认定 生态环境监测机构评审补充要求》中“生态环境监测项目不得进行二次分包”的规定。

续表

ISO/IEC 17025：2017	RB/T 214—2017	差异说明	RB/T 214—2017特别要求审核要点	RB/T 214—2017特别要求不符合参考案例
7 过程要求	–	–	–	–
7.1 要求、标书和合同评审	4.5.4 合同评审 4.5.7 服务客户	–	–	–
7.2 方法的选择、验证和确认	4.5.14 方法的选择、验证和确认	【程序文件】 RB/T 214—2017要求建立检验检测方法控制程序及开发自制方法控制程序；ISO/IEC 17025：2017未做明确要求。 【方法选择】 RB/T 214—2017明确规定优先使用标准方法；ISO/IEC 17025：2017未做要求。	1.检验检测机构是否建立检验检测方法控制程序；该程序是否确保检验检测中的各项活动都采用了适当的方法和程序。 2.检验检测机构是否建立开发自制方法控制程序；该程序是否规定了输入、输出等过程控制及定期评审和确认要求。	检验检测机构未建立检验检测方法控制程序及开发自制方法控制程序。
7.3 抽样	4.5.17 抽样	【程序文件】 RB/T 214-2017要求建立抽样控制程序；ISO/IEC 17025：2017未做明确要求。	检验检测机构为后续的检验检测，需要对物质、材料或产品进行抽样时，是否建立和保持了抽样控制程序。	检验检测机构未建立抽样控制程序。
7.4 检测或校准物品的处置	4.5.18 样品处置	–	–	–
7.5 技术记录	4.5.11 记录控制	相对RB/T 214—2017，ISO/IEC 17025：2017对技术记录做了细致的规定，重点强调了技术记录的原始性和可追溯性。 【技术记录】 ISO/IEC 17025：2017明确要求了技术记录必须包含的信息、记录的时机及记录的编号；RB/T 214—2017仅做原则性要求。 【技术记录的修改】 ISO/IEC 17025：2017详细规定了技术记录修改的要求；RB/T 214—2017未做明确要求。	–	–

续表

ISO/IEC 17025：2017	RB/T 214—2017	差异说明	RB/T 214—2017特别要求审核要点	RB/T 214—2017特别要求不符合参考案例
7.6 测量不确定度的评定	4.5.15 测量不确定度	【程序文件】 RB/T 214—2017规定若资质认定有要求时，需建立评定测量不确定度的程序；ISO/IEC 17025：2017未做明确要求。 【测量不确定度】 RB/T 214—2017对MU非强制性要求，可根据实际需求评估；ISO/IEC 17025：2017是强制要求。	检验检测机构是否建立评定测量不确定度的程序。	–
7.7 确保结果有效性	4.5.19 结果有效性	【监控方式】 相对RB/T 214—2017，ISO/IEC 17025：2017明确将测量设备的期间核查列为监控方式之一。 【监控结果评价】 RB/T 214—2017明确要求质量控制应加以评价；ISO/IEC 17025：2017未做明确要求。 【能力验证】 RB/T 214—2017中对“能力验证”虽然没有强制规定，但检验检测机构应遵循各监管部门要求，积极参加国家认证认可监督管理委员会和省级市场监督管理部门组织的能力验证；ISO/IEC 17025：2017中对“能力验证”要求满足CNAS各专业领域最低频次要求。	1.质量控制是否制订计划，同时采用适当的方法并加以评价。 2.检验检测机构是否按要求参加资质认定部门组织的能力验证或检验检测机构间比对活动。	1.内部质量控制计划中缺少评价依据／规定限制。 2.XX年XX月XX日实施的XX质控项目，未对质控结果进行评价。
7.8 报告结果	–	–	–	–
7.8.1 总则	4.5.20 结果报告 4.5.25 结果传送和格式	【简化报告】 ISO/IEC 17025：2017明确说明满足前提条件可简化报告；RB/T 214—2017未提出简化报告。 【报告格式】 RB/T 214—2017明确规定报告／证书格式设计要求；ISO/IEC 17025：2017未做规定。	检验检测机构的报告和证书的格式是否适用于所进行的各种检验检测类型，是否易于理解，能尽量减小产生误解或误用的可能性；报告或证书设计是否标准化。	–

续表

ISO/IEC 17025：2017	RB/T 214—2017	差异说明	RB/T 214—2017特别要求审核要点	RB/T 214—2017特别要求不符合参考案例
7.8.2（检测、校准或抽样）报告的通用要求	4.5.20 结果报告 4.5.21结果说明 4.5.24分包结果	【检验检测专用章】 RB/T 214—2017 强调对资质认定标志的正确标注，并加盖检验检测专用章（适用时）；ISO/IEC 17025：2017未提出专用章要求。 【样品接收日期】 ISO/IEC 17025：2017明确报告样品接收日期是必须的；RB/T 214—2017仅要求有需要时，在报告中注明样品的接收日期。 【报告或证书签发人】 ISO/IEC 17025：2017仅要求报告批准人的识别，对职务、签字及等效标识未做具体要求；RB/T 214—2017明确要求报告或证书签发人的姓名、签字或等效的标识。 【签发日期与发布日期】 ISO/IEC 17025：2017 强调报告要包含发布日期；RB/T 214—2017强调签发日期。 发布日期是客户领取报告的日期或发出报告的日期；签发日期指授权签字人签署的日期，二者不一定相同。授权签字人签了字不等于发布；当然也可以签署后立即发布，那么签发日期与发布日期就是同一天。只要实验室有相关文件规定，按照规定执行即可。	1. 检验检测报告或证书是否按照要求加盖资质认定标志和检验检测专用章。 2.检验检测机构是否对签发（批准）人使用手签、盖章、电子签名等多种形式进行文件规定。 3.检验检测报告或证书是否包含签发（批准）人的姓名、签字或等效的标识。	1.检验检测机构报告签发人使用印章与文件规定（报告签发仅限手写签名、电子签名）不符。 2.检验检测机构使用人员简化标识，无人员姓名及等效标识对照表。
7.8.3 检测报告的特定要求	4.5.21结果说明	—	—	—
7.8.4 校准证书的特定要求	—	RB/T 214—2017不包括对校准机构的要求。	—	—
7.8.5 报告抽样——特定要求	4.5.22抽样结果	—	—	—

续表

ISO/IEC 17025：2017	RB/T 214—2017	差异说明	RB/T 214—2017特别要求审核要点	RB/T 214—2017特别要求不符合参考案例
7.8.6 报告符合性声明	–	–	–	–
7.8.7 报告意见和解释	4.5.23意见和解释	【意见和解释人员授权】 ISO/IEC 17025：2017明确要求只有授权人员才能发布相关意见和解释，意见和解释人员需获得CNAS认可及内部授权；RB/T 214—2017未做要求。	–	–
7.8.8 修改报告	4.5.26 修改	【修改标注】 ISO/IEC 17025：2017明确要求在报告中清晰标识修改的信息，适当时标示修改的原因；RB/T 214—2017未做要求。	–	–
7.9 投诉	4.5.8 投诉	–	–	–
7.10 不符合工作	4.5.9 不符合工作控制	–	–	–
7.11 数据控制和信息管理	4.5.16 数据信息管理	–	–	–
8 管理体系要求	4.5 管理体系	–	–	–
8.1 方式	–	ISO/IEC 17025：2017将管理体系分两种方式；RB/T 214—2017不涉及这样的管理体系选项。	–	–
8.2 管理体系文件（方式A）	4.5.1 总则 4.5.2 方针目标	【管理层要求】 ISO/IEC 17025：2017明确管理体系中管理层的要求；RB/T 214—2017未做要求。	–	–
8.3 管理体系文件的控制（方式A）	4.5.3 文件控制	【程序文件】 RB/T 214—2017要求建立文件控制程序；ISO/IEC 17025：2017未做明确要求。	检验检测机构是否建立文件控制程序。	检验检测机构未建立文件控制程序。

续表

ISO/IEC 17025：2017	RB/T 214—2017	差异说明	RB/T 214—2017特别要求审核要点	RB/T 214—2017特别要求不符合参考案例
8.4 记录控制（方式A）	4.5.11 记录控制 4.5.27 记录和保存	【程序文件】 RB/T 214—2017要求建立记录管理程序；ISO/IEC 17025：2017未做明确要求。 【记录保存期】 RB/T 214—2017要求检验检测原始记录、报告、证书的保存期限通常不少于6年；ISO/IEC 17025：2017未明确保存期，仅要求符合合同义务。	1.检验检测机构是否建立记录管理程序。 2.检验检测原始记录、报告、证书的保存期限是否不少于6年。	检验检测机构未建立记录管理程序。
8.5 应对风险和机遇的措施（方式A）	4.5.10 纠正措施、应对风险和机遇的措施和改进	【应对风险和机遇的措施要求】 相对RB/T 214—2017，ISO/IEC 17025：2017还要求措施应与其对实验室结果有效性的潜在影响相适应。	–	–
8.6 改进（方式A）	4.5.10 纠正措施、应对风险和机遇的措施和改进	【识别机遇方式】 相对RB/T 214—2017，ISO/IEC 17025：2017中识别改进机遇的方式还包括评审操作程序，并对客户反馈进行了详细规定。	–	–
8.7 纠正措施（方式A）	4.5.10 纠正措施、应对风险和机遇的措施和改进	【程序文件】 RB/T 214—2017要求建立不符合及纠正措施控制程序；ISO/IEC 17025：2017未做明确要求。	检验检测机构是否建立不符合及纠正措施控制程序。	检验检测机构未建立不符合及纠正措施控制程序。
8.8 内部审核（方式A）	4.5.12 内部审核	【程序文件】 RB/T 214—2017要求建立内部审核程序；ISO/IEC 17025：2017未做明确要求。 【内审策划】 RB/T 214—2017 要求内审由质量负责人策划并制订审核方案；ISO/IEC 17025：2017无此要求。	1.检验检测机构是否建立内部审核程序。 2.管理体系正常运行下，检验检测机构的内部审核是否每年至少进行一次。	检验检测机构2020年度内审未由质量负责人进行策划并制订内审方案。

续表

ISO/IEC 17025：2017	RB/T 214—2017	差异说明	RB/T 214—2017特别要求审核要点	RB/T 214—2017特别要求不符合参考案例
8.8 内部审核（方式A）	4.5.12 内部审核	【内审频次】 RB/T 214—2017 要求内审时间通常为每年一次；ISO/IEC 17025：2017未对内审频次做出要求，但CNAS应用要求文件中建议每12个月进行一次。 【内审员资格】 RB/T 214—2017要求内审员须经过培训，具备相应资格，若资源允许，内审员应独立于被审核的活动；ISO/IEC 17025：2017未对内审员资格做明确要求。	3.是否由质量负责人策划并制订内审方案。 4.检验检测机构的内审员是否经过培训，具备相应资格，内审员是否独立于被审核的活动。	
8.9 管理评审（方式A）	4.5.13 管理评审	【程序文件】 RB/T 214—2017要求建立管理评审程序；ISO/IEC 17025：2017未做明确要求。 【管审频次】 RB/T 214—2017对管理评审的时间间隔要求通常为12个月一次；ISO/IEC 17025：2017未明确强调实施周期，但CNAS应用要求文件中建议每12个月进行一次。	1.检验检测机构是否建立管理评审程序。 2.管理评审是否每12个月一次或多次。	–
附录A 计量溯源性	–	–	–	–
附录B 管理体系方式	–	–	–	–
参考文献	参考文献	–	–	–

第三章

我国检验检测机构资质认定管理法律法规举例介绍

我国检验检测机构资质认定相关的法律法规，为检验检测机构资质认定工作规范有序发展提供了法律保障。对检验检测机构来说，熟知法律法规要求，做到合规合法至关重要。

《检验检测机构资质认定管理办法》《检验检测机构监督管理办法》《检验检测机构告知承诺管理办法（试行）》作为检验检测行业主要的专项法规，对资质认定工作有着重要影响。本章第一节、第二节、第三节分别对此三项法规从出台背景、主要内容和审核要点三个方面做了重点介绍。本章第四节对地方政府特殊要求，选取具有代表性的《上海市检验检测条例》《上海市检验检测机构资质认定告知承诺管理办法（试行）》进行了介绍。

读者通过阅读本章内容可以快速抓住行业监管重点；了解行业发展趋势；识别检验检测机构应恪守的经营“红线”。

第一节 《检验检测机构资质认定管理办法》

《检验检测机构资质认定管理办法》（国家质量监督检验检疫总局令第163号）2015年由国家质量监督检验检疫总局起草并于同年8月1日起施行，与此同时，2006年2月21日发布的《实验室和检查机构资质认定管理办法》废止。为进一步体现“简政放权、放管结合、优化服务”的理念，2021年4月22日国家市场监督管理总局发布163号令修正案。整部规章包含总则、资质认定条件和程序、技术评审管理、监督检查、附则五大组成部分。

一 出台背景和目的

国家支持高技术、科技、生产服务业发展，使检验检测行业快速发展，检验检测在市场经济条件下为市场监督管理、提高产品质量、推动产业升级转型提供了有力的技术支撑，同时为与生活息息相关的吃、穿、用、住、行等方方面面保驾护航。国家市场监督管理总局在“大市场、大质量、大监管”理念下，助力检验检测认证服务业市场化、国际化、专业化、集约化、规范化改革和发展，提高服务水平和公信力，努力打造中国自有检验检测知名品牌，为第三方检验检测机构提供无限的发展空间。2020年年底，检验检测行业数据显示，3570亿元的营业总收入让中国成为全球增长最快、最具潜力的检验检测市场，分得全球20%的市场份额，是继欧洲、北美后又一主力市场。

检验检测行业快速发展及推行改革的同时，一些薄弱环节在改革及监管工作中愈加凸显，包括检验检测机构许可准入流程及便利取证方面还有待优化；告知承诺的改革还在试点推行阶段，没有得到全面推广，改革的横纵深度还有待扩展；如何把新冠肺炎疫情期间在疫情防控、资质认定工作中探索出来的好做法好经验文件化并沿用；固化已有的改革成果和措施等。面对棘手问题，在进一步落实国务院在全国推进“放管服”工作部署面前，国办发〔2020〕29号文件、国市监检测〔2019〕206号文件中提出改革措施，以及国家市场监督管理总局成立，《检验检测机构资质认定管理办法》的修正被提上日程。

二 主要内容介绍

“规范检验检测机构资质认定工作，优化准入程序”为163号令的宗旨。163号令修正案对资质认定条件和程序部分内容做出了调整，使资质认定工作更加实施规范、要求明确、准入便捷、运行高效。

（1）制定资质认定事项清单。由国家市场监督管理总局制定并动态管理取得资质认定的事项清单，避免重复申报、审批，为检验检测机构减负，一并解决资质认定事项范围不统一问题，统一许可尺度。

（2）优化资质认定准入程序。申请人具有一般程序、告知承诺程序的自主选择权，申请人可撤回告知承诺申请转一般程序再次申请，灵活转化规则为申请人提供了便利的服务。本着便捷高效的原则，鼓励网上审批，减少纸质申请材料，试行发放电子证书，便利申请人的日常使用；许可时效性在原有的基础上提升35%，对检验检测机构依法设立的分支机构，视情况也可简化技术评审程度，该项举措为检验检测机构抢夺市场争取了宝贵的时间。

（3）固化疫情防控措施。在技术评审阶段除书面审查和现场评审外，在现场评审阶段固化新冠肺炎疫情期间采取的措施，增加远程评审。在应对突发事件的需要方面新增“因应对突发事件等需要，资质认定部门可以公布符合应急工作要求的检验检测机构名录及相关信息，允许相关检验检测机构临时承担应急工作”的规定，为突发事件提供可靠的检验检测技术支撑。

（4）明确信息公开制度。信息公开是民主制度的重要体现，资质认定部门公布取得资质认定的检验检测机构信息及证书状态；公开“双随机、一公开”及其他监督检查结果；将检验检测机构受到的行政处罚等信息在国家企业信用信息公示系统等平台公示，使监管信息透明化。

（5）资质能力的维护、使用。组织机构、关键人员、检验检测项目、标准、方法及其他需要办理变更的事项应及时进行变更。对资质证书满6年需要延续有效期的申请人，可根据申请人的信用、监管情况进行技术评审。对上一许可周期内，信用良好的申请人可以通过书面审查的方式直接延续资质认定证书有效期。检验检测机构应有效管理资质认定证书及标志，并在检验检测报告中正确使用资质认定标识。

（6）监督管理重点。监督检查作为重要的监管手段，重点关注以下几方面内容：在申请阶段弄虚作假，故意隐瞒事实；未取得资质认定、超范围或基本条件和技术能力不能持续符合资质认定条件和要求擅自向社会出具具有证明作用的报告（包括数据和结果）；违规使用资质认定证书及标识。如在监督检查过程中发现上述问题，轻则取消一年内申请资质认定的资格，重则处3万元罚款，撤销检验检测资质或者证书等。

（7）明确工作职责和权利。明确资质认定部门在技术评审中的工作职责：根据技术评审需要等组织实施技术评审；指派评审专家组成两人以上的评审组，确定组长；建立、完善评审人员管理制度；监督技术评审活动并建立追责机制；对专业技术评价机构、评审人员在评审活动中存在违规行为的，进行处罚。

评审组作为实施技术评审的重要组织，应履行职责及行使相应权利，确保技术评审活动及结论的真实行、符合性；在规定的时间内严格按照资质认定程序及评审准则等开展技术评审活动并得出结论；及时向资质认定部门汇报在技术评审中发现申请人存在的违法行为；在技术评审中发现不符合并验证整改情况，对30个工作日内未完成整改或者整改后仍不符合要求的，有权判定相应评审项目为不合格。

（8）全民监管。任何单位和个人对参与资质认定活动相关的组织实施部门及人员存在的违规行为都有举报的权利，应共同维护资质认定活动的有效进行。

三　检验检测机构在内部审核时应注意的相关要点

163号令对检验检测机构提出了明确的基本要求和应满足的条件，因此在内部审核时应重点关注基本要求及涉及处罚的审核要点。

序号	条款号	审核要点（Check List）
1	第五条	对仅从事科研、医学及保健、职业卫生技术评价服务、动植物检疫以及建设工程质量鉴定、房屋鉴定、消防设施维护保养检测等领域的机构，当通过资质认定的能力过期作废后，是否对外出具带有资质认定标识的检验检测报告。
2	第九条	1.是否具有从事检验检测活动的技术人员（检验检测的操作人员、结果验证或核查人员）和管理人员（对质量、技术负有管理职责的人员，包括最高管理者、技术负责人、质量负责人等）。技术人员和管理人员的结构和数量、受教育程度、理论基础、技术背景和经历、实际操作能力、职业素养等应满足工作类型、工作范围和工作量的需要。 2.工作场所无论是自有产权、上级配置、出资方调配或租赁等是否有相关的证明文件；工作场所的环境条件是否满足相关标准、技术规范和程序的规定；是否识别检验检测所需要的环境条件，并对环境条件进行控制。 3.设备、设施清单是否满足检验检测标准或者技术规范配备要求。
3	第十三条	1.资质证书有效期内否有违法违规行为，并列入失信名单，如有违法违规行为是否采取纠正措施，且无类似行为发生。 2.检验检测原始记录和报告保存期限是否满足不少于6年的要求。
4	第十五条	检验检测报告或证书和相关宣传资料中是否正确使用资质认定标志。资质认定标志应符合本要求规定的尺寸比例，并准确、清晰标注证书编号。图形和编码不可以分开单独使用。
5	第十六条、第十七条	外方投资者在中国境内设立检验检测机构、从事检验检测相关活动的分支机构应当依法取得资质认定后从事相关检验检测活动。
6	第十八条	检验检测机构是否定期核查和完善管理体系；是否使用内部审核、管理评审或其他内部质量控制手段，内部审核、管理评审是否符合审核周期要求；是否通过其他方式进行监督（如能力验证、实验室间比对、认可机构认可、第三方评价等）。

续表

序号	条款号	审核要点（Check List）
7	第三十二条	在取得资质认定时是否存在欺骗、贿赂等不正当行为或手段。
8	第三十三条	检验检测机构在申请资质认定时是否存在不实的行为，如提供虚假材料或者隐瞒有关情况。
9	第三十五条 1.	是否按照规定要求办理变更手续（包括但不限于实验室地址变更、技术负责人变更、授权签字人变更以及标准变更等）。
10	第三十四条、第三十六条	是否存在以下任意一种情况，擅自向社会出具具有证明作用的数据、结果：检验检测机构在未依法取得资质认定；基本条件和技术能力不能持续符合资质认定条件和要求；含超出资质认定证书规定的检测／检测能力范围、地址、有效期。
11	第三十五条 2.	是否在检验检测报告上标注资质认定标志，向社会出具具有证明作用的检验检测数据、结果。
12	第三十七条	是否存在违反163号令关于资质认定标识的规定，存在以下情况：转让、出租、出借资质认定证书或者标志，伪造、变造、冒用资质认定证书或者标志，使用已经过期或者被撤销、注销的资质认定证书或者标志。

第二节　《检验检测机构监督管理办法》

《检验检测机构监督管理办法》（国家市场监督管理总局令第39号），由市场监督管理总局于2021年4月23日发布，自2021年6月1日起施行。39号令在检验检测市场发挥了重要作用，解决行业市场突出问题，为检验检测行业健康有序发展提供管理保障，对加强检验检测机构主体责任、规范检验检测行业行为、强化检验检测市场监管具有重要现实意义。

一　出台背景和目的

检验检测行业与我们的生活紧密联系在一起，涉及国民经济几乎所有行业，关系到经济、安全和人民生活。

检验检测行业快速发展，在监管制度、主体责任、信用监管、行为规范等方面的制度还有待完善，以充分保障激发市场活力，优化营商环境。在监管方面，对检验检测行业的监管制度不够完善，在事中事后的监管方向上缺少可操作性的具体规定；在主体责任方面，《国务院关于加强质量认证体系建设促进全面质量管理的意见》（国发〔2018〕3号）中提出要“严格落实从业机构对检验检测认证结果的主体责任、对产品质量的连带责任，健全对参与检验检测认证活动从业人员的全过程责任追究机制”，但没有明确统一的制度跟上国发

〔2018〕3号文的脚步；信用监管方面，国家提出以信用为基础的新型监管机制，深化“放管服”改革，强调以信用监督为着力点的监管理念、制度、方式，进一步提升监管能力和水平，但检验检测领域制度落实不足；行为规范方面，在新型的监管模式下，如何规范检验检测机构的行为规范，避免劣币驱逐良币现象，杜绝不实和虚假检验检测的行为等，如何落地检验检测机构的主体责任、连带责任和失信惩戒措施，都急需明确的制度支撑。

二　主要内容介绍

39号令主要在主体责任、从业规范、从业行为、监督管理、法律责任等五个方面提出了明确的要求。

（1）明确检验检测机构及其人员的主体责任。检验检测机构及其人员应当对其出具的检验检测报告负责，除依法承担民事责任外，还应承担行政、刑事法律责任。2020年12月26日新修订的《刑法》规定，环境监测中提供虚假证明的属提供虚假证明文件罪。

（2）规范检验检测从业规范。39号令从检验检测机构基本要求、社会责任，人员道德素质、能力、从业资格，检验检测活动过程（包括委托送样检测、分包、报告出具、记录归档保存），能力验证等进行了多方位梳理并进行了规定。

（3）重拳打击不实和虚假检验检测行为。明确并严厉打击不实和虚假检验检测行为，共举例了包括样品全过程管理在内的四条属不实检验检测报告的行为，五类属虚假检验检测报告的情形，明确了检验检测行业不可触碰的红线，是统一监督执法的标准，也是监管部门在监督检查中的重点关注内容。

（4）落实新型监管机制。加快推进社会信用体系建设，构建新型市场监督管理机制，提升监管能力和水平，39号令对监督管理部门的职权和义务进行了梳理，确定定期逐级上报的工作机制。分类监管、信用监管与“双随机、一公开”监管模式多种手段相融合，加强监管力度，通过检验检测机构自主声明、国家企业信用信息公示系统等平台公示检验检测机构行政处罚等信息，突出运用信用监管的手段进行监管，达到行业自律。检验检测监管信用信息归集、公示，也为下一步将检验检测违法违规行为纳入经营异常名录和严重违法失信名单进行失信惩戒提供了依据。

（5）确定违法违规法律责任。39号令根据检验检测机构违规的风险大小、危害程度高低，采取不同的行政处罚方式。规定对不实及虚假检验检测行为实施撤销资质或者证书等行政处罚；对违反国家有关强制性规定实施检验检测未对数据、结果溯源造成影响的，未按规定实施分包，未规范出具检验检测报告等一般违法行为设置处罚规定；对无须追究行政和刑事法律责任的不合规行为，监督管理部门采用说服教育、提醒纠正等非强制性手段予以处理。

三 检验检测机构在内部审核时应注意的相关要点

市场监督管理部门负责检验检测机构资质认定监督管理，在内部审核时应关注外部监管时重点关注的内容。

序号	条款号	审核要点（Check List）
1	第七条	是否以文件规定或者合同约定等方式确保不录用同时在两个及以上检验检测机构从业的检验检测人员；是否存在兼职人员。核查社保记录、人员名单、合同、自我声明等。
2	第八条	检验检测机构在检验检测过程中是否按照国家有关强制性规定的样品管理、仪器设备管理与使用、检验检测规程或者方法、数据传输与保存等要求进行。
3	第十条	1.涉及分包项目的合同和检验检测报告，分包是否事先取得了客户同意；分包方是否具备资质认定的资质和能力、是否在分包方名录中。 2.检验检测机构是否在结果报告上清晰注明分包；注明的信息是否符合规定的要求。如有能力分包时是否在报告中注明分包项目、分包方名称及资质认定证书编号；无能力分包时是否在报告中注明分包项目、分包方名称及资质认定证书编号，且注明检验检测机构自身无相应资质认定许可的技术能力。 3.检验检测机构是否将法律法规、技术标准等文件禁止分包的项目实施分包。如国家监督抽查不允许分包；司法鉴定不允许将抽样 / 取样、鉴定结果的分析和判断以及鉴定意见形成等重要工作分包；机动车检验和食品复检工作不允许分包；生态环境检测领域不得二次分包等。
4	第十一条	1.检验检测机构出具的检验检测报告是否由授权签字人在其能力范围内签发，且加盖检验检测机构公章或者检验检测专用章。检验检测报告用语应当符合相关要求，列明标准等技术依据。 2.检验检测报告存在文字错误，是否按照正确的流程修改，检验检测机构应当按照标准等规定更正，并标注或者说明。
5	第十六条	1.检验检测机构是否在其官方网站或者以其他公开方式自我声明，声明包含遵守法定要求、独立公正从业、履行社会责任、严守诚实信用等情况。 2.检验检测机构是否向所在地省级市场监督管理部门报告持续符合相应条件和要求、遵守从业规范、开展检验检测活动以及统计数据等信息。
6	第十八条	检验检测机构是否按期参加由省级以上市场监督管理部门定期组织的检验检测机构能力验证活动；是否立即停止可疑和不满意项目的检验工作，不使用CMA标志向社会提供可疑和不满意项目的检测数据。
7	第二十条	1.核查检验检测机构是否存在被主管部门监督检查的经历；在检查的过程中是否开具不符合项。 2.上述开具的不符合项是否按照主管部门的要求在规定的时限内提交整改报告及纠正措施验证材料；验证整改措施是否有效实施，核查有无类似问题再次发生。
8	第二十五条（一）	是否按照国家有关强制性规定的要求进行检验检测，包括但不限于以下方面：样品管理，仪器设备管理、使用，检验检测规程或方法，数据传输与保存等。

续表

序号	条款号	审核要点（Check List）
9	第二十五条（二）	需要分包检验检测项目时，是否分包给有能力的分包方并告知委托人分包的项目及分包方机构，并且在检验检测报告中如实注明。
10	第二十五条（三）	出具的检验检测报告是否加盖检验检测机构公章或者检验检测专用章，并由经授权的授权签字人在技术能力范围签发。
11	第二十六条	有无出具不实和虚假检验检测报告的情况（具体情况参见39号令第十三、十四条规定）。

第三节 《检验检测机构资质认定告知承诺实施办法（试行）》

2019年10月，《市场监管总局关于进一步推进检验检测机构资质认定改革工作的意见》（国市监检测〔2019〕206号）发布，进一步推进检验检测机构资质认定改革，告知承诺作为检验检测机构资质认定改革中的重要举措，随206号文发布《检验检测机构资质认定告知承诺实施办法（试行）》，优化资质认定准入服务，为通过实施告知承诺获得资质认定提供指导。

一 出台背景和目的

市场准入制度建立的初期，为保证市场有序、保护公共利益，市场准入制度将交易安全摆在了首位，由此引发行政审批事项多、杂、乱的问题。由此产生以效率优先、兼顾安全为理念的市场准入制度改革，不仅是行政审批数量的缩减和程序的优化，还借助内生机制保障交易安全，在“去监管”与“强监管”之间探索新型的监管机制。市场准入告知承诺制正是改革的产物之一。《国务院关于在全国推开“证照分离”改革的通知》（国发〔2018〕35号）中提出将“简化审批，实行告知承诺”作为重点工作内容之一。在多领域多方面推行告知承诺初见成效后，国家市场监督管理总局在检验检测机构资质认定改革中提出试点推行告知承诺制度，充分激发检验检测市场活力，优化准入服务。

二 主要内容介绍

（1）划定实施范围。除特殊领域外，检验检测机构初次申请资质认定、扩项、变更、延续证书有效期均可采取告知承诺的方式。

（2）细化告知及承诺事项。由资质认定部门告知申请机构资质认定事项的依据、应具备的条件及能力、申请所需材料、所需承担的法律责任等；在申请人承诺部分重点强调应对承诺内容的真实性、准确性负责，虚假承诺或者承诺内容严重不实将承担相应的法律责任。

（3）梳理告知承诺许可流程。申请机构通过官方途径下载告知承诺书，向资质认定部门递交告知承诺书以及相关申请材料，从正式提交申请到拿到资质认定证书仅需12个工作日，与一般程序相比大大缩短了取证时间。告知承诺采取置后技术评审的形式，一般3个月内安排技术评审，并做出相应的核查判定。

（4）阐明法律责任。检验检测机构做出虚假承诺或者承诺内容严重不实的，由资质认定部门撤销资质认定证书或者相应资质认定事项，记入信用档案，取消其采取告知承诺获得资质认定的资格。对外出具的相关检验检测报告不具有证明作用，并承担因此引发的相应法律责任。

三　检验检测机构在内部审核时应注意的相关要点

采取以告知承诺的方式取得资质认定时，在申请前可以采用内部审核的方式对告知承诺的内容进行审核以降低风险。审核时可重点关注是否满足申请条件，能力是否满足要求，材料填写的真实性等方面。

序号	条款号	审核要点（Check List）
1	第五条	1.申请材料是否齐全，是否与申请项目类型相符（如首次申请、扩项、变更）。 2.《检验检测机构资质认定申请书》及相关申请材料内容与实际情况的一致性及填写完整性。 3.典型检测报告是否覆盖申请的检验检测全部能力（每个类别提供1份典型报告），典型检测报告出具是否规范，是否满足相关法律法规的要求。 4.授权签字人申请签字领域是否与申请的资质认定能力范围相符，申请材料是否齐全（毕业证、学位证、职称证或职称同等能力证明；授权签字人申请表等）。
2	第六条	合规性核查： 1.核查检验检测机构是否符合资质认定有关法律法规的要求。 2.核查检验检测机构若因做出虚假承诺或者承诺内容严重不实由资质认定部门记入其信用档案，该检验检测机构不再适用告知承诺的资质认定方式。 基本条件核查： 3.检验检测机构是否满足首次申请资质认定、申请延续资质认定证书有效期、扩项、标准变更、检验检测场所变更、授权签字人变更的基本条件。 技术审核： 4.涉及首次申请及扩项时从人、机、料、法、环、测等多方面核查是否具有相应的检测能力。

第四节　地方政府特殊要求举例介绍

为营造公平竞争的检验检测市场环境，促进行业健康有序发展，除国家颁布的法律规章外，个别省市结合自身实际情况发布了相关规定。上海市作为检验检测行业发达地区之一，结合本市的实际情况，前后发布了国内第一部专门用于全面规范检验检测机构及行为的地方性法规《上海市检验检测条例》及呈现多年告知承诺工作经验总结的《上海市检验检测机构资质认定告知承诺管理办法（试行）》。这两部地方性法规都具有区别于163号令及《检验检测机构资质认定告知承诺实施办法（试行）》的鲜明特点，对促进检验检测行业健康有序发展具有重要的参考意义。

一　《上海市检验检测条例》

1. 出台背景和目的

上海市检验检测行业发展迅速，服务能力及技术实力均起到引领作用，但仍存在行业发展不足，没有区别与周边城市和地区的引领、鼓励措施；行业法规、政策与行业发展的新形势和要求间存在差异；行业生机不足，缺乏创新力；服务形式单一化，品牌意识匮乏，国际知名度低；高端人才引入不足等问题，难以适应上海发展的需要。为进一步落实《上海市技术基础“十二五”规划》等文件的精神，2014年上海市质量技监局等部门联合印发《关于促进本市检验检测产业发展的指导意见》，致力于促进检验检测行业发展，打造上海检验检测行业优势。指出要进一步完善相关的法规体系，加快有关地方性法规、规章的制订和完善工作，研究起草《上海市检验检测机构管理办法》和《上海市检验检测管理条例》。

2. 主要内容介绍

区别于163号令及39号令的内容。

（1）将鼓励政策写入法规。为了让检验检测行业又快又稳发展，鼓励检验检测机构申请高新技术企业、技术先进型服务企业、实验室认可、专利等；参与标准制订；投保；提升自身影响力，保护自有知识产权，增强赔付及风险抵御能力。

（2）订立行业规范、标准。加强行业自律和诚信建设，制订行业规范，引导行业规范发展。

（3）首次提出入住网络交易平台要求。入驻网络交易平台的检验检测机构需提供资质证书并在交易平台公示。

（4）丰富社会责任内容。在从事检验检测活动时发现有检测对象存在不符合法律法规规定或可能存在严重危害环境或者公共安全情形的，应上报，监管部门应根据需求制订、公示信息报告目录。

（5）强化检验检测机构的权利和义务。说明属事业单位法人的检验检测机构无合理理由不得拒检的四种情况，无法提供检测服务的需说明理由。对送样检测，委托人如实告知样品信息并对信息的真实性负责，如未如实告知的，检验检测机构有权拒绝服务。

（6）优化、简化服务流程。审批方面，建立联合现场评审、采信计量认证结果、简化评审程序等新工作机制和制度，降低企业制度性交易成本。

（7）加强惩戒力度。对因弄虚作假受到处罚的检验检测机构，三年内不得为国家机关、事业单位等提供购买型的检验检测服务。如出具虚假检测报告，没收检验检测费用，最低处五万元罚款，相关人员也要受到罚则，处罚力度大大加重。

3. 检验检测机构在内部审核时应注意的要点

在内部审核时应关注的审核重点内容与163号令相同，可参考本章第一节内容，此处识别出与163号令不同的审核要点供参考。

序号	条款号	审核要点（Check List）
1	第十五条	对检验检测人员有执业资格的，核查人员是否符合相关资格要求
2	第十二条	是否向社会公开展示检验检测机构相关信息，如是否为网络平台提供者履行相关信息查验义务。

二　《上海市检验检测机构资质认定告知承诺管理办法（试行）》

1. 出台背景和目的

2001年，上海浦东新区就开始在企业设计和开业等环节开展告知承诺制；通过几年时间逐步扩大告知承诺的适用范围；2014年告知承诺的领域扩大到检验检测领域，开始试点对部分事项施行告知承诺制；2015年浦东新区获批成为首个开展“证照分离”的试验区。为进步推进“证照分离”改革的有关指示精神和工作要求，上海市市场监管局制定出台了《上海市检验检测机构资质认定告知承诺管理办法（试行）》，并于2019年9月1日起正式实施。

2. 主要内容介绍

《上海市检验检测机构资质认定告知承诺管理办法（试行）》在内容上与《检验检测机构资质认定告知承诺实施办法（试行）》有如下不同。

（1）细化实施范围。明确特殊领域，保健食品、特殊医学用途配方食品和婴幼儿配方食品等特殊食品、医疗器械检验检测不在告知承诺范围内。

（2）诚信纳入主体申请条件。增加诚信内容的考量，申请主体2年内无因检验检测违法违规行为受到行政处罚。

（3）压缩监管时限。取得资质认定许可后，2个月内进行后续监管；首次采取告知承诺取得资质认定将及时进行后续监管。

（4）新增撤销流程。检验检测机构因违法违规撤销资质认定的，可按照撤销流程进行，相关检验检测机构具有陈述、申辩和听证的权利。最长30个工作日内撤销资质认定。

3. 检验检测机构在内部审核时应注意的要点

参考本章第三节《检验检测机构资质认定告知承诺实施办法（试行）》内容。

第四章

重点行业对检验检测机构管理的特殊要求举例介绍

除国家市场监督管理总局颁布的163号令、39号令等一系列通用性规定外，对检验检测机构的管理，在不同行业或领域，相关政府主管部门也出台了一些重点行业特殊管理要求。

本章主要介绍环境监测领域、建设工程检测领域、农产品检测领域的相关规章要求，包括《环境监测数据弄虚作假行为判定及处理办法》《检验检测机构资质认定生态环境监测机构评审补充要求》《建设工程质量检测管理办法》《农产品质量安全检测机构考核办法》等。通过对各部门规章的出台背景和目的以及主要内容的介绍，总结出检验检测机构在内部审核时的注意要点，为检验检测机构的合规性评价及内部审核提供帮助。

第一节 《环境监测数据弄虚作假行为判定及处理办法》

一 出台背景和目的

国家生态环境部于2015年1月1日实施的《中华人民共和国环境保护法》第十七条规定“监测机构及其负责人对监测数据的真实性和准确性负责”；第六十五条规定“环境影响评价机构、环境监测机构以及从事环境监测设备和防治污染设施维护、运营的机构，在有关环境服务中弄虚作假，对造成的环境污染和生态破坏负有责任的，除依照有关法律法规规定予以处罚外，还应当与造成环境污染和生态破坏的其他责任者承担连带责任”。2017年6月27日第二次修正的《水污染防治法》第二十四条规定“实行排污许可管理的企业事业单位和其他生产经营者应当对监测数据的真实性和准确性负责”。环境监测系统经过40多年发展，已基本满足环境管理要求，为进一步加强监督管理，加大对弄虚作假环境监测行为责任追究和处罚力度，保障环境监测数据真实准确，依据《中华人民共和国环境保护法》和《生态环境监测网络建设方案》（国办发〔2015〕 56 号）等有关法律法规和文件，国务院环境保护主管部门于2016年1月1日发布《环境监测数据弄虚作假行为判定及处理办法》（环发〔2015〕175号）（以下简称《处理办法》）。

二 主要内容介绍

《处理办法》规定了环境监测数据弄虚作假行为判定、环境监测数据弄虚作假行为的调查、环境监测数据弄虚作假行为的处理。

（1）环境监测数据弄虚作假行为判定。弄虚作假行为判定是《处理办法》的核心内容，其主要分为3种类型：篡改，伪造及指使篡改、伪造。根据文件规定和社会中存在的一些问题，《处理办法》共整理出27种弄虚作假的方式，其中篡改监测数据行为14种，伪造监测数据行为8种，指使篡改、伪造监测数据行为5种。《处理办法》中规定的弄虚作假行为既包括实验室环境监测活动的各个环节，如点位布设、采样、测试分析、质量控制、数据处理、报告出具，甚至使用数据等，也覆盖了自动监测的各环节，如布设点位、设备站房、采样系统、分析处理数据、质量控制、档案管理等。此外，《处理办法》还明确规定了对监测人员、排污单位及设备运维单位可能存在的弄虚作假情形，详细界定了国家机关人员和监测委托方可能干预环境监测的方式方法。

（2）环境监测数据弄虚作假行为的调查。《处理办法》明确了调查的责任主体由地市级以上人民政府环境保护部门担当。我国环保系统已经形成了一整套比较完整、规范的环境违法行为调查、取证和处理程序，相关文件包括《环境行政处罚办法》《环境执法人员行为规范》等。发现监测数据弄虚作假行为的渠道主要有：地市级以上环保部门定期或不定期开展的监测质量监督检查、单位和个人举报、自动监测设备设置的远程质量监控系统等。

（3）环境监测数据弄虚作假行为的处理。经确认的监测数据弄虚作假行为，按照有关法律规定和《处理办法》有关规定予以处理。《处理办法》规定了两大类处理手段：行政手段和法律手段。行政手段对监测机构和人员、政府部门、服务机构和人员、监测仪器生产商、销售商、党政领导和国家机关人员均有明确规定处理措施。法律手段在相关的法律法规中有规定，如《环境保护法》第六十三条及第六十五条、《行政主管部门移送适用行政拘留环境违法案件暂行办法》《计量法》《检验检测机构监督管理办法》第十三条及第十四条、《刑法》修正案第二百二十九条等。

三 检验检测机构在内部审核时应注意的相关要点

内审员在内部审核过程中可重点审查《处理办法》中规定的容易出现弄虚作假的检测活动。如关注样品管理，记录溯源性、规范性、及时性等。

序号	条款号	审核要点（Check List）
1	第四条（六）	是否及时记录样品采集、现场测试、样品运输、样品接收和保存、样品制备、样品分析测试、样品保留、样品清理和返回等过程中的技术活动的内容。
2	第四条（十一）	原始记录及采样设备储存信息是否有篡改 / 销毁的嫌疑，且无法合理解释和证明。是否不按规范传输原始数据，导致原始数据失实。
3	第四条（十二）	原始记录是否对原始数据进行不合理修约、取舍。
4	第五条（二） 第五条（六）	报告 / 证书中的数据、时间、结果和各相关信息（如采样点位、采样过程等）是否能够在各原始记录中得到溯源，符合逻辑性并确保内容一致性，尤其是结果数据的一致性。
5	第五条（四）	抽取连续时间段内的检测日期的原始记录，查看是否同一监测人员同一时间段在不同监测地点出现，伪造监测时间和人员签名。

第二节 《检验检测机构资质认定 生态环境监测机构评审补充要求》

一 出台背景和目的

为贯彻《关于深化环境监测改革 提高环境监测数据质量的意见》中关于开展环境监测的机构必须取得资质认定证书及建立覆盖监测全过程的质量管理体系的要求，同时为弥补《检验检测机构资质认定能力评价 检验检测机构通用要求》（RB/T214—2017）中未明确规定环境监测领域的布点、采样、现场监测等重要环节评审要求。结合国家认证认可监督管理委员会于2018年发布的《检验检测机构资质认定工作采用相关认证认可行业标准的通知》（国认实〔2018〕28号）中的规定："认证认可行业标准作为相关领域检验检测机构的资质认定评审依据，检验检测机构资质认定评审遵循'通用要求+特殊要求'的模式。"根据环境监测行业的特殊性，国家认证认可监督管理委员会和生态环境部联合制定了《检验检测机构资质认定 生态环境监测机构评审补充要求》（国市临检测〔2018〕245号）（以下简称《补充要求》）。国家市场监督管理局和各省级市场监督管理部门依照"通用要求+特殊要求"的模式，实施生态环境监测机构资质认定工作，规范资质认定评审行为。

二 主要内容介绍

《补充要求》作为评审准则，本书将各条款归纳总结为三部分内容：资源要求、过程活动要求和管理体系要求。

（1）资源要求。明确了机构主体责任，机构应独立、公正、诚信开展环境监测工作。要求机构依据《环境监测数据弄虚作假行为判定及处理办法》（环发〔2015〕175号）的要求，建立"谁出数谁负责，谁签字谁负责"的制度和措施。在人员要求方面，《补充要求》比通用要求更为具体和严格，除对关键人员，如技术负责人、质量负责人、授权签字人的能力要求外，对其从业经历也有明确要求。对机构人员的比例也有要求，即中级及以上技术职称（或同等能力）人员数量不少于机构人员的15%。在场所环境方面，除提出要控制并记录环境条件、合理分区外，还对现场监测安全管理提出了明确要求，如在现场监测需设立安全警示标识等。在设备管理方面，提出需配齐覆盖所有监测环节的仪器设备，对现场监测仪器提出了具体的要求，如对设备的数量、种类及使用记录的溯源性，核查和记录现场检测设备关键性能指标等。

（2）检测过程活动要求。要求对使用的标准方法和非标方法验证及确认其有效性。在采样方面，要求采样制订监测方案或采样计划，并保证现场测试或采样过程客观、真实和可追溯，以及应至少有2名监测人员在场。在样品方面，要求样品管理覆盖整个监测环节，从采样到留样保存均须保证样品性状稳定、标识清晰可追溯、记录完整等。在记录方面，要求不管是纸质记录还是电子记录，关注记录的充分性、原始性、规范性和完整性。在结果有效性（质控）方面，要求质量控制活动应该覆盖机构所有的活动范围。在报告结果方面，要求在报告结果时，授权签字人需了解相关标准，并具备监测结果符合性判定的能力。对分包活动提出了明确的要求，如对分包方的资质能力确认，对分包的监测质量进行监督验证等。在数据信息管理方面，要求使用LIMS时需注重记录的追溯性和备份重要性。

（3）管理体系要求。管理体系建立需符合自身监测活动的特点，覆盖活动相关的固定、临时、可移动的全部场所。在文件管理方面，要求对体系文件进行有效控制，包括外来文件。在档案管理方面，要求生态环境监测档案保存期限符合生态环境监测领域相关法律法规和技术文件的规定。

三　检验检测机构在内部审核时应注意的相关要点

内审员在审核过程中，可重点审查《补充要求》比RB/T 214更细化的要求，如人员、设备、方法验证、记录信息、样品管理、档案管理等方面。

序号	条款号	审核要点（Check List）
1	第六条	查人员一览表，人员数量及比例是否与《补充要求》相匹配。
2	第十二条	现场采样数量是否充足；设备配置是否满足标准要求；设备是否与设备台账数量及型号一致。
3	第十七条	抽取方法验证报告，查看报告内容是否包含HJ 168—2020要求的信息和技术指标，并保留了相应的原始记录。
4	第十九条	记录信息是否完整；是否有2名或以上的监测人员签名确认。
5	第二十条	现场查看样品，是否有样品接收记录；是否进行了样品信息及状态检查；是否建立了标识系统。
6	第二十三条	实验室管理体系文件中是否有档案管理的规定；是否符合相应法律法规或技术文件的要求（如HJ 8.2）。

第三节　《建设工程质量检测管理办法》

一　出台背景和目的

建设工程质量管理一直是各级建设行政主管部门工作的重中之重。2000年1月30日，《建设工程质量管理条例》发布，确定建设工程质量检测工作的地位和重要性。为规范检测行为、维护检测市场秩序和保证工程质量，加强对建设工程检测行业的管理力度，2005年，《建设工程质量检测管理办法》（建设部令第141号）（以下简称《办法》）发布并实施。2018年3月，《房屋建筑和市政基础设施工程质量检测管理办法修订草案（征求意见稿）》发布，但目前暂未有代替141号令的官方公告，故下文将继续介绍141号令的相关内容。

二 主要内容介绍

《办法》主要明确对工程质量检测机构基本要求、检测活动管理、监督管理等内容。

（1）机构基本要求。明确了检测机构开展业务应具备的基本条件。明确机构需取得许可资质证书和国家（省级）计量认证，且检测项目应在建设主管部门的资质许可、计量认证的检测项目范围内从事检测活动。检测机构取得资质后，需符合相应资质标准的要求，如人员、设备、场所等要求，此外还需合法使用资质证书、及时办理变更及延续证书有效期手续。

（2）检测活动管理。明确了检测活动过程中的行为规范，如委托需签订书面合同；取样需有建设单位或工程监理单位监督；对客户送样，需明确对样品真实性负责；检测报告需至少有检测人员和法人或授权签字人签名、并加盖公章或检测专用章，并对其真实性和准确性负责；对发现违规行为需及时上报建设主管部门；需监理档案管理；对人员受聘、行政隶属、转包业务有禁止要求等。

（3）监督管理。明确规定建设主管部门的监督检查内容、监督检查措施、取证收集、处理结果上报、投诉处理等内容。对监督过程中发现的检测机构违规行为，制定了不同的行政管理方式，如对无资质从事检测活动的、对弄虚作假申请资质的、对以不正当手段取得资质证书的、超资质范围从事检测、未合法使用资质证书、出具虚假报告等，对机构及责任人有不同程度的罚款。对委托方、建设主管部门工作人员的违规行为，也制定了不同的行政管理方式。

三 检验检测机构在内部审核时应注意的相关要点

内审员在审核过程可以重点关注与RB/T 214不同或更严格的要求，如人员、见证取样、转包、不合格检测项目、编号唯一且连续等方面的要求。

序号	条款号	审核要点（Check List）
1	第四条	随机核查检测机构的人员数量、人员专业、工作经历、关键岗位职称是否持续符合资质标准的要求。
2	第十三条	检查委托书填写的见证人资格证明文件是否齐全，且经过委托方与检测机构经办人签字确认。
3	第十七条	随机抽取部分在检的检测合同，调取委托单和存档报告，核查是否有转包检测行为；异地检测是否在当地备案。
4	第十九条	查看检测机构的不合格检测项目台账并调阅一定数量检测报告是否报送质量监督机构。
5	第二十条	随机抽查一定时间段内合同或委托单、原始记录、检测报告，查看编号是否重号或涂改。

第四节　《农产品质量安全检测机构考核办法》

一　出台背景和目的

随着农产品质量安全检测机构的日益增多，为加强对机构的管理及规范考核，根据《中华人民共和国农产品质量安全法》等有关法律、行政法规的规定，《农产品质量安全检测机构考核办法》（以下简称《办法》）出台，并于2008年1月12日起施行。由于与《检验检测机构资质认定管理办法》《检验检测机构资质认定能力评价 检验检测机构通用要求》（RB/T214—2017）中的部分内容发生冲突等，农业部于2017年对《办法》进行了适当修订。

二　主要内容介绍

《办法》主要明确了检测机构的基本要求及监督管理，对证书考核的申请与评审、审批与颁证、延续与变更也有相应的规定。

（1）机构基本要求。对机构的基本条件与能力条件有明确要求，如机构架构、人员能力与数量、设备、场所、管理体系等。与《检验检测机构资质认定管理办法》《检验检测机构资质认定能力评价 检验检测机构通用要求》（RB/T214—2017）不同的是，《办法》提出了人员数量的最低要求为5人，对关键岗位（技术负责人、质量负责人、授权签字人）提出需要有农产品质量安全5年以上的工作经验，并且在设备方面也提出仪器设备配备率应达到98%，完好率达到100%。

（2）检测活动管理。《办法》虽未明确对检测机构检测过程活动具体要求，但是机构需依据《农产品质量安全检测机构考核评审细则》等相关要求，建立检测过程中的管理体系和质量保证体系。

（3）监督管理。明确了监督管理工作由农业部和省级农业部门承担，规定了多种监督方式，对监督过程中发现的检测机构违规行为，制定了不同的行政管理方式。对伪造检测结果或者出具虚假证明的、擅自发布检测数据和结果造成不良后果的、超范围出具检验数据、结果的，非授权签字人签发检验报告的、未按要求参加能力验证的等，《办法》中均规定做出不同程度的处罚，如三年内不受理考核申请、责令整改、暂停检测工作、注销《考核合格证书》等。

三　检验检测机构在内部审核时应注意的相关要点

内审员可结合《农产品质量安全检测机构考核评审细则》等相关要求开展内部审核。此处列举出《办法》与《农产品质量安全检测机构考核评审细则》不同的三个审核要点。

序号	条款号	审核要点（Check List）
1	第二十六条	年度报告是否及时上传，是否建立报告年度上传管理制度；检测年度能力验证计划是否覆盖检测能力清单的领域，符合考核机构要求。
2	第二十九条	上次获取证书以来，机构的正副主任、技术负责人、质量负责人、授权签字人、检测标准是否及时办理变更。
3	第三十条	随机抽查一定数量报告，核查检测项目和报告签字人是否与资质证书、《考核合格证书》授权人员一致。

第五章

中国合格评定国家认可委员会关于检验检测机构的认可规则举例介绍

认可规则类文件（R系列）是CNAS实施认可活动的政策和程序，是强制性要求，也作为CNAS现场评审的依据之一，包括通用规则（R系列）和专项规则（RL系列）文件。在ISO/ICE 17025实验室质量管理体系运行过程中，检验检测机构除了满足CNAS准则类文件的要求外，还应持续满足CNAS规则类文件的规定，否则可能会受到CNAS的告诫、缩小认可范围、暂停或撤销认可资格等处置，严重的会被提起法律诉讼。

本书第二章已对CNAS—CL01：2018《检测和校准实验室能力认可准则》（等同采用ISO/IEC 17025：2017）进行了详细讲解，本章主要聚焦实验室易出现不符合的三个规则类文件，即《实验室认可规则》《能力验证规则》和《认可标识使用和认可状态声明规则》。通过介绍规则的出台目的，提炼规则中与实验室相关的重点内容，列举实验室在内部审核时需关注的审核要点，帮助读者了解规则类文件对实验室的相关要求，指导实验室内审员熟悉并掌握认可规则的内审要点，确保实验室活动持续符合CNAS要求。

第一节 《实验室认可规则》

一 出台背景和目的

《实验室认可规则》（以下简称《认可规则》）作为实验室认可的强制性要求，规定了CNAS实验室认可体系运作的程序和要求，是CNAS认可工作公正性和规范性的重要保障。按照认可规则建立、实施和不断改进管理体系，确保实验室质量、行政和技术活动规范运作，保证检测结果准确可靠是实验室认可的基本要求，也是实验室持续健康发展的根本保证。

二 主要内容介绍

《认可规则》的内容包括认可条件、认可流程、申请受理要求、评审要求、对多场所实验室认可的特殊要求、认可变更要求、违反《认可规则》可能受到的处置、CNAS / 实验室的权利和义务。

1. 申请受理要求

（1）申请人应根据CNAS的相关要求，进行自我评估，提交的资料必须与事实相符，真实可靠，表达清晰准确。

（2）申请人应为独立法人实体，或者是独立法人实体的一部分，能够为开展的活动承担相关的法律责任。

（3）实验室应根据自身的实际情况建立符合认可要求的管理体系，且有效运行6个月以上，开展了相应实验室活动，包括完整的内部审核和管理评审，并保留应有的运行记录。

（4）申请人还应有足够的资源开展实验室活动，如人、机、料、法、环，量值溯源等应能满足CNAS相关要求。

（5）申请的技术能力应有相应的检测经历，并满足《能力验证规则》的要求。

2. 认可评审要求

（1）当提交的管理体系文件和相关资料不符合审查要求时，CNAS秘书处或评审组可要求申请人采取纠正或纠正措施，经验证合格后，方可实施现场评审。

（2）如果申请人使用租用设备，应拥有独立支配使用的权利，并在申请人的设施中使用。

（3）测量结果应溯源至国际单位制（SI）单位，无法溯源至SI单位的，要满足CNAS-CL01《检测和校准实验室能力认可准则》6.5.3的要求。开展内部校准的实验室，应满足CNAS关于内部校准的要求。

（4）CNAS要求从事实验室活动的关键岗位人员，包括授权签字人、给出意见和解释的人员、方法验证人员、专用设备操作人员等与实验室签订固定的劳动合同，并且不得在同类型实验室从事同类活动。法律法规中另有要求的，应符合相关要求。

（5）授权签字人还应具备相应的职权，对检测报告的完整性和准确性负责；具备相应的专业知识和工作经历，熟悉检测方法及其限制范围，能对结果的正确性做出评价，了解检测结果的不确定度；了解设备保养及定期检定的规定，掌握设备的校准状态；熟悉相关法律法规和认可规则及政策的要求，特别是带认可标识 / 联合标识的使用规定。

3. 对多场所实验室认可的特殊要求

对多场所实验室认可，除了满足单一场所的实验室认可要求外，在管理体系、申请及受理、认可评审、认可证书几个方面还需满足多场所的要求。

4. 认可变更的要求

（1）当获准认可的实验室发生变更时（参见原文9.1.1），应在20个工作日内通知CNAS秘书处，CNAS将视变更性质采取相应的措施（参见原文9.1.2）。

（2）如果涉及实验室环境发生变化，如搬迁，实验室应立即暂停使用认可标识／联合标识，待CNAS确认后，方能继续（恢复）使用。

（3）当认可规则、认可准则、认可要求发生变化时，获准认可实验室应根据CNAS的要求，在规定时限内及时完成转换，否则会被暂停、撤销认可。

5. 告诫、暂停、恢复、撤销、注销认可及缩小认可范围

获准认可实验室如果存在影响认可管理有效性的问题，不能持续符合CNAS认可条件和要求，或者实验室存在不诚信行为，CNAS将根据事件的具体情节和影响的恶劣程度予以告诫、暂停认可、撤销认可、恢复认可或缩小认可范围等处理，实验室也可以主动申请暂停认可、注销认可或缩小认可范围。

三　实验室在内部审核时应注意的相关要点

序号	条款号	审核要点（Check List）
1	6.4 8.1.1	管理体系的运行是否覆盖所有场所，包括分场所；初次申请认可的实验室管理体系是否有效运行6个月以上，并开展相应的实验室活动。
2	6.4 9.2	管理体系是否满足基本认可准则和专用认可规则类文件、要求类文件及基本认可准则在专业领域应用说明的要求，特别是认可规则，政策文件发生变化的时候，实验室是否及时转换。
3	7.4	使用租赁设备时，实验室是否将设备纳入实验室管理体系，是否具有设备的使用权。
4	7.6	实验室是否制订了量值溯源的总体要求；是否确保结果能溯源到国家基准和国际单位制（SI）；是否每次校准均引入测量不确定度；技术上不可能计量溯源到SI单位时，实验室是否能证明可计量溯源至适当的参考对象。
5	7.9 b）	实验室配备的资源等是否与其工作量相匹配，人员（特别是关键岗位人员）、设备、设施和环境条件是否满足实验室活动的要求，是否对结果有效性产生不利影响。
6	7.9 c）	实验室的质量控制计划是否对认可的能力进行有效管理，以持续保持技术能力；实验室活动范围和工作类型变化，无法持续满足要求的检测能力，或2年内没有测试经历的能力，实验室是否主动申请缩小认可范围。
7	7.9 d） 7.9 e）	实验室是否真实有效地运行管理体系，满足认可准则的要求，并有相应的记录。
8	9.1.1 9.1.2.3	实验室发生CNAS认定的变更情况时，是否及时向CNAS申请变更；如果变更需要CNAS确认，在申请变更得到CNAS确认前，实验室是否停止使用认可标识。
9	10.4.1 i）	是否存在超范围使用认可标识／联合标识或超范围声明认可状态。
10	10.4.1 k）	实验室是否存在不诚信行为，包括但不限于弄虚作假，不如实做出承诺或不遵守承诺，出具虚假报告／证书，存在欺骗、隐瞒信息或故意违反认可要求的行为等。

第二节 《能力验证规则》

一 出台背景和目的

能力验证是实验室认可和质量控制的重要组成部分，是实验室内部质量控制活动的有效补充，是实验室、客户、认可机构评价实验室技术能力的重要依据，也是CNAS对合格评定机构能力进行评价的方式之一。《能力验证规则》规定了CNAS能力验证的政策和要求，以促进合格评定机构的能力建设，确保CNAS认可的有效性，保证CNAS认可质量。

二 主要内容介绍

《能力验证规则》包括对合格评定机构的要求和对CNAS的要求。

1. 总则

（1）合格评定机构作为参加能力验证的主体，有责任和义务参加能力验证活动。

（2）选择能力验证时应从自身需求出发，利用好能力验证结果，并向CNAS报告参加能力验证的信息。

（3）重申《能力验证规则》规定的仅是合格评定机构参加能力验证的最低要求。

2. 制订能力验证工作计划的要求

（1）合格评定机构应建立能力验证程序，并规定能力验证计划的要求和不满意结果的处理，保存相关记录。

（2）能力验证计划应从自身因素出发，包括认可的领域，人员，内部质控情况，检测对象的数量、种类及结果的用途，检测技术的稳定性，能力验证的可获得性等，并根据这些因素的变化定期审查和调整能力验证计划。

3. 参加能力验证的最低要求

（1）对初次认可和扩大认可范围，合格评定机构每个子领域应至少参加过一次能力验证，能力验证领域（子领域）和频次参见《能力验证规则》附录B。

（2）合格评定机构应当根据其认可范围和质量需求等因素制订并执行更严格的要求。

（3）获得认可之后，只要存在可获得的能力验证，获准认可合格评定机构应满足CNAS能力验证领域和频次要求且获得满意结果。

（4）对CNAS能力验证领域和频次表中未列入的领域（子领域），只要存在可获得的能力验证，获准认可合格评定机构在每个认可周期内应至少参加1次。

（5）对多场所合格评定机构，每个场所视同单独的合格评定机构分别制订能力验证活动计划并分别组织实施。

4. 不满意结果的处理要求

（1）对合格评定机构，如果能力验证结果为不满意，应自行将暂停该项目的认可资格，涉及该检测项目的报告也必须停止使用CNAS认可标识，并立即按照体系文件要求查找原因、实施纠正措施。

（2）合格评定机构需在规定的期限内完成纠正措施的实施，经验证有效后，才可自行恢复使用认可标识。

（3）采取的纠正措施通常包括重新参加能力验证计划；参加CNAS的测量审核活动；与CNAS指定的参比机构进行比对；评审专家现场盲样考核等。

（4）如果能力验证结果虽不满意，但符合判定要求，或者为可疑结果时，合格评定机构应对相应项目进行风险评估，必要时采取预防或纠正措施。

5. 选择能力验证活动的要求

（1）《能力验证规则》明确了合格评定机构应优先选择按照ISO/IEC 17043运行的能力验证计划，并给出了选择的优先顺序。一是强调优先参加已获认可的PTP或已签署PTP相互承认协议（MRA）的认可机构认可PTP认可范围内的能力验证计划；二是CNAS承认的国际权威组织实施的能力验证，如APLAC。

（2）如果以上要求都不符合，合格评定机构需要自行确认所参加能力验证活动的技术特性和适宜性，填写《能力验证活动适宜性核查表》，核查时重点关注能力验证活动使用的检测方法、样品特性、结果评价三方面技术能力特性。

注：在选择能力验证计划时，可参考CNAS官网—能力验证资源平台—中国能力验证资源平台。

三　实验室在内部审核时应注意的相关要点

序号	条款号	审核要点（Check List）
1	4.2.1	实验室是否设立能力验证相关程序，并保存能力验证相关记录。
2	4.2.2	实验室是否从自身需求出发，按照要求制订能力验证计划，能力验证的领域和频次都满足要求，并根据变化做出审查和调整。
3	4.2.4	当没有适当能力验证活动时，实验室是否采取适当的质量控制措施。
4	4.3	实验室能力验证领域和频次是否满足《能力验证规则》附录B的最低要求，如实验室存在多场所，各场所的要求应分别满足。
5	4.4.1	实验室是否有不满意的能力验证，如有，实验室是否暂停相应项目CNAS认可标识的使用，采取相应的纠正措施，并保存记录，纠正措施是否有效。
6	4.5	查看实验室能力验证活动提供者是否满足CNAS的要求，必要时，实验室是否有进行能力验证活动适宜性核查表。

第三节　《认可标识使用和认可状态声明规则》

一　出台背景和目的

在CNAS的专项监督评审和社会反馈的投诉调查中，发现机构“超认可范围出具带认可标识和认可状态声明报告和证书”的问题屡见不鲜。为保证CNAS认可标识、国际互认联合认可标识与认可证书的正确使用，防止误用或滥用标识和认可证书，以及错误声明认可状态、维护CNAS信誉，CNAS特制订了《认可标识使用和认可状态声明规则》，对获准认可的合格评定机构正确使用CNAS认可标识、国际互认联合认可标识、认可证书及声明认可状态进行了规定。

二 主要内容介绍

《认可标识使用和认可状态声明规则》主要内容包括CNAS徽标和国际互认标志式样，CNAS认可标识使用和声明认可状态的要求，国际互认联合认可标识的使用要求，认可证书使用要求，对误用或滥用认可标识、证书以及误导宣传的处理。

1. 合格评定机构使用CNAS认可标识和声明认可状态的通用要求

（1）CNAS拥有CNAS认可标识的所有权，监督合格评定机构使用CNAS标识或声明认可状态的情况。合格评定机构拥有CNAS认可标识的使用权，可在认可范围内和认可有效期内使用认可标识和声明认可状态。

（2）合格评定机构应建立管理程序保证CNAS认可标识使用和认可状态声明符合规定。

（3）应在认可范围和认可周期内准确、客观声明认可状态，不得用于其他活动。认可资格到期后，未获得新的认可资格的，不得继续使用CNAS认可标识或声明认可状态仍然有效。

（4）合格评定机构在使用CNAS认可标识或声明认可状态时，应使用认可证书上的机构名称或CNAS同意的名称。

（5）CNAS认可标识或声明认可状态的使用，不应使相关方误认为CNAS对证书/报告结果、意见或解释负责。

（6）合格评定机构应按照CNAS提供的认可标识的式样正确使用，确保CNAS认可标识的完整性，可以按比例放大或缩小，且清晰可见。

（7）合格评定机构在宣传认可资格时，应正确使用CNAS认可标识。

（8）被暂停认可资质，应立即停止任何获得CNAS认可的宣传，并停止使用CNAS认可标识或声明认可状态；撤销、注销或缩小认可范围时，应从CNAS做出决定之日起，在被撤销、注销或缩小认可的范围内立即停止使用CNAS认可标识。

（9）认可资格发生变化时（如暂停、注销、撤销以及认可范围的缩小），应及时告知受影响的客户，不得有不当延误。

（10）在认可范围内未使用CNAS认可标识或未声明认可状态的，也应按照CNAS的规定从事合格评定活动。

（11）因使用CNAS认可标识或声明认可状态引起法律诉讼时，应及时通告CNAS。

2. 实验室或检验机构使用CNAS认可标识和声明认可状态的特殊要求

（1）CNAS认可标识应置于报告/证书的首页上部适当位置。

（2）授权签字人应在其授权范围内签发带CNAS认可标识或认可状态声明的报告/证书。

（3）报告/证书中如果全部项目不在认可范围内或全部结果来自外部供应商，不得使用CNAS认可标识或认可状态声明。

（4）实验室签发的带CNAS认可标识的报告/证书中包含部分非认可项目/标准时，应清晰标记非认可项目/标准，并在报告中明确说明该项目/标准不在认可范围内。如果结果/结论依据部分非认可项目时，应清晰标明结果/结论所依据的合格评定活动不在认可范围内。

（5）带CNAS认可标识或认可状态声明的报告／证书中部分结果来自外部供应商，应在报告／证书中清晰标明，并且经外部供应商同意后方可摘录，如果外部供应商的项目未获得CNAS认可，也应在报告／证书中标明此项目不在认可范围内。

（6）如果实验室同时获得了多家签署了互认协议的认可机构认可（如UKAS和CNAS），不允许在同一份报告上同时加盖两个认可机构的认可标识章。

（7）多地点的实验室，CNAS认可标识使用或认可状态声明应在对应的认可地点的认可范围内使用。

（8）实验室在非认可范围内的所有活动（包括外部提供的服务）中，不得在相关的来往函件中含有CNAS认可标识或认可状态声明的描述，出具的报告或证书及其他相关材料也不能提及、暗示或使相关方误认为获CNAS认可。

（9）如果实验室同时通过管理体系认证，报告或证书上只允许使用CNAS认可标识，不得使用认证标志。

（10）实验室不得将CNAS认可标识或认可状态声明用于样品或产品（或独立的产品部件）上，使相关方误认为产品已获认证。

（11）实验室签发的带CNAS认可标识或认可状态声明的报告／证书中若含对结果解释的内容，应有必要的文字说明，并明确所指的具体规范、标准，以避免客户产生误解。

（12）实验室签发的带CNAS认可标识或认可状态声明的报告或证书中包含意见或解释时，意见或解释应获得CNAS认可，且意见或解释所依据的检测、校准能力等也应获得CNAS认可。如果意见或解释不在CNAS认可范围之内，应在报告／证书上注明。实验室可将不在认可范围内的意见或解释另行签发不带CNAS认可标识或认可状态声明的报告／证书。

（13）实验室签发CNAS认可标识的报告／证书时，仅包含判定标准，没有具体的检查方法，不得在报告／证书中使用认可标识或声明认可状态。

3. 国际互认联合认可标识的使用要求

国际实验室认可合作组织（ILAC）拥有ILAC—MRA标志的所有权，ILAC—MRA/CNAS标识是CNAS认可标识的特殊形式，表明CNAS的认可制度已正式签署了多边互认协议。ILAC—MRA/CNAS的使用除了要符合前两部分要求外，还要满足以下要求。

（1）实验室得到CNAS认可批准后，可使用CNAS提供的相关国际互认联合认可标识，CNAS秘书处会提供标识下载信息。

（2）国际互认联合认可标识可用于报告、证书、公开出版物、文件、办公用品、宣传品、网页宣传等，实验室不得在名片上使用ILAC—MRA/CNAS标识。在使用时，实验室也不得提及或暗示IAF、ILAC和CNAS对其活动负责。

4. 认可证书的使用要求

（1）实验室对外展示认可证书时，应在证书有效期内，准确表述认可状态和认可范围，且清晰可辨。

（2）当实验室发生变更时，应向CNAS提出变更申请，并换发认可证书或重新公布认可范围。

5. 对误用或滥用 CNAS 认可标识、认可证书以及误导宣传认可状态的处理

任何机构或个人误用或滥用CNAS认可标识、认可证书以及误导宣传认可状态，CNAS将根据情节的恶劣程度做出处理，包括告诫、暂停、撤销、提起法律诉讼或者赔偿由此给CNAS带来的损失。

三　实验室在内部审核时应注意的相关要点

序号	条款号	审核要点（Check List）
1	5.1.1 5.3.3	实验室是否在认可范围内和认可有效期内规范使用认可标识和声明认可状态。
2	5.1.2	实验室是否建立保证CNAS认可标识使用和认可状态声明正确使用的管理程序。
3	5.3.1	CNAS认可标识是否位于报告／证书的首页上部适当位置。
4	5.3.2	授权签字人是否在其授权签字范围内签发带CNAS认可标识的报告／证书。
5	5.3.	实验室是否在实验室认可范围内使用CNAS认可标识，不超范围使用，认可范围包括检测对象、项目／参数、检测标准（方法）、限制说明。
6	5.3.4	带CNAS认可标识的报告／证书中包含部分非认可项目时，是否清晰标明此项目不在认可范围内。
7	5.3.5	带CNAS认可标识的报告／证书中包含部分来自外部供应商的结果，是否清晰标明；摘录的内容是否得到外部供应商的同意；当外部供应商的项目未获CNAS认可时，是否标明此项目不在认可范围内。
8	5.3.7	多地点的实验室，是否在对应地点的认可范围内使用实验室认可标识，是否存在超地点的行为。
9	5.3.9	同时通过管理体系认证的实验室，报告／证书上只允许使用CNAS认可标识。
10	5.3.11	带CNAS认可标识的报告／证书中若对结果解释，应做必要说明，并明确所指的具体规范、标准，避免歧义。
11	5.3.12	带CNAS认可标识的报告／证书中包含的意见或解释是否获得认可，且意见或解释依据的检测能力也应获得认可；意见或解释在非认可范围内，报告／证书上是否注明。
12	5.3.13	符合性判定不属于“意见和解释”，报告／证书中仅包含判定标准（无具体的检测或校准方法）时，不可以使用认可标识或声明认可状态。
13	6.1.2	实验室是否在CNAS认可批准后，规范使用国际互认联合认可标识。

第六章

实验室质量风险管理

随着世界三大管理体系标准（ISO 9001/14001/45001）的先后改版，并融入了“基于风险的思维”，ISO/IEC 17025：2017标准也要求将“风险管理”融入实验室质量管理体系建设的全过程。

本书在汲取风险管理理论在ISO 14001/45001成功应用的基础上，结合ISO 31000：2018提供的风险管理框架，创造性地开发出了该理论在实验室应用的结构化方法，希望能够帮助各类检验检测机构降低经营风险，实现合规运营。

本书共五节。第一节为概述，首先介绍检验检测机构引入风险管理机制的必要性和紧迫性，然后对各类风险管理标准ISO 31000：2018、ISO 45001：2018、GB/T 27423—2019等进行框架性介绍，最后提出本书建立的“实验室质量风险管理模型”。第二节至第五节分别就“实验室质量风险管理模型”的策划、实施、监测和改进展开说明。其中“策划”（第二节）包括风险识别、风险分析、风险评价、风险应对策划和质量风险目标；“实施”（第三节）包括公正性和保密性的保证、资源提供、运行策划与控制、应急准备和响应；“监测”（第四节）包括合规性评价、目标指标测量、内部审核和管理评审；“改进”（第五节）包括不符合与纠正措施、潜在风险 / 机遇应对、持续改进和质量创新。

希望通过本章，读者能够初步理解和掌握检验检测机构实施风险管理的基本思路。

第一节 实验室质量风险管理概述

一 ISO 31000：2018 风险管理的原则、框架和过程

近二十年来，世界范围内的风险管理理论和实践发展迅速，其中最突出的特征就是这一时期发生了风险“特定事件”和发布了风险管理“特定法规”。“特定事件”主要涉及英国巴林银行事件、亚洲金融危机、美国安然事件和世通事件等；“特定法规”主要包括《巴塞尔资本协议》（含巴塞尔协议Ⅱ、Ⅲ）、美国COSO《内部控制——整合框架》《企业风险管理——整合框架》、澳大利亚和新西兰的AS/NZS 4360：2004标准、美国《萨班斯——澳克斯利法案》等。未来充满不确定性，人人都希望自己“先知先觉”，以规避风险、抓住机会，各种国际组织和企业迫切需要普遍适用的国际标准指导风险管理实践。ISO 31000：2009标准正是在此历史背景下产生的，它总结和汲取了当时世界范围内风险管理的最新理论与最佳实践并将其标准化，使人类步入了管理风险的标准化时代。

ISO 31000：2009《风险管理原则与指南》，基于现代风险管理科学的最新成果，阐述了风险管理科学的最通用原理。图6-1表述了风险管理原则、框架和过程之间的关系。“风险管理原则”表述了风险管理科学最精髓的理论思想，是开展风险管理应遵循的最基本原则。“风险管理框架”提供在组织内设计、实施、监测、评审和持续改进风险管理的实施指南，对组织开展风险管理工作既提供了统一的语言，又提供了一套完整的解决方案。“风险管理过程”是组织在实施风险管理时应遵循的基本流程，形成“风险识别→风险分析→风险评定→风险处理”的PDCA管理闭环。

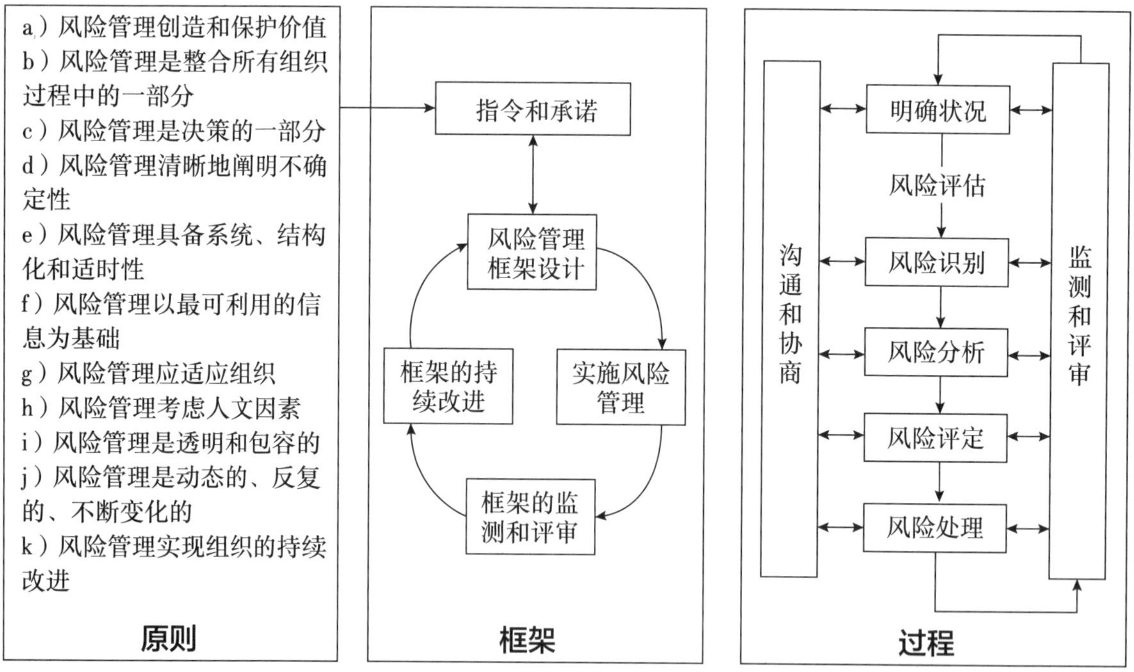

图6-1 风险管理原则、框架和过程之间的关系（ISO 31000：2009）

2018年，ISO 31000再次修订，新版标准继承了上一版的基本结构和主要内容，确定了原则、框架、流程的“三轮车”的模型，将原来的左中右结构变成稳定的三角形结构，如图6-2所示。这一变化说明ISO将风险管理过程的地位提高了，风险管理的原则不能只悬浮在框架上，而是要直接嵌入风险管理过程之中。负责制订该标准的ISO风险管理技术委员会主席杰森·布朗（Jason Brown）表示，ISO 31000修订版侧重于组织的整合以及领导者的角色和责任。风险从业者往往处于组织管理的边缘，这种强调将有助于他们证明风险管理是业务的一个组成部分。

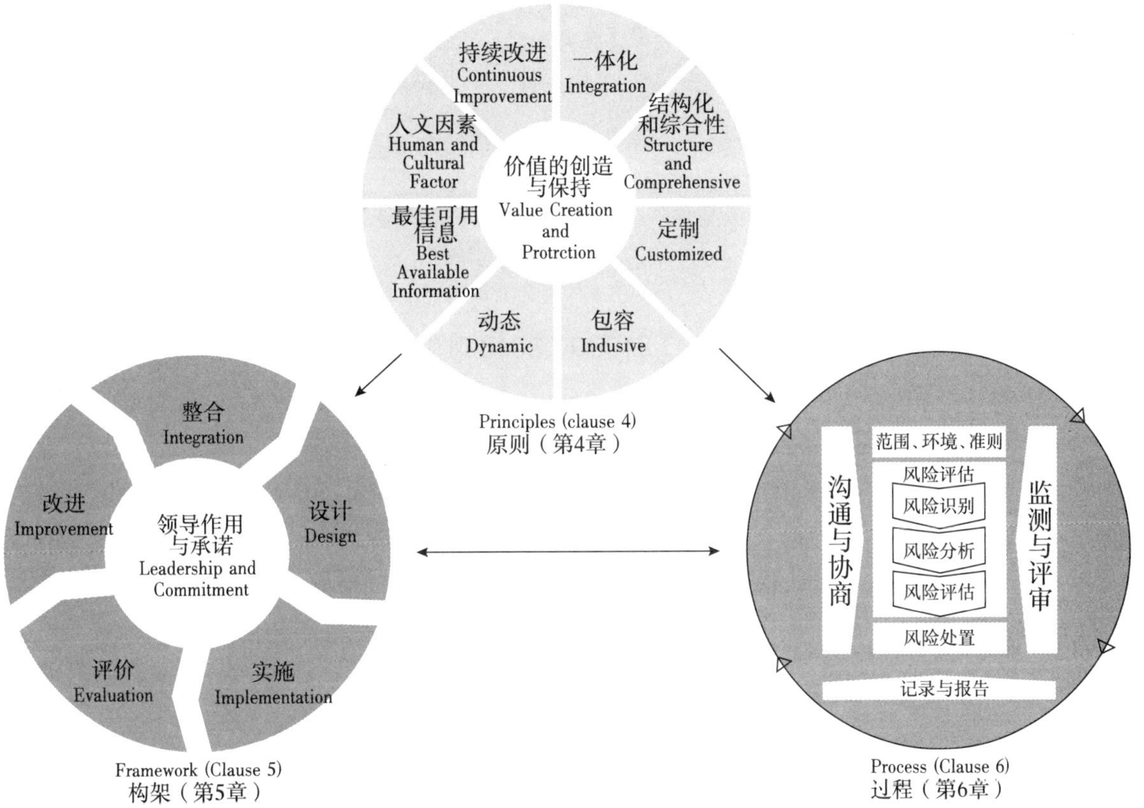

图6-2　风险管理原则、框架和过程的“三轮车”模型（ISO 31000：2018）

本书在构架实验室质量风险管理模型时，借鉴了ISO 31000“三轮车”模型的“过程”部分，如图6-3所示的“风险评价”过程，包括风险识别、风险分析和风险评价。

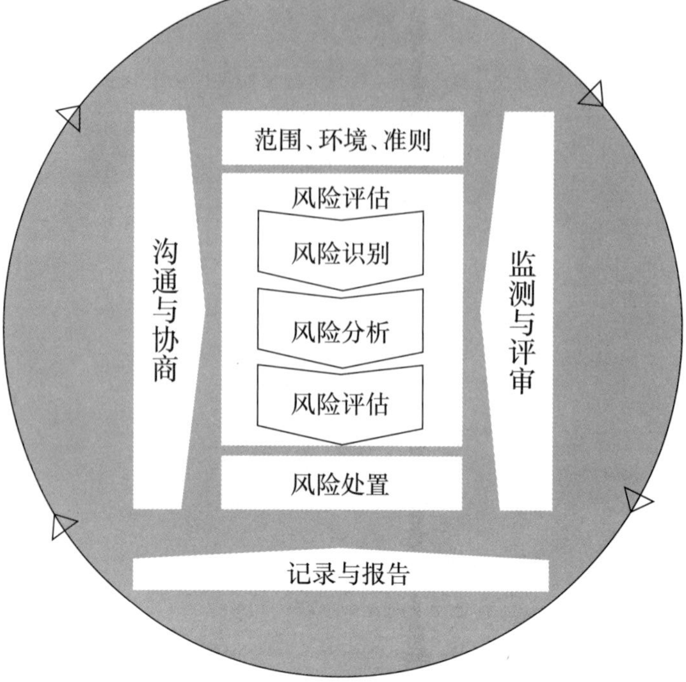

图6-3　ISO 31000：2018 风险管理过程

（1）风险识别的目的是发现、识别和描述可能帮助或阻止组织实现其目标的风险。相关的、适当的和最新的信息在识别风险方面很重要。组织可以使用一系列技术来识别可能影响一个或多个目标的不确定性。

（2）风险分析的目的是理解风险的性质及其特征，适当时，包括风险级别。风险分析包括对不确定性、风险来源、后果、可能性、事件、情景、控制及其有效性的详细考虑。

（3）风险评价的目的是支持决策。风险评价包括将风险分析的结果与已建立的风险准则进行比较，以确定在哪里需要采取附加的行动。

二　ISO 45001：2018 职业健康安全管理体系：框架

2018年3月12日，国际标准化组织（ISO）发布了职业健康与安全新标准ISO 45001：2018《职业健康安全管理体系 要求及使用指南》，该标准取代原OHSAS 18001：2007标准。与ISO 14001：2015和ISO 9001：2015相同，ISO 45001：2018根据国际标准化组织《ISO/IEC导则 2：ISO和IEC文件的结构和起草原则与规则（第8版）》的要求，也采用了ISO/IEC导则规定的高阶结构（High Level Structure），如图6-4所示。

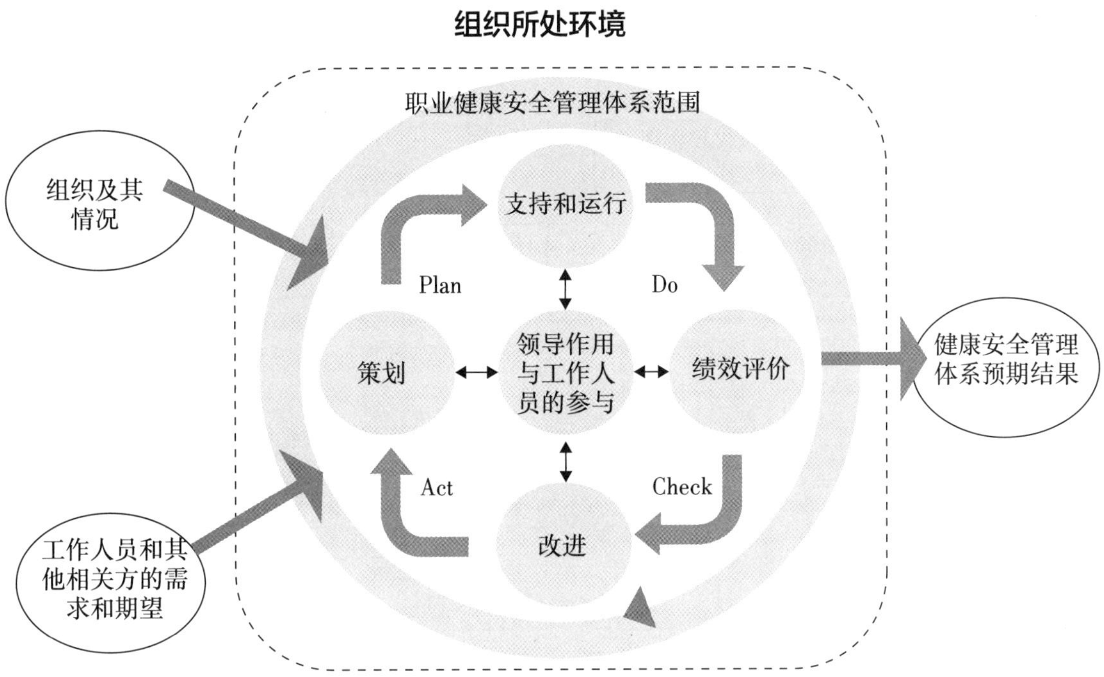

图6-4　ISO 45001：2018 职业健康安全管理体系框架图

ISO 45001：2018按照“过程方法”的原理，将整个职业健康安全管理工作视为一个“大过程”，其输入为“组织及其情况”“工作人员和其他相关方的需求和期望”，其输出为“健康安全管理体系预期结果”。这个“大过程”由四个“子过程”构成，分别是“策划”“支持和运行”“绩效评价”和“改进”，每个“子过程”又由若干“小过程”组成，最后形成了标准的10个构成部分：范围（Scope）；规范性引用文件（Normative references）；术语和定义（Terms and definitions）；组织所处的环境（Context of the organization）；领导作用和员工参与（Leadership and worker participation）；策划（Planning）；支持（Support）；运行（Operations）；绩效评价（Performance evaluation）；改进（Improvement）。

然而，虽然标准采用了新的高阶结构，但同旧版标准OHSAS 18001：2007相比，标准中各要素之间的逻辑关系则变得不太清晰，如如何理解组织及其所处的环境；如何确定组织需要应对的风险和机遇；如何策划应对风险和机遇的措施；如何对风险进行系统化管理等。

为了更好地揭示ISO 45001：2018标准条款中各要素之间的逻辑关系，便于标准使用者更好地理解和实施，一些认证、咨询机构借鉴OHSAS 18001：2007标准，提出了ISO 45001：2018的要素逻辑关系如图6-5所示。

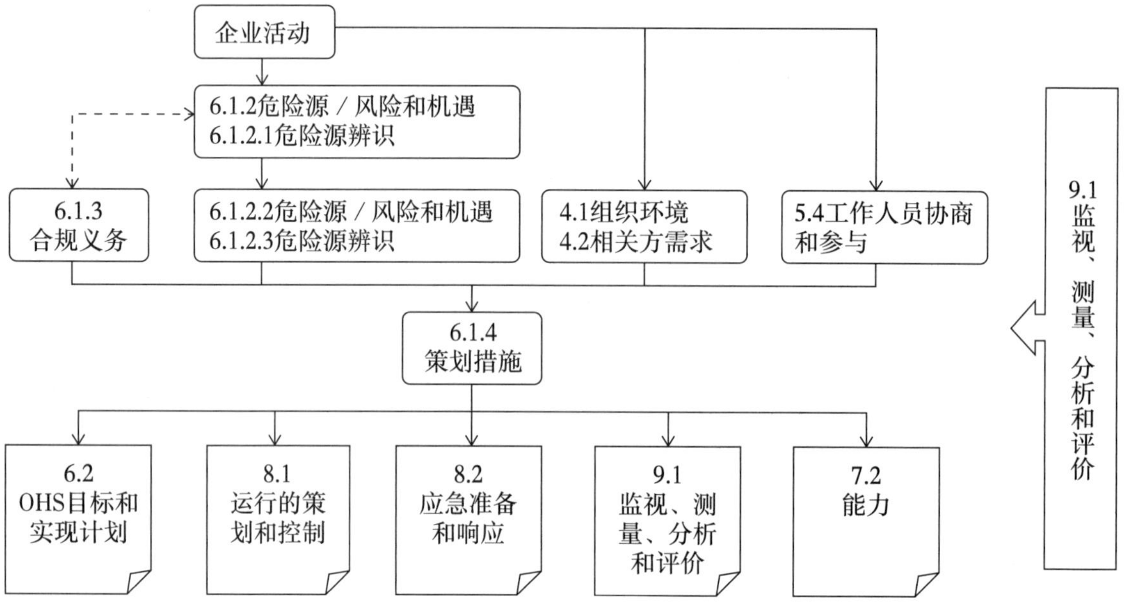

图6-5　ISO 45001：2018 职业健康安全管理体系要素逻辑关系图

图6-5的上部为危险源／风险和机遇的识别、分析与评价；图6-5的中部为重大危险／风险和机遇的应对方案策划；图6-5的下部为重大危险／风险和机遇的控制措施的实施，包括五个方面，即OHS目标和实现计划（6.2）、运行的策划和控制（8.1）、应急准备和响应（8.2）、监视、测量、分析和评价（9.1）以及能力（7.2）。

三　检验检测服务风险管理：ISO 31000标准在检验检测行业的应用尝试

2009年，我国发布《风险管理 原则和实施指南》（GB/T 24353—2009），该标准的编制参考了ISO/DIS 31000《风险管理 原则与实施指南》，提出风险管理过程由确定环境信息、风险评估、风险应对、监督及检查组成，已包含核心要素的一般性流程，但是，由于该标准比ISO 31000：2009提前两个月发布，后续也没有进行更新，导致有部分内容不同步，只有过程的一部分。

随着ISO 9001：2015等标准采用ISO/IEC导则规定的高阶结构，并强调“风险管理”，2017年发布的ISO/IEC 17025也顺应了这一结构变化要求，并引入了“基于风险的思维”。然而，新版标准针对检测和校准实验室如何实施有效的风险管理，并没有给出清晰的指引。

2019年12月31日，由中国合格评定国家认可中心、国家市场监督管理总局认证认可技术研究中心等单位起草的《合格评定 检验检测服务风险管理指南》（GB/T 27423—2019）正式发布，该标准旨在“指导检验检测机构建立基于风险思维的管理方法和体系……，以满足国家政策、标准等对风险管理的要求，平衡风险—利益关系，在市场竞争中把握机遇，追求卓越。” GB/T 27423—2019在标准框架上与GB/T 24353—2009基本一致，如图6-6所示。

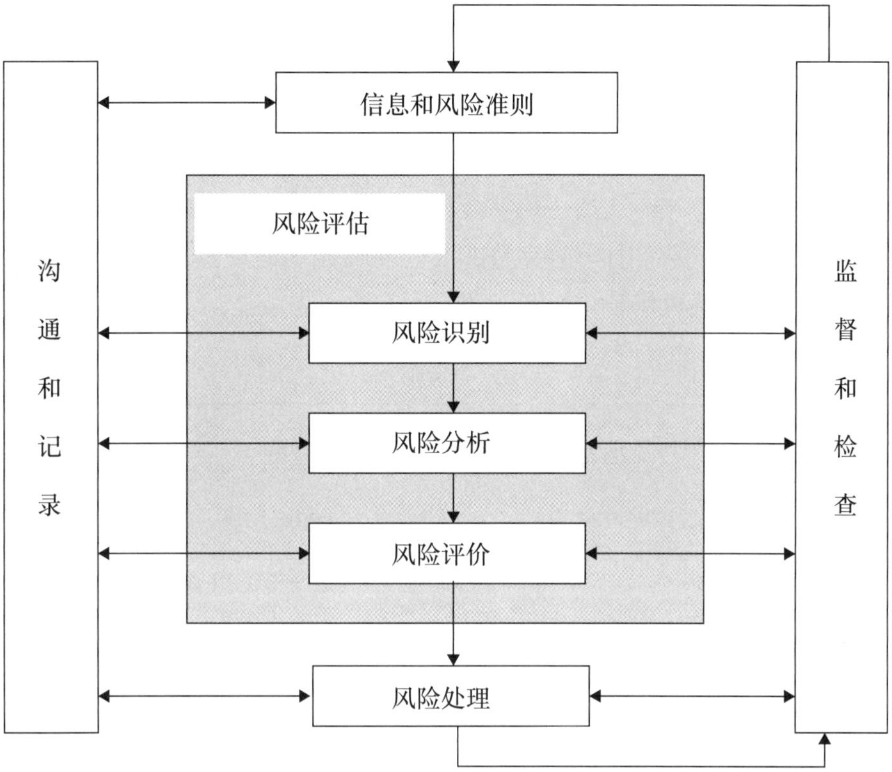

图6-6　GB/T 27423—2019典型风险管理过程

GB/T 27423—2019“总则”指出：风险管理是机构管理的有机部分，宜融入机构的文化和行为，贯穿于机构运营的全过程。基于风险思维的机构治理的关键环节，包括内部环境、目标设定、事项识别、风险评估、风险处理、控制活动、信息沟通、监督和检查，机构宜按照上述八个环节（但不限于）组织、策划和实施风险管理。

该指南首次给实验室提供了系统风险管理思路。机构的管理体系可能涉及质量、能力、服务、环境，以及安全等，机构可以有机融合不同的管理要求，建立统一协调的基于风险思维的管理体系。

四　实验室质量风险管理：一种新模式

每个行业都有自身的特点，通用性的管理体系标准往往无法满足一些特定行业的特点要求，因此产生了一些特定行业的标准。以ISO 9001：2015标准为例，该标准是一个通用的质量管理体系标准，由于无法满足一些特定行业的特殊要求，由此产生了一系列行业专用标准，如汽车行业的IATF 16949、食品行业的ISO 22000、医疗器械行业的ISO 13485、通信行业的TL 9000等。

同样，ISO 31000：2018也是一个风险管理体系的通用性标准，针对一些特定风险类型也无法做到充分覆盖，因而在环境风险管理方面，产生了ISO 14001标准；在职业健康安全风险管理方面，产生了ISO 45001标准；在检验检测机构风险管理方面，产生了GB/T 27423—2019标准。

由于GB/T 27423—2019标准的基本框架与GB/T 24353—2009基本一致，GB/T 24353—2009基本来源于ISO 31000：2009的DIS稿，所以，该标准是否能够充分满足检验检测行业风险管理的应用要求，还有待验证。

为了将“基于风险的思维”有效付诸检测／校准实验室的质量管理体系，本书作者经过近三年的实践和总结，参考ISO 31000：2018、ISO 45001：2018标准，并结合ISO/IEC 17025：2017的条款要求，提炼出一套完整的实验室质量风险管理的工具和方法，并建立了“实验室质量风险管理体系模型”，如图6-7所示。

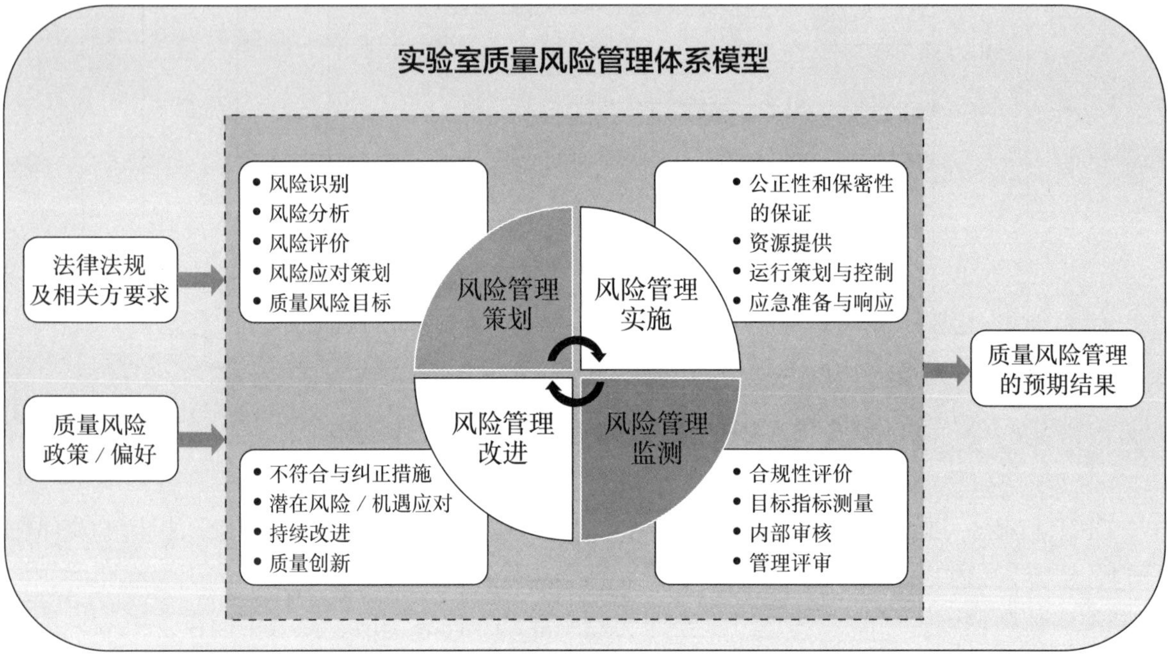

图6-7　实验室质量风险管理体系模型

该模型效仿ISO 45001：2018，按照“过程方法”的原理，将整个实验室质量管理视为一个“大过程”，其输入为“法律法规及相关方要求”“质量风险政策／偏好”，其输出为“质量风险管理的预期结果”。这个“大过程”由四个“子过程”组成，分别是“策划”“实施”“监测”和“改进”，每个“子过程”又由若干“小过程”组成。

（1）策划过程包括风险识别、风险分析、风险评价、风险应对策划和质量风险目标。

（2）实施过程包括公正性和保密性的保证、资源提供、运行策划与控制、应急准备和响应。

（3）监测过程包括合规性评价、目标指标测量、内部审核和管理评审。

（4）改进过程包括不符合与纠正措施、潜在风险／机遇应对、持续改进和质量创新。

为了更好地帮助读者理解以上“实验室质量风险管理体系模型”，作者提供了以下“实验室质量风险管理体系要素逻辑关系图”，如图6-8所示。

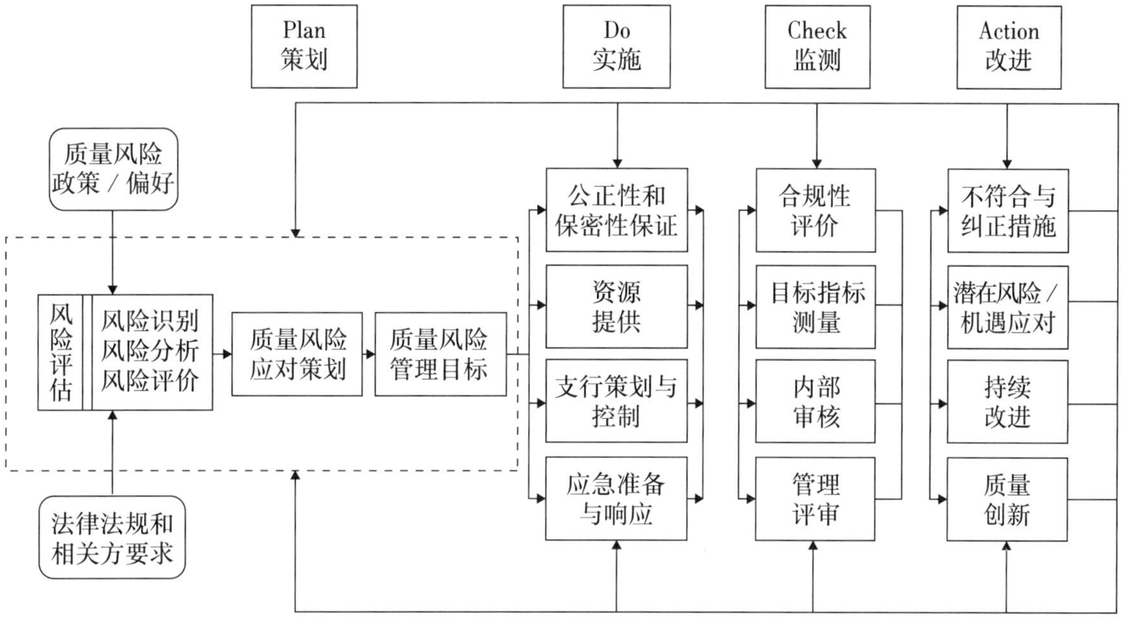

图6-8　实验室质量风险管理体系要素逻辑关系图

“关系图”的左端虚线框中的内容，借鉴了ISO 31000：2018的“过程”部分（如图6-3所示），包括风险识别、风险分析、风险评价，以及风险应对计划的制订。

“关系图”的中端Do（实施）部分，借鉴了ISO 45001：2018的控制措施制订思路（如图6-5所示），包括五种控制措施，即质量风险管理目标、公正性和保密性保证、资源提供、运行策划与控制、应急准备与响应，这些控制措施基本上也覆盖了ISO/IEC 17025：2017 第4章至第7章的内容。

“关系图”中右端中监测（Check）和改进（Action）中所列类目也参考了ISO 45001：2018的相关类目并结合ISO/IEC 17025：2017的相关条款设置。

在接下来的第二节至第五节中，作者将对这个新的模式——“实验室质量风险管理体系模型”进行系统介绍。

第二节　实验室质量风险管理策划

实验室质量风险管理工作是一项持续性的、循序渐进的工作，不可能一蹴而就。首先，实验室在开展风险管理工作之前应结合监管的要求以及机构内部的实际情况，制订整体的工作规划，整体上有了系统、全面、清晰的长远规划，就可以指导整个风险管理工作的持续开展。实验室应根据实际资源和质量管理基础，策划好各阶段的实施方案并细化，必要时可以分步骤、分层次实施，如先在某重点业务领域或重点业务流程实施，或先在法律合规方面实施。同时，实验室质量风险管理工作还应以实现机构整体目标为目的，以取得实际效果为导向，突出质量管理工作的重点，如通过明确各过程运行环节，建立过程准则和质量管理要求，对运行过程进行有效控制，从而实现风险精准管控。本节通过分析实验室质量风险的来源与类别，从风险识别、风险评价、风险控制整个风险管理过程讲述如何策划质量风险管理工作。

一　实验室质量风险的来源与类别

目前我国产业界对实验室质量风险的分类主要有两种方式。第一种是比较常见的“6M1E”法，即将风险按照“人、机、料、法、环、测、管”七个类别将实验室的质量风险分为人员风险、设备风险、耗材风险、方法风险、环境风险、测量风险和管理风险。第二种是《合格评定 检验检测服务风险管理指南》（GB/T 27423—2019）的分类法，根据实验室风险来源将风险分为内部风险和外部风险。内部风险包括但不限于人员风险、管理风险、运营风险、财务风险、技术风险，以及信用风险等；外部风险包括但不限于市场风险、技术风险、经济风险、法律风险、客户的风险、合作方的风险、其他相关方的风险、自然灾害风险，以及其他机构的案例收集与借鉴等。

国内质量管理专家杨克军在《供应链质量管理：概念、战略及方法》一书中，按照产品（Product）、过程（Process）、系统（System）、策略（Strategy）及文化（Culture）五个维度将供应链质量管理风险分为产品风险、过程风险、系统风险、策略风险和文化风险。本书借鉴此分类方法，将实验室的质量风险分为产品、过程、系统、策略和文化五大类19小类风险，各类风险分布于检验检测运作的各个环节，包括要求、标书和合同评审环节、抽样/采样环节、检测/校准环节、技术记录环节，以及结果报告等环节。表6-1给出了各类质量风险的分类（含示例）及其分布，供读者参考。

表6-1　实验室质量风险分类一览表

<table>
<tr><th colspan="3">实验室质量风险</th><th colspan="5">检测/校准工作环节</th></tr>
<tr><th>大类</th><th>小类</th><th>例举事项</th><th>要求、标书和合同评审</th><th>抽样/采样</th><th>检测/校准</th><th>技术记录</th><th>结果报告</th></tr>
<tr><td rowspan="8">产品风险</td><td rowspan="3">样品风险</td><td>样品失效风险</td><td rowspan="3">○</td><td rowspan="3">●</td><td rowspan="3">●</td><td rowspan="3">●</td><td rowspan="3">◎</td></tr>
<tr><td>样品丢失风险</td></tr>
<tr><td>样品混淆风险</td></tr>
<tr><td rowspan="5">抽样风险</td><td>抽样方案风险</td><td rowspan="5">●</td><td rowspan="5">●</td><td rowspan="5">●</td><td rowspan="5">●</td><td rowspan="5">○</td></tr>
<tr><td>抽样设备风险</td></tr>
<tr><td>抽样方法风险</td></tr>
<tr><td>抽样人员风险</td></tr>
<tr><td>抽样保存风险</td></tr>
</table>

续表

实验室质量风险			检测／校准工作环节				
大类	小类	例举事项	要求、标书和合同评审	抽样／采样	检测／校准	技术记录	结果报告
产品风险	方法风险	未选择正确方法风险	●	●	●	●	●
		方法使用错误风险					
	环境风险	环境控制风险	○	●	●	●	●
产品风险	人员风险	授权签字人风险	○	○	◎	○	●
		人员培训风险					
	设备风险	设备校准风险	○	●	●	●	●
		设备核查风险					
		设备标识风险					
		设备配置风险					
	物料风险	物料污染风险	○	◎	●	●	●
		物料误用风险					
		物料无期间核查风险					
		物料采购风险					
	报告风险	报告信息风险	◎	●	●	●	●
		报告印章风险					
过程风险	溯源风险	样品记录风险	○	●	●	●	○
		检测记录风险					
		修改记录风险					
		记录留档风险					
	分包风险	分包合同风险	●	◎	◎	●	●
		分包方风险					
		分包报告风险					
	HSE风险	HSE备案风险	○	●	●	●	○
		HSE管理风险					
		HSE投诉风险					
		HSE记录风险					
		HSE人员资质风险					
	质量控制风险	外部质量控制风险	○	◎	◎	◎	◎
		内部质量控制风险					
系统风险	体系风险	质量体系运行风险	●	●	●	●	●
		质量改进失效风险					
	公正性风险	组织机构关系的公正性	●	●	●	●	●
		客户关系的公正性					
		员工关系的公正性					
		检验检测项目的公正性					
		与外部机构关系的公正性					

续表

实验室质量风险			检测／校准工作环节				
大类	小类	例举事项	要求、标书和合同评审	抽样／采样	检测／校准	技术记录	结果报告
系统风险	保密性风险	客户信息泄密风险	●	●	●	●	●
		实验室信息泄密风险					
策略风险	管理风险	技术管理风险	◎	◎	●	◎	●
	资源不足风险	软件资源不足风险	◎	●	●	◎	◎
		硬件资源不足风险					
文化风险	弄虚作假	样品弄虚作假	◎	●	●	●	●
		检测弄虚作假					
		报告弄虚作假					
		设备弄虚作假					
		人员弄虚作假					
		环境弄虚作假					
		试剂弄虚作假					
		方法弄虚作假					
		记录弄虚作假					
	虚假承诺	告知承诺上报材料不实风险	○	◎	●	●	●
		告知承诺上报材料不合规风险					
注：●代表较高概率，◎代表中等概率，○代表较低概率							

二　实验室质量风险识别

1. 实验室质量风险识别应考虑的几个方面

（1）范围。实验室质量风险贯穿机构管理的全过程，从合同／订单的签订、抽样／采样、制样、检测／校准，到最终出具报告／证书，质量风险如影随形，并在不同的环节中以不同的形式存在。此外，对开展不同检测／校准活动的实验室，还需要对所有类型的检测／校准活动（如环境检测、食品检测、消费品检测等）的风险进行全面、系统的识别。因此风险识别的范围覆盖了两个维度：一是检测／校准工艺流程的全部环节；二是实验室从事的所有检测／校准领域。

（2）三种时态。实验室质量风险的识别不仅要考虑当前存在，还要考虑过去曾经发生，以及将来可能发生的各种质量风险事件。过去：指过去曾经发生的、对当前具有参考或借鉴价值的质量风险事件，如本机构或行业内发生的各类违规处理案例、客户诉讼、索赔及重大投诉案例等。现在：指当前阶段存在的质量风险，这类风险覆盖了实验室的全部活动和环节。将来：指潜在的法律法规及技术规范的变化，新技术、新领域、新项目的开发，客户消费习惯和市场需求的变化等可能带来的风险。

（3）三种状态。正常：指在质量信息公开透明的环境下，实验室能够识别的、在实验室活动正常开展过程中存在的质量风险，如已知的流程制度的不完善、管理职责的不到位、客户的反馈、质量体系的薄弱环节等。潜在：质量风险能够随着实验室工艺流程的各个环节传递，从最开始的合同／订单签订到最终的出具检测／校准报告，且可能发生在传递的任一环节。由于质量信息不对称，如果上一环节的质量风险没能得到有效控制，就会成为下一环节的质量风险。突发：由于质量风险具有潜伏性的特征，在某种环境条件具备时，一些质量风险可能集中爆发出来，产生非预期质量问题，如突发的安全或质量事故。对突发性风险应对不当，可能对实验室造成严重影响。

（4）五种类型。产品风险：又称产品质量风险，指产品不符合法律法规、标准及客户特殊要求所产生的风险，在检验检测行业，特指样品风险、抽样风险、方法风险、环境风险、人员风险、设备风险、物料风险以及报告／证书风险等八类。过程风险：指产品在采集、流通、检测等过程中产生的风险，在检验检测行业，特指溯源风险、分包风险、HSE风险、质量控制风险。系统风险：指因质量管理体系存在重大缺陷导致系统失效（或无法有效运行）而产生的风险等，在检验检测行业，特指体系风险、公正性风险、保密性风险等。策略风险：指检验检测机构在运营策略方面出现决策失误导致的风险，包括管理风险和资源不足风险。文化风险：指检验检测机构违背质量道德（质量文化或核心价值观）所导致的风险，包括弄虚作假风险和虚假承诺风险。

2. 实验室质量风险识别的推荐方法

风险管理理论与实践的发展，催生了一系列风险识别方法，如头脑风暴法、检查表法（Check list）、专家调查法、预先危险性分析（PHA）、危险与可操作性研究（HAZOP）、故障假设分析（What If）、失效模式及后果分析（FMEA）、危害分析与关键控制点（HACCP），等等。每种识别方法的目标、特点、应用条件、原理、适用对象、工作量等都不尽相同，各有优缺点。本书结合实验室质量风险的特点，重点介绍检查表法和专家调查法。

（1）检查表法。检查表法是一种较简单的风险识别方法，可以将此方法与报告的合规性检查结合使用，因此也可称为报告核查法。首先，实验室通过梳理机构相关的法律法规规定、标准要求和相关方要求，以及历史风险事件，提炼出风险清单，并将其对应到检测／校准工艺流程图的各个工序，编制成检查表（Check List）；然后，检查人员通过定期抽取一定比例的检测／校准报告（覆盖到所有典型检测／校准工艺），以最终的结果报告向前溯源，对检查表所列事项逐项核查，找出各个工序的风险点并记录。

（2）专家调查法。专家调查法也是风险识别常用的一种方法，指风险识别人员亲临现场，通过现场观察、查阅记录、沟通交流，并结合经验判断、理论计算、逻辑推理等方式，调查评价相关检测／校准过程存在的风险隐患，这种方法也称综合评价法。在实施调查前应编制调查表，调查表应尽量涵盖关键的工序和事项，同时安排风险管理经验丰富的人员（相关领域的资深检测专家）参加。在使用专家调查法时，调查人员发现风险的能力在一定程度上决定了风险管理的成果。

3. 实验室质量风险识别的步骤

步骤1：选择典型检测方法或检测对象。

实验室可依据本机构的实际情况，选择典型检测方法或检测对象，目的是确定机构的典型检测工艺。选择的典型检测方法或检测对象，需基本覆盖本机构同类型的检测方法和检测对象的检测工艺流程。

常见的检测方法有化学检测、物理检测、微生物检测、电气检测等，常见的检测对象有食品、玩具、纺织品、电子电器、医疗器械等，检测对象也可根据实际情况做进一步的细化。如环境检测机构可以选择典型检测方法作为典型检测工艺，典型检测工艺可以是微生物检测工艺、化学检测工艺等；也可以选择典型检测对象（或检测对象的进一步细分）作为典型检测工艺，典型检测工艺就可以是水的检测工艺、土壤的检测工艺、空气和废气的检测工艺等。对综合性的实验室，可根据各实验室类别分别确定典型检测工艺。

步骤2：绘制典型检测工艺流程图。

对确定的典型检测工艺，按照其检测工序，绘制各检测工艺的流程图。首先，实验室需要对现有流程进行梳理，确定实验室的关键工序，汇总后形成实验室的关键工序清单。关键工序清单可以从一级工序延伸到二级或二级以上工序，视工序的复杂程度而定。然后根据确定的关键工序，绘制典型检测工艺流程图。流程图在体现各关键检测工序的同时，应也能体现各工序间的关系。流程图的绘制还应遵循“横向到边，纵向到底”的原则。

步骤3：确认检测工艺中的质量风险因素。

确定关键工序和绘制典型检测工艺流程图的目的是将检测的整体流程细化为一系列彼此独立又相关的运作活动（工序），系统地审视每一项活动的细节，有利于识别每一项活动中的质量风险及其特点。风险识别不仅要识别所面临的风险，更重要也更难的是对各种潜在风险的识别。在此基础上，还要鉴定可能发生风险的性质，即可能发生的风险是动态风险还是静态风险，是可控的风险还是不可控风险等。只有这样，才能针对不同的风险情况采取有效的应对措施。

步骤4：确定质量风险后果或影响。

质量风险因素与质量风险影响（或后果）之间是一种因果关系，对每一个识别出来并被确定的质量风险，应尽可能多地确定其产生的质量影响，包括实际的和潜在的、积极的和消极的影响。实验室质量风险所造成的影响（或后果）通常包括两种类型，一种是对实验室运营的影响（或称直接影响），如撤销资质、业务中断、业务延误、流程功能失效等；二是对实验室经营的影响（或称间接影响），如报告召回、政府处罚、违约赔偿、声誉受损等。

三　实验室质量风险分析和评价

1. 实验室质量风险评价应考虑的几个方面

（1）风险容忍。风险容忍指为实现目标在风险应对之后承担风险的意愿，也就是指机构在目标实现过程中对差异的可接受程度。风险容忍容易受法律或监管要求的影响，对风险的容忍度较大，说明机构承受风险的能力较强；在容忍度范围内的小风险，可以采取日常的应对措施。

（2）风险偏好。风险偏好指寻求或保留风险的意愿，指机构在承担风险时获得效应的情况，正效应越大对风险就越爱好，负效应越大对风险就越厌恶。需要注意区分的是，风险偏好和风险容忍虽然有密切的联系，但是两者对应的是完全不同的问题，风险容忍描述的是对风险承担的意愿和能力，并不直接说明对风险的爱好或厌恶的程度，主要因为决定风险容忍度的因素除了主观的风险偏好因素之外，还有一些决定风险承担能力的客观因素。

（3）风险准则。风险准则指评价风险重要性的依据。实验室要分析风险的影响和评价风险的重要性，就必须建立风险准则，作为分析和评价的依据。

2. 实验室质量风险评价的推荐方法

（1）是非判断法。一种定性的评价方法，即出现某种情况时就可以判定存在质量风险，在做判定的同时就已经基本确定风险的严重程度。如国家或地方的法律法规及其他要求有明确规定，但机构还未达到或违反这些要求的；曾经在本机构或本行业发生过事故，但仍未采取防范措施的。

（2）风险矩阵法。一种定量的评价方法，即识别出风险后，分析这种风险可能产生的后果及产生这种后果的可能性，两者相乘，得出风险等级，根据不同等级的风险采取相应的风险控制措施。

（3）作业条件风险评价法（LEC法）。一种定量的评价方法，即D=L×E×C，D指风险值，L指风险发生的可能性大小，E指暴露于风险环境的频繁程度，C指产生的后果严重性。

3. 实验室质量风险评价的步骤

步骤1：制订实验室质量风险准则。

由于实验室面临的风险多种多样，且重要性也有所不同，所以在实施质量风险管理时，需制订风险准则对已识别的风险进行分析和重要性评价。实验室在制订风险评价准则时，需要重点关注如下几个方面：国家、地方或行业的法律法规及其他要求；检验检测技术规范的要求；各类质量、环境、健康与安全违规处理案例、客户诉讼、索赔及重大投诉案例；利益相关方的要求等。制订的风险准则既可以是定性的，也可以是定量的，表6-2和6-3是某检测机构制订的风险评价准则，其中表6-2为可能性，表6-3为严重度。

表6-2　某检验检测机构质量风险评价准则：可能性

分值	可能性	评价标准
5	频繁	可预测几乎每次都可能发生，如一个月内发生过多次或每次项目运作都发生；或者在本机构（或本实验室）过去发生过或当前正在发生。
4	很可能	发生的可能性较高，如一年内发生过多次或在多种情况下都有可能会发生；或者在本机构其他实验室过去发生过或当前正在发生。
3	可能	有一定的可能性发生，如一年内发生过1次或某种特定情况下有可能发生；或者在集团其他子公司过去发生过或当前正在发生。
2	偶尔	发生的可能性较低，如近年内未发生但较早以前曾发生过；或者在本行业内其他检验检测机构过去发生过或当前正在发生。
1	罕见／不可能	可以预测发生的可能性几乎为零，如到目前为止整个行业从未发生过。

表6-3　某检验检测机构质量风险评价准则：严重度

分值	后果	法律法规处罚及其他	影响公司运营	经济损失	声誉影响	安全	环境
5	非常严重	①撤销资质 ②查封／罚款	广泛损害 业务中断多于2天，导致流程功能完全失效	＞20万元	媒体持续关注，与业务伙伴间的信任受损，股东信任受损	死亡，1—4级伤残	反复超标排放或溢出，高额修复成本，严重的环境破坏
4	严重	①暂停资质 ②责令整改／罚款	严重损害 业务中断少于2天，导致流程的主要功能失效	5万元~20万元	引起公众关注或评论，社会形象受损	5—9级伤残	反复超标排放或溢出
3	重要	①结论错误 ②溯源中断 ③客户索赔／诉讼	轻微损害 业务延误，导致流程的次要功能失效	5千元~5万元	媒体负面报告	10级伤残损失5—105工作日的工伤	没有产生永久环境影响
2	一般	①被相关方质疑 ②导致客户投诉	轻微损害 对运营没有显著影响，对流程的运转没有显著影响	2千元~5千元	影响很小	轻微伤害（损失5个工作日以下的工伤）	系统内危害
1	轻微	一般／轻微不符合	基本没有影响	＜2千元	基本没有影响	未构成工伤的伤害，未遂事件	基本没有危害

注：如同时涉及事件界定的多个方面，则以评分高的为准。

步骤2：可能性、严重度及风险值的分析与计算。

对每个已识别的质量风险因素继续分析，计算出风险值。风险值可能是“可能性”与“严重度”的和、乘积或者其他计算结果，具体根据机构制订的风险判定准则而定。

步骤3：进行风险评价。

风险评价指把风险分析的结果与风险准则相比较，以决定风险事件和（或）大小是否可接受（可容忍）的过程。风险等级是风险评价的结果，风险等级大致可分为：严重风险（或高风险）；重大风险（或高风险）；较大风险（或中风险）；一般风险（或低风险）；轻微风险（或低风险）。

通常情况下，可接受或可容忍的风险一般是低风险，中风险及高风险为不可接受风险或不可容忍风险，应制订有效的措施，将其降低至可接受或可容忍的水平。表6-4是某检验检测机构的风险等级判定准则示例，其风险分值为风险事件发生的后果严重性分值与可能性分值的乘积。

表6-4　某检验检测机构质量风险评价准则：风险等级

分值	风险等级	可接受度及处理方式
15~25	高	绝对不可接受，应立即暂停相关活动或工作，并采取一切可能的方法和手段降低风险
8~12	中	不可接受，应采取措施降至尽可能低
4~6	低	通常为可接受的风险，可以在考虑收益和支出的前提下采取措施降低
1~3	轻微	通常为可以忽略的风险

四　实验室质量风险控制措施的策划

1. 实验室质量风险应对的七种方式

按照ISO 31000：2018提供的指南，风险应对 共包括七种方式。

（1）风险规避。针对不可控的风险，实验室可以采取规避的方式处理，使该风险不再出现在日常活动中。如在缺少资源和技术能力的情况下，不进入新的检测领域；在使用实验室信息管理系统（LIMS）时，严禁将操作人员的用户名和密码泄露给他人。

（2）风险承担。针对在风险承受度之内的风险，机构在权衡成本效益后，不准备采取控制措施降低风险或者减轻损失，或者为了可持续性、长远的发展，对机遇进行识别、分析和评价，在回报不确定的情况下，做出承担风险的决定。如某机构管理层认为机构的报告准确率维持在行业平均水平，从而决定维持现有报告准确率标准不做改进；机构基于市场的需求，投资新的设施设备，开拓新领域，意味着机构承担不确定性风险。

（3）消除风险源。对客观存在的风险，实验室在识别、分析和评价的基础上，通过采取技术措施，消除已知的风险源。该方式较适合负面风险，是一种治本的方式。如有些含剧毒试剂挥发会对人体造成很大伤害，在可选择的情况下，机构采用其他无毒无害试剂替代剧毒试剂使用。

（4）改变可能性。风险通常是后果及其发生的可能性二者的结合，如果将风险事件发生的频率（即可能性）降低，就可相应降低风险。如采用LIMS自动抓取设备数据并自动生成报告的全自动化流程，大大降低了人为更改检测数据的可能性。

（5）改变后果（改变严重度）。风险是后果及其发生的可能性二者的结合，将风险事件导致的后果控制在一定范围内并防止其进一步扩散（或恶化），同样可以降低风险。如在实验室内安装应急洗眼喷淋装置。需要特别说明的是，“改变后果”只是改变后果的影响程度，并不改变后果的性质。

（6）风险分担。又称风险转移，是机构通过合同或者非合同的方式将风险转嫁给另一个人（或单位）的一种方式。这种方式不改变风险自身的大小和性质，只是通过改变风险的承受主体来实现对风险的分担。如经客户同意的外部提供的服务；要求出具的报告对结果是否符合规范或标准进行判定时，机构在合同评审时与客户沟通并约定判定规则，共同承担误判的风险。

（7）保留风险。这种方式适合应对经风险评估后，机构认为可接受或者可容忍的风险，也适合机构目前尚无资源和能力应对的风险。一般情况下，实验室应首先关注那些被评价为高风险、中风险的风险因素并重点投入资源，对低风险的风险因素可以暂时采取保留风险的应对方式，当机构整体质量风险水平下降到一定程度后，再关注这些风险。

2. 实验室质量风险控制措施

在本章第一节中，作者借鉴ISO 45001：2018的风险应对措施的制订思路（如图6-5所示），确定了质量风险控制的五类措施，即质量风险管理目标、公正性和保密性的保证、资源提供、运行策划与控制，以及应急准备和响应。这种有别于ISO 31000：2018的分类方式，有利于熟悉ISO/IEC 17025：2017标准的读者更好地理解和应用。

（1）质量风险管理目标。

杨克军在其所著《供应链质量管理：概念、方法及战略》一书中，将供应链的质量目标分为三个层次，即合规、高绩效和质量竞争力，本书沿用这一分类方式。只不过在不同的环境下，检验检测机构与供应链核心企业的质量目标在不同层次上略有差别。

基本质量目标：合规。

合规指检验检测机构在提供服务的过程中，各项经营管理活动均应满足相应的法律法规、技术规范，以及认可准则的要求。它是实验室质量管理的最基本目标，如无法实现该目标，将直接影响整个机构的运转，同时更高层次的目标（高绩效和质量竞争力）也将成为空中楼阁。在ISO 14001：2015及ISO 45001：2018等管理体系的实践应用中，针对当前尚未满足法律法规要求的一些重大风险事项（如安全从业人员不满足法定要求，污水排放不满足排放标准要求），通常采用制订“目标、指标及管理方案”的方式来消除或降低风险（如在某一规定的期限内，通过采取若干行动计划最终实现人员数量满足法定要求，污水达标排放等）。同理，检验检测机构针对一些暂时无法立即整改的重大风险事项，也可以通过制订“目标、指标及管理方案”的方式来消除或降低风险，如计划中级及以上职称的检测人员比例于××年××月前提升至30%。

运营质量目标：高绩效。

对检验检测机构而言，衡量其运营绩效的指标通常包括成本、效率、周期、质量、快速响应以及柔性等，选择不同顾客价值主张的机构不可能面面俱到，或者说不可能将所有的关键指标都配置相同的权重。但是，作为提供公正性检测报告或数据的检验检测机构，检测结论的准确性、检测周期的缩短以及准时交付无疑是客户最为关注的指标，通常制订的质量目标包括报告准确率、报告准时交付率、客户投诉处理及时响应率等。

战略质量目标：质量竞争力。

质量概念的发展，从“符合性”过渡到“适用性”及“满意性”，并在20世纪90年代进入“卓越质量”阶段，质量成为企业核心竞争力的一个重要组成部分。质量竞争力理论实质上是企业竞争力理论与质量理论的结合，企业质量竞争力指使企业在目前和未来的环境中，为顾客创造出比竞争者更具个性、更有诚信、更具价值、更难超越的卓越质量的核心能力。在产业界，一些国际、国内知名企业已经将质量作为一项核心的竞争力资源进行经营，例如将六西格玛、“零缺陷”作为质量经营理念，将推行“卓越绩效准则”、获取国家质量奖作为战略目标来培育自身的核心竞争力，从而创造出更优异的质量经济效益，实现远超同行业平均利润率的经营业绩。对检验检测机构而言，可以通过推行“零缺陷”“顾客满意工程”等来制订质量竞争的战略质量目标，如重大报告差错率为“零”、一般报告差错率低于100PPM、重要顾客满意度高于90%等。

（2）公正性和保密性的保证。

ISO/IEC 17025：2017将公正性和保密性独立成章，列为检测/校准实验室的通用要求，显示出公正性和保密性是检验检测机构赖以生存的基石，机构必须采取有效的控制措施以消除影响公正性和保密性的风险因素。

检验检测公正性的风险来源通常包括：与母体组织的关系；与同一组织中其他部门及层级的关系；与相关联公司或组织的关系；与客户的关系；人员关系；与被检验项目的设计、制造、供应、安装、采购、拥有或维护组织的关系等。检验检测保密性的风险来源包括：样品管理、技术信息、结果报告，以及客户参观等。实验室应系统识别各类公正性和保密性的质量风险并予以消除或控制。

好的组织架构能够确保实验室独立运作和保密。如在组织架构设计时，将检测科室独立于业务部门；在部门设置时，按业务流程（如客户开发、合同签订、抽样/采样、检验检测、报告发放等）设置不同的部门或岗位，这样每一道工序都能起到对上一工序的监督审核作用，也可避免某一环节或人员对整体流程公正性的影响。

采用实验室信息管理系统（LIMS）可以减少内外部“噪音”对运营的影响。随着当前网络信息的发展，质量管理朝着信息化与电子化方向发展，机构可以将组织架构和工作流程完整融入LIMS，不仅可以提高效率，还可以避免内外部“噪声”的干扰，保障机构的公正性和保密性。主要表现为规范和优化实验室的工作流程；加强LIMS保密性设置；提高分析结果的准确性和客观性；提高分析结果的可靠性。

（3）资源提供。

实验室应确定和提供实现质量风险控制措施和风险管理目标所需的资源。根据ISO 15023：2017 第七章的内容，质量风险管理所需的资源一般包括人员、设施和环境条件、设备、计量溯源性、外部提供的产品和服务五种类型。实验室应在其活动的各个阶段评估这些资源，以确保其满足实验室活动的初始能力和持续能力的需要。实验室管理层应根据检验检测活动范围、检测专业类型、业务量等统筹合理配置所需的人员、设施、设备、系统，以及支持性服务等资源，为实施实验室活动提供有效的资源保障，确保检测或校准结果的正确性和可靠性。

（4）运行策划与控制。

《职业健康安全管理体系 要求及使用指南》（ISO 45001：2018）及《环境管理体系要求及使用指南》（ISO 14001：2015）在标准“运行策划和控制”条款中均明确指出，组织应建立、实施并控制满足职业健康安全与环境管理体系要求，以及实施在风险评估阶段所确定的措施所需的过程，建立过程的运行准则；按照运行准则实施过程控制。控制可包括工程控制和程序。控制可按层级（如消除、替代、管理）实施，并可单独使用或结合使用。组织应保持必要程度的文件化信息，以确保过程已按策划得到实施。

对检验检测机构而言，针对实验室运行阶段存在的质量风险，可以借鉴ISO 45001：2018及ISO 14001：2015“运行策划与控制”条款要求进行管理。ISO/IEC 17025：2017第七章“过程要求”已对11类运行过程给出了详细的控制要求，实验室应针对所识别出的质量风险，制订更具针对性、操作性，并且能够有效消除或降低风险的控制措施（包括文件规定）。

（5）应急准备和响应。

ISO 45001：2018及ISO 14001：2015在标准条款“应急准备和响应”中，同样明确指出，组织应建立、实施和保持在风险评价阶段所识别的紧急情况进行准备并做出响应的过程，包括建立紧急情况的响应计划（包括急救）；为策划的响应提供培训；定期测试和演练所策划的应急响应能力；评价结果，并在需要时修订策划的响应措施（包括在测试或紧急情况发生后）……

同样，对检验检测机构而言，针对实验室潜在的突发事件，如质量事故／事件、职业健康安全事故／事件、信息安全类事故／事件；其他自然灾害、事故灾难、公共卫生，其他社会安全事件等，可以借鉴ISO 45001：2018及ISO 14001：2015“应急准备和响应”的条款要求进行管理。

第三节　实验室质量风险管理实施

依据质量风险应对策划的安排（如图6-7所示），检验检测机构应从以下四个方面制订风险控制措施并予以实施。

一、公正性和保密性的保证

1. 公正性的保证

实验室的活动应以公正性为基石，公正性是机构各项活动和行为的基本准则，是质量保证的基础。针对识别出的可能对机构公正性产生重大影响的质量风险因素，机构可以从如下几个方面制订控制措施以保证公正性。

（1）组织结构：机构的组织结构和治理方式应保证公正性。如通过组织架构设置来确保实验室的独立性，通过工作流程的设计确保检验检测工作的独立性等。

（2）管理层：机构的管理层应有公正性的承诺，并且确保其承诺能够落实到部门、班组和岗位，能够落实到机构价值观、业务战略及工作流程。

（3）人员：机构应从人员的聘用方式、职业道德、检测工作安排、薪酬和支付方式、记录的完整性和真实性、外部压力等方面制订相应的公正性保证措施。

（4）经营管理：机构应考虑经营管理过程中内外部财务压力、薪酬制度和奖惩制度等因素的影响并采取措施以保证公正性。

（5）申诉和投诉：机构应保证被投诉方不参与申诉和投诉的受理、调查和处理过程。

（6）检测业务的外延关系：机构的检测业务必须和其他业务实施独立的合同控制体系，且由相对独立的人员负责处理。

（7）分包：机构应明确规定分包的审批权限和制订分包管理程序。

（8）现场检测：机构可以对现场检测活动建立廉政申明签署制度，建立检测人员行为准则，要求现场检测结果应得到现场监督人员的审核，同时应得到委托人的确认。

2. 保密性的保证

实验室的保密义务是基于数据和结果的性质和作用决定的。实验室应从保密的信息范围、涉密人员、保密责任等方面策划并提出机构的保密性要求，落实保密性的实施要求、管理责任和保密措施；机构管理层通过签署保密承诺书、与员工或相关人员签订保密协议、规定各人员的保密职责和进行保密教育以明确保密义务；机构应配制保密设施和采取相应的技术手段确保保密工作得到有效落实；机构应建立保密性控制程序，对保密的要求做出规定和进行有效控制。

二　资源提供

针对开展检验检测活动所必备的资源（包括人员、设施和环境条件、设备、计量溯源性，以及外部提供的产品和服务），实验室可能存在的风险主要是资源提供 / 配置不足和资源无法满足要求，此类风险需要机构管理层重视并解决。

1. 人员

人力资源是第一资源，实验室对人员资源的需求主要指人员的能力。完整的人员管理体系，可以保证发挥全员的能力和创造力，为实现风险管理目标提供最有力的保证。

从质量管理体系有效运行来看，第一，机构应根据开展的活动确定人员的能力要求，制订成文件；第二，机构应保证人员的数量、专业技术背景、工作经历、检测能力等与所开展的实验室活动或管理活动相匹配，应基于教育、培训和工作经历来确定不同岗位人员是否可以胜任工作；第三，机构应该通过多种渠道、方式将人员的职责和要求传达至相关人员；第四，通过对人员的培训、指导、监督、授权、监控等方式确保人员的能力满足和持续满足质量管理的要求。

从保证质量风险控制措施的有效实施来看，除了满足质量管理体系有效运行的要求，机构人员还应熟悉其所从事的检测活动或领域的质量管理要求、质量风险，以及相关法律法规的要求，经过风险管理的培训，具备质量风险管理相关要求的知识和能力。

2. 设施和环境条件

设施和环境条件是开展实验室活动的必要条件，是正确开展实验室活动的重要保障，实验室应从基础设施建设、布局、运行和环境条件监测等方面进行有效策划和管理，实现对相关技术要求的有效控制，从而有效控制风险。

对设施要求，实验室场所应具备满足检测需要的区域，各区域的面积与空间应合理布置并适合于内部人员从事相关活动。除了机构固定场所外，同时还应保证户外现场检测场所、客户现场检测场所、临时场所、可移动场所满足技术要求。机构应设置开展活动所必需的给排水、供配电、气体供应、暖通空调、废物处置、安全防护、网络通信等支持保障设施。

对环境条件要求，机构应识别检测所需的环境条件，当环境条件对结果的有效性产生影响时，应编写必要的文件，并有相应的环境条件监控措施，确保环境条件不会使检测结果无效，或不会对检测结果产生不良影响。环境条件通常包括内部环境条件和外部环境条件，内部环境条件包括湿度、空气质量、照明、噪声、电磁辐射 / 静电、振动和冲击等；外部环境条件包括外部环境状况对结果有效性、人员健康等产生的影响，也包括实验室活动可能对外部环境空气、水体及土壤造成不良影响的情况。

3. 设备

设备是实验室的重要资源之一，实验室应配备正确进行检测所需并影响结果的所有抽样、测量和检测设备，包括但不限于：测量仪器、软件、测量标准、标准物质、参考数据、试剂、消耗品或辅助装置，设备的正确选择、配备、使用与维护，直接关系到检测数据的质量。

第一，应关注配备设备的正确性和设备所有权，机构配备设备的类型、数量应与机构活动范围相匹配，所配设备的技术指标和功能，如参数功能、测量准确度、测量不确定度、量程等应满足要求。同一台设备不应在同一时期被不同机构共同租赁或共同使用。第二，对设备的安全处理、运输、储存、使用、维护、检定 / 校准、期间核查、标识、处置等过程应有文件化规定进行管控。第三，应注意有良好的保护措施，避免发生未经授权的调整，防止因意外调整导致检测结果失效。

4. 计量溯源性

计量溯源性是通过一条具有规定不确定度的不间断的比较链，使测量结果或测量标准的值能够与规定的参考标准（通常是与国家测量标准或者国际测量标准）联系起来的特性。计量溯源性是实现实验室之间检测结果数据互认、一致可比的核心依据和重要保证。

实验室应当有相应的计量溯源性管理程序和校准方案，确保测量结果溯源到国际单位制（SI）基准，当某些测量结果尚不能严格溯源到SI单位基准时，应明确并列出可计量溯源至适当的参考对象。实验室在选择和使用外部校准服务时，应选择有资格、有测量能力并满足溯源性要求的校准机构。

计量溯源的途径主要有以下几种。

（1）对列入国家强制检定管理范围的，应按照计量检定规程实施强制检定。注意，列入检定目录内的工作计量器具不一定均要实施强制检定，应该依据机构的实际情况，分析是否与食品安全、环境安全、贸易结算、产品质量等直接相关，并且按照《中华人民共和国计量法》及其实施细则执行。

（2）可选择满足要求的、政府有关部门授权的外部校准机构提供的校准服务。

（3）可选择通过CNAS实验室认可的校准机构提供的校准服务。

（4）对非强制检定的设备，机构有能力进行内部校准，并且满足内部校准要求的，也可以进行内部校准。

5. 外部提供的产品和服务

合理利用外部提供的产品和服务，是实验室充分利用有限资源和能力的有效途径，是市场经济行为在机构活动中的客观反映。但由于机构所需的产品和服务专指检测活动所必需的，并构成检测结果的重要因素，实验室应该确保影响实验室活动的外部提供的产品和服务的适宜性，包括用于机构自身的活动、部分或全部直接提供给客户或用于支持机构的运作的产品和服务。

实验室应确定对外部提供的产品和服务的要求，确定评价、选择、监控表现和再次评价外部供应商的准则，在使用外部提供的产品和服务前确保符合要求。

此外，实验室应注意关注外部提供的产品和服务中“分包”的要求，不得将法律法规、技术标准等文件禁止分包的项目实施分包，如国家监督抽查工作、司法鉴定中的抽样取样、鉴定结果的分析和判断及鉴定意见形成等重要工作、机动车检测工作等。

三 运行策划和控制

检验检测机构应建立相应的过程，以建立、实施、控制和保持实验室质量管理体系要求，同时对已识别出的相关质量风险进行控制，包括建立过程的运行准则，并按照运行准则实施过程控制。

要求机构建立过程准则，就是要明确各过程的控制要求。包括5W1H：谁（Who）、为什么（Why）、时间（When）、地点（Where）、做什么（What），以及如何做（How）。这些准则可以是机构自行编制的制度、操作规程、作业指导书，也可以是国家或行业的标准或规范。实验室在开展检测/校准活动时涉及的活动如图6-9所示。

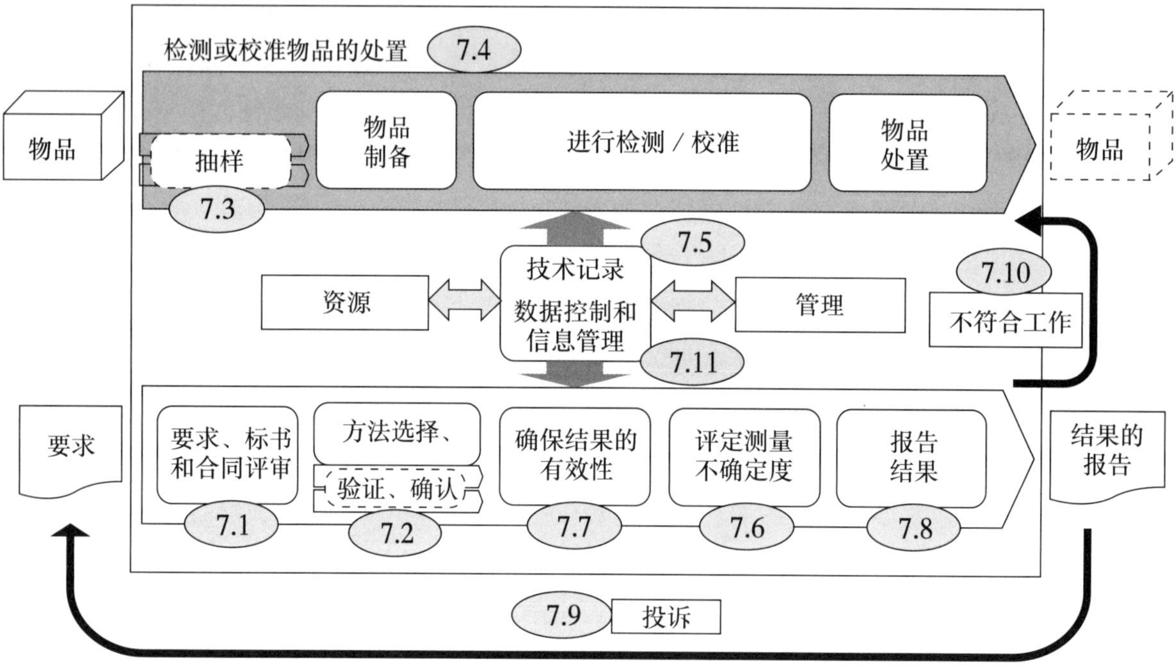

图6-9 实验室运作过程示意图

图6-9中，实验室运作涉及的过程可以分为三个“流”。图中上部是“物品流”，从物品（样品）抽样准备开始，到检测，再到物品（样品）处置结束，这个过程是物品（样品）流转过程，“物品流”是机构开展活动的前提条件。图中下部是“工作流”，从顾客要求导入开始，进行合同评审，到方法的选择，再到测量不确定度的评定，直到出具结果报告，这个过程是报告形成过程，“工作流”是三个流的核心，是机构活动结果的形成过程。图中中部是“信息流”，“物品流”和“工作流”上下两条主线通过记录、数据控制和信息管理等进行有机关联，“信息流”是机构活动的主脉络。图中两个黑色箭头表示两种不同的情形：情形一，在结果报告的形成过程中，如果产生不符合工作，机构需要重新走“物品流”；情形二，结果报告出现投诉，机构需要重新从客户要求识别开始，按程序完成新一轮的报告形成

过程。图中的虚线框表示，根据实验室活动具体要求和机构实际情况的不同，在实验室活动过程中可能会发生也可能不会发生的情况。

对一个获证（CNAS或CMA）实验室而言，针对图6-9中的11个过程（对应到ISO/ICE 17025：2017 标准中的7.1至7.11条款），通常已建立了相应的过程准则（如程序文件或作业指导书）。然而，这些过程准则是否充分考虑了既有或潜在的质量风险，以及相应的控制措施，需要机构进一步评估并予以完善。

四　应急准备和响应

由于风险的潜伏性特征，在某种环境条件具备时，一些风险可能集中爆发出来，产生非预期影响，突发事件往往具有高度的不确定性和紧迫性，如果处置不当可能会导致严重的后果。

检验检测机构常见的突发事件包括如下类型。

（1）质量事故／事件。包括差错报告召回、资质被暂停或撤销、重大的客户投诉或索赔、质量问题导致的法律诉讼等。

（2）HSE（职业健康、安全、环境）事故／事件。包括危险化学品事故、火灾事故、道路交通事故、特种设备事故、环境污染和生态破坏事故、传染病事件、群体性中毒及感染事件等。

（3）信息安全事故／事件。包括机房火灾／漏水／停电、网络中断、网络设备故障／被盗、数据库丢失／受损／泄露、病毒危害以及黑客入侵等。

（4）其他事故／事件。如自然灾害（火灾、洪水、暴雨、台风）等。

参考ISO 45001：2018及ISO 14001：2015标准条款的要求，实验室的应急管理机制通常包括如下内容：建立应对突发事件的相关文件，特别是重大质量事故／事件、职业健康安全事故/事件、信息安全类事故／事件，以及自然灾害等方面的应急响应文件；建立突发事件的预警机制和监测跟踪机制，以提高对突发事件的预见能力；建立突发事件上报和披露机制，一方面可以及时传递相关信息，防止事态扩大和恶化，另一方面也可以让事件处理的各相关人员及时掌握有用信息，为突发事件的有效处理提供准确的信息，以便做出科学决策；建立各类突发事件处理专业团队，专业人员对突发事件的反应会更快，能够有效组织和集中资源，大大提高应急管理的效率。

第四节　实验室质量风险管理监测

监测可以理解为监视和测量。监视指通过不断的检查、监督、观察或确定状态，确定与所要求的或期望的绩效水平相比的变化。测量通常会涉及对象或事件赋值，是以定量数据为基础，并通常与质量目标或风险控制指标的绩效评价有关。

依据质量风险应对策划的安排（如图6-7所示），检验检测机构可从四个方面开展质量风险管理绩效的监测：合规性评价；目标指标测量；内部审核；管理评审。

在上述四种监测方式中，“内部审核”为本书第七章的主要内容，“管理评审”已在本书第二章讲解，因此本节仅详细介绍“合规性评价”和“目标指标测量”。

一　合规性评价

实验室的风险管理、内部控制、合规管理三者是密不可分的。内部控制是机构通过内部管控来应对各类风险的手段，其目的是保障机构高效运营，保证结果可靠，满足合规要求。合规管理是要把监管机构的“外规”（大合规）要求变为机构的“内规”（小合规）约束，将合规要求转化为具体的内部控制措施，通过对流程、制度、权限等的梳理和完善，以及对内部控制的监督和评价来确保外部合规要求得到贯彻执行，有效防控合规风险。因此，合规性评价环节是实现质量风险，特别是合规风险的有效监测手段。

合规性评价方案的制订是机构有效实施合规性评价的有力保证，合规性评价方案主要包括评价目的、评价范围、评价内容、评价方式、评价方法、评价时机和评价人员等。实验室应系统策划合规性评价方案，确保有序开展评价活动，适时选择适宜的评价方法及时进行评价。合规性评价的实施一般分两个步骤开展，一是法律法规和相关要求的识别，二是合规性评价。

1. 法律法规和相关要求的识别

（1）法律法规和相关要求的收集。实验室可通过相关官方机构网站，资讯和标准平台，国家和行业相关上级部门颁发，与政府机构、专业管理部门联系等途径收集与本机构合规义务相关的信息。应建立法律法规和相关要求收集机制，确保收集工作的全面性和及时性。

（2）针对性分析和条款提取。对收集到的法律法规及相关要求，实验室应对其进行针对性分析，包括对其适宜性、充分性和有效性的分析，然后提取适用机构业务活动的条款。

（3）对收集的条款进行分类。为便于识别和更新，实验室可以根据自身运作的情况，将收集的法律法规及相关要求条款进行分类管理，可根据法律法规的种类分类，也可根据机构内部管理的层级分类，还可按照对各工序的不同要求分类等。

（4）形成《法律法规及相关要求清单》。在机构运行的过程中督促相关人员正确使用清单，并根据实际情况及时更新清单。

2. 合规性评价

（1）体系文件符合性评价。体系文件的符合性评价，就是将法律法规和相关要求清单与实验室目前运行的质量管理体系进行比对，做出符合性判断。

（2）实际运行符合性评价。实际运行的符合性评价可以结合体系符合性评价对比出的条款，观察现场执行情况，做出符合性判断。

（3）合规性评价报告。实验室根据评价的结果，对评价过程进行总结，形成合规性评价报告，并将其作为管理评审的输入内容之一。

实验室通过合规性评价工作的开展，识别可能发生的不合规，通过分析不合规的原因、来源、可能的后果以及后果的严重性，策划和实施合规风险的应对措施，有效监测合规风险，为机构建立健全合规质量管理体系及持续改进奠定了基础。

二　目标指标测量

实验室制订的质量风险管理目标指标是机构在一定时期内所要达到的预期效果，是质量风险管理目标的体现和具体化，制订的目标指标应可实现、可量化、可考核。通过目标指标的测量对其完成情况定期统计分析，并根据内外部环境的变化做出适当调整，实现风险的有效控制和质量管理水平的不断改进。

1. 制订具体的目标指标及其分解统计

实验室应针对内部有关的职能和层次建立、实施和保持文件化的目标和指标，也就是说，目标和指标应当体现层次感。可以制订企业总体目标，然后将其按照相关的职能和层次逐级细化和分解，使与目标和指标相关的任务直接落实到部门、岗位和责任人。也可以单独就企业内部的各相关部门、指定场所、具体活动或生产过程制订更有针对性的目标和指标。实验室制订的目标和指标应当明确、具体、合理和可操作，应兼顾短期和长期需要，规定完成的程度和所要达到的技术指标要求，使目标和指标具有可检查性。目标和指标不是无限期的，应明确实施的计划和完成的期限，以便于监测管理。

目标指标的分解和展开没有固定模式，既可以是定量的，也可以是定性的，不过能够实现定量的一定要量化指标。定性的目标指标一般使用对比来描述，如通过、完成、满足等；定量的目标指标一般采用百分比或数值限值来描述，如报告准确率、人员持证上岗率、顾客满意率等。

2. 目标指标的统计分析评价

在质量风险管理过程中，实验室的目标和指标并不是一成不变的，社会在进步，市场在变化，客户的要求在提高，机构应定期检查目标是否分解到位，指标的制订是否适宜，统计分析是否有所提高，是否满足时限要求，必要时可进行修订和调整，实现目标和指标的动态管理。在对目标和指标的监测过程中，如果产生的问题会影响目标指标的达成，应及时分析原因，制订措施，使出现的问题及时得到纠正和控制，保证目标指标的实现。

第五节　实验室质量风险管理改进

依据质量风险应对策划的安排（如图6-7所示），检验检测机构可从四个方面开展质量风险管理的绩效改进：不符合与纠正措施；潜在风险和机遇；持续改进；质量创新。

在上述四种改进方式中，“不符合与纠正措施”将在本书第七章详细介绍，“潜在风险／机遇应对”相当于旧版标准ISO 9001：2008及ISO/IEC 17025：2005标准中的“预防措施”，其针对的对象是“潜在不符合”，处理程序与“纠正措施”基本相同，因此本节仅详细介绍“持续改进”和“质量创新”。

一　持续改进

对以“高绩效”“质量力”为质量目标的检验检测机构来说，仅依据检测／校准实验室质量管理体系标准（ISO/IEC 17025：2017）开展纠正、纠正措施以及预防措施，是远远不够的，机构需要导入适当的绩效改进工作以实现持续改进。

持续改进可追溯至持续改善。持续改善方法（Kaizen）最初由日本人今井正明在《改善——日本企业成功的关键》一书中提出。Kaizen意味着改进，涉及每一个人、每一环节的连续不断的改进，从最高的管理部门、管理人员到工人。持续改善的策略是日本管理思想中最重要的理念，是日本企业竞争成功的关键之一。

在《质量管理体系 基础和术语》（ISO 9000：2015）中，持续改进被定义为“提高绩效的活动”。持续改进的过程可以用PDCA循环的方法来实现（见图6-10）。

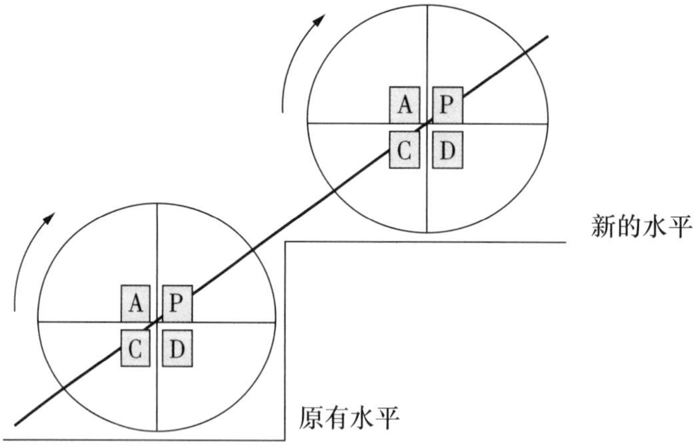

图6-10　PDCA示意

PDCA又称戴明循环（Deming Cycle），是一个质量持续改进模型，是提高产品或过程质量、改善组织经营管理的重要方法，是过程管理体系运转的基本方式。它包括持续改进与不断学习的四个阶段八个步骤，即计划（Plan）、执行（Do）、检查（Check）和处理（Action）。每个阶段的工作内容如表6-5所示。

表6-5　PDCA四个阶段八个步骤的工作内容

阶段	步骤	工作内容
Plan	步骤一：分析现状，找出存在的问题	① 确认问题
		② 收集和组织数据
		③ 设定目标和测量方法
	步骤二：分析产生问题的各种原因或影响因素	–
	步骤三：找出影响的主要因素	–
	步骤四：制订措施，提出行动计划	① 寻找可能的解决方法
		② 测试并选择
		③ 提出行动计划和相应的资源
Do	步骤五：实施行动计划	–
Check	步骤六：评估结果（分析数据）	–
Action	步骤七：标准化和进一步推广	–
	步骤八：在下一个改进机会中重新使用PDCA循环	–

受PDCA的影响，质量管理领域诞生了一系列持续改进理论和方法，从早期的品管圈（QCC）、提案改善、解决问题的八个步骤（8D），到后期的零缺陷、六西格玛等，这些质量改进工具无一例外均打上了PDCA的烙印。

（1）品管圈（QCC）。指由相同、相近或互补性质的工作场所的人们自动自发组成数人一圈的小圈团体（又称QC小组），全体合作、集思广益，按照一定的活动程序解决工作现场、管理、文化等方面的问题及课题。这是一种比较活泼的品管形式，目的在于提高产品质量和工作效率。

（2）提案改善。为持续提升或突破KPI绩效，鼓励全员参与、集思广益，引导每一位员工在做好本身岗位工作的同时，对工作中存在的问题，发挥独创构想，提出创新性改善意见或改善方法，组织团队资源实施改善，并对改善过程及结果进行验证、评估与预测的活动过程。

（3）解决问题的八个步骤（8D）。又称团队导向问题解决方法、8D问题求解法（8D Problem Solving Report）。8D方法就是要建立一个体系，让整个团队共享信息，努力达成目标。该方法适用于解决各类简单或复杂的问题，它本身不提供成功解决问题的方法或途径，但它是解决问题的一个很有用的工具。

（4）零缺陷。美国质量管理学家菲利浦·克劳士比（Philip B. Crosby）指出，质量改进的最终目标是零缺陷，零缺陷是指引质量持续改进的理念。零缺陷管理的核心是，第一次就把正确的事情做正确（Do it right the first time），包含了三个层次：正确的事情、正确地做事和第一次做正确，三个因素缺一不可。

（5）六西格玛。一套系统的、集成的业务改进方法体系，是旨在持续改进企业业务流程，实现客户满意的管理方法。它通过系统地、集成地采用业务改进流程，实现无缺陷的六西格玛设计（Design for Six Sigma，DFSS），并对现有过程进行过程界定（Define）、测量（Measure）、分析（Analyze）、改进（Improve）、控制（Control），简称DMAIC流程，消除过程缺陷或无价值作业，从而提高质量和服务、降低成本、缩短运转周期，达到客户完全满意，增强企业竞争力。

二　质量创新

武汉大学质量研究院程虹教授认为，质量创新指通过技术、管理、人力资本、企业家精神等要素的使用，提升产品和服务的固有特性，以更好地满足市场多层次的消费需求，最终实现更高效益。杨克军在《供应链质量管理：概念、战略及方法》一书中，将供应链（尤其是核心企业）实施质量创新的路径及方法归纳为产品创新、方法创新和标准创新三个方面，其中产品创新是质量创新的最新成果，技术创新（或方法创新）是质量创新的基础，标准化是创新成果转化的桥梁。

参照杨克军的分类法，本书将检验检测机构的创新路径及方法归纳为服务创新、方法创新和标准创新三种类型，其中服务创新和标准创新均好理解，本书仅就检验检测机构可以尝试开展的方法创新略举二例进行介绍，即质量大数据的应用和质量追溯技术的应用。

1. 质量大数据的应用

（1）质量大数据指具有能够反映质量特性的各类数据。质量包含狭义质量（产品质量）和广义质量（经营质量）。质量大数据是在目前质量数据的基础上拓展到大数据范畴，范围涵盖了产品质量、经营质量，以及其他与质量相关的领域，因此质量大数据的研究和应用也就包含了供应链质量管理和宏观质量管理两方面。

（2）根据目前质量工作的内容和形式，质量大数据基本来源于政府、市场和消费者三个方面。政府质量大数据来源可以包括两部分，其一是标准数据，可以涵盖各类标准的技术指标（或参数）、执行数据、反馈数据，尤其服务标准将是未来大数据采集的主要渠道之一；其二是监管数据，政府质量监管数据主要是产品质量监督抽查、工业生产许可证及证后监管、质量申诉投诉、消费者投诉、商标，以及食药品监管等部门的监管信息。市场将是未来质量管理的重要领域，市场中大数据的来源包括两部分，其一是企业行为数据，如企业规模、管理体系；技术水平等企业信息，产品包装、规格、质量、市场渠道、物流、检测认证等产品信息；其二是经济数据，如行业发展、标准体系建设、质量水平等行业信息，以及宏观经济数据，通过数据挖掘，可以更好地将宏观质量管理和经济宏观调控相结合，提升经济运行质量。消费者大数据来源包括两部分，其一是互联网，如社交网络、电子商务网站等产生的大量消费者数据，用户的每一次点击、每一次评论都将是数据的重要获取对象；其二是社会服务机构，超市、医院、社区服务机构等服务行为发生地产生大量的产品和服务数据，如消费者对产品的抱怨情况，服务领域的质量测评数据，市民对产品、服务、工程、人居质量的评价数据等。

（3）现有质量数据分析应用主要围绕产品和服务质量，以及行政监管信息，而大数据时代则需要全面采集和有效利用广泛的社会、企业，以及消费者数据。其一，服务质量评价。在大数据收集技术的支撑下，未来可以全面收集顾客对服务水平的评价数据，这种评价数据区别于顾客满意度的统计调查数据，而是接近总体样本量的服务评价数据，能够全面反映顾客对服务的主观评价，同时可以更好地解决统计调查中存在的精度和系统性误差问题，真实全面地反映服务质量水平。其二，产品伤害监测。未来大数据时代，产品伤害监测系统的数据将在目前样本医院的基础上涵盖所有医院，将数据采集渠道扩展到社区等公共服务场所，另外也可以通过网络媒体渠道拓宽产品伤害数据采集，力求全方位收集产品伤害信息，同时在产品伤害数据采集基础上，扩大服务过程中伤害数据的采集，为产品技术指标和服务水平的改进和提高提供依据。其三，产品召回。现阶段产品召回中数据分析的主要应用是汽车等主要消费品，未来，产品召回的数据采集和分析对象可以扩大产品范围，对造成人身安全和财产权益伤害的产品数据全面监测和采集，如政府产品监管数据、企业生产和销售数据、市场消费者数据等，还可以结合产品伤害监测系统联合采集数据，共同收集产品缺陷数据，为不同的应用提供数据支撑。其四，质量数据平台。质量大数据平台可以由数据采集系统、数据分析系统、信息发布系统组成。数据采集系统主要是跟踪和抓取质量相关数据，这些数据的格式不再局限于传统的文本、图片等结构化数据，还可以包含半结构化和非结构化数据。数据采集是后续分析和应用的基础，对整个质量大数据的研究和应用发挥着关键作用。

2. 质量追溯技术的应用

（1）质量追溯的定义。

追溯本意指追根溯源，根据线索追踪和探寻事物的本质或渊源。在质量管理领域，ISO 9001标准将“可追溯性”定义为：通过记录的标识，追踪产品目标对象的历史、应用或位置的能力。可追溯性可分为质量追踪与质量溯源两部分。质量追踪是从物流的角度出发，通过标识的相关信息对产品的全生命周期活动过程进行跟踪，以准确定位产品的位置。质量追踪的关键部分是对产品及其零部件的使用情况和产品的组成情况进行追踪，以实现对产品形成的全过程进行控制。质量溯源是从信息流的角度出发，通过对与产品相关的数据及事件的标识、检索和分析，最终确定故障发生的根源性原因，找到质量问题的源头，是一个问题查找的过程。质量溯源的关键部分是对质量信息的搜集、检索、存储和分析。

（2）质量追溯的类型。

质量追溯可分为向前追溯（顺着生产过程的方向，往前追溯，预测可能出现的质量隐患）和向后追溯（逆着生产过程的方向，往后追溯，诊断已经发生的质量问题）两种类型。向前追溯又可以称为预测结果追溯，即跟踪供应链的每一个关键点，按照某个或若干标准，找到产品的准确位置，通常用于找到成品当前在供应链中所处的位置。也可认为是产品的正向追溯，即当成品已经卖出，则要追溯该成品安装在哪里，以便及时追回不合格品，将损失减小到最低程度。向后追溯又称诊断原因追溯。即追踪供应链中的每一个关键点，按照一个或若干标准，找出某个产品的源头和质量特征。通常用于找到一个质量问题的源头，有时也被认为是产品的反向追溯，也就是在安装或售后服务过程中发现成品中有不合格的零部件并找出不合格原因后，能够利用标识追溯其采购、生产、安装、售后服务的各个环节，根据不合格原因找出责任点。这时的追溯是对某种质量问所进行的追溯，一般以此问题为出发点，根据一定的标准，确定问题产品的质量特性。

（3）质量追溯的应用领域及作用。

从政府质量监管的角度，质量追溯具有如下作用。其一，产品质量安全风险管理作用。如国际食品法典委员会（CAC）指出“可追溯性”是风险管理的关键，尤其是对非预期效应的监控和标识管理特别有效，食品可追溯的两大层次，一个是企业对食品生产链信息的可追溯，另一个是政府对生产链信息的监管数据库建设。其二，产品质量安全“确责”与“召回”的作用。明确产品质量安全责任的归属，确定负责人；明确不合格产品的批次，实现缺陷产品快速、准确召回；通过“确责”与“召回”，最终实现“来源可查、去向可追、责任可究”的追溯目标。其三，产品质量安全信息记录作用。详细记录各个食品安全关键控制点的相关信息，“信息记录”包括信息的宽度（范围）、深度（产业链覆盖环节）和准确度，它能决定可追溯的效果。

从供应链企业自身经营管理的角度，质量追溯具有如下作用。其一，实现产业升级。我国的制造业将发生“互联网 ”信息化的升级，产品质量溯源系统是典型的物联网与互联网的融合集成应用项目，可通过产品溯源技术将产品产供销的全流程信息采集储存，以供消费者、监管机构、溯源企业随时查询调阅。其二，强化质量控制。产品质量追溯系统分为企业生产工艺的内部溯源和产品流通环节的外部溯源两个部分。各类生产企业追溯系统的建设，势必加强原料采购、原料储存、提料投产、生产加工、抽样质检、成品储存等环节的标准化和规范化，明确各环节责任人，并为落实企业的追责提供依据。其三，规避质量风险。产品一旦出现质量问题，可以根据追溯系统，快速查清责任环节。如食品过了保质期，消费者食用后出现肠胃不适，此时就要盘查是由于商超疏于盘货下架，还是厂家库存积压导致的食品过期，查明原因后，就可以明确责任，避免产业链上的供货商、生产商、销售商相互推卸责任，有利于企业在食品安全事故中规避风险。其四，实施精准召回。产品一旦出现质量问题，可以根据产品批次精准召回，既可以精确追踪到这批问题产品的销售状态，及时下架或召回；也可以避免盲目召回整个品牌大批量产品。产品质量追溯系统可以记录消费者的信息，当发现产品质量问题时，可以通过数据库快速追踪消费者信息，从而减少用户损失导致的后期赔偿。

全面了解质量大数据以及质量溯源技术在供应链质量管理以及政府质量监管方面的应用，可以帮助检验检测机构站在更高的视角审视并洞悉新的商业机会，从而探索出新的商业模式。只有跳出传统的、单一的检验检测服务“红海”，转型成基于检验检测数据的技术服务提供商，检测检测机构才能进入全新的“蓝海”，并实现可持续发展。

第七章

实验室内部审核

在PDCA中，内部审核作为检查环节，对质量管理体系的持续改进发挥重要的作用。同时，内部审核本身是一项“增值”活动，同样遵循了PDCA的工作原理和步骤，包括内审策划、内审实施、内审报告，以及针对不符合项开展的改进活动。

本章共分六节。第一节简要介绍审核的基本概念和审核的三种形式及其异同；第二节介绍如何开展内部审核策划；第三节介绍内部审核实施；第四节介绍如何编制内部审核报告；第五节介绍内部审核的后续活动；第六节提供大量不符合案例供练习。

本章的特点是理论与实践相结合，并提供了大量的工具、方法和案例，不仅能够帮助内审员快速掌握内审技巧和方法，同时也为实验室质量风险和机遇的发掘提供了一份指南。

第一节　基本概念

一　审核的基本概念

1. 审核

GB/T 19000—2016《质量管理体系 基础和术语》中给出了审核的定义，即“为获得审核证据，并对其进行客观的评价，以确定满足审核准则的程度所进行的系统的、独立的并形成文件的过程”。

从定义中可以看出，审核是收集、分析和客观评价的过程，评价的对象是审核证据，评价的依据就是审核准则。

2. 审核证据

审核证据指与审核准则有关，能够证实的记录、事实陈述或其他信息。

审核证据可以是定性的，也可以是定量的，但一定是与审核准则有关的，一定是能够被证实的，否则将不能作为审核证据。可以通过现场观察、操作演示、人员询问、查阅记录等多种渠道获得审核证据，并在表达和记录审核证据时遵循证据的客观性，不夹杂个人的推测和猜想。

3. 审核准则

审核准则是用于与客观证据进行比较的一组方针、程序或要求。

审核准则是开展审核、判断客观证据的依据。对实验室管理体系的审核，其准则通常包括：适用的法律法规要求、建立管理体系所依据的准则要求（包括通用要求及相关领域要求）、实验室的管理体系文件要求、与客户约定的合同和技术文件等。

4. 审核发现

审核发现是将收集的审核证据对照审核准则进行评价的结果。

审核发现是一种符合性评价结果，其结果既包括我们经常提及的符合、不符合，也包括受审核方的良好实践及识别的改进机会。

5. 审核结论

审核结论是考虑了审核目标和所有审核发现得出的审核结果。

6. 审核方案

审核方案是针对特定时间段策划并具有特定目标的一组（一次或多次）审核安排。

审核方案是一组具有共同特点的审核活动的安排，包括策划、组织和实施审核必要的所有活动。质量管理体系的审核方案，可以是组织全年度的审核策划，也可以是某一次或几次的审核策划。

7. 审核计划

审核计划是对审核活动和安排的描述。

相对于审核方案，审核计划是针对某一次审核活动做出的具体安排，二者是不同的概念，不可相互替代，即使审核方案中仅包括一次审核活动，也不能用审核方案代替审核计划，或用审核计划代替审核方案。

二 质量体系审核的三种类型及其异同

按照审核实施的主体，审核可以分为第一方审核、第二方审核和第三方审核。

第一方审核也称内部审核，由组织自己或以组织的名义进行，用于管理评审和其他内部目的，可作为组织自我合格声明的基础，是自我评价、自我完善和自我改进的系统活动。

第二方审核是由组织的相关方或由其他人员以相关方的名义进行的审核，如顾客为选择和评价供应商提供产品和服务的能力，以及持续促进双方合作所做的审核。

第三方审核是由外部独立的审核组织进行的审核，如资质认定评审、质量管理体系认证审核等。

第二方审核和第三方审核也可以统称外部审核。

1. 三种类型审核的共性

（1）系统性。建立和保持一套标准化的程序来规范审核活动，对审核活动进行策划，确定审核范围、制订审核计划、依计划有序实施，重点与覆盖面相结合，符合性和有效性全覆盖，并具有成熟的操作技巧和统一的评判标准，保证在同一时间段内，不同审核组对同一对象进行审核时，会得出类似的审核结论。

（2）客观性。从审核的定义中不难发现，客观性是审核的基本要求，获得客观的审核证据、客观的陈述审核发现、客观的评价审核发现，是保证审核结论有效性的前提。

（3）独立性。审核员应独立于受审核的活动，与受审核方无直接责任或利益关系，在审核过程中态度端正，不带偏见，坚持在审核准则和审核证据的基础上报告审核发现，对被审核部门进行客观评价，这一点在内部审核中应尤为关注。

三种审核的结果都可暴露质量管理的薄弱环节，应得到重视和采纳，并作为管理评审的重要输入，用以评价管理体系的运行状况并提供改进机会。

2. 三种类型审核的差异

以实验室质量管理体系审核为例，从审核目的、执行人、审核准则、审核范围和审核时间的角度分析，三种类型的审核有明显的差异，如表7-1所示。

表7-1 三种类型审核的比较

项目	第一方审核	第二方审核	第三方审核
审核目的	确定体系的符合性和有效性，获得改进机会等	为相关方的评价、选择和管理提供依据等	资质认定、实验室认可、体系认证等
执行人	实验室的内审员、技术专家或聘用的外部人员	相关方（顾客为主）或其委托的其他人员	独立的第三方机构或机构的审核员

续表

项目	第一方审核	第二方审核	第三方审核
审核准则	相关的法律法规、资质认定和认可准则、实验室的管理体系文件、约定的合同/技术文件等	相关的法律法规、实验室的管理体系文件、组织与相关方的约定等	相关的法律法规、拟认证或认可的准则等
审核范围	可扩展到所有部门、岗位、场所、过程、活动及时期	一般为与相关方有关的过程和活动	申请认证或认可的范围
审核时间	自主策划时间	限定时间	限定时间

三种类型的审核从三个角度对实验室的管理体系进行诊断，丰富了管理信息的输入渠道，形成了一种天然的互补性。内部审核作为组织自查自纠的一个渠道，可及时发现问题，加以纠正，并采取措施消除问题根源，为迎接第二方和第三方审核做好前期准备，为实验室获得信任奠定基础。外部审核的结果也可以反过来验证内部审核的有效性。当外部审核由资深的审核员和技术专家进行时，可以对比同一时期相似情况下的内部审核发现，确认内审员对现状的把握是否准确，对审核证据的评价是否客观，对问题的挖掘是否充分，从而进一步确认审核员的能力，以及审核策划和实施的有效性。

此外，相对外部审核特定的目标性和有限的时间，内部审核拥有自主性、灵活性等优势。

（1）自我改进的机制。质量管理体系是以过程方法为基础的，过程是体系的基本要素，所以体系的改进离不开过程的提升。每一个过程可以理解为一个PDCA的循环，即将过程展开为策划（Plan）、实施（Do）、检查（Check）、改进（Action）的循环，审核在其中无疑充当了检查的环节，这样的检查是循环的内生动力，使每一次循环都是建立在问题改善和经验总结基础上的提升，动态循环的结果就是体系的持续改进。相比于以评价为目的的外部审核，内部审核更关注问题的发现，对持续改善具有更强的推动力，因此可以充分利用内部审核实现自我改进。

（2）量身定制的管理工具。质量管理体系内部审核可以由组织结合自身管理特点和需求来制订和实施，审核的目的、审核的范围、审核的时机等都可以因时而变，随事而制，具有高度自治的特点。当出现客户投诉时，组织可以就投诉涉及的相关活动进行内部审核，确定产生投诉的原因，挖掘活动运行过程中的缺陷，同时也可以对投诉处理流程进行审核，确定流程运行是否符合制度要求，是否有效控制投诉的影响范围，是否能最大程度减少客户抱怨。并且审核的实施者来自组织内部，对组织的管理要求和实际运行情况也更为熟悉，可以有的放矢地实施审核和介入管理。

（3）风险管理的切入点。从国际相关标准发展趋势来看，基于风险的思维已然成为管理的“内核”，自2015年ISO 9001：2015《质量管理体系要求》纳入风险管理后，各行各业的管理标准纷纷效仿，ISO/IEC 17025：2017《检测和校准实验室能力的通用要求》也将“风险”理念贯穿于标准的始终，建立了基于风险思维的管理体系。各个组织都在摸索适合自己的风险管理方式，而内部审核本身就是风险管理的切入点。很多实验室都依照CNAS—CL01：2018

《检测和校准实验室能力认可准则》和RB/T 214—2017《检验检测机构资质认定能力评价 检验检测机构通用要求》建立了自身的质量管理体系，其目的在于依托先进和成熟的管理模型构建实验室的内部管控方式，实现责任可落实、过程可监控、数据可追溯、结果可复现，这些内部控制的根本目的在于活动受控，预防、消除和减少质量问题的出现，而问题的产生和发展很大程度上又是源于对风险的分析和把握不足。故而，质量管理体系的本质就是风险的管理，对体系的内部审核就是对风险的识别和控制，是风险管理的最佳切入点之一。

第二节 内部审核策划

内部审核因其诸多优势备受关注，经过多年的摸索，大部分实验室形成了较为规范的内部审核制度，在一定程度上促进了实验室内部质量管理的提升。但不难发现，实验室在内部审核过程中仍或多或少存在一些问题，其中比较突出的是内部审核的形式化和低值化，即实验室每年使用的内部审核方案、审核计划，以及检查表几乎千篇一律，只是在往年策划的基础上简单修改时间等基本信息；审核时从条款的描述入手，更多关注文件和记录的符合性，忽略了将过程的实际绩效指标与预期相比较，这样发现的问题就集中在操作和执行的层面，从“增值”的角度考虑，不利于整个管理体系的有效性评价，也不利于实验室的改进。

为何会出现这种差强人意的效果？有人说是因为领导层不重视。笔者认为是因为内部审核没有挖掘出深层次的问题，体现出其应有的价值。所以我们还是要从内部审核活动本身来寻找原因，如审核目标不明确、审核时间不充足、审核思路不清晰、内审员能力不足等，这些原因都可归于一处，就是内部审核的策划。

所谓谋定而后动，没有目标的指向，没有方略的制订，没有资源的准备，何谈成功的内部审核。所以，完善的内部审核策划是内审成功的关键性因素，能够在内部审核工作中起到事半功倍的效果。

一 内部审核方案制订的依据

在策划内部审核时，我们应考虑实验室活动的重要性、影响实验室的变化和以前的审核结果，策划、制订、实施和保持审核方案。

1. 实验室活动的重要性

实验室活动的重要性通常指对出具检验检测报告相关过程和活动的影响力。从人、机、料、法、环、测的角度考虑，可以包括人员监督和能力监控、设备的配置和计量溯源性、抽样和样品管理、方法的验证或确认及偏离控制、场所和环境条件的控制、内外部质量控制等过程。这些过程的控制都将影响报告的合规性和准确性，是策划审核时应重点考虑和有所侧重的方向。

2. 影响实验室的变化可以从内外部环境的变化考虑

（1）外部环境变化包括法律法规的变化、认证认可准则的变化、检验检测技术的变化、市场的变化、相关方要求的变化等。例如，2015年国务院办公厅印发《国务院关于在市场监管领域全面推行部门联合“双随机、一公开”监管的意见》（国发〔2019〕5号）后，各级市场监管部门逐步推行以“双随机、一公开”监管为基本手段、以重点监管为补充、以信用监管为基础的新型监管机制。在这种新模式下，生态环境监测、机动车检验、食品检验、建材检验检测等领域的机构合规运营的要求提升到了新的高度。2019年5月1日起实施的《检验检测机构资质认定生态环境监测机构评审补充要求》对环境监测机构的运行管理和技术能力给出了明确的要求，对机构具有重要的影响。2019年10月4日，《市场监管总局发布关于进一步推进检验检测机构资质认定改革工作的意见》明确试点推行告知承诺制度。2020年9月10日，《国务院办公厅关于深化商事制度改革进一步为企业松绑减负激发企业活力的通知》（国办发〔2020〕29号）指出2021年在全国范围内推行检验检测机构资质认定告知承诺制。这些都是和实验室息息相关的外部环境的变化，会给实验室的管理和运营带来不确定性。

（2）相比外部大环境的变化，内部变化聚焦到实验室内部结构、资源、管理的各个方面。比较有代表性的是LIMS的逐步深入应用。初期使用LIMS，可能仅包含客户管理、测试申请和报告管理等基础模块，随着LIMS提升，实现了检测设备数据和测试谱图的自动采集，LIMS对实验室运作的影响越来越深入，它提供的流程化、模块化、标准化的操作管理系统，打造了新的质量控制系统，由此带来的是管理方式上的极大变化。此外，内部组织结构、检验检测领域、技术能力、管理体系等变化也都会影响实验室出具报告的能力，影响实验室的运营绩效，影响客户的满意度。

3. 以前的审核结果

以前审核的结果包括内部审核结果和外部审核结果。以前审核中暴露出的严重和重大问题要重点审核，重复出现过问题要重点审核，问题频发的部门、过程和要素要重点审核。通过审核对原有问题是否得到彻底改善进行再验证。

经过多维度、多层次的综合考量，才能有效把握实验室的各种运营风险，结合管理层的战略定位和发展目标，就可以策划出适合实验室当前管理需求的内部审核。

二　内部审核方案制订的内容

为合理有效实施内部审核，实验室应策划、制订、实施和保持审核方案。审核方案既可以是实验室全年度的审核策划，也可以是某一次或几次具有共同特点的审核活动的安排，由质量负责人策划并确定审核的形式、时机和频次、审核目的、审核范围、审核准则、审核方法、审核组、审核报告结果要求等内容。

1. 审核形式

审核一般分集中式审核和滚动式审核两种形式。

（1）集中式审核指在某一时间段内对质量管理体系涉及的全部过程、要素、部门、区域进行审核。其特点是在一个时间段内集中精力做好整个质量管理体系的所有审核工作，通过一次审核就可以全面了解实验室该时期质量管理体系的整体运行状况，具有极高的审核效率，同时也利于比较同一时期、同一过程、不同部门的管理水平，或者不同过程、不同要素的管理现状，避免审核不同步导致的审核结论的差异。目前很多实验室，特别是区域集中的中小型实验室多采用这种方式。但这种方式也有局限性，由于时间较短、任务重，审核可能不够深入，并且对其他时间段管理体系可能出现的问题，也不能及时识别和改进，不利于员工持续改进意识的提高。

（2）滚动式审核指在不同时间段对不同过程、要素、部门、区域进行审核。对规模较大的综合性实验室，这种方式更有利于开展内部审核活动，因为可以合理利用零散时间，最大程度降低内部审核对日常工作产生的影响，相对减少对内审员数量的需求。每一次审核只涉及部分活动和部门，可以集中精力进行更加深入的审核，及时发现管理体系存在的问题，起到日常监督的作用，同时也能进一步增强员工的质量意识。当然这种审核也有一些弊端，因为滚动审核持续周期较长，所以在策划审核时要全面考虑审核应覆盖的范围，避免过程、要素、区域等的遗漏。此外，对初步建立质量管理体系的实验室不建议采取此种审核方式进行首次内部审核。

两种方式各有优势，也可以将两种方式结合使用。除每年在管理评审前进行一次集中式审核，还可以间隔一段时间对某一过程、要素、部门或区域进行一次小范围的审核，作为集中式审核的一种补充，及时识别管理体系中存在的问题和薄弱环节。这种综合的方式可提高内部审核的有效性和员工持续改进的意识。

2. 审核时机和频次

制订审核方案时，应根据实验室管理体系运行的具体情况科学确定审核开展的时机和频次，坚决杜绝平均主义。

对可能引发重大风险的过程要适当提高审核的频次。从检验检测活动的重要性、复杂性和成熟性的角度考虑，活动越重要、过程越复杂、成熟度越低，风险越高。

如果实验室初步建立质量管理体系，体系文件发布之初，各项质量活动尚未完全开展和保留相关记录，不宜进行内部审核。或者质量管理体系发生重大变化，各方面还处于调整状态，也不宜使用这些信息对质量管理体系进行客观评价。

在体系运行过程中，出现政策法规变化、能力扩充、管理体系调整、质量投诉等特殊情况时，可追加审核。例如，自2019年12月1日起施行检验检测机构资质认定告知承诺制度以来，实验室在以告知承诺方式申请资质认定前，往往会追加一次与申请项目相关的内部审核，旨在更好落实《检验检测机构资质认定告知承诺实施办法（试行）》，有效控制实验室风险。在这种需求下，我国首个告知承诺团体标准T/CAQI 176—2021《检验检测机构履行告知承诺内部核查指南》应运而生，也为更好理解和实施资质认定告知承诺制，提高内部审核效果指明了方向。

当然不是所有的风险都需要追加审核或增加频次，应该平衡实验室对风险的可接受度和实施审核的可行性，来确定“适当”的时机和频次，将有限的审核资源重点投放到高风险活动中。

3. 审核目的

确定审核目的是指导审核策划，并确保审核方案有效实施的前提。审核方案的目标应该与管理体系的方针和目标相一致并对之予以支持。

以年度内部审核方案为例，其总目标可以是评价整个质量管理体系与审核准则的符合程度，评价各项活动与实验室自身管理要求的符合程度，评价管理体系实施的有效性，以及识别改进的机会等。具体某一次审核的目的是围绕总目标展开的，但会有所侧重，有更具体的指向性，可能是评价某个部门在管理体系建立、实施和保持过程中的符合性和有效性，也可能是在法规变更后，评价实验室相关质量管理活动是否符合新要求并有效落实。

4. 审核范围

审核范围标志着审核的深度和广度，同时也决定审核需要的资源，贯穿审核策划和审核实施的全过程。组建内审组、制订内部审核计划、编制内审检查表、实施现场审核、编写审核报告等各个环节，无不与审核范围相关。因此，在策划审核时就要确定每一次审核涉及的审核范围。

审核范围可以从四个维度来做限定。

（1）实际位置。指受审核方所处的地理位置或其活动发生的场所位置，包括实验室的固定设施、固定设施以外的场所、临时或移动设施、客户的设施等，如环境采样活动所涉及的客户现场（固定设施以外的场所）、环境监测机构设于某一停车场的汽车尾气监测场所（临时设施）、水环境监测船和环境空气监测车（移动设施）等。

（2）组织单元。指受审核方的管理体系涉及的部门、岗位等。

（3）活动和过程。指合同评审、采样 / 接样、检测 / 校准，到报告结果的主过程，以及人员、设施、设备、外部提供的产品和服务等支持过程和内部审核、管理评审等管理过程。

（4）审核所覆盖的时期。指受审核方的质量管理体系实施或运行的时间段，与审核目的息息相关，是某一特定目的下的时间界限，可以设定为上次内部审核到本次内部审核之间的时期，或者某一新准则开始实施日期到本次内部审核之间的时期等。

对初次建立质量管理体系的实验室，首次内部审核应是一次全面的审核，覆盖全部要素和全部质量活动，管理体系涉及的所有部门、岗位、场所、地点，以及管理体系运行的全部时间段。唯有这样才能全面掌握管理体系运行的整体情况，为今后持续改进和提升管理体系的符合性和有效性提供依据。

体系运行基本正常以后，可以根据审核目的酌情确定适当的审核范围。根据CNAS-GL011：2018《实验室和检验机构内部审核指南》的要求，实验室在策划内部审核时，应确保质量管理体系的每一个要素至少每12个月被检查一次。

5. 审核准则

内部审核的准则一般包括相关的法律法规、认证认可准则、实验室管理体系文件、合同和技术文件等。

（1）法律法规。合法合规是实验室运营不可逾越的红线，所以相关法律法规的充分识别尤为重要。相关法律法规包括《检验检测机构资质认定管理办法》（国家质量监督检验检疫总局令第163号）、《检验检测机构监督管理办法》（总局令第39号）、《市场监管总局关于进一步推进检验检测机构资质认定改革工作的意见》（国市监检测〔2019〕206号）等。还包括《环境监测数据弄虚作假行为判定及处理办法》（环发〔2015〕179号）、《上海市检验检测条例》等特殊行业及地区的规范性文件。

（2）认证认可准则。认证认可准则通常指RB/T 214—2017《检验检测机构资质认定能力评价 检验检测机构通用要求》及补充要求和（或）CNAS—CL01：2018《检测和校准实验室能力认可准则》及各领域的应用要求等。如通过资质认定的环境监测机构，其审核准则应包括《检验检测机构资质认定 生态环境监测机构评审补充要求》。通过实验室认可的环境监测机构，当检测能力涉及微生物、化学领域时，其审核准则应包括CNAS—CL01—A001：2018《检测和校准实验室能力认可准则在微生物检测领域的应用说明》和CNAS—CL01—A002：2020《检测和校准实验室能力认可准则在化学检测领域的应用说明》。

（3）实验室管理体系文件。管理体系文件包括质量手册、程序文件、作业指导书等，是在资质认定能力评价要求和（或）能力认可准则等的基础上，结合实验室自身管理要求制订的一套支持实验室运行和发展的可行性制度，是准则要求在实验室的具体体现。

（4）方法标准和规范。区别于其他质量管理体系，实验室体系有效运行的一个重要指标在于出具数据和结果的能力，这个能力的审核要依据检验检测的标准、规范等技术文件来评价，如设施环境、设备标物是否满足技术要求，样品的制备、前处理、质量控制方法是否与技术要求相吻合等。

（5）标书及合同。与客户达成一致的标书、合同等，是开展检验检测活动的重要依据，也是评价活动结果的基本标尺，也应作为审核的准则，特别是当标书及合同中包含一些检验检测技术要求时。如环境监测机构承接重点行业企业用地调查项目，《重点行业企业用地调查质量保证与质量控制技术规定（试行）》《重点行业企业用地调查样品采集保存和流转技术规定（试行）》等一系列重点行业企业用地调查相关的技术要求都应作为土壤详查监测项目的审核准则。

6. 审核方法

审核方法的选择取决于审核的目的、范围、准则，内审员的能力，以及应用审核方法所需要的资源和可能出现的不确定性，可以灵活选择人员询问、现场观察、查阅文件和记录、现场试验考核等多种方法。在一些特殊（如疫情）情况下，对多场所或非固定场所的审核活动，策划审核方案时也可考虑借助通信手段，适当采用远程审核方法。

7. 审核组

质量负责人要在策划审核方案时确定每一次内审活动的组长，可以由质量负责人亲自担任，也可以委任有能力、有资格的人员担任。

内审组长被任命后，应尽快组建自己的内审组，因为审核不是孤军奋战，组长很难凭借一己之力出色完成审核任务，强有力的内审团队能够协助组长收集受审核方的相关资料、制作内审检查表、实施现场审核、报告审核结果、跟踪验证纠正措施落实情况等。由此可见，内审员是实施内部审核的主体，内审员的职业素养以及所具备的知识和审核技能将对内审结果的质量起着至关重要的作用。所以组长在选择内审员和确定审核分工时应结合内审的目的、范围以及涉及的技术活动综合考虑。

制订内部审核方案时，如果不便确定内审组成员，也可在策划内审计划时予以明确。

8. 审核结果报告

实验室可以根据管理需求，策划不同的报告方式将内审结果报告至管理层，如形成内部审核报告、召开内部审核汇报会议等方式。

三 内部审核方案示例

表7-2为一份典型的内部审核方案示例，在实验室质量负责人确认审核方案的完整性和可操作性后，报最高管理者批准。

表7-2 质量管理体系内部审核方案

目的：审核公司上半年质量管理体系运行情况，评价质量管理体系的符合性和有效性，识别改进机会。						
序号	**审核目的**	**审核范围**	**审核准则**	**内审组**	**审核时间**	**审核方法**
1	确定新要求的落实情况	环境、化学实验室的标物和试剂管理活动	CNAS—CL01—A002：2020 RB/T 041—2020	组长：王丹 组员：李强	3月	面谈、观察、查阅文件和记录
2	确定是否存在违法违规行为（为双随机监督检查做准备）	环境、食品、建材实验室	《20XX年度检验检测机构监督抽查工作的通知》及相关监督要求	组长：李强 组员：蔡晓明、王克江、孙晓鹏	4月	面谈、观察、查阅文件和记录、现场试验考核
3	确定新增部门质量体系运行情况	纺织实验室、纺织业务部、行政综合部	CNAS—CL01：2018 CNAS—CL01—G001：2018 CNAS—CL01—A002：2020 CNAS—CL01—A010：2018 CNAS—EL—13：2019 RB/T 214—2017 公司管理体系文件 技术文件、标书及合同	组长：刘毅 组员：王萍、宋茜、李湘阳、王婷、张志国	5月	面谈、观察、查阅文件和记录、现场试验考核

续表

序号	审核目的	审核范围	审核准则	内审组	审核时间	审核方法
4	确定合同评审的有效性（以前出现过严重不符合问题）	物理、化学实验室的合同评审活动	CNAS—CL01：2018 CNAS—CL01—G001：2018 7.1 RB/T 214—2017 4.5.4	组长：王丹 组员：刘莉莉	6月	面谈、查阅文件和记录
填写说明 注1：审核组成员应为被授权的内审员和实习内审员，实习内审员不能独立实施审核。 注2：审核方法包括但不限于面谈、观察、查阅文件和记录、现场试验考核等。						

第三节 内部审核实施

一 内部审核工作流程

内部审核一般包括组建内部审核工作组、制订内部审核计划、编制内部审核检查表、召开首次会议、实施现场审核、讨论并形成不符合报告、召开末次会议等七个阶段，如图7-1所示。

需要注意的是，在启动内部审核前，需要针对组织的现状和需要，围绕内部审核的目的全面分析和策划，并输出可行的内部审核方案或计划，按照内部审核方案或计划予以实施。

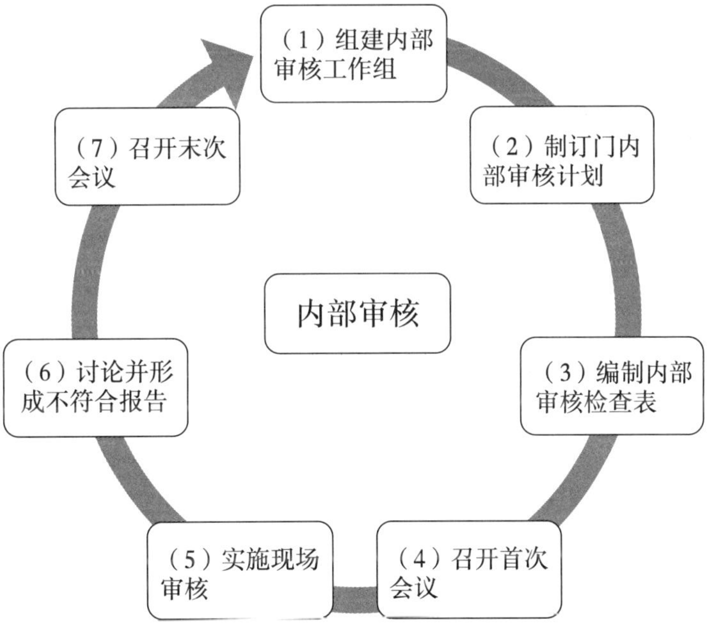

图7-1 内部审核工作流程

内部审核七个阶段的具体内容。

（1）组建内部审核工作组。内审员任职资格要求；内审员培训与考核；内部审核工作组职责与分工。

（2）制订内部审核计划。了解现状；合理分工；统筹时间。

（3）编制内部审核检查表。内部审核检查表的作用；内部审核检查表的编制准备；内部审核检查表的编制要点。

（4）召开首次会议。准备（审核前准备会、文件审核）；首次会议（目的、主要内容）。

（5）实施现场审核。现场审核路线和方法；现场审核方式；信息的收集与验证；现场注意事项。

（6）讨论并形成不符合报告。不符合的定义；不符合的分级；不符合的类型；不符合项的判定；不符合的确认；不符合报告内容；不符合报告编写容易出现的错误。

（7）召开末次会议。末次会议前的准备；末次会议。

二　组建内部审核工作组

1. 内审员任职资格要求

（1）内部审核是实验室为了持续满足约定的要求，依据其内部管理规定而进行的管理体系运行的持续符合性、有效性的审核活动，其依据的是相关组织认可或资质认定准则及依据这些准则建立和运行的内部管理体系文件，也包括质量计划和合同（协议、要求）等，对检测和校准实验室，检测方法或校准测量程序也是内部审核的重要依据。相关组织认可或资质认定准则对内审员提出了要求，如表7-3所示。

表7-3　内审员要求

文件	RB/T 214—2017《检验检测机构资质认定能力评价　检验检测机构通用要求》	CNAS—GL011：2018《实验室和检验机构内部审核指南》	RB/T 045—2020《检验检测机构管理和技术能力评价　内部审核要求》
对内审员的要求	4.5.12内审员须经过培训，具备相应资格。	5.5审核由具备资格的人员来执行，内审员对其所审核的活动应具备充分的技术知识，并专门接受过审核技巧和审核过程方面的培训。 5.6熟悉组织的质量管理体系和认可要求。	5c）内审员应具备资格和能力，熟悉相关法律法规、检验检测业务、通用要求及相应领域的补充要求和自身管理体系要求，接受过审核过程、审核方法和审核技巧等方面的培训。

（2）结合相关组织认可或资质认定准则对人员的要求，内审员的基本要求如下：能够认真执行国家有关方针政策、法律法规并熟练掌握RB/T 214—2017《检验检测机构资质认定能力评价　检验检测机构通用要求》、CNAS—CL01：2018《检测和校准实验室能力认可准则》等；

接受过相应的培训，并经考核合格和授权或任命；具有一定工作实践和管理工作的经历；具有较强的综合评价、组织管理能力；依法办事，坚守原则，依据实际情况进行工作，作风优良。

2. 内审员应具备的能力

为确保内部审核工作的有效进行，内审员应具备如下三个方面的能力。

（1）基本素养。为确保审核的公正性和有效性，必须确保内审员的素养符合要求。内审员应具备必要的素养，使其能够按照审核原则要求进行工作，这些个人素养包括：有道德，即公正、信得过、忠诚、为人真诚和细致；思想开明，即能接受不同的思考方式、理论观点；善于观察，即自主了解相关的活动和环境；善于交往，即灵活地与人交往；有感知力，即能了解和理解处境；明晰，即能够清楚分析现有材料，得出正确结论；坚定不移，即目标清晰、坚定、不动摇；适应力强，即可以很快适应不同角色、不同工作环境；与时俱进，即积极学习相关知识，了解最新规定；坚韧不拔，即有责任心，及时采取相关措施（即使不是日常活动）；自立，即能够独立、正确完成工作；尊重不同文化，即提前了解、尊重受审方的文化；富有协同能力，即有效与他人互动，包括内审组成员和受审方人员。

（2）基本知识和技能。必要的知识与技能是所有内审员必须具备的，包括通用的知识和技能（如相关的法律法规等）和一些特定领域、专业的知识和技能。除了以上要求，领导内审组的知识和技能也是内审组长必须具备的，包括：法律法规知识；实验室认可或资质认定准则（包括有关实验室管理体系文件的知识）；审核技术和方法（在搜集信息时必须做到客观、全面和有效，基本技巧和方法包括提问的技巧、聆听的技巧、观察的技巧、考查的技巧）；专业知识（至少包括实验室检测、检验、校准工作全过程，实验室所应用的现行评价标准、规程、规范等）。具备这些基本知识和技能，内审员才能在不同的审核中应用适用的准则、程序和方法，保证审核实施的系统性、一致性。虽然不要求内审组成员都具备相同的能力，但内审组的基本能力应足以实现审核目标。

（3）工作方法。正确使用检查表；不要把自己当作专家和顾问，审核是一个互相学习、共同成长的过程，每个人擅长的方面不一样，而且学习是永无止境的事情，不要认为自己比被审核方了解得多，保持平常心；少讲、多看、多问、多听，被审核方的管理体系一直是其组织在使用的体系，内审员并没有参与运作，故不如被审核方了解的深入，只有在真正了解组织的体系运行情况后，才能更好地审核；选择正确的提问对象，正确提出问题，提出的问题一定要观点目的明确，表达清楚，不能建议或者暗示某种答案；封闭式问题和开放式问题相结合；提问和查看相结合；管理体系和专业审核相结合；注意观察被遗忘的角落，有些细节是容易被忽视的，注意从检查表出发，不要遗忘任何事项；创造良好的审核气氛，保持礼貌、友善的交谈，融洽的气氛有利于更好进行审核。

3. 内审员培训与考核

内部审核工作是由内部审核组长主导，内审员来完成的，所以内审员的能力决定着内部审核的质量。内审员的能力对内部审核顺利、高效进行起着至关重要的作用。为确保内审员具备相关能力，内审员要经过培训与考核。

内审员的培训与考核，可以采用实验室内部组织的方式进行，也可以采用参加外部培训机构的方式进行。无论采取何种方式，实验室都应对满足要求的内审员进行任命。在制订内部审核计划时选择经过任命的内审员进行内部审核。

内审员的培训内容一般包括：《检验检测机构资质认定管理办法》（国家质量监督检验检疫总局令第163号）、《检验检测机构监督管理办法》（国家市场监督管理总局令第39号）及其配套文件、RB/T 214—2017《检验检测机构资质认定能力评价 检验检测机构通用要求》、CNAS-CL01：2018《检测和校准实验室能力认可准则》、内部审核技巧、公司管理体系文件及其他适用的法律法规、准则。

内审员的考核方式包括：理论考试、现场问答、实操考核等。培训后一段时间内（一个月／季度／年），应对培训持续效果进行评价，确认培训是否达到预期目标，经过培训的内审员是否具备了相应能力、工作效率是否提升。

4. 内部审核工作组职责与分工

（1）内部审核工作组职责。参与管理体系的内部审核活动，对管理体系的运行起监督作用；对管理体系的保持和改进起咨询作用；在质量管理领域，扮演着连接群众和领导的纽带和桥梁；在第二方和第三方审核中起内外接口作用；在管理体系的有效运行中起榜样作用。

（2）内部审核工作组分工。为确保内部审核的质量，内审组长应依据内审员的能力，结合本次内部审核的范围，对内部审核工作组进行分工。在分工时也要考虑管理要素和技术要素的不同要求，管理要素的审核需要内审员有一定的管理知识，技术要素的审核要考虑内审员的技术能力。例如，对化学实验室进行内部审核，内部审核组就应该有从事管理岗位的内审员和具有化学相关专业能力的内审员。

三　制订内部审核计划

内部审核计划是内审员审核活动的日程安排和指导性文件，通常内审组长或其指派的内审员负责内部审核计划的编制，并经组织管理层批准。

内部审核计划应当能适应变化，并可更改，具有充分的灵活性。内部审核计划只能是提前的安排，在现场审核中可能会遇到很多计划时未能考虑的情况，经有关部门协商一致，可以对计划安排做调整。在制订内部审核计划时要注意如下几点。

1. 了解现状

为确保内部审核的正常进行，要从以下两个方面了解现状。

（1）管理体系的运行状态是否正常，刚开始实施的文件化体系或是正进行重大变更的体系，各方面都还处于非正常运行状态，如果这个时间段进行审核，获得的信息不充分，会导致对管理体系的评价不够客观。

（2）内审组与受审核的各个部门是否有充足的时间实施和接受审核。

2. 合理分工

内审组长在编制内部审核计划时应与内审组成员协商，就将要完成的审核任务，具体审核的过程，涉及的受审核部门、场所或区域等向内审员说明，并考虑内审组中各内审员的专业背景、能力、经验等，将具体的审核活动分配给每一位内审员。需要时，内部审核也可聘请外部专家或技术专家指导或参与审核。组长在分配内审组工作时应注意以下几点。

（1）合理分配审核工作时间和资源。考虑现场审核整体时间；考虑审核人员的分工和搭配；考虑根据所审核部门／过程的重要性和审核的工作量。

（2）合理安排审核顺序。

（3）合理安排审核内容。完整、准确地识别受审核部门／过程的职责和要求；与审核范围有关的主要职责和活动不能遗漏；与审核范围有关的主要职责和活动，但在别的部门查不到的不能遗漏。

3. 统筹时间

审核所需时间主要取决于以下因素：审核目的；审核范围；受审核部门或活动的数量和复杂性；内审员需要收集一定数量的审核证据以取得真实、公正的结果；是否需要分组；内审员的审核经验和能力；组织的规模及审核的主要活动所处的位置等。

4. 示例：内部审核计划

表7-4是一份典型的内部审核计划示例。

表7-4　内部审核计划

<table>
<tr><th colspan="7">2021年XX公司内部审核实施计划</th></tr>
<tr><td colspan="2">审核目的</td><td colspan="5">全面审查质量管理体系的运行情况，评价质量管理体系符合性和有效性，识别改进机会。</td></tr>
<tr><td colspan="2">审核依据</td><td colspan="5">《检验检测机构资质认定管理办法》（国家质量监督检验检疫总局令第163号）、《检验检测机构监督管理办法》（国家市场监督管理总局令第39号）及其配套文件、RB/T 214—2017《检验检测机构资质认定能力评价 检验检测机构通用要求》、CNAS—CL01：2018《检测和校准实验室能力认可准则》、公司管理体系文件及其他适用的法律法规、准则等</td></tr>
<tr><td colspan="2">审核范围</td><td colspan="5">A实验室、B实验室、C实验室、职能部门</td></tr>
<tr><td colspan="2">审核时间</td><td colspan="5">2021年5月14日至2021年5月17日</td></tr>
<tr><td colspan="2">内审组成员</td><td colspan="5">内审组长：×××　　内审员：×××</td></tr>
<tr><td rowspan="6">审核安排</td><td>活动内容</td><td>时间</td><td colspan="2">具体工作安排，包括工作内容、审核要素（序号依据内部审核检查表）等</td><td>内审员</td><td>陪同人员</td></tr>
<tr><td>内审前期准备</td><td>4月15日—16日</td><td colspan="2">讨论审核内容、要求，确定审核方案，编制内部审核检查表</td><td>全体</td><td>/</td></tr>
<tr><td>内审员组会议</td><td>5月6日</td><td colspan="2">内审组构建、内审组会议、首次会议</td><td>全体</td><td>/</td></tr>
<tr><td rowspan="3">内审现场评审</td><td rowspan="3">5月14日</td><td rowspan="3">A实验室</td><td>4，5，8</td><td>×××</td><td rowspan="3">曹××、郭××</td></tr>
<tr><td>6，9</td><td>×××</td></tr>
<tr><td>7</td><td>×××</td></tr>
</table>

续表

<table>
<tr><td colspan="7">2021年XX公司内部审核实施计划</td></tr>
<tr><td rowspan="11">审核安排</td><td rowspan="11">内审现场评审</td><td rowspan="3">5月15日</td><td rowspan="3">B实验室</td><td>4，5，8</td><td>×××</td><td rowspan="3">李××、范××</td></tr>
<tr><td>7</td><td>×××</td></tr>
<tr><td>6，9</td><td>×××</td></tr>
<tr><td rowspan="3">5月16日</td><td rowspan="3">C实验室</td><td>4，5，8</td><td>×××</td><td rowspan="3">李××、刘××</td></tr>
<tr><td>7</td><td>×××</td></tr>
<tr><td>6，9</td><td>×××</td></tr>
<tr><td rowspan="2">5月17日</td><td rowspan="2">职能部门</td><td>4，5，8，9</td><td>×××</td><td rowspan="2">马××、张××</td></tr>
<tr><td>6，7</td><td>×××</td></tr>
<tr><td rowspan="3">5月18日</td><td colspan="2">实验室及相关主要人员沟通会</td><td>全体</td><td>各部门负责人</td></tr>
<tr><td colspan="2">审核组内部会议，完成《内部审核发现汇总表》《内部审核检查表》</td><td>全体</td><td>/</td></tr>
<tr><td colspan="4">末次会议</td></tr>
<tr><td rowspan="4">内审后续改进</td><td colspan="2">时间</td><td colspan="3">具体工作安排</td><td>负责人</td></tr>
<tr><td colspan="2">5月19日</td><td colspan="3">将内审发现汇总表上各项内容转化为《纠正措施报告》</td><td>被审核部门</td></tr>
<tr><td colspan="2">5月19日</td><td colspan="3">编制发放《内部审核报告》</td><td>内审组长</td></tr>
<tr><td colspan="2">审核结束后一个月</td><td colspan="3">进行不符合项整改验证、记录存档</td><td>所有内审员</td></tr>
</table>

四　编制内部审核检查表

内审员进行审核的重要工具就是内部审核检查表，检查表应该是在审核前就需要准备好的一个重要文件。内审员应根据分工预先编制现场审核用的检查表来提高审核的效率，被审核部门的工作范围、职能、审核抽样方案及审核要求和方法决定了检查表内容的多少。

1. 内部审核检查表作用

（1）始终保持清晰和明确的审核目标。在现场审核中出现的各种情况，都会影响内审员的专注度，有的内审员还会纠结于特别细小的环节，或者在自己擅长的领域耗费太多时间，这就很可能导致检查不全面或者延长检查时间，有了检查表，内审员就可以按照检查表一一检查，做好时间规划，既有针对性，又能全面完成检查。

（2）确保系统并完整地完成审核工作。组长应审查和协调各内审员编制的检查表，以免出现遗漏或重复，保证审核目标的清晰。

（3）保证审核进度。在编制检查表时，各内审员按照本次的审核目的、重点及抽样的数量等来规划检查时间。现场审核时，各内审员按照内审计划进行，确保审核在平稳、放松的气氛中完成，以免出现检查不到位或检查内容过多的情况。

（4）使内部审核更加正规化。国际上进行审核的通用做法就是编制检查表，审核程序中也包含了编制检查表这一步骤，检查表是内部审核中必须留存的材料。各内审员使用检查表，可以防止随意检查或盲目检查的情况出现，确保审核程序的正规化和格式化。

（5）是非常重要的审核记录。内部审核计划、内审报告等是需要归档留存的，检查表也应该一并归档。在制作检查表时可以留出空格对调查情况进行记载，一表两用。

（6）协助内审员在受审核方中树立良好的形象。任何内审员，不论其审核经验是否充足，如果能按照检查表进行检查，都能较好完成调查研究、有针对性地进行现场审核、抽取有代表性的材料、整个审核过程在规定的时间高效完成。这样，就能给受审核方留下良好印象。

2. 内部审核检查表的编制准备

考虑到内部审核检查的作用，在编制内部审核检查表时，应提前做好准备，主要从以下几个方面考虑。

（1）内部审核的方式，如滚动式审核、集中式审核等。

（2）审核准则、范围，如化学实验室的审核准则需要包括CNAS—CL01—A002：2020《检测和校准实验室能力 认可准则在化学检测领域的应用说明》等。

（3）内部审核需要检查的材料，如查环境监测记录等。

（4）检查表的类型一般有两种。部门检查表包括：按部门编制检查表，关键是明确部门职责，选择过程/要素和分清主次，优点是审核有广度，部门不重复，但缺乏深度，有的部门之间工作有交接，却不能被审核到。要素检查表包括：是一种按照审核准则标准条款编制的检查表，其关键是选择部门和分清主次，优点是审核有深度，易发现体系“接口”问题，缺点是易造成被审核部门重复。

3. 内部审核检查表的编制要点

（1）以自身的管理体系文件要求为依据。实验室应经过文件审核，使其管理体系文件满足RB/T 214—2017《检验检测机构资质认定能力评价 检验检测机构通用要求》及评审补充要求、CNAS—CL01：2018《检测和校准实验室能力认可准则》和认可准则在相关特殊领域的应用说明等要求。在设计审核检查表时可对照RB/T 214—2017《检验检测机构资质认定能力评价 检验检测机构通用要求》及评审补充要求、CNAS—CL01：2018《检测和校准实验室能力认可准则》和认可准则在相关特殊领域的应用说明等要求，结合实验室的管理体系文件要求，改成问题调查表/提问表的形式，这就成了标准化的检查表，但更好的方法是由内审员根据分工，结合实际具体的检查内容和方式设计一种空白的表格。

（2）检查表应有可操作性。检查表不仅应有要调查的问题，还应有具体检查内容和方式，如样本性质，抽样数量，通过问什么问题、观察什么事物取得客观证据等细节。

（3）选择典型的质量问题。每个要素或每个过程或每个部门通常都有其典型的偏向或问题，例如结构要求容易出现的问题是管理体系没有完全覆盖离开其固定设施的场所进行活动；文件控制容易出现的问题是外来文件的控制，包括检测或校准方法标准没有及时跟踪，外来文件已经过期作废还在使用；纠正措施容易犯的毛病是纠正措施变成了纠正，还有纠正措施的有效性未能得到很好跟踪验证；对标准方法验证不充分，不到位；测量不确定度的评估照抄、照搬，没有根据本实验室的具体情况来评估等。内部审核的主要方法是抽样审核，所以在编制检查表时要抓住要点，抓住主要因素进行抽样检查，这样可以起到事半功倍的作用。

（4）抽样要有代表性。内部审核除了提问，还要查看文件记录和安排现场试验，由于文件和记录数量很多，不可能全部检查，所以必须抽样。根据审核的经验，抽查的样本3~12个，通常抽取3~5个样本，这样才能在较短的时间内获取数量适当的客观证据，但样本应有代表性，才能体现审核的客观性和公正性。例如对实验室的数据和结果质量有直接影响的报告证书、原始记录就可多抽一些，如每类5~10份，对数据和结果质量非直接影响的外购物品验收的记录，选取3~5份即可，这样既有代表性又有重点。

（5）时间要留有余地。编制检查表应评估所需的审核时间，在确定每个部门或每个过程的审核时间时，应留有一定余地，以应对临时发生的情况，如需增加审核内容或审核深度时。

（6）编制检查表要注意审核的全面性。检查表可以按部门编制，也可以按要素编制，无论采用哪种编制方法，对涉及的部门、要素都要注意审核全面性。按部门编制检查表，要考虑的要素不仅包括该部门的中心职责和要求，还要包括该部门配合实施的要素。按要素编制检查表，涉及的部门应包括要素的主要责任部门和配合部门。对涉及所有部门的要素，如人员、管理体系、文件控制、不符合工作控制、改进、纠正措施、记录的控制等，应对所有部门进行检查，也要设定审核的重点和重心。

4. 示例：内部审核检查表

表7-5是一份典型的内部审核检查表示例。

表7-5　内部审核检查表

<table>
<tr><th colspan="9">×××实验室内部审核检查表</th></tr>
<tr><th colspan="4">条款</th><th rowspan="2">核查内容</th><th rowspan="2">拟核查的材料／核查方法</th><th rowspan="2">评审结果</th><th rowspan="2">审核记录/不符合事实描述</th><th rowspan="2">备注</th></tr>
<tr><th>管理手册</th><th>程序文件</th><th colspan="2">外部要求</th></tr>
<tr><td>管理手册6.3</td><td>《设施和环境条件控制程序》</td><td>CNAS—CL01：2018</td><td>6.3.2</td><td rowspan="2">实验室应有固定的、临时的、可移动的或多个地点的场所，上述场所应满足相关法律法规、标准或技术规范的要求。实验室应将其从事检验检测活动所必需的场所、环境要求制订成文件。</td><td rowspan="2">现场观察、查环境要求文件</td><td rowspan="2"></td><td rowspan="2"></td><td rowspan="2"></td></tr>
<tr><td>管理手册6.3</td><td>《设施和环境条件控制程序》</td><td>RB/T 214—2017</td><td>4.3.1</td></tr>
<tr><td>管理手册6.3</td><td>《设施和环境条件控制程序》</td><td>CNAS—CL01—A002：2020</td><td>6.3.2</td><td>实验室应制订并实施有关保证人员健康的程序。实验室应有与检测范围相适应并便于使用的安全防护装备及设施，如个人防护装备、洗眼及紧急喷淋装置等，定期检查其功能的有效性。</td><td>现场观察实验室安全设施、防护设施，安全管理规定</td><td></td><td></td><td></td></tr>
</table>

续表

×××实验室内部审核检查表								
条款				核查内容	拟核查的材料/核查方法	评审结果	审核记录/不符合事实描述	备注
管理手册	程序文件	外部要求						
管理手册6.3	《设施和环境条件控制程序》	CNAS—CL01：2018	6.3.3	检验检测标准或者技术规范对环境条件有要求时或环境条件影响检验检测结果时，应监测、控制和记录环境条件。当环境条件不利于检验检测的开展时，应停止检验检测活动。	环境监测记录			
管理手册6.3	《设施和环境条件控制程序》	RB/T 214—2017	4.3.3					
说明："评审结果"应逐个条款进行评价，Y表示"符合"，Y'表示存在观察项或需说明的问题，N表示"不符合"，N/A表示"不适用"。使用Y'、N、N/A时必须同时在"审核记录/不符合事实描述"栏详细说明。								
内审组长								
内审员								
审核日期								

五　召开首次会议

1. 首次会议前的工作准备

（1）审核前准备会。在召开首次会议前，内审组长根据需要可决定是否召开审核前准备会。会议可包括以下内容：受审核部门/过程的情况介绍；整理所涉及的法律法规、相关标准等；文件审核的情况汇报；明确内部审核计划和分工；讨论审核工作相关事宜。

（2）文件审核的目的。由内审组长或内审组长指派的内审员在实施现场审核前实施文件审核。审核小组也可以在现场审核时组织审核管理体系文件。评价管理体系与RB/T 214—2017《检验检测机构资质认定能力评价 检验检测机构通用要求》和/或CNAS—CL01：2018《检测和校准实验室能力认可准则》等要求的符合性，了解受审核方管理体系运行情况，对现场审核是否可以实施进行确定，是文件审核的目的。

（3）文件审核的内容。按照RB/T 214—2017《检验检测机构资质认定能力评价 检验检测机构通用要求》和/或CNAS—CL01：2018《检测和校准实验室能力认可准则》等的所有要求来判断组织的管理体系文件，如管理手册、程序文件等是否全部覆盖；体系文件是否按照审核标准要求使用术语；管理体系文件的内容是否系统、协调；所提供的文件是否现行有效，并按文件控制要求执行；管理体系文件是否按照法律法规要求、其他必要的要求进行编制；是否关注以往审核中对文件符合性、有效性的评价意见，并形成管理体系的重要记录，予以保存；了解受审核方的基本信息。文件审核的范围和数量与本次审核的目的和范围有关，如果不是完整管理体系的审核，通常可仅对更改的文件进行审核。在进行文件审核时，可以要求受审核方提供进一步的文件和记录，以获得对受审核方管理体系过程或活动的了解。除上述文件外，其他文件可在现场审核。

（4）文件审核可以分为两个阶段。第一阶段，现场审核前的文件审核。一般指对实验室的管理体系文件，如方针、目标、管理手册、程序文件等的审核。审核的重点是文件与审核准则的符合性、文件之间的协调性、文件的覆盖面等。第二阶段，现场文件审核。在现场审核中，内审员还会接触到大量的其他文件，如作业指导书、质控计划、标准文本、相关的作业规范及记录等。内审员应对相关的文件进行审核，将文件的数量是否充分、文件的适宜性、与其他文件的协调性及文件的控制情况等作为审核重点。

（5）文件审核的结果。若出现文件不适宜、不充分情况，内审组长需要及时通知审核委托方和受审方，决定审核是否暂停（直至有关文件的问题得到解决）或者继续进行。文件审核的结论通常有以下几种：符合审核准则要求；基本符合，还应对部分内容进行修改，并在现场审核时对修改后内容进行验证；需对文件进行修改，经机构负责人审核、批准后，才能进行现场审核。

2. 首次会议

首次会议在实施现场审核前召开。内审组全体成员和受审核方管理层人员参加首次会议，由内审组长主持会议，应按内部审核计划预定的时间准时召开，记录与会人员，会议应简短明了，一般不超过30分钟。

（1）首次会议的目的。确认审核范围、目的、准则与计划，介绍审核程序与方法，在内审组与受审核方之间建立正式联络，促进受审方人员积极参与，沟通、协调、创造良好氛围。

（2）首次会议主要内容。确认内审组成员，确认审核目的、范围、准则，确认内部审核计划，介绍审核程序与方法，确认末次会议的时间，确认审核所需资源条件已具备，保密承诺及公正性保证，有关审核可能被终止的条件信息澄清与沟通。

以上首次会议内容是ISO 19001：2015针对外部审核，尤其是第三方审核的规定，在实验室内部审核时可以适当简化，如受审核部门对内审员已很熟悉，便不必予以介绍。但实验室如果有很多分支机构，分支机构之间进行内部审核也有必要相互介绍。又如例行内部审核的目的和范围在管理策划或内部会议上介绍过，或体系文件中有规定，只需简单提及即可。审核所需资源，如办公室、复印机在本部门均已解决，无须受审核方专门提供。相对需要重点介绍的是审核的程序和方法等，如抽样检查，发现不符合项、开具不符合报告，要求受审核方确认不符合事实和提出纠正措施计划等内容。

总之，内部审核的首次会议可根据具体情况适当简化，但简化不等于取消，为了保证内部审核正规化，首次会议是必要的。

六　实施现场审核

1. 现场审核路线和方法

现场审核中经常采用的审核路线和方法有下列三种。

（1）顺向跟踪或逆向追踪的审核方法。顺向跟踪指按检测或校准过程，从合同签订开始到报告编制和签发进行审核，即从过程的开始到过程的结束进行审核。逆向追踪正好相反，即从结束到开始，从报告签发向前一步步追踪到合同签订为止。

（2）自上而下或自下而上的方法。自上而下指先到信息比较集中的部门了解总体情况，再到相关部门去调查。典型的例子是对文件控制程序的审核，内审员可以先到文件管理部门查阅受控文件清单，根据文件编号、版次、发放情况等信息，抽取不同类型的文件5~10份，然后到使用部门核查，判断实验室文件控制情况。自下而上指各执行部门选取一定的样本，然后集中到管理的部门审核，如对检测／校准设备的审核，内审员在设备使用部门选择3~5台设备，记录设备标识、名称、型号，再到仪器室了解这些设备的原始档案和校准情况。

往往将上述两种方法结合使用，才能达到较好的审核效果。

（3）按要素审核和按部门审核的方法。按要素审核：往往一个要素会涉及多个部门，内审组要到多个部门调查后才能完成一个要素的审核，因而可能要往复多次各相关部门才能完成审核。按部门审核：每个部门都会涉及几个要素，可以一次审核清楚，比较节省时间。按要素审核时注意防止遗漏部门；按部门审核要注意防止遗漏要素。

在编制内部审核计划时，就应明确审核路线和方法并融入内部审核检查表的设计过程。

2. 现场审核方式概述

内部审核实际上是发现客观事实及相关证据的活动，内审员和技术专家的作用是收集不符合法律法规和机构管理体系等要求的客观证据。掌握实验室评审技巧，可以取得事半功倍的效果。

评审组在搜集信息时必须做到客观全面和有效。

（1）搜集所需要的有关管理体系工作程序、人员、设备、检测方法、环境与设施、样品处置、质量控制和验证活动，以及记录（包括质量记录和技术记录）、报告或证书等所有信息。

（2）将不断发现的客观事实对照法律法规的要求和本机构管理体系文件的规定，包括对管理手册、程序文件等所描述的管理体系和操作程序进行评价。

（3）通过客观证据确定不符合项。

3. 收集信息的方法与技巧

为了做到客观、全面和有效，评审组用于搜集信息的基本技巧和方法包括面谈、观察、查阅文件记录和现场试验等。

（1）面谈概述。面谈是收集信息的一个重要手段，也是收集信息的方法之一，应当在条件许可时采用适合于被面谈人的方式进行。

（2）与员工及其他人员的面谈。面谈人员应当来自审核范围内实施活动或任务的适当的层次和职能；面谈应当在被面谈人正常工作时间、正常工作地点进行；在面谈前和面谈过程中应当努力使被面谈人放松；审核时被面谈人往往不愿意被做记录，因此有必要向被面谈人说明做记录的原因，如审核程序文件的要求等；面谈可从请被面谈人描述其工作开始，这样容易让被面谈人自然切入正题，并使其放松。

（3）与受审核人员面谈。正确运用面谈、聆听、回答的方法和技巧是有效实施内部审核的关键之一。要注意以下方面：选择合适的面谈对象，面谈对象主要是审核范围内的管理操作和核查人员，一般情况下应尽量选择过程或活动的责任人；面谈中明确审核的主题，善于提问和交谈，要尊重对方，仔细倾听，注意对方的表情和态度，避免粗暴打断发言；善于发现和抓住线索，深入了解审核对象的活动情况；灵活应用不同提问方式。

（4）面谈提问技巧。关注主题；重视沉默的作用；从不同角度确认得到答复。应避免的提问：问题本身不要有缺陷；不要提恶作剧式的问题；不要提含糊不清的问题；不要提综合性问题；不要提无关的问题；不要提不该问的问题。

（5）面谈的三种提问方式。封闭式提问：可用简单的“是”或“不是”回答的问题获取专门的信息，有主动权，但信息量小；开放式提问：回答需要解释或进一步说明，可以引出较多信息，开放式问题可分为主题式问题、扩展式问题、征求意见式问题和设想式问题；澄清式提问：用以获得更多的专门信息或确认已获得的信息，带主观导向，不能经常用。封闭式提问一般用于面谈开始，继之以开放式提问或澄清式提问，最后以一两个封闭式问题结束，几种提问方式要结合使用。

（6）聆听的技巧。积极投入到听的活动中去，努力创造顺畅交流的气氛；养成注意倾听他人说话的良好习惯；避免注意力不集中，思想开小差。

（7）观察概述。内审员要判断管理体系的有效性和符合性，不能单凭受审核方的介绍和说明便做出判断，应该根据受审核方的回答进一步实施观察和查验证据。

（8）观察的范围。审核现场的检测或校准活动；审核现场的环境状态；审核现场的设备状态；审核现场人员的工作状态；审核现场的原始记录状态；审核现场人员被询问时的神态等。

（9）检测/校准活动观察内容。管理体系文件与作业指导书（检测方法或校准测量程序）的可获得性；原始记录的规范性；结果报告的正确性；设备使用的熟练程度；检测/校准人员操作的正确性；隔离措施的合理性等。

（10）环境状态观察内容。照明、通风、取暖等；检测/校准环境条件有温湿度要求，检测/校准过程中温湿度的有效监控和记录；监控设备的校准状态，监控设备的布置合理性；样品制备过程中温湿度的控制；样品储存过程中温度的控制；自动化采集数据设备环境条件；记录储存环境条件；分析天平等高度灵敏设备的防震；防电磁干扰、防腐蚀、防尘、防火；实验室是否有充分保证开展工作的空间；是否维持实验室资源有效及可靠；是否对实验室固定设施之外进行原始样品采集和检验的地点制订相关规定；实验室的环境条件设计是否能确保使用者最佳舒适性，是否能将发生伤害及职业性疾病的风险降到最低，是否能保护客户、员工和来访者，使其免受已知危险的伤害；如果提供了原始样品采集设施，是否在尽量优化样品采集条件的同时，考虑客户的行动能力，舒适度及隐私；实验室的设计与环境是否能确保防止采集/检验原始样品的结果失败或影响测量的质量；实验室设施，如能源、光照、通风、供水、废弃物处置及环境条件是否能保障正确进行的检验操作；实验室是否制订相关程序，用于检查其环境对样品采集、设备运行有无不利影响；当规定要求或环境因素可能影响结果质量时，实验室是否监测控制并记录环境条件；是否关注无菌、灰尘、电磁干扰、辐射、湿度、电力供应、温度、声音和振动水平以适应相关的技术活动；实验室是否进行区域隔离，是否能防止交叉感染；实验室是否进行人员隔离，是否能防止未授权者访问；实验室的数据信息系统是否与机构的规模复杂性及信息的有效传输相适应；实验室是否能提供相应的存储空间和条件，以确保样品、切片、组织块、保存的微生物、文件、档案、手册、设备、试剂、实验室供应品、记录与结果的持续完整性；是否能保持工作区清洁，危险物品的存放及处置遵守相关法规；实验室是否制订专门程序并对人员培训，确保实验室良好内务管理；是否符合医学实验室的要求。

（11）设备状态观察内容。实验室是否配置所需的全部设备；实验室使用的非永久控制的设备是否确保符合要求；选择设备时是否考虑保护环境和能源设备；是否符合相关检验所要求的性能标准；实验室管理层是否建立程序，用于定期检定 / 校准及保持其状态并记录，是否有预防性维护程序并记录；实验室的设备是否均有唯一性标识；实验室是否有保存影响每台设备的检验性能的记录；实验室设备是否按照要求由经授权者操作；实验室人员是否能随可获得使用和维护设备的最新作业指导书；实验室是否维持设备的安全工作状态，包括检查电器安全，紧急停止装置，以及由授权人员安全操作及处置化学、放射性和生物资料；是否能及时发现设备故障并停止设备运行，是否重新校准后使用；实验室是否采取合理措施，在设备重新投入使用、修理或退役之前对其去污染；是否将所采取降低污染措施的清单提供给该设备工作人员；实验室是否留出合适的空间以供设备修理和放置个人防护设备 / 装备；实验室的设备是否有检定 / 校准或验证状态的标识；设备脱离实验室直接控制，是否在实验室重新使用之前对其检查并确保其性能满足要求；实验室是否对自动化方式收集检验数据的检验设备进行控制，以确保计算机软件，包括仪器设备内置的软件文件化并经确认；实验室是否制订并执行相应程序保护资料的完整性；是否定期维护计算机和自动化设备，确保其正常运行；是否提供相应的环境和操作条件，以保证资料的完整性；是否有措施保护计算机程序，防止无意或未经授权者访问、修改或破坏；实验室是否制订安全处理、运输、存放和使用设备的程序，以防污染和损坏；实验室是否有程序在校准给出一组修正因子时，确保修正因子及所有备份得到正确更新；实验室是否设防以避免因调整或篡改而导致检验结果无效。

（12）查阅文件和记录概述。查阅文件时应关注文件的充分性和适宜性，同时关注文件实施和控制的有效性。

（13）查阅文件。指查阅所有信息或指令，包括政策声明、教科书、程序、说明、校准表、生物参考区间及其来源图表、张贴品、公告、备忘录、软件、图片、计划书和外源性文件（如法规、标准、检验程序等）。查阅的文件包括：质量方针、质量目标、质量计划；程序、标准、作业指导书；营业执照和许可证；规范、图样、合同和订单；内部审核方案等。

（14）查阅记录。记录包括：原始记录、导出数据、检测 / 校准记录、会议纪要、审核报告、管理评审报告、质量监督记录、质量控制记录、数据的汇总分析和绩效指标（如质量方针、质量目标的达成及数据分析）、抽样方案的信息、抽样和测量过程控制程序的信息、实验室之间比对或能力验证结果、不同方法或相同方法的检测 / 校准等、其他方面的报告（如顾客反馈、来自外部或供方的相关信息、计算机数据库和网站等）。查阅记录的要点包括：记录是否齐全完整，是否包括原始观察记录、导出数据、校准记录、员工记录、内部审核、管理评审记录、纠正措施、风险控制记录等；记录格式是否有唯一性标识；记录是否包含充分的信息，是否能在尽可能接近的条件下重复；记录是否保存在适宜的环境，能否防止损坏、变质、丢失；记录是否规定保存期，并按保存期存放；记录是否在检测／校准的当时进行；记录出现的错误是否采用画改方式修改，或能否保留前一个版本或原始记录等。

（15）现场试验考核概述。现场试验考核是针对实验室检测／校准人员的技术能力的一种审核方法。

（16）现场试验考核需关注的内容。是否按现场试验计划准备样品；样品制备是否符合要求；是否正确选用检测／校准方法；对标准、方法、规程的熟悉程度；检测／校准人员是否按上岗规定上岗；检测／校准人员按操作规程操作的熟练程度；实验室是否具备对检测／校准过程的组织控制能力；实验室相关部门对试验的支持、质量保证程度；检测／校准的仪器和设备是否符合方法要求；检测／校准设备是否实现量值溯源；检测／校准的样品处理、环境等是否符合要求；记录的信息量是否充分；结果处理是否正确；报告是否准确、清晰、明确、客观。

4. 信息的收集与验证

现场审核是一项抽样调查活动，最重要的是以公正、客观的态度，利用正当有效的方法寻找审核证据，形成审核发现，做出客观准确的评价。信息的收集与验证到得出审核结论是一个过程，包括适当抽样，收集和验证，对照RB/T 214—2017《检验检测机构资质认定能力评价 检验检测机构通用要求》及评审补充要求、CNAS—CL01：2018《检测和校准实验室能力认可准则》和认可准则在相关特殊领域的应用说明等要求和实验室的管理体系文件进行评价和审核，最后将信息转化为审核结论。

（1）实验室信息源。审核中所收集的信息是否具有代表性，是否充分与真实，影响审核结论的可信性和实施审核的有效性。实验室内部审核可选择的信息源包括：受审核部门的人员和相关人员的面谈；对检测／校准活动、设施和环境条件、设备样品的观察；相关的文件和信息。如体系文件、作业指导书、合同、检测或校准记录、设备记录、人员记录等；其他方面信息。

（2）收集信息。内部审核是在有限的时间内利用有限资源进行的，因此内部审核不能对所有信息逐一验证，应选择合适的方法，从信息源中抽取代表性样本。

（3）客观证据建立在通过观察、测量、试验或其他手段所获得事实的基础上。审核中的客观证据包括：存在的客观事实经过验证可以成为客观证据，主观分析推断预测的信息不能作为客观证据；被访问的、对该项质量活动负有责任的人员陈述，并有其他事实旁证的可以成为客观证据，传闻、陪同人员或其他与被审核的质量活动无关人员的谈话不能成为客观证据；现行有效的管理体系文件的规定和质量记录，可以成为证明当时发生的质量活动的客观证据，作废的文件规定和擅自修改过的记录不能成为证明当时发生的质量活动的客观证据。

5. 现场注意事项

（1）内审组内部沟通。内审组内部沟通主要通过审核前的准备会、计划中的内部交流或其他方式进行，内容包括：交流审核信息并汇总；评价审核发现；统一内审组内部意见，解决分歧。

（2）与受审核部门沟通。审核过程中还需与受审核方沟通，内容包括：对审核发现以及可能的不符合事项，要求澄清或进一步提供证据；审核中遇到障碍，要求受审核部门给予支持和合作；简要介绍该部门的审核发现，要求确认不符合，必要时倾听受审核部门的澄清陈述，以便客观评价。

（3）与管理层沟通。内部审核中，内审组长在下列情况下可向管理层或组织负责人报告。原内部审核计划安排的时间不能完成审核任务，需要调整内部审核计划；内审组成员与受审核方发生严重分歧，内审组长不能与受审核部门负责人达成共识，导致审核难以继续进行。

（4）组长控制全过程。内部审核是由内审组负责进行的，内审组长应掌控审核的主动权，不要被受审核方或客观问题左右。

（5）控制审核方式。内审员应考虑重点，避免过度刻板地按检查表一条条地审核，也要避免未发现问题或不符合项就任意扩大抽样量。样本策划的合理性包括一定数量，一定时间，一定分布，要注意均衡，分层要有代表性，要独立取样。

（6）控制氛围。保持良好的审核气氛，坚持审核独立调查，不受任何干扰，避免产生对抗情绪，保持耐心和礼貌，不介入受审核方内部的争端。审核应在平和、宽松的气氛中进行，自始至终创造和保持和谐融洽和轻松的气氛，能使审核取得更好的效果。内审员要表现得既有权威性，又不盛气凌人，建立良好的工作关系。保持冷静、镇定、有礼貌、有耐心。消除紧张气氛，保持公正和公平，发现不符合事实，认真听取情况说明，找出真正的原因，切忌因发现问题而喜形于色或指责对方。在进行追踪检查时，要注意说明所查内容的前后关联，以免对方误认为内审员在无止境找碴。当个别受审核方人员态度粗暴时，内审员应保持冷静，不与之争吵。发现审核过程出现失误时，内审员应及时承认差错并表示歉意，适度的幽默往往可以缓解紧张气氛。

（7）始终不偏离审核目标。实验室审核从策划开始到提交审核报告结束，都应坚持预定目标。明确总体目标外，还要注意不偏离每一阶段的目标，现场审核时可能遇到受审核方有意无意的各种干扰，内审组长应随时掌握动态，认准目标，把握方向，及时协调、调整。内审员应保持头脑清醒，不要因某些干扰转移审核视线或偏离审核目的。

（8）控制进度。内部审核计划是经过内审组和受审核方确认并由质量主管批准的，不应随意改动，确因特殊情况需要修改，应征得对方同意，并按程序执行。计划不变的情况下，进度也应加以控制，尤其是按要素审核时，往往涉及多个部门，在一个部门拖延就会影响下一部门的审核，所以内审组长应要求所有内审员都按审核检查表审核并掌握进度。内审组长应利用好内审组内部会，交流审核信息、纠正审核偏差、调整审核日程、协调审核任务、把握审核尺度和调控审核进度。内审组长主持见面会、总结会，应简短、轻松，良好的会议气氛和内审组严谨、精干、守时的作风，会给受审核方留下良好印象。现场审核应在审核日程指导下进行，各阶段工作应按照预定日期完成，特殊情况时，内审组长应及时调整审核安排，内审员遵循审核日程，服从内审组长指挥，及时沟通协调，保持内审组和谐，发挥整体功能，不能因对某专业领域感兴趣而在该领域审核特别细致，抽样特别多，也不能因为未发现问题而扩大抽样。

（9）控制审核范围。实验室审核通知应明确规定审核的范围。内部审核核查表提出的抽样方案要具有充分的代表性，尽可能覆盖到审核范围。现场审核需要偏离核查表时，经内审组长同意，内审员虽然可以扩大抽样范围和抽样数量，但不可超越规定的审核范围，不能把在被审核实验室申请认可范围以外可能见到的其他情况作为不符合提出或以自己部门的习惯做法要求被审核方接受不符合。对内审员任何违反纪律的行为或倾向，组长都必须严加控制，不得放任。

（10）识别关键过程，注重内部审核的有效性。一个组织的管理体系是由一组相互关联或相互作用的过程构成的系统，不同的过程对管理体系实现质量方针和目标的有效性和持续提供满足要求的产品（数据和结果）的能力有不同的影响，因此内审员应通过审核准备、查阅文件和记录、观察和调查来辨别影响产品（数据和结果）质量的体系运行的关键过程。不同专业有不一样的关键过程，如对石化检测而言，环境控制、安全等是均是关键过程。

（11）评定主要因素。影响过程能力的因素有人、机、料、法、环、测（实验室的“测”是对实验室的产品、数据和结果的核查、审核、批准等）等，但对不同过程，这些因素的影响并不相同，因此，必须区分其中影响质量的主要因素。

（12）注意相关影响。从内审组分工考虑，每一位内审员了解的只是管理体系的一部分，内审员之间应通报情况，互相配合，综合相关影响。从过程的特点考虑，也应注意相互影响，综合考虑。

（13）控制客观性。审核时，应对调查所得证据的客观性反复研究，力求结论的客观和公正。应强调不要以主观猜测和推理替代客观证据，尤其对不符合项的判别一定要更客观。应与受审核方共同确认事实，审核发现不符合项，要及时交流，在内部会议时充分讨论，不轻易下结论，并由受审核方确认。如果受审核方不同意内审员观点，认为证据不正确或不充分，内审员应耐心说明调查所得的客观证据的真实性和完整性。如果双方各执己见，一致意见，可请质量主管或最高管理者裁决。内审员，不应一有争执就把问题上交，而应认真收集客观证据，用事实耐心说服受审核方，让其心悦诚服。

七　讨论并形成不符合报告

不符合报告是描述审核发现的不符合、审核依据、不符合产生的原因、不符合的类别等的文件，是评审组的重要输出文件之一。

1. 不符合的定义

在ISO 9000：2015《质量管理体系 基础和术语》中对不合格（不符合）有这样的定义：未满足要求。ISO 9000：2015《质量管理体系 基础和术语》的“不合格”主要针对的是产品，指的是产品不合格，也就是不合格品，而就管理体系而言，一般称为不符合。同时该标准也对“要求”有定义，指明示的、通常隐含的或必须履行的需求或期望。对实验室来说，这里的“要求”一般包括法律、法规、规章，建立管理体系所依据的准则要求，实验室自身建立的管理手册、程序文件、管理办法和作业指导书等管理体系文件，客户的要求等。

总体来说，就实验室而言，不符合指实验室活动的任何环节或结果，与认可准则、监管机构要求、公司规定或与客户达成一致的要求等不符合的情况，通常称为不符合项。

2. 不符合的分级

对内部审核发现的不符合，内审员可评价其严重程度，受审核部门或人员根据严重程度及风险大小对可接受性做出决定。严重程度评价应考虑不符合对实验室活动和结果的影响大小和影响范围等，包括对先前结果的影响。内部审核对不符合程度的评价没有统一要求，实验室可在程序文件中做具体要求。

不符合程度较为通用的分级是严重不符合和一般不符合。严重不符合指影响实验室诚信或显著影响技术能力、检测结果准确性和可靠性以及管理体系有效运作的不符合。严重不符合的情形一般涉及违反诚信要求，如串通能力验证结果、篡改原始记录等；能力不满足，如未实际具备检测资源、条件、能力即开展实验室活动，包括无人员能力、无关键设备等；体系运行失效，如同一要素的不符合多次在同一部门出现或在多个部门重复出现、实验室实际活动与质量管理体系严重不符等。一般不符合指偶发的、独立的、非系统性的对检测结果、质量管理体系有效运作没有严重影响的不符合。一般不符合的情形通常属于偶然发生的，对实验室活动不会产生重大影响，并且相对独立，不造成其他方面的影响，实验室活动中某个环节操作不当、某位人员缺少某类培训、某设备未按期校准。

也可以根据质量管理体系运行的合规性进行不符合严重程度的分类，分为严重不符合、重大不符合和一般不符合。对违反法律法规及其他要求，会导致撤销资质、暂停资质、查封、责令整改以及罚款等后果的不符合为严重不符合，如违规使用认定认可等标识（超资质范围使用或使用已失效、撤销、注销的资质等），未经检测出具虚假数据、结果，非授权签字人签发报告等。对没有违反法律法规及其他要求，但会导致检测结论错误或溯源中断，从而引发客户质疑、投诉、索赔甚至诉讼的不符合为重大不符合，主要涉及未按照正确的标准/规程/方法实施实验室活动（未造成数据结果失实），在基本条件和技术能力不符合要求的情况下实施实验室活动（不符合未持续），报告信息与原始记录不一致（能够证实未涉及篡改数据结果）。既没有违反法律法规及其他要求，也不会导致检测结果错误或溯源中断的不符合定义为一般不符合。

以上两种不符合程度的分级有相互交叉也有相互区别之处，实验室可以结合自身情况选择适合的分级方式，并根据不符合项的严重程度分析对实验室活动的影响，采取相应的措施。

所以，对审核发现的不符合，内审员可从不符合的产品原因及不符合的严重程度两个方面分析判断不符合项的类型，以便于受审核部门针对不同类型的不符合采取不同程度的纠正措施，使受审核部门的质量管理体系运作得到有效改进。

观察项一般指有发生不符合的潜在风险的问题。在审核过程中可能会发现一些证据不足，但凭经验估计存在的问题，需做进一步了解，或者暂时还不会形成不符合，但按照现有的路线发展下去有形成不符合的风险，可将这些问题定为观察项。如实验室对电动工具进行不正常操作试验时没有安装排风系统，由于不正常操作试验时会排出大量对人体健康有害的气体，但产品标准中并没有这一要求，所以，提出观察项使实验室负责人重视员工的身体健康。

3. 不符合的类型

在质量管理体系建立和实施过程中，根据不符合的产生原因，可以将不符合分为三种类型：体系性不符合、实施性不符合和效果性不符合。

（1）体系性不符合。在建立质量管理体系时应考虑“标准”要求，结合实验室的实际情况，将“标准”要求中的相关规定体现在质量管理体系中。标准包括法律法规、认可准则、监管机构要求等，体系性不符合表示质量管理体系文件规定不符合“标准”要求。

（2）实施性不符合。实施性不符合指实施不符合文件规定，也就是实验室建立的文件化质量管理体系已满足“标准”要求，但是质量管理体系在实际运行的过程中，实验室没有按体系要求执行或者执行不彻底。

（3）效果性不符合。效果性不符合指实际效果不符合目标，也就是实验室建立的文件化质量管理体系虽然执行了，但未实现预定的目标。

4. 不符合项的判定

准确判定不符合项是内审员必须掌握的技能，并且在不符合报告中起着较为关键的作用。

（1）不符合项判定要求。

①依据客观证据判定。

②确定不符合相关的文件要求，主要涉及四部分内容：一是法律法规、技术规范、标准；二是RB/T 214—2017《检验检测机构资质认定能力评价 检验检测机构通用要求》及评审补充要求、CNAS—CL01：2018《检测和校准实验室能力认可准则》及实验室认可的规则文件；三是质量管理体系文件；四是与客户约定的要求文件。

③确定不符合文件的条款。在确定不符合的文件后，还需进一步确定不符的条款号。确定不符合标准的条款时应遵循不符合项判定的原则。

（2）不符合项描述及判定的原则。

把握好不符合项描述及判定的原则，对准确判定不符合有非常大的帮助，应从就近原则、就小不就大原则、便于纠正原则、抓根本原则、增值原则五个方面考虑。

①就近原则。在确定不符合文件的条款过程中应从与审核发现的不符合事实最接近的要素中选择最适合的条款，“文件”问题，不应只从“管理体系文件的控制”中找。如标准中未明确规定的要求未制订作业指导书，不能判在“管理体系文件的控制”，而应判在“方法的选择、验证和确认”。又如“环境” 的问题，不要只从“设施和环境条件”判定，“自动采集数据的自动化设备的环境条件未满足要求”就不能判在“设施和环境条件”，而应判在“数据控制和信息”。

②就小不就大原则。确定不符合文件的条款不仅应从与审核发现的不符合事实最接近的要素中选择最适合的条款，并且要选择最适合的最小条款。如CNAS—CL01：2018《检测和校准实验室能力认可准则》6.2.6条款规定“实验室应授权人员从事特定的实验室活动，包括但不限于下列活动：a）开发、修改、验证和确认方法；b）分析结果，包括符合性声明或意见和解释；c）报告、审查和批准结果。”若审核发现的不符合事实为某实验室未能提供报告审核人员的授权记录，应该判为6.2.6 c）而不是6.2.6。

③便于纠正原则。在描述审核发现的不符合事实时应当准确、清晰、有针对性，便于实验室实施纠正措施。如“人员培训不到位”“原始记录不完善”“样品管理不合理”“报告

填写不规范”等，这样的不符合描述指向性不强，受审部门很难采取纠正措施，即使采取纠正措施，措施也可能不完善，无法解决根本问题。如“对人员培训不到位”，可以明确描述某年份某岗位人员或某人员某类培训不到位，这样才能使实验室更好、更准确地采取纠正措施。

④抓根本原则。评审发现应从不符合事实着手，而不是追究不符合的原因，确定不符合的原因应该由受审核部门完成。如不符合描述“由于实验室的管理文件中未对该类标准溶液的保存条件进行规定，导致硝基呋喃类代谢物（AOZ、AMOZ、AHD、SEM）混合标准储备液储存在冰箱（编号：XXX）2～8℃冷藏区域内，而未按标准要求将该标准溶液存放至-20℃区域内”，不符合事实描述不需要描述不符合的原因，只需将审核发现的事实描述清楚，正确的描述应为“审核发现硝基呋喃类代谢物（AOZ、AMOZ、AHD、SEM）混合标准储备液储存在冰箱（编号：XXX）2～8℃冷藏区域内”。

⑤增值原则。表示通过审核发现不符合，使实验室采取纠正措施，从而提高实验室的管理水平和技术能力，促进实验室的管理体系的有效性。如“实验室未配备GB/T 5510—2011《粮油检验 粮食、油料脂肪酸值测定》规定的辅助设备——锤式旋风磨”，这项不符合就说明实验室目前配备的辅助设备不满足要求，应采购标准要求的设备，以保证检测结果的准确性，提高检测水平。

5. 不符合的确认

内审组共同评审审核发现，汇总不符合项和观察项，形成“不符合报告”。

内审组应就发现的不符合项和观察项与受审核部门进行充分沟通，确认审核证据的准确性，并且确保受审核部门理解发现的不符合。受审核方对内审组的审核发现有疑问时应及时提出。沟通满意后，双方在“不符合报告”上签字确认。

6. 不符合报告内容

内部审核评审组根据审核准则对收集到的审核证据进行评价，得出审核发现，审核发现包括符合或不符合审核准则。当发现不符合审核准则时，评审组应形成不符合报告。不符合报告内容一般包括：受评审部门、审核日期、整改期限、不符合事实描述、不符合类型、不符合程度、依据文件／条款、纠正措施的验收方式、内审员的签字、受审部门对不符合事实的确认。

（1）不符合事实描述的要求。

不符合事实的描述是不符合报告中的关键内容，决定不符合事实的指向，不符合事实描述产生偏差会使受审核部门理解偏差，从而使受审核部门采取的纠正措施与不符合项偏离，最终导致无法达到内部审核的效果。所以在描述不符合事实时应该简明、准确，并且要有证实不符合的客观证据，保证不符合事实的可重查性和可追溯性。

①准确、客观描述不符合事实，包括发现不符合事实的审核方式、事实发生的时间、地点、事件过程等。这里可以使用“牛眼法”。“牛眼法”是将一个散乱的问题，通过一系列提问，就像牛的眼睛，把问题层层深入，最后聚焦到真正要解决的根本问题。“牛眼法”的具体内容是“4W1H”，也就是When（时间）、Where（地点）、Who（谁）、What（事实）、How（程度）。“牛眼法”中不包括Why，因为“牛眼法”是界定问题，解决问题的

第一步是要弄清楚问题，而不是了解原因。

②不符合事实描述应采用专业术语。

③应尽量使用中性词汇，不使用“非常”“极其”“十分”“严重”等表示程度的形容词及夸张的语言。

④就事论事，不扩大不符合的事实范围。

（2）证实不符合的客观证据。

在描述不符合事实时，应将能证实不符合事实的客观证据描述清楚，如不符合涉及的文件名称、编号、版次；产品 / 服务 / 项目 / 方法名称、编号、标识；设备名称、编号、放置地点；记录名称、编号、标识、时间；人员工号、姓名缩写、职位、岗位等，应确保不符合描述具有可追溯性。

7. 不符合报告的样式

在实际中，通常将不符合报告与纠正措施报告合并使用，形成不符合纠正措施报告，以记录完整的不符合整改过程，如表7-6所示。

表7-6　不符合纠正措施报告

编号：

<table>
<tr><td colspan="2">受评审部门</td><td></td><td>审核日期</td><td></td></tr>
<tr><td colspan="2">内审员</td><td></td><td>整改期限</td><td></td></tr>
<tr><td colspan="5">不符合事实描述：

主要依据：（RB/T 214、CNAS—CL01、内部程序文件等，如可能应列明具体的对应条款）</td></tr>
<tr><td colspan="5">不符合分级：□ 严重不符合　□ 重大不符合　□ 一般不符合
不符合类型：□ 体系性不符合　□ 实施性不符合　□ 效果性不符合</td></tr>
<tr><td colspan="3">内审员签字/日期：</td><td colspan="2">部门负责人签字/日期：</td></tr>
<tr><td>原因分析</td><td colspan="4"></td></tr>
<tr><td rowspan="2">影响评价</td><td colspan="4">□ 已经影响检测 / 校准结果
□ 需暂停工作、扣发检测报告和校准证书　□需通知客户取消工作
□ 需追回已发出报告　□其他方式（在制订措施时具体说明）</td></tr>
<tr><td colspan="4">□ 未影响检测 / 校准结果</td></tr>
<tr><td colspan="5">注：对可能影响实验室活动的不符合，应确认对结果的影响程度，并提供相应记录</td></tr>
<tr><td>措施制订</td><td colspan="4"></td></tr>
<tr><td colspan="5">分析 / 制订人：　责任部门负责人：　日期：</td></tr>
<tr><td rowspan="2">审核措施</td><td colspan="4">□ 未找到根本原因，应重新进行原因分析
□ 已找到根本原因，但制订的措施不合理，应重新制订措施
□ 已找到根本原因，且制订的措施合理，可实施纠正 / 纠正措施</td></tr>
<tr><td colspan="2">不符合发出人：</td><td colspan="2">日期：</td></tr>
</table>

续表

措施实施	实施措施后的输出材料（如修订的文件，整改的现场，培训的记录等）
效果验证	验证方式：☐ 现场评审 ☐ 文件评审 ☐ 其他
	验证结论： ☐ 纠正和纠正措施基本有效，该不符合项（潜在不符合项）正式关闭 ☐ 纠正和纠正措施基本失效，需补充执行纠正／预防措施理由如下
	验证人： 审核人： 日期：

8. 不符合报告编写容易出现的错误

（1）事实描述过于简单、笼统。

案例1：报告信息不全面。

未指明哪一份报告，报告编号是什么，哪方面的信息不全，而这信息不全的描述也过于宽泛，无法确定不全的指向。

正确的描述应为：查编号××的报告，缺少××信息。

案例2：人员档案不完整。

未指明具体人员及档案不完整具体缺少什么材料。

正确描述应为：查某工号某岗位人员的人员档案，未能提供某操作的培训记录。

（2）条款判定不准确。

案例：发现编号为XXX的速冻水饺样品储存于冷藏冰箱，温度为3℃，未按包装袋上的要求存放于-18℃的环境中。不符合CNAS—CL01：2018 6.3.3以及RB/T 214—2017 4.3.2。

此项不符合是样品的储存条件不满足要求，不能判在“设施和环境条件”中，而应该判在“检测或校准物品的处理”中。案例应为不符合CNAS—CL01：2018 7.4.4及RB/T 214—2017 4.5.18。

以上案例为内审员未能运用不符合项判定原则对条款进行判定，导致判定不准确。这就需要内审员加强学习，熟悉条款内容，并能灵活运用不符合项判定原则，提升不符合判定的准确性。

（3）用语不贴切。

案例：查食品实验室优级纯盐酸试剂的验收记录，未发现主含量及影响检测结果的主要金属元素的含量的检测记录。

在描述证实不符合证据时，应使用“未提供”“提供不出”“无”“没有”“缺少”等用语表示实验室的不符合，而不使用“未查出”“未找到”“未发现”等与内审员责任相关的用语。另外，不符合描述涉及人员时，应用工号或职务代替人员的姓名。

正确描述应为：查食品实验室优级纯盐酸试剂的验收记录，缺少主含量及影响检测结果的主要金属元素的含量的检测记录。

（4）主观臆断。

案例1：实验室只配备了1名授权签字人。

案例2：食品实验室的记录未终身保存。

内审员不应不依照客观情况，只凭主观认识对不符合事实做出判断。不符合事实判定应立足于内部审核检查表，不应以自己部门或自己的经验为判断依据。案例中的要求都超出法律法规、RB/T 214—2017《检验检测机构资质认定能力评价 检验检测机构通用要求》及评审补充要求、CNAS—CL01：2018《检测和校准实验室能力认可准则》和实验室认可的规则文件的要求。

（5）多项不符合事实合并描述。

对涉及同一要素同一条款的不符合可以合并描述，但是不同条款的不符合不适合一起描述，会导致条款判定不清晰，不方便受审部门采取纠正措施。

案例1：GB 31604.3—2016《食品安全国家标准 食品接触材料及制品树脂干燥失重的测定》验证材料中缺少聚苯乙烯树脂确认记录。

案例2：GB/T 20769—2008中醚菌酯验证材料中缺少检出限内容。

以上两个案例都属于方法验证的不符合，同时不符合CNAS—CL01：2018 7.2.1.5及RB/T 214—2017 4.5.14，可将两个不符合事实合并描述。

（6）不符合报告变成建议书。

案例：程序文件中部分引用文件名称已变更，虽然通过文件编号可以追溯，但建议及时更新程序文件。

内部审核旨在发现不符合的证据，不符合项的改进建议可以在审核过程中沟通或在末次会议中提出，而不应在不符合报告中陈述。

（7）不符合报告不突出重点。

案例：实验室于2020年12月21日组织了《中国药典》2020版四部通则第五法的培训，培训讲师为李XX，有11名受训人员，受训人员都在签到表中签到，经过一天的培训后，培训活动结束。实验室没有培训考核记录。

这种流水账式的描述方式会使不符合报告烦琐，无法抓住重点，难以对条款进行判定，也不便于实施纠正措施。

正确描述应为：实验室未能提供《中国药典》2020版四部通则第五法的培训考核记录。

八 召开末次会议

1. 末次会议前的准备

召开末次会议前需要准备审核结论。审核结论是内审组考虑了审核目的和所有审核发现后得出的审核结果。末次会议前，内审组应审核审核发现，对符合准则的发现，可将之作为管理体系有效运行的依据；对不符合准则的发现，可要求相关部门改进。

由于内部审核采取的是抽样审核，因此审核有一定的局限性，内审组成员间应充分讨论，达成一致的审核结论。审核结论一般包括：管理体系与审核准则的符合程度；管理体系的有效实施、保持的评价和改进意见；管理评审过程在确保管理体系的适宜性、充分性、有效性和持续改进方面的作用。

2. 末次会议

现场审核结束后，需召开末次会议。会议由内审组长主持，参加对象为内审组全体成员、受审核方管理层和其他合适的人员。会议应简短明了，时间一般控制在30至60分钟。

（1）末次会议的目的。向受审核方介绍审核情况；宣布审核结论；提出后续工作要求；澄清或回答受审核方提出的问题等。

（2）末次会议主要内容。表示感谢；重申审核目的、范围、准则；审核综述；宣读不符合报告，不符合事实确认；说明审核抽样的局限性；宣布现场审核结论；提出纠正措施及跟踪验证要求。

（3）末次会议后，应完成内部审核现场情况报告，对本次现场内部审核进行总结和报告。根据实验室的实际情况，末次会议后也可在完成不符合项整改报告后进行审核情况总结，即对不符合项的发生进行原因分析、针对原因制订和实施纠正措施计划、对实施纠正措施的效果进行评价，并将审核情况的总结报告输入管理评审。

第四节　内部审核报告

实验室按照内部审核方案（内部审核计划）完成审核后，质量负责人应组织内部审核工作组织部门（一般为质量管理部门）和内审组长，对内部审核的实施情况及实验室管理体系的运行情况进行总结，分析内部审核工作中存在的问题，识别内部审核工作或实验室管理存在的改进机会，形成内部审核报告，为下一年度内部审核方案的策划提供依据，同时也作为管理评审输入的支撑材料。

一　内部审核报告的编写形式与编写时机

1. 内部审核报告编写形式

当实验室内部审核方案包含多次内部审核活动时，内部审核报告应包括单次内部审核报告和年度内部审核报告两种形式。

如实验室内部审核方案仅包含一次内部审核活动，即采取集中式审核方式，则可将单次内部审核报告和年度内部审核报告的内容合并执行，只需要输出一次内部审核报告即可。

2. 内部审核报告编写时机

结合RB/T 045—2020《检验检测机构管理和技术能力评价 内部审核要求》9.2“内部审核报告应该包括（但不限于）以下信息：i）纠正和（或）纠正措施的实施及验证情况；k）质量负责人对内部审核结果的确认意见。注：内部审核结束的节点为，完成了内部审核发现的不符合项整改及跟踪验证纠正和（或）纠正措施有效，并发出内部审核报告”，及CNAS-GL011：2018《实验室和检验机构内部审核指南》9.3“审核结束后，应当编制最终报告。报告应当总结审核结果，并包括以下信息：h）商定的纠正措施及其完成时间，以及负责实施纠正措施的人员；i）采取的纠正措施；j）确认完成纠正措施的日期；k）质量负责人确认完成纠正措施的签名”的要求，内部审核报告编写的时间节点应为纠正措施验证有效后。

如单次内部审核报告应在实验室按照每次内部审核计划，实施完成单次内部审核活动后进行，时间节点是完成了内部审核发现的不符合项整改及跟踪验证纠正／纠正措施有效。年度内部审核报告应在实验室内部审核方案中涉及的全部内部审核活动结束后进行，内部审核结束的节点是完成并发出了单次内部审核报告。

实验室往往会在末次会议后纠正措施实施之前编写报告，该报告仅是内部审核实施的总结报告，只是对内部审核实施过程进行的总结，并对纠正措施实施要求予以规定。如果实验室在末次会议后完成了内部审核实施报告，可在完成纠正／纠正措施实施及验证有效后，将不符合项的原因分析、采取的纠正措施及其完成时间、负责实施纠正措施的人员、纠正和（或）纠正措施的实施及验证情况作为补充内容，形成最终的内部审核报告。实验室可结合实际情况，自行选择内部审核报告的编写时机。

二　内部审核报告编写要点

内部审核报告应完整、准确、简明和清晰，在编写时需注意以下要求。

1. 内部审核目的

内部审核目的一般包括两方面，即确保管理体系及实验室活动的符合性和有效性。

（1）符合性：验证管理体系是否满足审核准则的要求。

（2）有效性：验证管理体系的运行是否有效实施和保持。

实验室应依据内部审核方案／内部审核计划中已设定好的内部审核目的进行编写。一般每次内部审核目的因其审核范围和审核准则不同会存在一些区别，但每次内部审核的目的均应围绕内部审核方案的总目的。

如当实验室的内审方式是滚动式审核时，某一次的内部审核只是针对某部门的部分要素进行审核，审核目的则应是确认该部门在这些要素中实验室活动的符合性和有效性。或者当实验室某次的内部审核只是针对某一相关政策和要求变化时，审核目的则应是确认该实验室是否符合新政策和要求及其是否有效落实。

2. 内部审核范围

实验室应依据内部审核方案／内部审核计划中设定好的内部审核范围进行编写。内部审核范围可采取集中式一次性覆盖所有部门、要素及活动等，也可采取滚动式在年度内覆盖全面。

内部审核范围一般包括被审部门、审核要素、审核活动、审核覆盖的时期等。审核范围界定了审核的内容和界限。

（1）被审部门：有时是管理体系下的所有部门，有时是某一个部门。

（2）审核要素：一般以内部审核方案／内部审核计划中确定的审核要素为准，但也需结合审核过程中的实际情况而定。有时审核要素会因实验室某部门职责变动微调。

（3）审核活动：包括固定场所和非固定场所的活动，或者继续细分至具体某一功能区的活动。

（4）审核覆盖的时期：一般为上次内部审核到本次内部审核之间，或者某一新要求开始实施日期到本次内部审核之间。

3. 审核准则

实验室应依据内部审核方案 / 内部审核计划中设定好的审核准则进行编写。审核准则一般包括相关的法律法规、认证认可准则（如检验检测领域的通用及专用要求）、自身管理体系文件、检验检测标准 / 方法 / 规范和技术文件、标书及合同等。

4. 审核过程综述

实验室应依据内部审核活动的实际实施情况，对审核过程进行综合阐述。一般包括但不限于审核成员及其分工、审核日期、被审区域、被审区域情况等。

（1）审核成员及其分工：可采用表格形式列明内审组长及内审组成员名单，并根据实际实施情况列明审核分工。一般内审组成员及分工与内部审核方案 / 内部审核计划保持一致，内部审核现场特殊原因调整除外。

（2）审核日期：如内部审核实施时将文件审核和现场审核阶段分为不同时间段交叉开展，则需要分别表述。如文件审核和现场审核阶段在同一时间段开展，则可表述总时间段。

（3）被审区域：一般需要表述被审核的实际位置。

（4）被审区域情况：一般需要概述采取哪些审核方法，对被审区域哪些位置、人员、文件、记录等进行了审核。

5. 内部审核发现

应按照内部审核末次会议上经内审组与被审部门双方确认的审核发现的结果编写。内部审核发现包括体系运作的良好实践、不符合项和观察项。

（1）体系运作的良好实践：一般采取叙述形式，对审核过程中发现被审部门做得比较好的方面进行简述。

（2）不符合项和观察项：一般采取表格形式，将事实描述、对应的相关文件条款、责任部门等进行一一列明，如表7-7所示。

表7-7 不符合项清单

责任部门	对应的相关文件条款	事实描述
业务部	CNAS—CL01：2018 7.1.2 RB/T 214—2017 4.5.14 （实验室内部文件）《合同管理程序》6.2.2	样品编号为XXX，检测人员发现检测方法不适用，业务告知直接更换其他检测方法。

6. 内部审核结论

实验室应依照内部审核方案 / 内部审核计划，结合已经确认的内部审核发现，对管理体系做出综合评价。

（1）管理体系及实验室活动的符合性、管理体系运行的有效性。实验室应结合每次内部审核的结果，总结当期管理体系的情况，对管理体系的符合性、体系运行的符合性和有效性进行评价。

（2）内部审核的目标是否实现。实验室每次内部审核均有不同的审核目标，需结合审核结果，判断内部审核特定目标是否实现。

（3）内部审核是否覆盖审核范围。单次内部审核报告需对照内部审核计划，判断本次审核所涉及的内部审核范围是否与审核特定目标相对应。年度内部审核报告需对照内部审核方案，总结年度内部审核范围，判断是否覆盖全面。

（4）内部审核发现的不符合项、观察项的分布及趋势分析。

①不同维度分类、汇总：实验室可对不符合项和观察项从责任部门、要素、不符合类型等维度进行分类汇总，形成矩阵式表格，如表7-8至7-10所示。

表7-8　责任部门维度

责任部门	不符合项数量	观察项数量
业务部	5	2
客服部	1	5
检测室1	3	2
检测室2	8	1

表7-9　要素维度

要素	不符合项数量	观察项数量
6.2	5	2
6.4	1	5
7.2	3	2

表7-10　不符合类型维度

不符合类型维度1		不符合类型维度2	
不符合类型	数量	不符合类型	数量
严重不符合	1	体系性不符合	1
重大不符合	3	实施性不符合	3
一般不符合	10	效果性不符合	10

②横向比较：实验室可将收集到的不符合项或观察项数据绘制成分布图，展示在不同维度下的分布情况，以便能直观分析出不符合项或观察项主要集中分布于哪几类，方便相关部门有重点地改进。

如图7-2所示，按责任部门维度分布，不符合项和观察项主要集中于检测室2，其次为业务部。

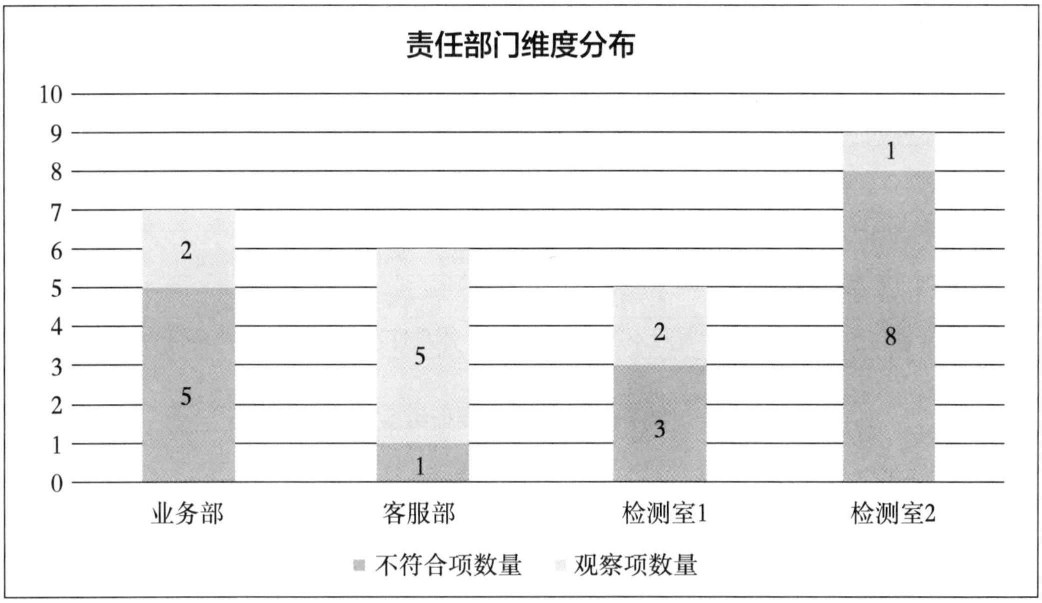

图7-2　责任部门维度

如图7-3所示，按要素维度分布，不符合项主要集中于要素6.2，其次为要素7.2；观察项主要集中于要素6.4。

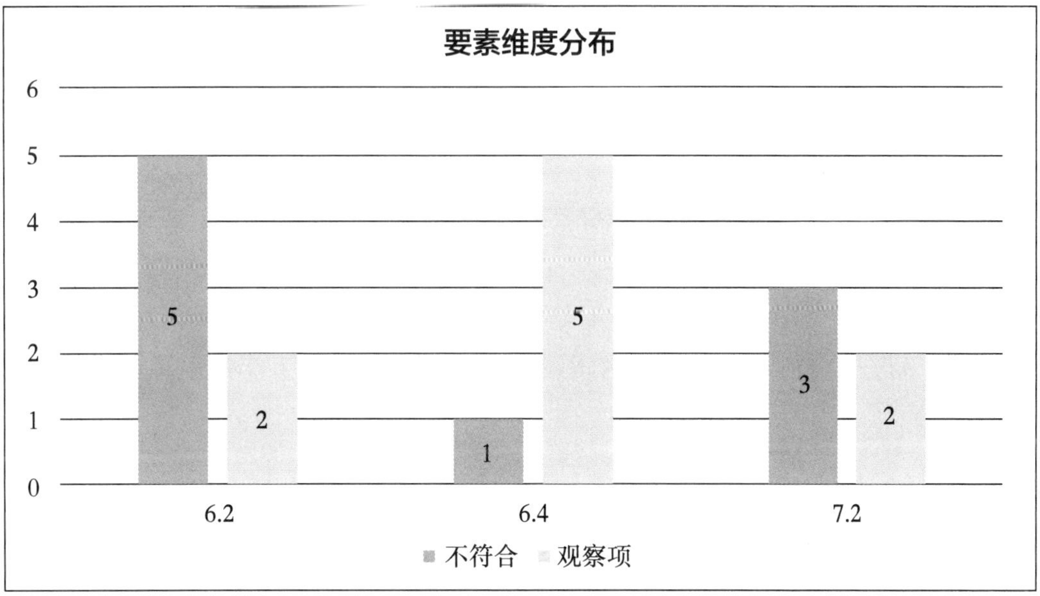

图7-3　要素维度

如图7-4所示，按不符合项类型维度分布，不符合项主要集中于一般不符合或效果性不符合。

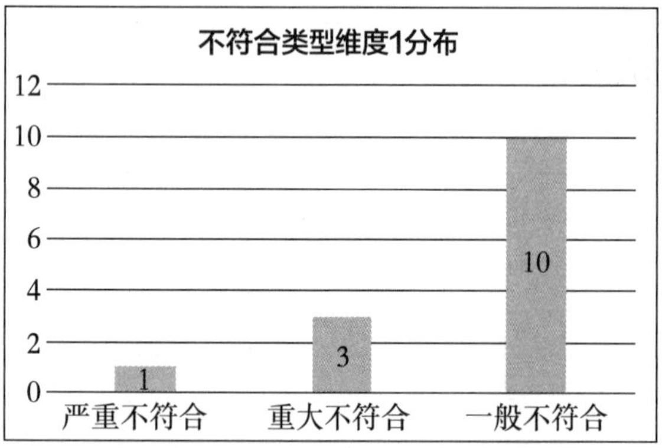

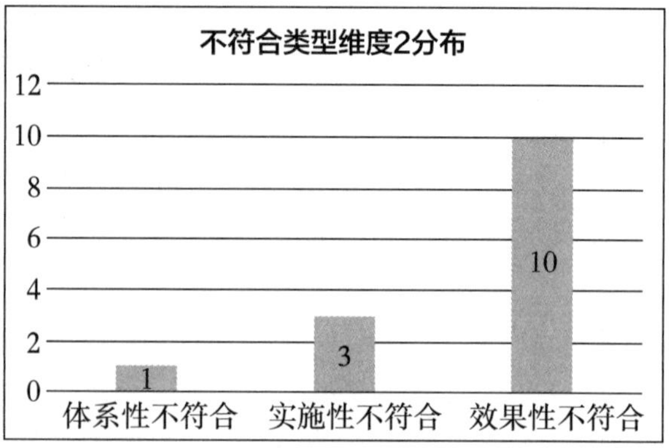

图7-4　不符合类型维度

③纵向比较：实验室可收集以往内部审核结果的分布及分析情况，纵向对比、分析发展趋势，判断管理体系改进的效果。

如按要素维度分布，不符合项主要集中于要素6.2、7.2；上一年度主要集中于要素6.2、6.4，可判定管理体系在要素6.2方面上一年度改进效果不佳，在要素6.4方面改进相对有效，在要素7.2方面暴露出新的问题。

7. 改进建议

（1）下一次内部审核的建议。实验室应结合内部审核实施过程存在的问题和改进机会，对下一次内部审核的策划与实施提出改进建议，以期持续改进内部审核工作。如对年度内部审核方案落实情况、内审员工作能力等情况的评价，并给出适当的建议。

（2）管理体系和过程的改进建议。实验室应结合以上内部审核结果的分布及趋势分析，对管理体系运行提出改进的建议，如修改管理体系文件、增加人员培训等，以期持续提升质量管理水平。

8. 纠正措施与验证

实验室应对纠正／纠正措施及其实施人员、纠正／纠正措施的验证情况、观察项的处置结果进行总结。

9. 内部审核确认意见

实验室内审报告编制完成后，应由质量负责人对内部审核工作签字确认，并给出相关意见。

三　内部审核报告编写误区

1. 内部审核报告等同内部审核实施报告

实验室往往会在末次会议后，纠正措施实施之前编写报告。该报告仅是内部审核实施的总结报告，只是对内部审核实施过程进行总结，并对纠正措施实施要求予以规定，不能作为最终的内部审核报告。实验室应在完成不符合项整改及跟踪验证纠正／纠正措施有效后编写单次内部审核报告，在完成并发出单次内部审核报告后编写年度内部审核报告。

2. 内部审核发现缺少良好实践或良好实践内容较少

实验室大多数将内部审核发现聚焦于不好的方面，对体系运行好的方面很少提出。

3. 内部审核结论评价不全

实验室有时只评价管理体系的符合性，未对体系实际运行与体系文件的符合性、有效性做出评价。

4. 缺少质量负责人的确认

实验室往往由质量管理部门负责编写内部审核报告，未经过质量负责人确认。

一般单次内部审核报告由内审组长编写，质量管理部门审核，质量负责人批准。年度内部审核报告由质量管理部门和内审组长共同编写，质量负责人审核，管理层（管理层代表）批准。

5. 缺少分发环节

实验室往往编写完内部审核报告后直接归档，并未将相关内部审核结果分发，导致相关人员不清楚内部审核的结果。

一般内部审核报告以内部审核方案规定的形式分发，可印发纸质文档、发送电子扫描件等。应由质量负责人负责分发至管理层、相关被审部门管理人员及特殊要求人员，分发时需注意分发范围，避免超过保密等级要求。

四　内部审核报告示例

1. 示例一

（单次）内部审核报告
1. 内部审核目的
确保管理体系及实验室活动的符合性和有效性，即验证管理体系是否持续符合RB/T 214—2017、CNAS—CL01：2018、CNAS—CL01—A002：2020、自身管理体系文件、检验检测标准／方法／规范和技术文件、标书及合同等要求，验证实验室的活动是否持续符合管理体系的要求，管理体系的运行是否得到有效的贯彻实施。
2. 内部审核范围
（1）被审部门：检测室2 （2）审核要素：管理体系下的所有要素 （3）审核活动：地址1下的固定场所和非固定场所的活动 （4）审核覆盖的时期：20XX年XX月—20XX年XX月
3. 审核准则
（1）认证认可准则：RB/T 214—2017《检验检测机构资质认定能力评价　检验检测机构通用要求》、CNAS—CL01：2018《检测和校准实验室能力认可准则》、CNAS—CL01—A002：2020《检测和校准实验室能力认可准则在化学检测领域的应用说明》 （2）自身管理体系文件 （3）检验检测标准／方法／规范和技术文件 （4）标书及合同等

续表

4. 审核过程综述

（1）审核成员及其分工：

序号	内审员	部门	职务	审核部门	审核要素	审核活动
1	赵XX	检测室1	组长	检测室2	XX、XX、XX	地址1所有活动
2	李XX	检测室1	组员	检测室2	XX、XX、XX	地址1所有活动
3	王XX	检测室1	组员	检测室2	XX、XX、XX	地址1所有活动

（2）审核日期：XX年XX月XX日—XX日

（3）被审区域：检测室2的所有场所

（4）被审区域情况：本次审核查阅了约50份文件、30余份合同/检测报告及溯源记录、20余份设备档案、30余份人员档案、5份分包档案、20余份质量监控等；与约18人进行了面谈；现场核查了3个场所的试剂耗材、设备设施、环境监控、危化品库等；组织被审部门进行了16项现场考核试验，结果均为合格。

5. 内部审核发现

（1）体系运作的良好实践：

1）检测室2建立了全面的人员管理档案，尤其对人员的岗前监督、人员能力确认、授权上岗、岗后监控制订了专门作业指导书，对所有人员均按计划监督、确认、授权、监控。

2）XXXXXXXXX

（2）不符合项：

本次共发现2个不符合项。

序号	责任部门	不符合依据	不符合描述
1	检测室2	RB/T 214—2017 4.2.7 CNAS—CL01：2018 6.2.5 c） 《人员培训管理程序》6.2.2	查检测室2王XX人员技术档案，未能提供20XX年XX月XX日授权的大肠菌群项目相关标准的培训记录。
2	检测室2	RB/T 214—2017 4.4.3 CNAS—CL01：2018 6.4.6 《设备管理程序》6.3	检测室2高压灭菌锅A0008的设备校准日期为20XX年XX月XX日，校准有效期为1年，已过有效期。

（3）观察项：

本次共发现1个观察项。

序号	责任部门	依据	描述
1	检测室2	RB/T 214—2017 4.4.3 CNAS—CL01：2018 6.4.6 《设备管理程序》6.3	检测室2设备一览表仅体现仪器设备检定校准日期，需完善仪器设备校准有效期。

6. 内部审核结论

（1）管理体系及实验室活动的符合性、管理体系运行的有效性

通过对检测室2的审核，确定检测室2的管理体系及实验室活动基本符合RB/T 214—2017、CNAS—CL01：2018、自身管理体系及其他相关文件要求；管理体系的运行基本得到了有效贯彻实施。

（2）内部审核的目标是否实现

基于“实验室活动的重要性、影响实验室的变化和以前审核的结果”的考虑，制订的内审目标（即将6.2、6.4、7.5、7.7、7.9作为本次重点审核要素）已实现。

本次内审发现在6.2人员、6.4设备、7.5技术记录仍存在较多问题，在7.7确保结果有效性方面有所改善，检测室2在7.9投诉方面存在一些问题。

续表

（3）内部审核是否覆盖审核范围
本次内部审核覆盖了检测室2管理体系下的所有要素，以及地址1下所有活动，满足内部审核计划和内部审核方案的要求。
（4）内部审核发现的不符合项、观察项的分布及趋势分析
本次内部审核共发现2项不符合项、1项观察项。
按责任部门维度分布，不符合项和观察项主要集中于检测室2，其次业务部。

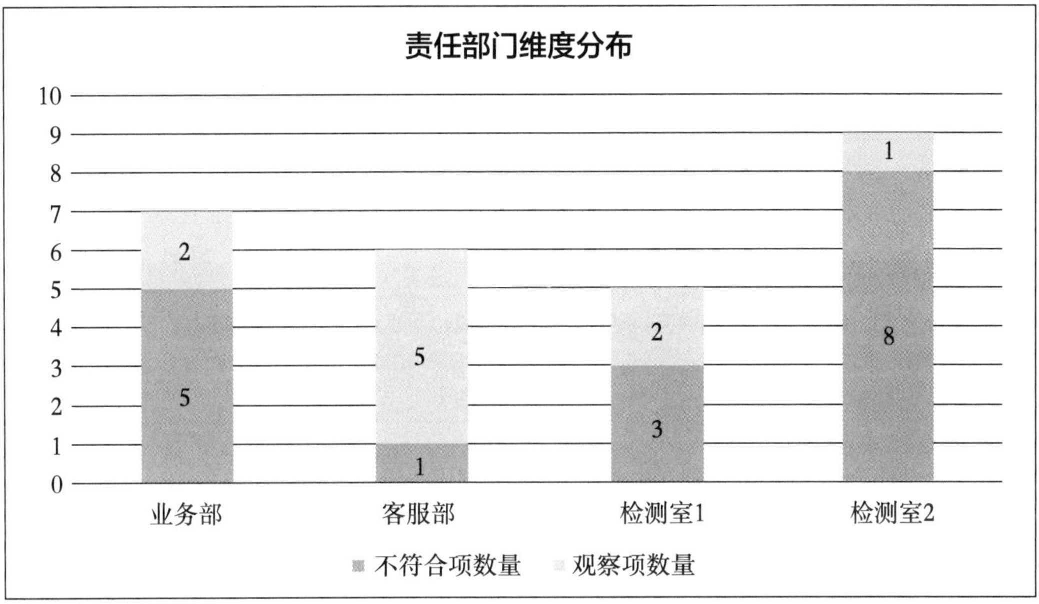

按要素维度分布，不符合项主要集中于要素6.2，其次要素7.2；观察项主要集中于要素6.4。上一年度主要集中于要素6.2、6.4。可判定管理体系在要素6.2方面上一年度改进效果不佳，在要素6.4方面改进相对有效，在要素7.2方面暴露新的问题。

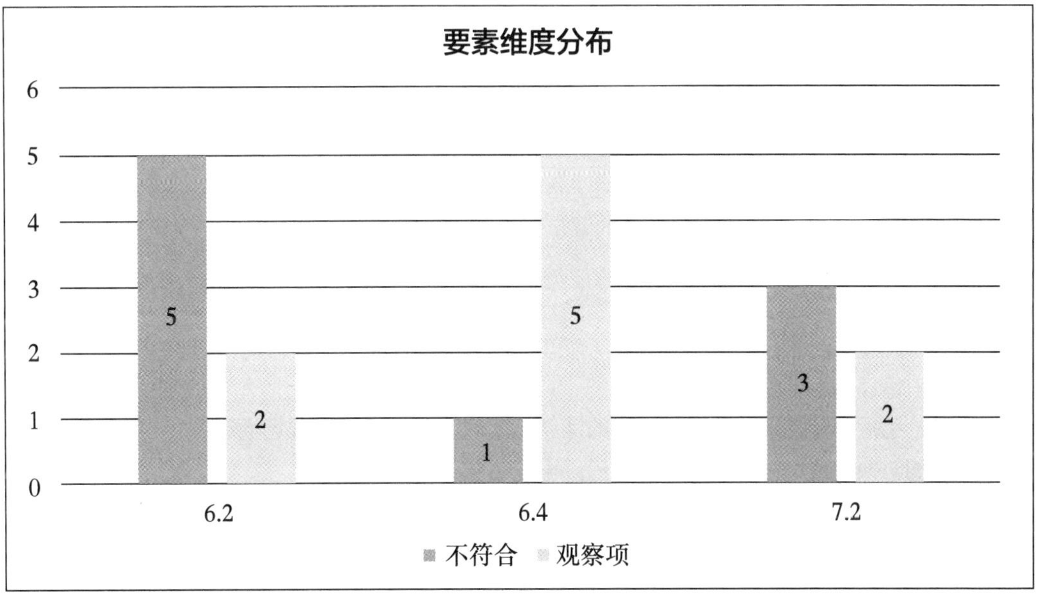

续表

按不符合项类型维度分布，不符合项主要集中于一般不符合类（效果性不符合类）。

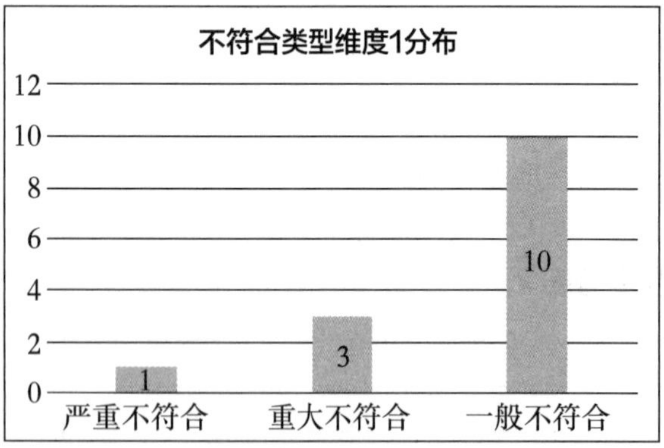

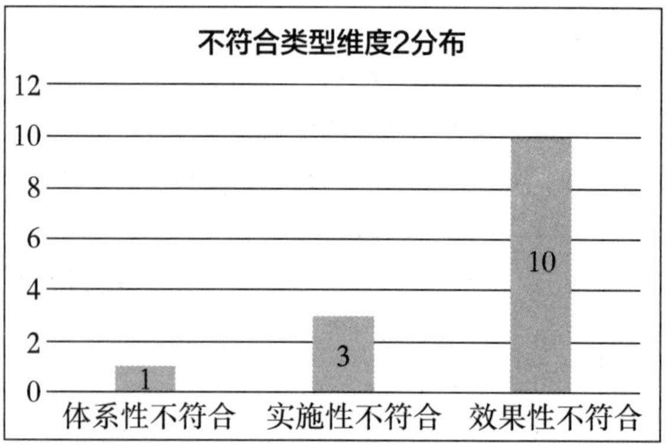

7. 改进建议

（1）下次内部审核的建议

本次内审发现在人员、设备、技术记录方面仍存在较多问题，下次内审需持续关注。

（2）管理体系和过程的改进建议

本次内审发现，后续需重新梳理人员、设备管理，并组织相关人员进行针对性培训。

8. 纠正措施与验证

不符合项和观察项均已完成整改，并经内审组验证有效后予以关闭。

纠正措施与验证材料具体详见以下：XXX

9. 内部审核确认意见

本次内部审核达到了预期目标，同意审核结果。

编制	XXX	日期	20XX年XX月XX日
审核	XXX	日期	20XX年XX月XX日
批准	XXX	日期	20XX年XX月XX日

2. 示例二

（年度）内部审核报告

1. 内部审核目的

确保管理体系及实验室活动的符合性和有效性，即验证管理体系是否持续符合CNAS、CMA等相关通用或专业要求、自身管理体系及其他相关文件的要求，验证实验室的活动是否持续符合管理体系的要求，管理体系的运行是否得到有效的贯彻实施。

2. 内部审核范围

（1）被审部门：管理体系下的所有部门，包括管理层、业务客户部、检测室1、检测室2、职能部。

（2）审核要素：管理体系下的所有要素。

（3）审核活动：包括固定场所和非固定场所的活动，即地址1、地址2、现场活动。

（4）审核覆盖的时期：上次内部审核到本次内部审核之间。

续表

3. 审核准则
（1）法律法规：《中华人民共和国计量法》《检验检测机构资质认定管理办法》《检验检测机构监督管理办法》等 （2）认证认可准则：RB/T 214—2017《检验检测机构资质认定能力评价 检验检测机构通用要求》《检验检测机构资质认定生态环境监测机构评审补充要求》、CNAS—CL01：2018《检测和校准实验室能力认可准则》、CNAS—CL01—A001：2018《检测和校准实验室能力认可准则在微生物检测领域的应用说明》等 （3）自身管理体系文件 （4）检验检测标准 / 方法 / 规范和技术文件 （5）标书及合同等
4.审核过程综述
（1）审核成员及其分工：XXX （2）审核日期：XX年XX月XX日—XX日、XX月XX日—XX日、XX月XX日—XX日 （3）被审区域：XXX、XXX、XXX （4）被审区域情况：XXXXXX
5. 内部审核发现
（1）体系运作的良好实践：XXX （2）不符合项：XXX （3）观察项：XXX
6. 内部审核结论
（1）管理体系及实验室活动的符合性、管理体系运行的有效性 XXXXXX （2）内部审核的目标是否实现 XXXXXX （3）内部审核是否覆盖审核范围 XXXXXX （4）内部审核发现的不符合项、观察项的分布及趋势分析 XXXXXX
7. 改进建议
（1）下次内部审核的建议 内审员反馈内审次数较少，缺乏锻炼机会，建议下一年度策划内审方案时多增加内审员审核机会，实践中锻炼审核技巧。 （2）管理体系和过程的改进建议 本年度内部审核过程中发现内审员在要素和不符合判定方面理解有偏差，需纳入下一年度培训计划。
8. 纠正措施与验证
不符合项和观察项均已完成整改，并经内审组验证有效后予以关闭。 纠正措施与验证材料具体详见以下：XXX
9. 内部审核确认意见
XXXXXX

续表

编制	XXX	日期	20XX年XX月XX日
审核	XXX	日期	20XX年XX月XX日
批准	XXX	日期	20XX年XX月XX日

第五节　内部审核的后续活动

不符合项的整改与验证是内部审核的后续活动，主要包括不符合项的原因分析、纠正、纠正措施、纠正与纠正措施的效果验证等。原因分析、纠正、纠正措施通常由受审核方实施，纠正与纠正措施的效果验证通常由内审组实施。

一　纠正、纠正措施、预防措施及风险和机遇

1. 定义

ISO 9000：2015《质量管理体系 基础和术语》中对纠正与纠正措施有以下定义。纠正指为消除已发生的不合格所采取的措施。也就是说，当发生不符合时，需采取行动阻止不符合继续发生或消除已发生不符合产生的不良影响，纠正属于不符合项的“治标”。纠正措施指为消除不合格原因并防止再发生所采取的措施。为了杜绝不符合再次发生，需找出不符合发生的根本原因，采取相应措施，纠正措施是不符合项的“治本”。

预防措施指为消除潜在不合格或其他潜在不期望情况的原因所采取的措施。采取预防措施是为了防止发生。ISO/IEC 17025：2017《检测和校准实验室能力的通用要求》已删除预防措施的概念，将之纳入风险中。关于风险和机遇的内容在本书第二章第八节有介绍，这里不重复阐述。

2. 纠正、纠正措施、预防措施及风险和机遇的区别与联系

纠正、纠正措施、预防措施及风险和机遇之间既有区别又有相似点，容易造成混淆。

不同点在于纠正所采取的措施针对的是现有的不符合，也就是发现不符合，马上解决，只有不符合产生才会有对应的行动；纠正措施是对不符合产生的原因采取措施，在不符合发生后寻找发生这一不符合的原因，针对不符合的原因制订措施以防止该类不符合再次发生；预防措施指在不符合还未产生但存在产生不符合风险的阶段主动识别原因，采取措施防止这种潜在不符合的发生；风险和机遇是主动识别不确定性对目标的影响，正面影响产生机遇，负面影响形成风险，面对影响应积极应对，采取措施，把握机遇并实现改进，如表7-11所示。

纠正、纠正措施及风险和机遇之间又是相互联系的（ISO/IEC 17025—2017已取消预防措施概念，所以此处不过多分析）。采取纠正、纠正措施、风险和机遇是不符合项整改的重要活动和手段，目的是控制、纠正不符合，减少不符合的危害和影响，消除不符合的原因，防止不符合再次发生。发现不符合后，对不符合采取措施时，应从这三个方面考虑，实现彻底整改不符合，才能有效改进。

表7-11　纠正、纠正措施、预防措施及风险和机遇的区别

名称	纠正	纠正措施	预防措施	风险和机遇
定义	为消除已发生的不符合所采取的措施	为消除已发现的不符合或其他不期望情况的原因并防止再发生所采取的措施	为消除潜在不符合或其他潜在不期望情况的原因所采取的措施	不确定性对目标的影响
对象	现有不符合	不符合产生的原因	潜在不符合产生的原因	受正面或负面影响的目标
目的	阻止不符合继续发生或消除已发生不符合产生的不良影响	防止不符合再次发生	为消除潜在的不符合分析原因，防止发生	预防或减少实验室活动中不利影响和可能的失败，增强实现实验室目标的机遇并实现改进
主动性	被动的措施	被动的措施	主动的措施	主动的措施

举个例子：小王家养了羊，有一天羊跳出羊圈跑了，小王发现后马上把羊找回来。小王回来后一直思考羊为什么能够跑掉呢？得出结论是羊圈的围墙太低了。小王为防止羊再次跳墙跑掉，便把羊圈的围墙加高，羊以后再也没有跑掉过。邻居小吴也养了羊，小吴家的羊圈和小王家的一般高，小吴看到小王家发生丢羊的事情，于是也把羊圈的围墙加高了，以免自己家的羊像小王家的羊那样越墙而出。在这个例子中的问题点是小王的羊跑了，于是小王马上纠正，把羊找回来，但是这次羊是找回来了，下次羊可能还会跑，只有找出羊跑掉的原因才能彻底解决问题，所以小王就分析羊跑掉的原因，发现是羊圈的围墙太低了，找到了这个原因，小王马上采取纠正措施加高羊圈的围墙，果然羊再也没有跑掉过。邻居小吴家的羊并没有跑掉，但是小吴家的羊圈高度和小王家的差不多，也存在羊跑掉的风险，所以小吴在还没有发生跑羊事件前控制风险，主动将羊圈加高，防止羊跑掉。

二　不符合整改步骤

内审组发现不符合，发出不符合纠正措施报告后，受审核部门应组织对不符合做出应对措施，可从以下7个步骤实施。

（1）找出根本原因。受审核方在收到不符合报告后及时成立不符合整改小组，调查不符合产生的原因，对原因进行深度剖析，找到导致不符合的根本原因。

（2）确定问题影响范围和后果。评价不符合对受审核部门或者机构的影响程度。

（3）隔离 / 控制问题。考虑不符合项的影响程度，必要时停止工作，防止影响扩大。

（4）排除紧急问题。对发现的不符合马上采取纠正。

（5）制订消除根本原因的解决方案以及控制风险的措施。受审核方根据原因分析及影响评价结果制订有针对性、可操作、与不符合风险和严重程度相适应、最有可能消除问题发生的原因的纠正措施，并核查其他类似的情况，控制其他问题发生不确定影响的风险。

（6）实施解决方案。受审核方根据制订的纠正措施方案实施纠正措施。

（7）监测和评估效果。受审核方在实施纠正措施前，将原因分析及拟采取的纠正措施

提交给内审员确认。内审员应确认受审核方是否已经找到根本原因、制订的纠正措施是否合理，如未满足要求，应要求受审核方重新进行原因分析和制订纠正措施。受审核方按审核后的纠正措施实施，并将实施过程和结果的相关证明记录提交内审组进行验证。内审组对纠正措施有效性进行验证，验证满足要求时，内审组关闭不符合；如果验证不能满足要求，受审核方重新进行原因分析、实施纠正措施。

以上为不符合整改的整个流程，通常会输出“不符合纠正措施报告”作为这一过程的完整记录。

三　不符合原因分析的方法 / 工具

在不符合整改过程中，原因分析准确与否决定了后续纠正与纠正措施是否有效以及不符合项能否关闭。所以，原因分析非常重要，内审员及受审核方掌握好原因分析的方法，有助于提升原因分析的准确性。常用的原因分析方法有5WHY分析法、因果分析法、柏拉图及其他方法。

1. 5WHY分析法的定义

5WHY分析法又称“为什么—为什么”分析，是一种探索问题原因的方法。5WHY不代表问5个问题，而是对一个问题连续发问，从不符合项出发向前反推事件发生的原因，第一层为什么的答案可能是问题的表象，第二层为什么可能获得问题的直接原因，再多问几次为什么就可能找到问题的根本原因。在连续发问的过程中，每一个“原因”都会紧跟着另外一个“为什么”，直到问题的根源被确定下来。

2. 5WHY分析法的内容

使用5WHY分析法进行原因分析时，第一步是陈述要分析的不符合，陈述所发生的问题和相关信息要清晰、明了，让有关人员清楚要分析的问题，即便是不熟悉该类问题的人员也能有清晰认识。只有与该类问题相关的人员才能更了解问题的本质，清楚问题发生的原因，否则就如盲人摸象，只能以个人认知的部分信息分析问题，无法找到问题的根本原因。第二步是连续提问“为什么”，从表面原因一直问到深层次原因，直到识别出问题的根本原因。检验是否找到根本原因的方法，就看这个原因解决后这个问题是否会再次发生，如果不会再次发生，那么就是找了根本原因，否则仍需继续寻找根本原因。

杰弗逊纪念馆事件就是典型的运用5WHY分析法进行原因分析并且解决问题的案例。杰弗逊纪念馆是为纪念美国第三任总统杰弗逊所建，雄伟壮观的纪念馆建成后马上成为华盛顿广场的一景。但是没过几年，纪念馆的墙面就出现了裂纹，变得斑驳陈旧。为能保护好这座纪念馆，美国政府组织专家专门研讨。起初大家认为酸雨的侵蚀是损坏纪念馆表面的元凶，并且设计了详尽复杂的改善方案，却没有任何成效。于是，专家进一步研究，发现清洁工每天会用清洁剂冲洗墙壁，清洁剂对墙壁有酸蚀作用，这才是导致墙面侵蚀最直接的原因。那么，清洁工为什么每天要冲洗墙壁呢？因为建筑物的墙壁上每天都会有大量的鸟粪。为什么墙壁上会有那么多鸟粪呢？因为纪念馆周围每天都会聚集很多小鸟。为什么会聚集那么多小鸟呢？因为墙上有很多小鸟爱吃的蜘蛛。为什么会有那么多蜘蛛呢？因为纪念馆周围有蜘蛛喜欢吃的飞虫。为什么有这么多飞虫呢？因为这里阳光充足，纪念馆窗户的温度比其他地方高，引来了许多飞虫，而且由于飞虫繁殖特别快，所以吸引了大量蜘蛛，并由此产生了前面一系列的问题。由此可见，阳光充足是使墙体损坏的根本原因，对应的解决方案也十分简单——关上整幢纪念馆的窗帘。仅从结论看，纪念馆的墙体损坏是阳光充足导致的，这个原因让人难以置信，但通过层层分析，得到的结论确是如此。所以，在处理问题时，如果能透过重重迷雾，追本溯源，把握事物的根源，往往能够找到四两拨千斤的解决办法。就像杰弗逊纪念馆的问题，解决问题的方案只是关上窗帘，这样就省下了几百万美元的维修费用。

3. 5WHY要求分析法的要求

（1）5WHY分析法总的指导方针：第一要持有天真的态度，像孩童般善于发问，对问题不要抱有固化的思维；第二要绝对客观，杜绝带个人情感分析问题；第三不要认为答案是显而易见的，否则容易陷入惯性思维，导致难以找到问题关键；第四要组建一个多功能的工作小组完成分析，集合多人的智慧并从多方面分析问题；第五点是如果问题涉及多个原因，则应找出每个原因的根源。

（2）确认所描述的状态是事实而非推断猜测，也就是说，每一次提问为什么得到的答案应该是客观存在的事实，而不是臆想的，就如杰弗逊纪念馆墙面出现裂纹是因为冲洗墙壁的清洁剂对建筑物有酸蚀作用，这是实际发生的事实，而不是通过猜测认为是酸雨造成的，这样的猜测无法解决根本问题。所以，分析问题要基于事实和已知的数据。

（3）推论要客观、理性，避免借口类答案。如“为什么设备没有及时校准”“因为事情太多了”；“为什么没有维修设备”“因为设备超负荷运作”；“为什么设备超负荷运作”“因为生产量太多”；“为什么生产量多”“因为业务接了很多订单”；“为什么接了那么多订单”“因为公司要赚钱”。这类回答都是在找借口，并没有实际分析导致问题的原因，不能有助于寻找问题的根本原因。

（4）避免对原因的追求牵涉人的心理。如操作员心情烦躁、检测人员工作时想其他事情等，往往会分析不出防止再发生问题的对策。

（5）分析原因应围绕问题本身，避免推卸责任。如不符合项的责任部门是A部门，但原因分析却是B部门的责任，这就存在推卸责任的嫌疑。

（6）注意层级之间的相关性。5WHY分析法寻找根本原因的方式是层层递进的，每个为什么的问题和答案之间都有必然关系，如果层与层之间跳脱了，就容易错失关键原因甚至根本原因。如“为什么今天上班迟到了5分钟”“因为昨晚睡太晚了”，这个问题与答案之间就比较跳跃，两者间不存在必然的关系。如“为什么今天上班迟到了5分钟”“是因为出门比平时晚了5分钟”，这两者间很明显存在因果关系，出门晚很大概率会迟到。所以，分析原因的过程中应保持层与层之间的紧密关系。

（7）5WHY分析法顺利进行，不仅在提问的时候要抓住要点，回答的时候更应把握好方向。最核心的原则就是：要往我们可以控制的事项上面回答，避免不可控制的内容。

（8）通过5WHY分析法可对不符合发生的原因做全面的、有方向性的分析。通常从人、机、料、法、环、测几个方面考虑不符合可能发生的具体原因。人员可考虑是否缺少培训、缺乏沟通、出现变动等；设备是否定期维护、定期校准、超负荷运作等；物料是否存在本身含杂质、试剂变质、标物证书信息错误等；方法可从作业指导书编制有误、方法有修正未及时确认、程序有误等方面考虑；环境中的温度、湿度、工作区域、交叉污染等以及测试方面校准曲线的有效性等都可能造成不符合。

4. 鱼骨图法的定义

鱼骨图又称因果图、石川图、特性要因图等，是一种发现问题“根本原因”的方法，1953年日本川崎制铁公司的石川馨为了寻找产生某种质量问题的原因而提出了该方法。之所以称为鱼骨图，是因为它看起来很像鱼骨，“鱼头”代表问题或缺陷，“鱼刺”表示产生问题的可能原因，鱼骨图有助于说明各个原因之间是如何相互影响。

5. 鱼骨图的制作方法

（1）画出鱼头和主干骨。

（2）将问题写在鱼头上。

（3）在主干骨上画大骨，与主干骨的夹角为60度，大骨的数量就是大要因的数量，实验室的不符合项一般从人、机、料、法、环、测六个因素思考。

（4）找出大骨中各大要因中更深层次的原因。召集相关人员召开会议，利用头脑风暴法，集思广益，共同探讨，对引起问题的原因进一步细化，尽可能多地找出问题出现的原因。此时可以结合5WHY分析法，对上一个原因再问为什么，找出中要因、小要因，甚至更小的要因，寻找出问题的根源。

（5）整理分析所有原因，共同讨论，删除重复和没有意义的原因，然后按照大要因的分类将中要因写在中骨上，中骨与主骨干平行，小要因写在小骨上，平行于大骨，更小要因，平行于中骨，以此类推。

（6）根据鱼骨图上的原因进行讨论，找出最可能的原因，并且标注。如图7-5所示。

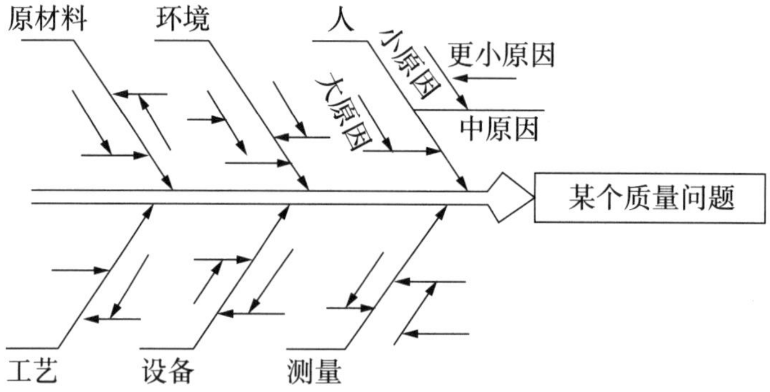

图7-5　鱼骨图样式

6. 鱼骨图的运用

假设实验室发现“××月××日检测员李××在做的现场试验项目饮用水中铬质量的考核结果不满意”，这就是鱼骨图中的“鱼头”。造成这个问题的原因可以从人、机、料、法、环、测6个维度考虑，6个维度画成鱼的“大骨”。接着继续按“大骨”的6个维度思考原因，找到的原因形成“中骨”。从人员方面找原因，造成饮用水中铬质量的考核结果不满意可能是人员操作失误，也可能是标准曲线配制错误；从机器（设备）方面找原因，可能是设备出现故障、设备未校准、设备参数设置错误等；在材料方面，更换供应商、使用替代材料、试剂过期等都会影响测试结果；在方法方面，可能存在使用过期方法、基质不适用等问题；在环境方面，造成问题的原因主要是环境条件不满足要求、样品在前处理环节被污染等；在检测方面，存在取样量不足、前处理步骤偏离、未做平行等原因。“中骨”找出来了，可以再深入思考造成“中骨”的原因，形成“小骨”，比如“什么原因造成人员操作手法错误”，答案是“没有培训”；“设备为什么发生故障”，原因是“没有设备点检”。可以按这种方式继续分析原因，直至找到该维度的根本原因，形成了完整的“鱼骨图”，如图7-6所示。最后，从鱼骨图中找到产生问题的最主要的原因，采取对应的纠正及纠正措施。

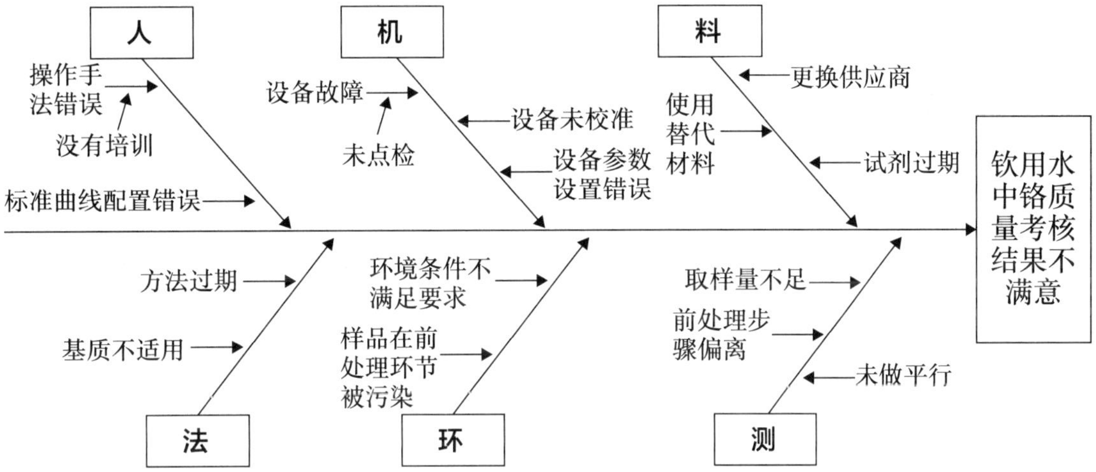

图7-6 鱼骨图

7. 柏拉图（80/20定律）

19世纪末，意大利著名经济学家和社会学家帕累托在研究英国人的收入分配问题时发现，大部分财富往往掌握小部分人手里，存在不平衡的、可预测性的、相对稳定的数量关系，总体来说，就是社会上80%的财富掌握在20%的人手中。经济学家把这一发现称为“帕累托收入分配定律”，也称为“80/20定律”。生活中确实存在大量“80/20现象”，如企业80%的产品被20%的客户消化；女士们80%的时间穿她们拥有的20%的衣服。“80/20定律”揭示了一个道理：大部分的结果、产出或收益通常来自小部分的原因、投入和努力。

将“80/20定律”运用到不符合项的原因分析中，可发现80%的不符合项一般集中在20%的问题点上。所以，在寻找不符合项的原因时，应侧重抓关键、抓重点，弄清20%的问题点，采取有效措施，重点突破，进而以重点带全面，取得实验室质量管理的整体提升。这种方式也可运用在评审报告中以分析产生各不符合项的原因集中在哪些条款，以此发现普遍性问题，分析原因，采取措施，系统性地、集中地、全面地解决问题。

8. 其他方法

（1）谈话。请相关人员说明其开展相应工作时所依据的文件，及其实际开展工作的方式或过程。这种方法有助于了解不符合发生时实际的工作过程，但可能偏主观且带有指责性。

（2）记录溯源。通过记录来判断实际工作的开展过程是否与规定要求一致，以此来查找产生不符合结果的作业环节。这种方法基于记录的可获得性、完整性和可靠性。

（3）检查表法。根据流程图或文件，将开展工作的各个环节的要求制订成检查表，逐一核查各个环节是否符合要求。

四　纠正措施的制订与实施

1. 纠正措施制订的方法

对发现的不符合项不能盲目整改，而应根据原因分析制订有针对性、可操作性、与不符合风险和严重程度相适应、最有可能消除问题发生原因的纠正措施，一般情况下采取以下五个步骤开展，可称为纠正五步法通用思路。

第一步，隔离／控制问题。隔离／控制的方式有暂停工作、扣发检测报告、通知客户或其他相关人员等。

第二步，纠正。纠正并不是必要步骤，发现不符合可以被纠正的，应立即采取纠正，若不符合不需要纠正，可不采取纠正。

第三步，纠正措施。对问题产生的原因制订纠正措施，是纠正措施过程最重要的一步，决定了发现的不符合是否能够得到根本解决。

第四步，举一反三。对已发生不符合的同类活动进行举一反三，可对使用同类工作方式造成的错误一并发现，一并整改，避免留下历史问题。需要注意的是，不应扩大核查范围，比如某实验室区域未记录温湿度情况，应举一反三核查由该员工负责的区域近三个月内的温湿度记录情况，而不是核查整个实验室几年来的温湿度记录情况。核查的范围应选择与不符合最为相关的同类活动，同时要考虑能降低不符合发生的风险，但不增加整改的负担。核查应有核查检查表并且保留核查记录。

第五步，整改后监督。不符合纠正措施报告中一般整改到第四步骤就结束了，但其实整改并没有结束，整改后的活动运行得如何，是否持续性运行，都需要后续跟踪。如整改中涉及修订文件，那么就需要对新文件的实施情况进行监督，了解新文件是否落实，新文件是否适用，实际运作是否按新文件实施。在整改后一段时期内对整改后活动运行情况的监督很重要，有助于了解整改措施的有效性，及时对无效的整改调整，不至于一错再错。

另外，当原因分析发现，不符合是由于文件缺失或者人员缺少培训时，可按以下五个步骤采取纠正、纠正措施，此方法是在一定条件下适用的，可称为纠正五步法限定思路。

第一步，修订文件（适用时）。修订文件是对文件缺失的纠正。文件是行动的指南，实验室活动是文件要求的实现，当人员缺少培训时，应先核查文件是否完善再落实培训，如此才能“照本宣科”。修订文件并非必需步骤，只有不符合涉及文件时才考虑修订文件。

第二步，培训学习。这是第一步骤的延续，文件修订后，新的内容就产生了，必然要经过培训学习才能掌握新知识，才能清楚新要求、新流程。

第三步，按新思路整改。这里的不符合项的原因基本有两种情况，一种是因文件缺失，导致人员无据可依，造成不符合；另一种是文件有相应规定，但人员不知道有文件规定或者没有接受过培训不清楚如何操作造成不符合。这两种情况都是因为不了解文件内容而导致不符合，应该告知如何做。

第四步，举一反三。此步骤与通用思路步骤是一样的，整改后，核查一定范围内同类活动，以免未及时发现同类情况，留下历史问题。

第五步，整改后监督。通过事后监督确保整改措施的有效性及持续性。

以上两种纠正措施思路各有优点，第一种是首先就问题点采取措施，阻隔问题扩大化，之后再对发生的问题采取纠正措施；第二种是强调本源，文件是体系运作的本源，既然是因为缺少文件或培训导致的不符合，就应先将指导人员工作的工具——文件，补充完整，然后对人员就新文件内容进行培训，确保人员知道方式方法，接受过培训的人员对不符合采取纠正、纠正措施才不至于偏离，并且更有针对性。

以下案例，分别使用以上两种思路制订纠正措施，能更清晰地说明两种思路的异同。

不符合描述：XXX编号高压灭菌锅上次校准日期为2018年4月5日，已过期未再次送校，不符合RB/T 214—2017 4.4.3，CNAS—CL01：2018 6.4.6及《设备管理程序》。

原因分析：设备管理员为新进人员，缺少《设备管理程序》培训，导致超过设备校准日期未送校。

（1）措施制订（按通用思路），如表7-12所示。

表7-12　纠正五步法通用思路

纠正措施通用思路	措施制订
1）隔离/控制问题	①XXX编号高压灭菌锅申请停用，粘贴停用标识。
2）纠正	②将XXX编号高压灭菌锅送检。
3）纠正措施	③将该设备纳入“检定/校准计划”。 ④对设备管理员进行RB/T 214—2017 4.4.3，CNAS—CL01：2018 6.4.6及《设备管理程序》培训。
4）举一反三	⑤对实验室内其他设备校准状态进行核查。
5）整改后监督	⑥监控设备管理员后续工作是否按新“检定/校准方案”实施。

（2）措施制订（按限定思路），如表7-13所示。

表7-13　纠正五步法限定思路

纠正措施限定思路	措施制订
1）修订文件	不涉及文件缺失，不需要修订文件。
2）培训学习	①对设备管理员进行RB/T 214—2017 4.4.3，CNAS—CL01：2018 6.4.6及《设备管理程序》培训。

续表

纠正措施限定思路	措施制订
3）按新思路整改	②按文件要求申请停用XXX编号高压灭菌锅，粘贴停用标识。 ③将该设备纳入“检定／校准计划”。
4）举一反三	⑤对实验室内其他设备校准状态进行核查。
5）整改后监督	⑥监控设备管理员后续工作是否按新“检定／校准方案”实施。

2. 纠正措施的实施：WBS法

WBS法也称工作分解结构（Work Breakdown Structure），是以可交付成果为导向的工作层级分解方法。也就是说，为了实现项目目标，获得工作成果，可将项目按一定的规则层层分解，项目分解成任务，任务分解成工作，工作落实到每个人上，以此类推，直到无法分解为止。WBS分解满足横向到边，纵向到底的原则。从横向看，每个层级的分类要不重复、不遗漏，更不能出现多余分类；从纵向看，分解的层次要足够细，分解到底，以便分配和控制工作。WBS法每向下分解一个层次，就意味着项目的定义更深入了一步，项目内容更详尽、细致。WBS法中每一项工作都必须只有一个负责人，并且应有交付物也就是工作成果体现项目完成。运用WBS法，只有将任务分解得足够细，足够清晰，才能统筹全局，充分利用人力、物力和财力资源，把握项目进度。

不符合整改就相当于一个项目，根据原因分析，制订相应的措施，措施实施就是一项项工作，将措施的实施落实到每个人，并且与纠正、纠正措施保持一一对应的关系，最后交付物就是措施实施记录，也就是整改证明材料。仍用以上案例说明，纠正措施及措施实施记录如表7-14所示。

表7-14　纠正措施及措施实施记录

纠正措施制订	（一一对应）	措施实施记录
①XXX编号高压灭菌锅申请停用，粘贴停用标识。	→	①停用申请表、标识
②将XXX编号高压灭菌锅送检。	→	②检定证书，结果核查表
③修订“检定／校准方案”。	→	③新“检定／校准方案”
④对设备管理员进行RB/T 214—2017 4.4.3，CNAS—CL01：2018 6.4.6及《设备管理程序》培训。	→	④培训记录及考核记录
⑤对实验室内其他设备校准状态进行核查。	→	⑤设备核查记录表
⑥监控设备管理员后续工作是否按新“检定／校准方案”实施。	→	⑥监控记录

五　纠正措施的效果验证

受审核部门针对所有不符合采取纠正措施后，纠正措施的完成情况及有效性经内部审核评审组验证后，方可关闭不符合。

1. 验证方式

内部审核评审组应跟踪纠正措施的实施情况，评价纠正措施的有效性，发现问题及时反馈。纠正措施完成后，内审员应对纠正措施完成情况进行验证。验证的方式包括现场评审、文件评审、下次评审、质控图等。

（1）现场评审侧重验证现场不符合，需内审员到现场进行复审，一般用于发现严重不符合或只有到现场才能验证的一般不符合项。

（2）文件评审侧重验证文件类不符合，对受审责任部门提交的证明纠正措施已经得到实施的证据进行书面验证，一般用于一般不符合或不符合项较少的部门。

（3）下次评审一般用于纠正措施对体系的运行影响不大，并且在短时间内无法完成而又制订了有效的整改计划的不符合项，可先验证计划的可行性，安排下次内部审核时一并验证。

（4）质控图侧重验证后续不符合是否不再发生，纠正措施是否持续有效，一般适用于技术验证。质控图又称管制图，是对过程质量特性加以测定、记录、评估，从而监察过程是否处于控制状态的一种用统计方法设计的图。图7-7有三条平行于横轴的线以及按时间顺序排列的描点序列。三条线为中心线（CL）、上控制限（UCL）和下控制限（LCL），统称为质控线。如果质控图中的描点落在UCL与LCL之外或描点在UCL和LCL之间的排列呈现为不随机，就表明过程异常。从图7-8中营养元素钠质控图可以看出，描点落在UCL与LCL之外，质量控制存在异常情况，也就说纠正措施不够彻底，未找到根本原因，需要重新进行原因分析、纠正及纠正措施。

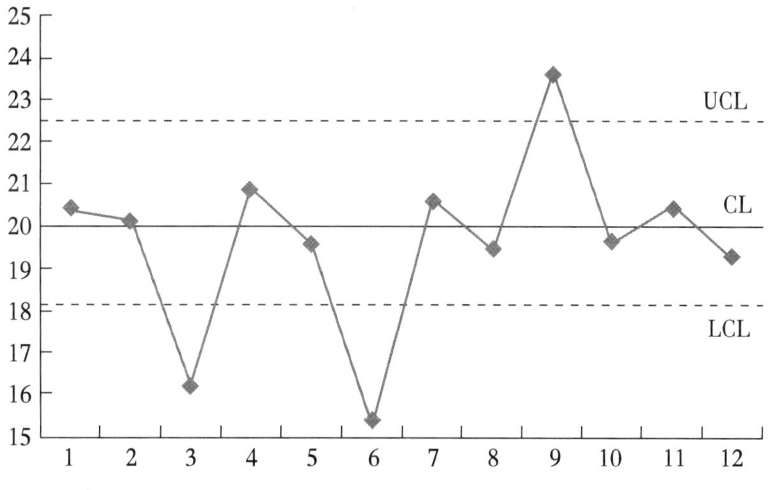

图7-7 质控图

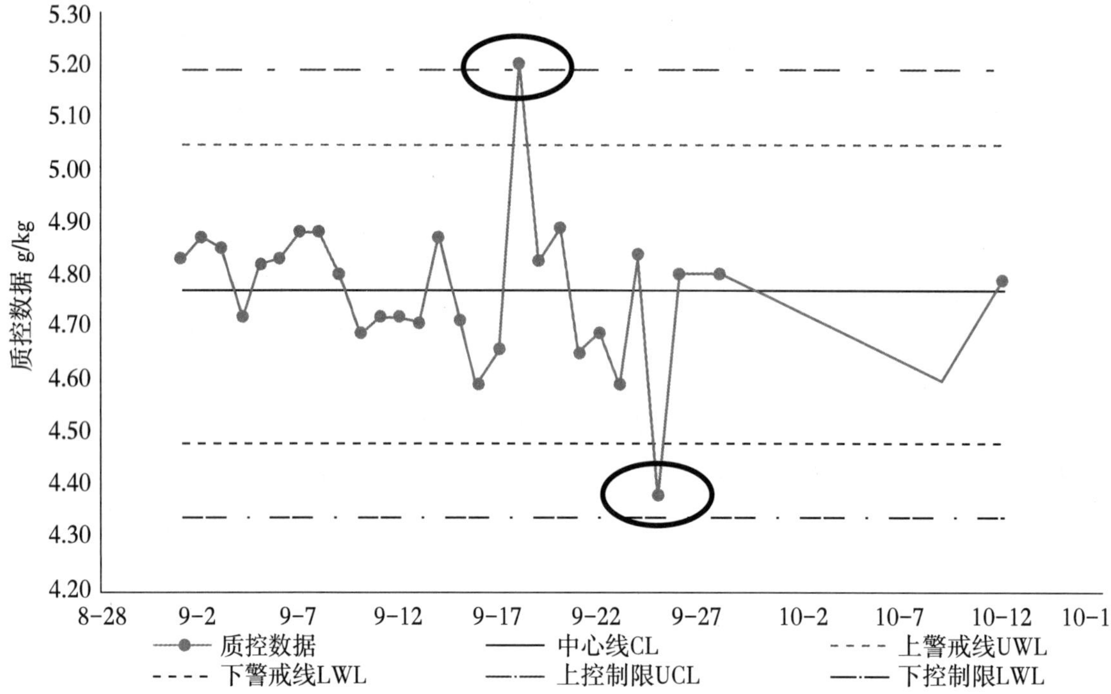

图7-8 营养元素钠质控图

表7-15 营养元素钠质控数据

组别：无机组 质控项目：钠					质控方法：GB/T 5009.91—2003、GB/T 5009.91—2007				
仪器 / 编号：原子吸收光谱仪×××					质控样品名称及编号：牛肉粉×××				
质控样品标准值：4.71 ± 0.22g/kg					质控时间：2017年9月1日—10月12日				
营养元素钠质控数据表									
	平均值 $\bar{x}$	4.77	标准偏差s	0.14	相对标准偏差RSD	2.99	质控次数n	29	
序号	日期	质控数据	平均值 $\bar{x}$	$\bar{x}$ + s	$\bar{x}$ - s	$\bar{x}$ + 2s	$\bar{x}$ - 2s	$\bar{x}$ + 3s	$\bar{x}$ - 3s
1	9-1	4.83	4.77	4.91	4.62	5.05	4.48	5.19	4.34
2	9-2	4.87	4.77	4.91	4.62	5.05	4.48	5.19	4.34
3	9-3	4.85	4.77	4.91	4.62	5.05	4.48	5.19	4.34
4	9-4	4.72	4.77	4.91	4.62	5.05	4.48	5.19	4.34
5	9-5	4.82	4.77	4.91	4.62	5.05	4.48	5.19	4.34
6	9-6	4.83	4.77	4.91	4.62	5.05	4.48	5.19	4.34
7	9-7	4.88	4.77	4.91	4.62	5.05	4.48	5.19	4.34
8	9-8	4.88	4.77	4.91	4.62	5.05	4.48	5.19	4.34
9	9-9	4.80	4.77	4.91	4.62	5.05	4.48	5.19	4.34
10	9-10	4.69	4.77	4.91	4.62	5.05	4.48	5.19	4.34
11	9-11	4.72	4.77	4.91	4.62	5.05	4.48	5.19	4.34
12	9-12	4.72	4.77	4.91	4.62	5.05	4.48	5.19	4.34
13	9-13	4.71	4.77	4.91	4.62	5.05	4.48	5.19	4.34

续表

	平均值 $\bar{x}$	4.77	标准偏差s	0.14	相对标准偏差RSD	2.99	质控次数n	29	
序号	日期	质控数据	平均值 $\bar{x}$	$\bar{x}+s$	$\bar{x}-s$	$\bar{x}+2s$	$\bar{x}-2s$	$\bar{x}+3s$	$\bar{x}-3s$
14	9-14	4.87	4.77	4.91	4.62	5.05	4.48	5.19	4.34
15	9-15	4.71	4.77	4.91	4.62	5.05	4.48	5.19	4.34
16	9-16	4.59	4.77	4.91	4.62	5.05	4.48	5.19	4.34
17	9-17	4.66	4.77	4.91	4.62	5.05	4.48	5.19	4.34
18	9-18	5.20	4.77	4.91	4.62	5.05	4.48	5.19	4.34
19	9-19	4.83	4.77	4.91	4.62	5.05	4.48	5.19	4.34
20	9-20	4.89	4.77	4.91	4.62	5.05	4.48	5.19	4.34
21	9-21	4.65	4.77	4.91	4.62	5.05	4.48	5.19	4.34
22	9-22	4.69	4.77	4.91	4.62	5.05	4.48	5.19	4.34
23	9-23	4.60	4.77	4.91	4.62	5.05	4.48	5.19	4.34
24	9-24	4.84	4.77	4.91	4.62	5.05	4.48	5.19	4.34
25	9-25	4.38	4.77	4.91	4.62	5.05	4.48	5.19	4.34
26	9-26	4.80	4.77	4.91	4.62	5.05	4.48	5.19	4.34
27	9-27	4.80	4.77	4.91	4.62	5.05	4.48	5.19	4.34
28	9-28	4.60	4.77	4.91	4.62	5.05	4.48	5.19	4.34
29	9-29	4.79	4.77	4.91	4.62	5.05	4.48	5.19	4.34

2. 验证内容

无论采取现场评审、文件评审、下次评审还是质控图验证，内部审核评审组对受审核部门不符合项跟踪验证时，需要重点关注以下内容。

（1）原因分析。审核部门对不符合的原因分析是否正确，是否确切找到了问题的根源。

（2）措施制订。对不符合的原因所采取的纠正措施是否具备可行性和合理有效性；纠正措施是否针对产生不符合的原因；纠正措施是否能防患于未然，是否举一反三，避免同类问题的发生。

（3）实施及效果。措施是否在规定期限内完成；措施是否得到了充分实施；措施的实施是否能够有效消除不符合存在的根源，能够有效杜绝不符合再次发生；实施情况是否有记录可查。

3. 验证记录

内部审核评审组针对不符合项进行跟踪验证后，应在“不符合纠正措施报告”的“效果验证”中评价其有效性，并做出验证结论，若验证结论有效，不符合项关闭；若验证结论为纠正措施失效，则需重新补充执行纠正措施，直至不符合项效果验证为有效，不符合项予以关闭。

验证后的不符合纠正措施报告及对应的纠正措施实施记录，受审核部门应予以保留。

第六节　不符合项案例练习

为了帮助内审员正确、准确地开具不符合，并提高内审员验证不符合项原因分析与纠正的能力，本节列举了检验检测机构管理体系运行中一些常见的不符合项案例。

一　不符合项描述及判定

1. 不符合项描述及判定原则

（1）不符合项描述原则。检验检测机构内审员可采用“牛眼法”聚焦不符合项，运用“4W1H”表述界定事实。事实描述应尽可能采用专业术语，简明扼要、准确、具体，并有利于采取纠正、纠正措施。

（2）不符合项判定原则。一般需判定不符合项类型及不符合条款依据。

①不符合项类型。按照不符合的产生原因，可分为体系性不符合、实施性不符合和效果性不符合；按照不符合性的严重程度及风险大小可分为严重不符合、一般不符合，或者分为严重不符合、重大不符合、一般不符合。

②不符合条款依据。一般应写明不符合的外部审核准则、自身管理体系文件、方法标准等；需注意把握就近、就小不就大、便于纠正、抓根本、增值等原则。

2. 案例解析

<table>
<tr><th colspan="2">案例1</th><th>解析要点</th></tr>
<tr><td>案例叙述</td><td colspan="2">某检验检测机构内审员查实验室王XX的人员技术档案，发现授权项目土壤铬未找到对应的培训记录。</td></tr>
<tr><td>不符合事实描述</td><td>查实验室王XX人员技术档案，未能提供2019年6月6日授权的土壤铬相关标准的培训记录。</td><td>When、Where、Who、What</td></tr>
<tr><td>不符合类型判定</td><td>□体系性不符合 ■实施性不符合 □效果性不符合</td><td>How：文实不符</td></tr>
<tr><td>不符合影响程度判定</td><td>□严重不符合 □重大不符合 ■一般不符合</td><td>How：个别的／影响范围小</td></tr>
<tr><td>不符合项条款判定</td><td>□法律法规：___/___
■认证认可准则：RB/T 214—2017 4.2.7、CNAS—CL01：2018 6.2.5 c）
■自身管理体系文件：《人员培训管理程序》6.2.2
□标准／方法／规范/技术文件：___/___
□标书及合同：___/___</td><td>How：从外部到内部文件，就小不就大原则</td></tr>
</table>

<table>
<tr><th colspan="2">案例2</th><th>解析要点</th></tr>
<tr><td>案例叙述</td><td colspan="2">2020年5月10日，某检验检测机构内审员在现场审核时发现，高压灭菌锅XXX编号设备标示的校准日期为2018年4月5日，未粘贴停用标签。</td></tr>
<tr><td>不符合事实描述</td><td>实验室微生物房间高压灭菌锅XXX编号的设备校准日期为2018年4月5日，已过有效期，未粘贴停用标签。</td><td>When、Where、Who、What</td></tr>
</table>

续表

案例2		解析要点
不符合类型判定	□体系性不符合 ■实施性不符合 □效果性不符合	How：文实不符
不符合影响程度判定	□严重不符合 □重大不符合 ■一般不符合	How：个别的 / 影响范围小
不符合项条款判定	□法律法规：__/__ ■认证认可准则：RB/T 214—2017 4.4.3、CNAS—CL01：2018 6.4.6 ■自身管理体系文件：《设备管理程序》6.3 □标准 / 方法 / 规范/技术文件：__/__ □标书及合同：__/__	How：从外部到内部文件，就近原则

案例3		解析要点
案例叙述	某检验检测机构内审员审核2019年管理评审报告时，发现主持管理评审会议的是公司检测员王XX，追查《管理评审程序》发现未规定管理评审会议的主持者。	
不符合事实描述	查《管理评审程序》未规定管理评审会议的主持者，由检测员王XX主持了2019年管理评审会议。	When、Where、Who、What
不符合类型判定	■体系性不符合 □实施性不符合 □效果性不符合	How：文标不符
不符合影响程度判定	□严重不符合 ■重大不符合 □一般不符合	How：系统性 / 影响范围较大
不符合项条款判定	□法律法规：__/__ ■认证认可准则：RB/T 214—2017 4.5.13、CNAS—CL01：2018 8.9.1 ■自身管理体系文件：《管理评审程序》6.1 □标准 / 方法 / 规范 / 技术文件：__/__ □标书及合同：__/__	How：从外部到内部文件

案例4		解析要点
案例叙述	某检验检测机构内审员查2020年度不符合时，发现多次出现检测员缺少培训记录的不符合项。	
不符合事实描述	查2020年度不符合工作相关记录，检测员缺少培训记录的不符合项频繁出现，采取的措施未能有效避免再次发生。	When、Where、Who、What
不符合类型判定	□体系性不符合 □实施性不符合 ■效果性不符合	How：实效不符
不符合影响程度判定	□严重不符合 ■重大不符合 □一般不符合	How：失效 / 影响范围较大
不符合项条款判定	□法律法规：__/__ ■认证认可准则：RB/T 214—2017 4.5.10、CNAS—CL01：2018 8.7.1 b） ■自身管理体系文件：《不符合纠正措施程序》6.2 □标准 / 方法 / 规范 / 技术文件：__/__ □标书及合同：__/__	How：从外部到内部文件，就近原则

案例5		解析要点
案例叙述	某检验检测机构内审员在现场审核时发现，检测员王XX无劳动合同，仅签订临时借用协议，经追溯，实验室告知内审员，2020年9月检测任务较重，故从其他有相同资质的检验检测机构借调王XX1个月帮助进行样品检测。	
不符合事实描述	检测员王XX2020年9月同时在两家检验检测机构从事检测活动。	When、Where、Who、What
不符合类型判定	□体系性不符合■实施性不符合 □效果性不符合	How：文实不符
不符合影响程度判定	■严重不符合 □重大不符合 □一般不符合	How：影响程度大
不符合项条款判定	■法律法规：《检验检测机构监督管理办法》（国家市场监督管理总局令第39号）第七条 ■认证认可准则：RB/T 214—2017 4.1.4、CNAS—CL01：2018 4.1.4 ■自身管理体系文件：《人员管理程序》6.1.2 □标准 / 方法 / 规范 / 技术文件：___/___ □标书及合同：___/___	How：从外部到内部文件

二　不符合项原因分析及纠正措施

1. 不符合项原因分析原则

检验检测机构内审员可采用“8D问题求解法”指导被审核部门解决不符合项，采用“5WHY分析法”“鱼骨图法”“柏拉图（80/20定律）”等方法分析不符合项产生的原因，以便更好地解决不符合，避免不符合项的再次发生。

（1）结合“5WHY分析法”，责任部门分析原因时需注意：具有理性思维，从客观角度出发，不主观判断、找借口；防止原因牵扯到人的心理。

（2）结合“鱼骨图法”，责任部门分析原因时需注意：针对问题点选择层别方法，实验活动类问题一般从“人、机、料、法、环、测”几个主原因分析，质量管理类问题一般从“人员、政策、地点、程序、测量和环境”几个主原因分析，具体问题应视具体情况决定；运用头脑风暴法寻找中、小原因；各要素归类、整理，明确其从属关系；分析选取重要因素；检查各要素的描述方法。

（3）结合“80/20定律”，责任部门分析原因时需注意：收集大量数据，从数据中找出占比较高的要素；可以多次叠加使用，每使用一次，就更进一步抽丝剥茧。

2. 不符合项纠正措施原则

检验检测机构内审员在指导或审核责任部门不符合项纠正措施时，可运用“纠正五步法通用思路”“纠正五步法限定思路”确定所采取的纠正措施是否适当。

结合“纠正五步法”，责任部门采取纠正措施时需注意：不是要求所有不符合项解决必须经过五个步骤，应视情况增减步骤；纠正措施应与原因分析对应，且措施应制订到位，有效防止不符合项再出现。

3. 案例解析

案例1		解析要点
不符合事实描述	查实验室王XX人员技术档案，未能提供2019年6月6日授权的土壤铬项目标准的培训记录。	
原因分析	相关人员对《人员培训管理程序》文件理解不足，未制订培训计划，对王XX进行土壤铬项目标准的培训。	5WHY分析法 1.为什么未能提供培训记录? ——未对王XX进行土壤铬项目标准的培训。 2.为什么未进行培训? ——未将对王XX进行土壤铬项目标准的培训纳入“培训计划”。 3.为什么不纳入“培训计划”? ——相关人员不清楚授权的项目应纳入培训计划。 4.为什么不清楚? ——相关人员不清楚《人员培训管理程序》中要求授权前培训。
纠正措施	1.对王XX进行土壤铬项目标准的培训。 2.组织相关人员重新学习《人员培训管理程序》，重申培训计划的要求。 3.修订“培训计划”。 4.对实验室内其他人员授权前培训情况进行核查，如有同类问题，一并纠正。 5.增加人员管理活动监督，监督相关人员按要求实施“培训计划”。	纠正五步法 1.隔离／控制问题：不需要。 2.纠正问题：对王XX进行土壤铬项目标准的培训。 3.纠正措施：组织相关人员培训，修订“培训计划”。 4.举一反三：核查其他人员授权前培训情况。 5.整改监督：增加人员管理活动监督。

案例2		解析要点
不符合事实描述	实验室微生物房间高压灭菌锅XXX编号的设备校准日期为2018年4月5日，已过有效期，未粘贴停用标签。	
原因分析	设备管理员缺少《设备管理程序》关于设备检定／校准要求的培训。	5WHY分析法 1.为什么过期? ——未能及时发现。 2.为什么未发现? ——未纳入“检定／校准计划”管理。 3.为什么不纳入计划? ——设备管理员不清楚需要制订计划。 4.为什么不清楚? ——设备管理员缺少设备检定／校准要求培训。

续表

案例2		解析要点
纠正措施	1.高压灭菌锅XXX编号申请停用，粘贴停用标识。 2.将高压灭菌锅XXX编号送检。 3.组织设备管理员进行RB/T 214—2017 4.4.3、CNAS—CL01：2018 6.4.6 及《设备管理程序》培训，并评价培训效果。 4.将该设备纳入“检定／校准计划”。 5.对实验室内其他设备检定／校准情况进行核查，如有同类问题，一并纠正。 6.增加设备管理活动监督，监督设备管理员按要求实施“检定／校准计划”。	纠正五步法 1.隔离／控制问题：停用设备。 2.纠正问题：设备送检。 3.纠正措施：组织培训，修订“检定／校准计划”。 4.举一反三：核查其他设备检定／校准情况。 5.整改监督：增加设备管理活动监督。

案例3		解析要点
不符合事实描述	检测员王XX主持了2019年管理评审会议。	
原因分析	检验检测机构相关人员缺少培训，导致对RB/T 214—2017 4.5.13、CNAS—CL01：2018 8.9.1中关于管理评审组织者的要求不清楚，未在《管理评审程序》中规定管理评审会议的组织者。	5WHY分析法 1.为什么检测员王XX主持了管理评审会议? ——文件未规定。 2.为什么文件未规定? ——人员不清楚。 3.为什么人员不清楚? ——未对相关人员进行外部准则要求的培训。
纠正措施	1.修订《管理评审程序》，明确管理评审会议的组织者。 2.按修订后的《管理评审程序》，由管理层重新组织管理评审。 3.对检验检测机构相关人员进行RB/T 214—2017 4.5.13、CNAS—CL01：2018 8.9.1及修订后的《管理评审程序》培训。	纠正五步法 1.隔离／控制问题：不需要隔离。 2.纠正问题：修订文件，重新组织管理评审。 3.纠正措施：组织培训。 4.举一反三：不需要。 5.整改监督：不需要。

案例4		解析要点
不符合事实描述	检测室2报告迟单率连续8个月未达成目标，未采取措施。	
原因分析	《质量目标程序》文件未规定报告迟单率连续不达标应采取措施。	5WHY分析法 寻找到不符合项事实的根本原因——检测室2《质量目标程序》文件未规定报告迟单率连续不达标应采取措施。

续表

案例4		解析要点
纠正措施	1.组织对报告迟单率分析，寻找到根本原因，并采取措施。 （1）组织新业务员培训下单流程。 （2）制订测试量超负荷运转应对措施文件。 （3）组织采样组人员培训采样计划要求。 （4）后续监督新业务员下单环节及采样计划的制订。 2.修订《质量目标程序》，增加质量目标不达标的措施要求。 3.后续监督报告迟单率目标达成情况。	纠正五步法 1.隔离／控制问题：不需要隔离。 2.纠正问题：组织对报告迟单率分析，结合以下根本原因采取措施。 （1）应用“80/20定律”寻找报告迟单率的主要原因，1）采集数据，各原因导致迟单数量；2）制作检查表，将各个原因、迟单数量列表；3）统计频率，计算各原因占比；4）绘制帕累托图，将占比按高到低排序，绘制曲线；5）80%占比为待确认信息、测试量超负荷、样品采样不及时。 （2）结合“5WHY分析法”或“鱼骨图法”分析这三项原因的根本原因：新业务员不清楚下单流程，未深入挖掘客户的检测需求便下单，导致开始检测后频繁确认信息；无测试量超负荷应对措施的文件规定，检测室测试量满负荷运转后未告知业务，导致无法满足客户周期要求；采样组未按文件要求制订采样计划，导致未能安排人员及时采样。 3.纠正措施：修订《质量目标程序》。 4.举一反三：不需要。 5.整改监督：监督后续报告迟单率目标完成情况。

案例5		解析要点
不符合事实描述	检测室未能提供XXX家医疗废弃物处置单位的供应商评价记录。	
原因分析	检测室供应商管理为检测员兼职，未对其进行供应商管理培训。	5WHY分析法 1.为什么未能提供XXX医疗废弃物处置单位的供应商评价记录? ——供应商管理员未对XXX医疗废弃物处置单位进行评价。 2.为什么未对XXX医疗废弃物处置单位进行评价? ——供应商管理员不清楚应该评价。 3.为什么人员不清楚? ——供应商管理员为检测员兼职，未对其进行供应商管理培训。
纠正措施	1.暂停使用XXX医疗废弃物处置单位进行医疗废弃物处置。 2.组织对XXX医疗废弃物处置单位进行供应商评价。 3.组织对兼职供应商管理的检测员进行供应商管理培训。 4.核查其他供应商是否存在未评价情况，如有一并整改。 5.监督计划增加供应商评价活动的监督。	纠正五步法 1.隔离／控制问题：暂停医疗废弃物处置。 2.纠正问题：对医疗废弃物处置单位进行评价。 3.纠正措施：组织供应商管理员培训。 4.举一反三：核查其他供应商是否存在类似问题。 5.整改监督：后续监督供应商管理。

三 不符合项判定练习

练习1		解析要点
不符合事实描述	查质量控制记录时，实验室未能提供2019年12月参加的“金属室温拉伸试验”能力验证不满意结果的纠正材料，追查《质量控制程序》中缺少能力验证不满意如何处理的要求	
不符合类型判定	■体系性不符合 □实施性不符合 □效果性不符合	文件中缺少能力验证不满意的处理要求
不符合影响程度判定	□严重不符合 ■重大不符合 □一般不符合	能力验证不满意，未采取措施改进，有可能影响检测结果
不符合项条款判定	□法律法规：___/___ ■认证认可准则：RB/T 214—2017 4.5.19、CNAS—CL01：2018 7.7.3 ■自身管理体系文件：《质量控制程序》6.1 □标准/方法/规范/技术文件：___/___ □标书及合同___/___	采取就近原则，判定至质量控制条款

练习2		解析要点
不符合事实描述	现场发现，检验区存放的若干钢筋、水泥样品上没有样品唯一性标识，无法区分样品及其检测状态	
不符合类型判定	□体系性不符合 ■实施性不符合 □效果性不符合	文件有规定，但实际未按文件执行，文实不符
不符合影响程度判定	□严重不符合 ■重大不符合 □一般不符合	样品无标识，容易混淆，无法溯源
不符合项条款判定	□法律法规：___/___ ■认证认可准则：RB/T 214—2017 4.5.18、CNAS—CL01：2018 7.4.2 ■自身管理体系文件：《样品管理程序》6.1 □标准/方法/规范/技术文件：___/___ □标书及合同：___/___	采用就近原则，判定至样品标识条款

练习3		解析要点
不符合事实描述	查检测报告编号B，项目A由分包方XXX检测中心完成，但实验室未能提供客户同意分包的确认记录，追查《分包管理程序》中缺少分包应取得客户同意的要求	
不符合类型判定	■体系性不符合 □实施性不符合 □效果性不符合	文件未规定分包应取得委托方同意
不符合影响程度判定	■严重不符合 □重大不符合 □一般不符合	违反了《检验检测机构监督管理办法》

续表

练习3		解析要点
不符合项条款判定	■法律法规：《检验检测机构监督管理办法》（国家市场监督管理总局令第39号）第十条 ■认证认可准则：RB/T 214—2017 4.5.5、CNAS—CL01：2018 7.1.1 c） ■自身管理体系文件：《分包管理程序》6.1 □标准 / 方法 / 规范 / 技术文件：___/___ □标书及合同：___/___	采取就小不就大原则，判定至最小条款

练习4		解析要点
不符合事实描述	现场发现，样品制备室存在两份版本不一样（编号A版、B版）的《样品制备作业指导书》	
不符合类型判定	□体系性不符合 ■实施性不符合 □效果性不符合	文件有规定作废文件要求，但未收回作废文件，文实不符
不符合影响程度判定	□严重不符合 □重大不符合 ■一般不符合	个例问题
不符合项条款判定	□法律法规：___/___ ■认证认可准则：RB/T 214—2017 4.5.3、CNAS—CL01：2018 8.3.2 d） ■自身管理体系文件：《文件管理程序》6.1 □标准 / 方法 / 规范 / 技术文件：___/___ □标书及合同：___/___	采用就小不就大原则，判定至文件控制分发的最小条款

练习5		解析要点
不符合事实描述	实验室未能提供实验室用水、甲酸溶液符合方法要求的验收记录	
不符合类型判定	□体系性不符合 ■实施性不符合 □效果性不符合	文件有规定应对供应品进行验收，但未按文件执行，文实不符
不符合影响程度判定	□严重不符合 □重大不符合 ■一般不符合	个例、偶发问题
不符合项条款判定	□法律法规：___/___ ■认证认可准则：RB/T 214—2017 4.5.6、CNAS—CL01：2018 6.6.2 c） ■自身管理体系文件：《供应品管理程序》6.1 □标准 / 方法 / 规范 / 技术文件：___/___ □标书及合同：___/___	采用就小不就大原则，判定至供应品验收条款

练习6		解析要点
不符合事实描述	现场见证试验时发现，检测员王XX进行多组耗氧量试验，未在每次开始试验时记录滴定初始体积，滴定后也未及时记录剩余体积，而是试验结束后采取追记形式形成原始记录	
不符合类型判定	□体系性不符合 ■实施性不符合 □效果性不符合	文件有规定原始的观察结果、数据应在观察时予以记录，但实际未按文件执行，文实不符
不符合影响程度判定	□严重不符合 ■重大不符合 □一般不符合	原始记录未在产生当时记录，追记存在溯源质疑问题
不符合项条款判定	□法律法规： / ■认证认可准则：RB/T 214—2017 4.5.11、CNAS—CL01：2018 7.5.1 ■自身管理体系文件：《记录管理程序》6.1 □标准 / 方法 / 规范 / 技术文件： / □标书及合同： /	采用就近原则，判定至原始记录条款

练习7		解析要点
不符合事实描述	查编号为A的检测报告，其中磺胺类兽药残留（GB XXXX—XX）测定使用的流动相是0.1%乙腈水溶液，不满足标准要求，且未在检测报告中备注偏离说明	
不符合类型判定	□体系性不符合 ■实施性不符合 □效果性不符合	文件有规定偏离应经过技术确认，并予以报告备注说明，但实际未按文件执行，文实不符
不符合影响程度判定	■严重不符合 □重大不符合 □一般不符合	实验室未遵循强制性规定（不允许偏离）进行检验检测的，有行政罚则，判定为严重不符合
不符合项条款判定	□法律法规：《检验检测机构监督管理办法》（国家市场监督管理总局令第39号）第25条 ■认证认可准则：RB/T 214—2017 4.5.21 a）、CNAS—CL01：2018 7.8.2.1 n） ■自身管理体系文件：《结果报告程序》6.1 □标准 / 方法 / 规范 / 技术文件： / □标书及合同： /	采用就小不就大原则，判定至检测报告要求的最小条款

练习8		解析要点
不符合事实描述	查阅检测室《样品接收登记表》，发现编号为A的废水未添加固定剂、编号为B的猪肝数量不满足标准要求，但未记录样品偏离	
不符合类型判定	□体系性不符合 ■实施性不符合 □效果性不符合	文件有规定样品接收时记录样品异常情况或偏离情况，但实际未执行，文实不符
不符合影响程度判定	■严重不符合 □重大不符合 □一般不符合	可能被认为出具不实检测报告

续表

练习8		解析要点
不符合项条款判定	□法律法规：《检验检测机构监督管理办法》（国家市场监督管理总局令第39号）第13条 ■认证认可准则：RB/T 214—2017 4.5.18、CNAS—CL01：2018 7.4.3 ■自身管理体系文件：《样品管理程序》6.1 □标准／方法／规范／技术文件：＿/＿ □标书及合同：＿/＿	采用就近原则，判定至样品偏离条款

练习9		解析要点
不符合事实描述	查编号B的设备档案，发现其期间核查记录中检测员2020年12月27日用编号为A的456HV02标准块对显微硬度期间核查一点，结果为467.7，即判定仪器合格，而《显微硬度期间核查程序》中规定测量三点，最大允许误差为±10%	
不符合类型判定	□体系性不符合 ■实施性不符合 □效果性不符合	文件有规定设备期间核查方法，但实际未按文件实施，文实不符
不符合影响程度判定	□严重不符合 □重大不符合 ■一般不符合	未影响检测结果或检测结论，偶发的不符合项
不符合项条款判定	□法律法规：＿/＿ ■认证认可准则：RB/T 214—2017 4.4.3、CNAS—CL01：2018 6.4.10 ■自身管理体系文件：《显微硬度期间核查程序》6.1 □标准／方法／规范／技术文件：＿/＿ □标书及合同：＿/＿	采取就近原则，判定至设备期间核查条款

练习10		解析要点
不符合事实描述	查阅设备档案时，发现某编号为A的智能热球式风速计校准证书中修正因子为1.0；某编号为B的恒温培养箱校准证书中38℃校准点的修正因子温度偏差为0.98℃，实验室未能提供应用修正因子的证据	
不符合类型判定	□体系性不符合 ■实施性不符合 □效果性不符合	文件有规定修正信息需更新并利用，但实际未按文件执行，文实不符
不符合影响程度判定	□严重不符合 ■重大不符合 □一般不符合	修正信息未利用，影响检测结果，影响较大
不符合项条款判定	□法律法规：＿/＿ ■认证认可准则：RB/T 214—2017 4.4.3、CNAS—CL01：2018 6.4.11 ■自身管理体系文件：《设备管理程序》6.1 □标准／方法／规范／技术文件：＿/＿ □标书及合同：＿/＿	采取就近原则，判定至设备修正信息的应用条款

练习11		解析要点
不符合事实描述	考核非固定场所活动时，检测员王XX将浊度计、角度仪、风速计等多台仪器使用一个箱子，且未采取任何固定措施带到现场使用，追查《设备管理程序》中无设备运输的相关要求	
不符合类型判定	■体系性不符合 □实施性不符合 □效果性不符合	文件中未规定设备运输时应采取措施确保其功能正常并防止污染或性能退化，文标不符
不符合影响程度判定	□严重不符合 ■重大不符合 □一般不符合	设备运输过程未采取保护措施，有可能影响结果的有效性
不符合项条款判定	□法律法规：___/___ ■认证认可准则：RB/T 214—2017 4.4.2、CNAS—CL01：2018 6.4.3 ■自身管理体系文件：《设备管理程序》6.1 □标准 / 方法 / 规范 / 技术文件：___/___ □标书及合同：___/___	采取抓根本原则，判定至设备程序缺失内容

练习12		解析要点
不符合事实描述	现场发现，检测室2检测员使用的二噁英标准物质未标注有效日期，追查《标准物质管理程序》有标准物质需要标注有效期的规定	
不符合类型判定	□体系性不符合 ■实施性不符合 □效果性不符合	文件有规定需要对标准物质有效期进行标识，但实际未按文件实施
不符合影响程度判定	□严重不符合 ■重大不符合 □一般不符合	标准物质未进行有效期标识，存在过期误用可能，有可能影响结果的有效性
不符合项条款判定	□法律法规：___/___ ■认证认可准则：RB/T 214—2017 4.4.3、CNAS—CL01：2018 6.4.8 ■自身管理体系文件：《标准物质管理程序》6.1 □标准 / 方法 / 规范 / 技术文件：___/___ □标书及合同：___/___	不符合事实描述存在标准物质无标识，采取就近原则，判定至标识条款

练习13		解析要点
不符合事实描述	现场观察某零部件低温实验时，检验人员所用的高低温试验箱未体现在仪器设备台账中，且其校准证书、仪器标签仅有设备型号，而无检测室的唯一性编号，无法与实验室内的其他同型号设备区分	
不符合类型判定	□体系性不符合 ■实施性不符合 □效果性不符合	文件有规定进行设备唯一性标识，但实际未实施
不符合影响程度判定	□严重不符合 ■重大不符合 □一般不符合	设备缺少唯一性标识，无法有效溯源，影响较大

续表

练习13		解析要点
不符合项条款判定	□法律法规：___/___ ■认证认可准则：RB/T 214—2017 4.4.4、CNAS—CL01：2018 6.4.13 b） ■自身管理体系文件：《设备管理程序》6.1 □标准/方法/规范/技术文件：___/___ □标书及合同：___/___	设备唯一性标识问题，采用就小不就大原则，判定至最小条款

练习14		解析要点
不符合事实描述	查实验室“梨中毒死蜱残留量（NY/T761—2008）的测量不确定度评定报告”中未建立测量模型；“固定污染源废气 低浓度颗粒物的测量不确定度评定报告”未考虑采样贡献	
不符合类型判定	□体系性不符合 □实施性不符合 ■效果性不符合	文件有规定做测量不确定度评定，但实际实施效果不佳
不符合影响程度判定	□严重不符合 □重大不符合 ■一般不符合	测量不确定度评定未考虑所有显著的贡献，在检验检测结果出现临界值时，可能会影响结果的判定
不符合项条款判定	□法律法规：___/___ ■认证认可准则：RB/T 214—2017 4.5.15、CNAS—CL01：2018 7.6.1 ■自身管理体系文件：《测量不确定度程序》6.1 □标准/方法/规范/技术文件：___/___ □标书及合同：___/___	采取就近原则，判定至测量不确定条款

练习15		解析要点
不符合事实描述	查实验室标准变更申请表，不完善粒项目由GB/T 5494—2008《粮油检验 粮食、油料的杂质、不完善粒检验》变更为GB/T 5494—2019《粮油检验 粮食、油料的杂质、不完善粒检验》，耐腐蚀试验项目由GB/T 2423.51—2012/IEC 60068—2—60：1995《环境试验 第2部分：试验方法 试验Ke：流动混合气体腐蚀试验》变更为GB/T 2423.51—2020/IEC 60068—2—60：2015《环境试验 第2部分：试验方法 试验Ke：流动混合气体腐蚀试验》，实验室未能提供方法验证记录，追查《方法管理程序》中缺少方法发生变更时需要补充或重新验证的要求	
不符合类型判定	■体系性不符合 □实施性不符合 □效果性不符合	方法发生变更，文件无规定需要重新进行验证，文标不符
不符合影响程度判定	□严重不符合 ■重大不符合 □一般不符合	方法发生变更，未重新做方法验证确认其技术能力，有可能导致检测结果错误，影响较大

续表

练习15		解析要点
不符合项条款判定	□法律法规：___/___ ■认证认可准则：RB/T 214—2017 4.5.14、CNAS—CL01：2018 7.2.1.5 ■自身管理体系文件：《方法管理程序》6.1 □标准／方法／规范／技术文件：___/___ □标书及合同：___/___	采取就近原则，判定至方法验证条款

练习16		解析要点
不符合事实描述	现场目击试验时发现：电快速瞬变脉冲群抗扰度试验时未核查干扰信号发生器的输出，不满足标准要求；交变湿热试验时，温湿度设置为25℃、95%RH和40℃、90%RH，不符合标准要求	
不符合类型判定	□体系性不符合 ■实施性不符合 □效果性不符合	未按照标准正确实施
不符合影响程度判定	□严重不符合 ■重大不符合 □一般不符合	检测过程错误，会导致检测结果错误，影响较大
不符合项条款判定	□法律法规：___/___ ■认证认可准则：RB/T 214—2017 4.5.14、CNAS—CL01：2018 7.2.1.1 ■自身管理体系文件：《方法管理程序》6.1 ■标准／方法／规范／技术文件：GB/T 11606—2007《分析仪器环境试验方法》 □标书及合同：___/___	现场目击方法实施有误，采取就近原则，判定至方法选择条款

练习17		解析要点
不符合事实描述	查阅编号为A的土壤石油烃检测原始记录时，发现石油烃浓度计算公式为：（测试浓度Cj×稀释倍数n）÷（取样量m×干重f），同标准9.3条款要求的“浓度ρ×定容体积V÷（样品量m×干物质含量Wdm）”不相符	
不符合类型判定	□体系性不符合 ■实施性不符合 □效果性不符合	未按照标准正确实施
不符合影响程度判定	□严重不符合 ■重大不符合 □一般不符合	计算公式错误，会导致检测结果错误，影响较大
不符合项条款判定	□法律法规：___/___ ■认证认可准则：RB/T 214—2017 4.5.14、CNAS—CL01：2018 7.2.1.1 ■自身管理体系文件：《方法管理程序》6.1 ■标准／方法／规范／技术文件：HJ 1021—2019《土壤和沉积物石油烃（C10—C40）的测定 气相色谱法》 □标书及合同：___/___	采取抓根本原则，判定至方法选择条款

练习18		解析要点
不符合事实描述	现场发现检测室房间002号高危易爆化学品四氢呋喃和正己烷等随意放置于通风柜中，有高温燃爆隐患；检测室房间004号的洗眼器开水后，水呈发散型喷射状，难以起到紧急时清洗眼睛作用；检测室房间006号存在已锈蚀的有机废液铁罐随意放在地面纸板上，无二次容器保护	
不符合类型判定	□体系性不符合 □实施性不符合 ■效果性不符合	文件有规定，但实施效果不佳
不符合影响程度判定	□严重不符合 ■重大不符合 □一般不符合	安全防护存在隐患，影响较大
不符合项条款判定	□法律法规：__/__ ■认证认可准则：RB/T 214—2017 4.3.4、CNAS—CL01-A002：2020 6.3.2 ■自身管理体系文件：《设施和环境管理程序》6.1 □标准／方法／规范／技术文件：__/__ □标书及合同：__/__	未能有效保障人员健康，采取抓根本原则，判定至实验室认可化学领域的应用说明文件

练习19		解析要点
不符合事实描述	现场发现检测室2的电子天平与冲击试验机、恒温恒湿箱等设备混放在一起，没有进行有效隔离	
不符合类型判定	□体系性不符合 ■实施性不符合 □效果性不符合	文件有规定，但未实施隔离，文实不符
不符合影响程度判定	□严重不符合 ■重大不符合 □一般不符合	冲击试验机在工作时的振动、恒温恒湿箱的振动和放热会对天平造成影响，影响结果有效性
不符合项条款判定	□法律法规：__/__ ■认证认可准则：RB/T 214—2017 4.3.4、CNAS—CL01：2018 6.3.4 c） ■自身管理体系文件：《设施和环境管理程序》6.1 □标准／方法／规范／技术文件：__/__ □标书及合同：__/__	现场查看环境发现，采取就小不就大原则，判定至最小条款

练习20		解析要点
不符合事实描述	2020年3月内审由王XX和付XX负责审核，但未能提供这两位内审员具备审核资格的证据材料	
不符合类型判定	□体系性不符合 ■实施性不符合 □效果性不符合	文件有规定，但未实施，文实不符
不符合影响程度判定	□严重不符合 □重大不符合 ■一般不符合	不会导致检验检测结果错误或溯源中断，影响较小

续表

练习20		解析要点
不符合项条款判定	□法律法规：___/___ ■认证认可准则：RB/T 214—2017 4.5.12 ■自身管理体系文件：《内部审核程序》6.1 □标准 / 方法 / 规范 / 技术文件：___/___ □标书及合同：___/___	在查内审记录时发现内审员无能力资格，采取就近原则，判定至内部审核条款

练习21		解析要点
不符合事实描述	在现场进行耐防晒磨耗试验时发现，检测人员对DIN53357：1982/Method A《塑料布和塑料薄膜的检验 层间分离试验》（英文版）标准不能正确理解，追查未将英文版标准改写成内部作业指导书	
不符合类型判定	■体系性不符合 □实施性不符合 □效果性不符合	为确保方法应用的一致性，英文标准应编制作业指导书
不符合影响程度判定	□严重不符合 ■重大不符合 □一般不符合	现场试验人员不能正确理解英文标准，不足以承担实验室活动，可能影响结果有效性
不符合项条款判定	□法律法规：___/___ ■认证认可准则：RB/T 214—2017 4.5.14、CNAS—CL01：2018 7.2.1.3 ■自身管理体系文件：《方法管理程序》6.1 ■标准 / 方法 / 规范 / 技术文件：DIN53357：1982/Method A《塑料布和塑料薄膜的检验 层间分离试验》 □标书及合同：___/___	采取抓根本原则，判定至方法未制订作业指导书条款

练习22		解析要点
不符合事实描述	现场见证试验时，发现检测人员缺失二噁英废气样品滤筒盐酸处理的操作过程，经提问检测员忘记如何具体操作	
不符合类型判定	□体系性不符合 □实施性不符合 ■效果性不符合	对人员能力进行了确认，但实际效果不佳
不符合影响程度判定	□严重不符合 ■重大不符合 □一般不符合	现场试验人员能力不足，不足以承担实验室活动，可能影响结果有效性
不符合项条款判定	□法律法规：___/___ ■认证认可准则：RB/T 214—2017 4.2.5、CNAS—CL01：2018 6.2.3 ■自身管理体系文件：《人员管理程序》6.1 ■标准 / 方法 / 规范 / 技术文件：HJ 77.2—2008《环境空气和废气 二噁英类的测定 同位素稀释高分辨气相色谱-高分辨质谱法》 □标书及合同：___/___	采取就近原则，判定至人员能力确认条款

练习23		解析要点
不符合事实描述	DB11/485—2011《集中空调通风系统卫生管理规范》变更为DB11/T 485—2020《集中空调通风系统卫生管理规范》，实验室未能提供对授权检测人员王XX进行培训的证据	
不符合类型判定	□体系性不符合 ■实施性不符合 □效果性不符合	文件有规定实施培训，但实施不到位，文实不符
不符合影响程度判定	□严重不符合 □重大不符合 ■一般不符合	既没有违反法律法规及其他要求，也不会导致检验检测结果错误或溯源中断，影响较小
不符合项条款判定	□法律法规：__/__ ■认证认可准则：RB/T 214—2017 4.2.6、CNAS—CL01：2018 6.2.5 c） ■自身管理体系文件：《人员审核程序》6.1 □标准/方法/规范/技术文件：__/__ □标书及合同：__/__	在查标准变更环节发现，采取抓根本原则、就小不就大原则，判定至人员培训条款

练习24		解析要点
不符合事实描述	实验室王XX负责开发、验证了GB 10767—2021《食品安全国家标准 幼儿配方食品》，但未能提供授权其从事开发、验证方法的证据	
不符合类型判定	□体系性不符合 ■实施性不符合 □效果性不符合	文件有规定，但实施不到位，文实不符
不符合影响程度判定	□严重不符合 □重大不符合 ■一般不符合	既没有违反法律法规及其他要求，也不会导致检验检测结果错误或溯源中断，影响较小
不符合项条款判定	□法律法规：__/__ ■认证认可准则：RB/T 214—2017 4.2.7、CNAS—CL01：2018 6.2.6 a） ■自身管理体系文件：《人员审核程序》6.1 □标准/方法/规范/技术文件：__/__ □标书及合同：__/__	采取就小不就大原则，判定至最小条款

练习25		解析要点
不符合事实描述	检测室《人员管理程序》中缺少关于影响实验室活动外来人员的要求	
不符合类型判定	■体系性不符合 □实施性不符合 □效果性不符合	文件未规定外来人员的要求，不满足外部文件要求，文标不符
不符合影响程度判定	□严重不符合 □重大不符合 ■一般不符合	既没有违反法律法规及其他要求，也不会导致检验检测结果错误或溯源中断，影响较小

续表

练习25		解析要点
不符合项条款判定	□法律法规：__/__ ■认证认可准则：RB/T 214—2017 4.2.1、CNAS—CL01：2018 6.2.1 ■自身管理体系文件：《人员审核程序》6.1 □标准 / 方法 / 规范 / 技术文件：__/__ □标书及合同：__/__	在查人员管理文件环节发现，采取抓根本原则，判定至人员管理条款

练习26		解析要点
不符合事实描述	检测室XXX合同中未明确“检测室对在实验室活动中获得或产生的所有信息承担管理责任”，追查《合同管理程序》中缺少“如何对保密性做出法律效力承诺”的要求	
不符合类型判定	■体系性不符合 □实施性不符合 □效果性不符合	文件未规定如何做出具有法律效力的承诺，文标不符
不符合影响程度判定	□严重不符合 ■重大不符合 □一般不符合	可能引起法律纠纷，风险较大
不符合项条款判定	□法律法规：__/__ ■认证认可准则：CNAS—CL01：2018 4.2.1 ■自身管理体系文件：《合同管理程序》6.1 □标准 / 方法 / 规范 / 技术文件：__/__ □标书及合同：__/__	在查合同环节发现，采取抓根本原则，判定至保密性条款

练习27		解析要点
不符合事实描述	检测室2未能提供识别公正性风险的证据	
不符合类型判定	□体系性不符合 ■实施性不符合 □效果性不符合	文件有规定，但未实施，文实不符
不符合影响程度判定	□严重不符合 □重大不符合 ■一般不符合	既没有违反法律法规及其他要求，也不会导致检验检测结果错误或溯源中断，影响较小
不符合项条款判定	□法律法规：__/__ ■认证认可准则：RB/T 214—2017 4.1.4、CNAS—CL01：2018 4.1.4 ■自身管理体系文件：《公正性管理程序》6.1.2 □标准 / 方法 / 规范 / 技术文件：__/__ □标书及合同：__/__	在查公正性环节发现实验室未持续识别影响公正性的风险，采取就近原则，判定至公正性条款，不判定至应对风险和机遇条款

练习28		解析要点
不符合事实描述	某实验室未能提供描述质量管理、技术运作和支持服务之间关系的文件化证据	
不符合类型判定	■体系性不符合 □实施性不符合 □效果性不符合	文标不符
不符合影响程度判定	□严重不符合 □重大不符合 ■一般不符合	既没有违反法律法规及其他要求，也不会导致检验检测结果错误或溯源中断，文件规定缺失，影响较小
不符合项条款判定	□法律法规：__/__ ■认证认可准则：RB/T 214—2017 4.1.2、CNAS—CL01：2018 5.5 a） ■自身管理体系文件：《管理手册》5.5 □标准/方法/规范/技术文件：__/__ □标书及合同：__/__	就小不就大原则，判定至最小条款，也便于纠正

练习29		解析要点
不符合事实描述	某编号为A的检测报告，检测依据为GBZ/T 189.2—2007《工作场所物理因素测量 第2部分 高频电磁场》，该报告的检测对象为工作场所，不是王XX的授权签字领域，但由王XX签发并加盖了ILAC—MRA/CNAS联合标识章	
不符合类型判定	□体系性不符合 ■实施性不符合 □效果性不符合	文实不符
不符合影响程度判定	■严重不符合 □重大不符合 □一般不符合	超授权范围签发报告，违反法律法规及其他要求，会导致撤销资质、暂停资质、查封、责令整改以及罚款等后果，影响较大
不符合项条款判定	□法律法规：__/__ ■认证认可准则：CNAS—R01：2020 5.3.2 ■自身管理体系文件：《结果报告程序》6.6 □标准/方法/规范/技术文件：__/__ □标书及合同：__/__	违反了认可标识使用规则，应由授权签字人在其授权范围内签发报告

练习30		解析要点
不符合事实描述	某编号为A的校准证书，加盖有CNAS认可标识，校准的仪器有包装件跌落试验机、盐雾试验机、高低温试验箱等5项，其中校准实验室已获认可的校准能力范围未包括包装件跌落试验机，且校准证书中未标明该包装件跌落试验机不在认可范围内	
不符合类型判定	□体系性不符合 ■实施性不符合 □效果性不符合	文实不符

续表

<table>
<tr><th colspan="2">练习30</th><th>解析要点</th></tr>
<tr><td>不符合影响程度判定</td><td>■严重不符合 □重大不符合 □一般不符合</td><td>超认可范围出具报告，违反CNAS-RL01：2019要求，会导致告诫、暂停或撤销等后果，影响较大</td></tr>
<tr><td>不符合项条款判定</td><td>□法律法规：___/___
■认证认可准则：CNAS—R01：2020 5.3.4
■自身管理体系文件：《结果报告程序》6.8
□标准/方法/规范/技术文件：___/___
□标书及合同：___/___</td><td>违反了认可标识使用规则，报告或证书中包含部分非认可项目时，未清晰标明此项目不在认可范围内。</td></tr>
</table>

第八章

近年外部通报案例

实验室事中、事后监管力度不断加强，同时信息发布也更加公开透明，本章筛选了近年市场监督管理部门、中国合格评定国家认可委员会（CNAS）以及生态环境管理部门通报的典型案例，为检验检测机构内审员的审核工作提供参考。审核员可以结合案例准确理解法律法规及认可准则的要求，有助于内审人员在内审工作中进一步提升发现问题的能力，从而指导机构有效改进。

第一节　市场监督管理部门通报案例

案例1

【问题描述】出具的检测报告中敌百虫项目不在资质认定许可范围。

【处理措施】移交市质监局稽查部门调查，依法做出处理。

【案例来源】南京市环境保护局 南京市质量技术监督局 宁环办〔2018〕270 号

案例2

【问题描述】出具虚假检验检测数据、结果；未按照相关标准、技术规范进行检验检测；出具的检验检测报告不符合要求。

【处理措施】撤销资质认定证书。

【案例来源】上海市市场监督管理局 沪市监认〔2018〕909号

案例3

【问题描述】第一，监测项目的时间、地点、指标等严重不一致。表现在多个监测项目现场采样人员数量与所承担的监测指标、地点、时间不匹配、不对应，且达不到监测规范要求，甚至出现一名监测人员同时出现在苏南、苏北两地进行现场监测的记录，真实性难以保证。第二，测试行为不规范。部分监测样品超保质期，现场样品未加固定剂，部分样品采集量与测试项目规定的要求不匹配、不对应，未达到国家规范要求。第三，原始记录不对应。部分实验室分析原始记录与仪器使用记录不一一对应，甚至无法提供原始记录、无法溯源测试行为。

【处理措施】撤销资质认定证书。

【案例来源】江苏省环境保护厅文件 苏环办〔2016〕163号

案例4

【问题描述】某公司的基本条件和技能不能持续符合资质认定条件和要求，擅自向社会出具具有证明作用数据、结果失实的违法行为。

【处理措施】责令整改并处罚款，市质监局立案查处。

【案例来源】山东省市场监督管理局文件 鲁市监科认字〔2018〕118号

案例5

【问题描述】检测方法使用不正确，部分检测方法标准未及时办理变更手续，部分项目采样设备不满足方法要求。超范围开展检测工作，二氧化硫、氮氧化物不在资质认定范围内，化学需氧量使用2017新标，能力表未更新。

【处理措施】责令整改，并由市场监管部门处1万元以下罚款，整改期限不超过3个月，整改期间，不得向社会出具具有证明作用的检验检测数据、结果。

【案例来源】江苏省环境保护厅/江苏省质量技术监督局文件 苏环办〔2018〕339号

案例6

【问题描述】经核查，机构在石油类、氨氮项目分析中，标准物质和关键试剂长期无领用记录。报告中验收监测期间，无工况的信息记录；氨氮采集两天现场平行样，只有其中一天平行样；石油类样品分析无校正系数检验；未进行大区采样器使用前后校准。原始记录中缺少滤筒恒重的记录。

【处理措施】责令整改。整改期间，检验检测机构不得向社会出具具有证明作用的数据、结果。并列为省级重点监管单位。

【案例来源】江苏省生态环境厅 江苏省市场监督管理局文件 苏环办（2021）166号

案例7

【问题描述】编号2018001的BH3103A（实际型号为 BH3103B）便携式X-γ剂量率仪2018年检定有效期至2019年3月26日，2019年γ射线的检定日期为2019年4月8日，X射线的校准日期为2019年4月17日，而2019年3月27日至4月18日该仪器被领用，未在检定合格有效期内。在云辐检〔2019〕第 110247 号检验报告的放射源铅罐表面监测原始记录中，未按检测依据HJ/T 61—2001 中 5.3.2.2 第 2）条规定，在半径 30～300m 内取点检测，实际检测点为 5cm、1m和2m。在编号云辐检〔2018〕第 110041、110082 号，云辐检〔2019〕第110005、110015、110028、110048、110108、110247 号的报告中，原始记录与检验报告中的检测数据不一致。报告的结果单位为×10-8Gy/h，原始记录中的结果单位为空白，未填写单位名称。随机抽查的20份报告中，原始记录检测方法依据为GB/T 14583—1993 和HJ/T 61—2001，报告中增加了GBZ130—2013。

【处理措施】涉嫌数据和结果失实或虚假等问题，移交州、市市场监管局调查处理。

【案例来源】云南省市场监督管理局 云南省生态环境厅 云南省住房和城乡建设厅文件云市监函〔2020〕30号

第二节　中国合格评定国家认可委员会（CNAS）通报案例

案例8

【问题描述】某份防火板材委托单记录的单体燃烧性能样品数量为1组，1000mm×1500mm和500mm×1500mm两种尺寸各1块，经问询收样员，与实际收样数量一致。但检验报告和原始记录中样品数量为3组，1000mm×1500mm和500mm×1500mm两种尺寸各3块。其中2组单体燃烧性能检测记录系编造。

【处理措施】依据相关性规定，CNAS给予了撤销认可资格处理。

【案例来源】中国合格评定国家认可委员会文件，认可委（秘）〔2019〕26号

案例9

【问题描述】查某实验室，发现其一天之内对71台数字多用表进行了现场校准。评审组安排数字多用表校准人员进行现场试验，平均每台校准用时10分钟。经追查，其中9台未按规范要求逐点进行校准，仅校准了直流电压基本量程10V档的2V、4V、6V、8V、10V、-10V校准点，3V、5V、7V、9V校准点是根据工作经验编写的校准数据。

【处理措施】依据相关性规定，CNAS给予了撤销认可资格处理。

【案例来源】中国合格评定国家认可委员会文件，认可委（秘）〔2019〕26号

案例10

【问题描述】查某实验室，发现其于2018年5月接受CNAS复评审的现场试验人员名单中有张XX，但其已于2018年3月离职。经追查，实验室承认其由丁××冒名顶替，进行了现场试验并接受了评审组考核。

【处理措施】依据相关性规定，CNAS给予了撤销认可资格处理。

【案例来源】中国合格评定国家认可委员会文件，认可委（秘）〔2019〕26号

案例11

【问题描述】投诉调查内容：投诉人在某网店购买皮鞋检测报告，在未提供样品情况下，仅凭一张皮鞋照片，即于当天获得具有该实验室署名和签章的检验报告；随后投诉人与该实验室负责人刘×电话确认报告真伪，通过刘×提供的查证电话确认该报告系该实验室出具。在CNAS调查组现场调查时，出现照明灯熄灭，电脑断电情况，调查组正在使用的由实验室提供的两台电脑也被强行搬走，致使现场调查不能正常进行。

【处理措施】依据相关性规定，CNAS给予了撤销认可资格处理。

【案例来源】中国合格评定国家认可委员会文件，认可委（秘）〔2019〕26号

案例12

【问题描述】某手机改型产品U5000（申请者为A，制造商为B）检测报告的数据和图表与原型产品A1报告中的数据和图表完全一致。经核查，实验室未对U5000进行检测。虽然U5000检测报告中条款明确说明其数据和图表来源于A1检测报告，但U5000检测报告数据页和图表页声明测试对象为U5000产品，并非A1产品。

【处理措施】依据相关性规定，CNAS给予了暂停认可资格处理。

【案例来源】中国合格评定国家认可委员会文件，认可委（秘）〔2019〕26号

案例13

【问题描述】发现某份证书中部分项目的校准数据引自该实验室在其他时间出具的校准证书，部分项目的校准数据来自其他校准实验室出具的校准证书，未予标明；且在原始数据中直接抄录了上述数据，时间记录为本次校准时间，也未标明数据来源。

【处理措施】依据相关性规定，CNAS给予了暂停认可资格处理。

【案例来源】中国合格评定国家认可委员会文件，认可委（秘）〔2019〕26号

案例14

【问题描述】（部分用于维持检测能力的认可）其中14份报告中有6个检测项目的检测结果数据雷同，实验室承认是抄录了以往检测结果。

【处理措施】依据相关性规定，CNAS给予了暂停认可资格处理。

【案例来源】中国合格评定国家认可委员会文件，认可委（秘）〔2019〕26号

案例15

案例15-1

【问题描述】2020年11月CNAS对某实验室进行投诉调查时发现，实验室错误理解工频耐

压检测项目和工频耐压试验，在泄漏电流项目未获认可的情况下，出具了40份含有工频耐压和泄漏电流两个项目的带有CNAS标识的报告。

案例15-2

【问题描述】2020年10月CNAS对某实验室进行专项监督评审时发现，10份加盖CNAS标识的婴幼儿配方奶粉检测报告中，杂质度项目检验方法为GB 5413.30—2016《食品安全国家标准 乳和乳制品杂质度的测定》。实验室未配置符合标准要求的杂质度机，所用替代设备抽滤装置也没有配套尺寸合适的杂质度板。

案例15-3

【问题描述】某实验室存在以下问题：未进行2019年度内审和管理评审工作，2019年2月接受复评审之后未开展人员监控工作；自2017年获得认可以来，虽然存在可获得的能力验证，但实验室所有领域均未参加过能力验证活动。

【案例来源】中国合格评定国家认可委员会文件，认可委（秘）〔2021〕37号

【处理措施】依据相关性规定，CNAS给予撤销、暂停、告诫或缩小能力范围等处理。

第三节　生态环境厅通报案例

案例16

【问题描述】样品流转时间早于样品到达实验室时间。

【处理措施】有关情况函告省市场监督管理局，1年内禁止参与政府购买环境监测服务或政府委托的项目

【案例来源】四川省生态环境厅 川环函〔2019〕494号

案例17

【问题描述】样品分析时间及出具项目报告时间早于样品到达实验室时间。

【处理措施】有关情况函告省市场监督管理局，1年内禁止参与政府购买环境监测服务或政府委托的项目

【案例来源】四川省生态环境厅 川环函〔2019〕494号

案例18

【问题描述】项目原始数据审核时间早于分析时间。

【处理措施】有关情况函告省市场监督管理局，1年内禁止参与政府购买环境监测服务或政府委托的项目。

【案例来源】四川省生态环境厅 川环函〔2019〕494号

案例19

【问题描述】GLJC—2020—054号监测报告的原始记录中，原×、彭××在热风炉除尘器测试中最后一个样品的测试时间为10：48，在球化除尘器测试中第一个样品的测试时间为11：00，经现场检查，两台除尘器分别位于公路两侧的两个厂区，测试时间不合理。原×、

彭××于8：30—9：20在退火炉进行监测，同时原始记录显示9：11—9：33在焦炭上料口进行监测。王××、曹××于15：02—15：51在高炉出铁口进行监测，同时原始记录显示15：00—15：22在渣铁厂进行监测。

【处理措施】下达“红牌”警示，责成该公司全面自查、逐项整改，整改期限为1年。

【案例来源】晋市环函〔2020〕133号

案例20

【问题描述】检测人员弄虚作假。某监测报告中共9名监测人员，现场核实，其中晋×、赵××、王××、原××在监测期间未到现场但在原始记录中签字。另一份监测报告中共8名监测人员，现场核实，其中晋××、王××、原×在监测期间未到现场但在原始记录中签字。

【处理措施】下达“红牌”警示，责成该公司全面自查、逐项整改，整改期限为1年。

【案例来源】晋市环函〔2020〕133号

案例21

【问题描述】谱图与分析结果不对应。众谱监字B〔2019〕112号报告中有12个非甲烷总烃数据，但检查所用气相色谱仪中只有6个谱图，未见其余6个非甲烷总烃的谱图及数据。

【处理措施】禁止参与政府购买环境监测服务或政府委托项目。

【案例来源】湖北省生态环境厅 鄂环发〔2020〕5号

案例22

【问题描述】监测报告没有相应的原始数据。众谱监字B〔2019〕053—A报告无法提供自动烟尘（气）测试仪原始打印数据或电子储存数据。众谱监字〔2019〕019号报告无法提供噪声声级计原始打印数据或电子储存数据。检查组复核时已删除了仪器里初次现场检查之前的数据。

【处理措施】禁止参与政府购买环境监测服务或政府委托项目。

【案例来源】湖北省生态环境厅 鄂环发〔2020〕5号

案例23

【问题描述】RP—20190815—002 报告中：废水阴离子表面活性剂分析原始记录中，取样体积为50ml，结果为未检出，与标准取样100ml的要求不符合；废水中镉的分析方法未采用火焰原子吸收法，灵敏度不满足控制标准限值的要求；废水中六价铬分析原始记录使用10mm比色皿报出未检出，给出的是30mm比色皿的检出限值。

【处理措施】责令整改。整改期间，检验检测机构不得向社会出具具有证明作用数据、结果。并列为省级重点监管单位。

【案例来源】江苏省生态环境厅 江苏省市场监督管理局文件 苏环办〔2021〕166号

案例24

【问题描述】（环）2020 检（综合）第（61）号报告中：挥发性有机物无组织样品分析无校准曲线核查；2名采样人员在4个无组织点位采集颗粒物、二氧化硫、氮氧化物，原始记录显示所有采样时间均为 7 分钟（需更换滤膜、吸收液）。

【处理措施】责令整改。整改期间，检验检测机构不得向社会出具具有证明作用数据、结果。并列为省级重点监管单位。

【案例来源】江苏省生态环境厅 江苏省市场监督管理局文件 苏环办〔2021〕166号

案例25

【问题描述】SCT—HJ 验〔2020〕第026报告中：项目废水监测2次，监测时间分别为2020年5月7日至8日、2020年6月30日至7月1日，自述二次监测原因为未清理污水管道导致氨氮项目总量超标；验收监测报告选择第二次监测生活废水排口的氨氮、总磷计算排放总量，结果达标。E1912099报告中：水中挥发性有机物、石油烃样品用“塑料瓶”采集，与方法中要求“玻璃瓶”不符。

【处理措施】责令整改。整改期间，检验检测机构不得向社会出具具有证明作用数据、结果。并列为省级重点监管单位。.

【案例来源】江苏省生态环境厅 江苏省市场监督管理局文件 苏环办〔2021〕166号

附录1　检验检测机构资质认定告知承诺实施办法（试行）

第一条 为进一步简政放权、优化检验检测市场营商环境，完善检验检测机构资质认定管理制度，提高检验检测机构资质认定审批效率，依照《国务院关于在全国推开“证照分离”改革的通知》《检验检测机构资质认定管理办法》等相关规定，制定本办法。

第二条 本办法所称的告知承诺，是指检验检测机构提出资质认定申请，国家市场监督管理总局或者省级市场监督管理部门（以下统称资质认定部门）一次性告知其所需资质认定条件和要求以及相关材料，检验检测机构以书面形式承诺其符合法定条件和技术能力要求，由资质认定部门作出资质认定决定的方式。

第三条 检验检测机构首次申请资质认定、申请延续资质认定证书有效期、增加检验检测项目、检验检测场所变更时，可以选择以告知承诺方式取得相应资质认定。特殊食品、医疗器械检验检测除外。

第四条 国家市场监督管理总局负责检验检测机构资质认定告知承诺统一管理、组织实施、后续核查监督工作。

各省级市场监督管理部门负责实施所辖区域内检验检测机构资质认定告知承诺、后续核查监督工作。

第五条 对实行检验检测机构资质认定告知承诺的事项，资质认定部门应当向申请机构告知下列内容：

（一）资质认定事项所依据的主要法律、法规、规章的名称和相关条款；

（二）检验检测机构应当具备的条件和技术能力要求；

（三）需要提交的相关材料；

（四）申请机构作出虚假承诺或者承诺内容严重不实的法律后果；

（五）资质认定部门认为应当告知的其他内容。

第六条 申请机构愿意作出承诺的，应当对下列内容作出承诺：

（一）所填写的相关信息真实、准确；

（二）已经知悉资质认定部门告知的全部内容；

（三）本机构能够符合资质认定部门告知的条件和技术能力要求，并按照规定接受后续核查；

（四）本机构能够提交资质认定部门告知的相关材料；

（五）愿意承担虚假承诺或者承诺内容严重不实所引发的相应法律责任；

（六）所作承诺是本机构的真实意思表示。

第七条 对实行检验检测机构资质认定告知承诺的事项，应当由资质认定部门提供告知承诺书。告知承诺书文本式样（见附件）由国家市场监督管理总局统一制定。

资质认定部门应当在其政务大厅或者网站上公示告知承诺书，便于检验检测机构索取或者下载。

第八条 检验检测机构可以通过登录资质认定部门网上审批系统或者现场提交加盖机构公章的告知承诺书以及符合要求的相关申请材料，资质认定部门应当自收到机构申请之日起5个工作日内作出是否受理的决定，告知承诺书和相关申请材料不齐全或者不符合法定形式的，资质认定部门应当一次性告知申请机构需要补正的全部内容。

告知承诺书一式两份，由资质认定部门和申请机构各自留档保存，鼓励申请机构主动公开告知承诺书。

第九条 申请机构在规定时间内提交的申请材料齐全、符合法定形式的，资质认定部门应当当场作出资质认定决定。

资质认定部门应当自作出资质认定决定之日起7个工作日内，向申请机构颁发资质认定证书。

第十条 资质认定部门作出资质认定决定后，应当在3个月内组织相关人员按照《检验检测机构资质认定管理办法》有关技术评审管理的规定以及评审准则的相关要求，对机构承诺内容是否属实进行现场核查，并作出相应核查判定；对于机构首次申请或者检验检测项目涉及强制性标准、技术规范的，应当及时进行现场核查。

现场核查人员应当在规定时限内出具现场核查结论，并对其承担的核查工作和核查结论的真实性、符合性负责，依法承担相应法律责任。

第十一条 对于机构作出虚假承诺或者承诺内容严重不实的，由资质认定部门依照《行政许可法》的相关规定撤销资质认定证书或者相应资质认定事项，并予以公布。

被资质认定部门依法撤销资质认定证书或者相应资质认定事项的检验检测机构，其基于本次行政许可取得的利益不受保护，对外出具的相关检验检测报告不具有证明作用，并承担因此引发的相应法律责任。

第十二条 对于检验检测机构作出虚假承诺或者承诺内容严重不实的，由资质认定部门记入其信用档案，该检验检测机构不再适用告知承诺的资质认定方式。

第十三条 以告知承诺方式取得资质认定的检验检测机构发生违法违规行为的，依照法律法规的相关规定，予以处理。

第十四条 资质认定部门工作人员在实施告知承诺工作中存在滥用职权、玩忽职守、徇私舞弊行为的，依照相关法律法规的规定，予以处理。

第十五条 对实行告知承诺的相关资质认定事项，检验检测机构不选择告知承诺方式的，资质认定部门应当依照《检验检测机构资质认定管理办法》的有关规定实施资质认定。

第十六条 本办法由国家市场监督管理总局负责解释。

第十七条 本办法自2019年12月1日起施行。

附件

检验检测机构资质认定告知承诺书

本机构就申请审批的资质认定事项，作出下列承诺：

（一）所填写的相关信息真实、准确；

（二）已经知悉资质认定部门告知的全部内容；

（三）本机构能够符合资质认定部门告知的条件和技术能力要求，并按照规定接受后续核查；

（四）本机构能够提交资质认定部门告知的相关材料；

（五）愿意承担虚假承诺、承诺内容严重不实所引发的相应法律责任；

（六）所作承诺是本机构的真实意思表示。

法定代表人签字：

（申请机构盖章）

年　　月　　日

（一式两份）

附录2　检验检测机构资质认定管理办法

2015年4月9日国家质量监督检验检疫总局令第163号公布；依据2021年4月2日《国家市场监督管理总局关于废止和修改部分规章的决定》（国家市场监督管理总局令第38号）修订

第一章　总则

第一条 为了规范检验检测机构资质认定工作，优化准入程序，根据《中华人民共和国计量法》及其实施细则、《中华人民共和国认证认可条例》等法律、行政法规的规定，制定本办法。

第二条 本办法所称检验检测机构，是指依法成立，依据相关标准或者技术规范，利用仪器设备、环境设施等技术条件和专业技能，对产品或者法律法规规定的特定对象进行检验检测的专业技术组织。

本办法所称资质认定，是指市场监督管理部门依照法律、行政法规规定，对向社会出具具有证明作用的数据、结果的检验检测机构的基本条件和技术能力是否符合法定要求实施的评价许可。

第三条 在中华人民共和国境内对检验检测机构实施资质认定，应当遵守本办法。

法律、行政法规对检验检测机构资质认定另有规定的，依照其规定。

第四条 国家市场监督管理总局（以下简称市场监管总局）主管全国检验检测机构资质认定工作，并负责检验检测机构资质认定的统一管理、组织实施、综合协调工作。

省级市场监督管理部门负责本行政区域内检验检测机构的资质认定工作。

第五条 法律、行政法规规定应当取得资质认定的事项清单，由市场监管总局制定并公布，并根据法律、行政法规的调整实行动态管理。

第六条 市场监管总局依据国家有关法律法规和标准、技术规范的规定，制定检验检测机构资质认定基本规范、评审准则以及资质认定证书和标志的式样，并予以公布。

第七条 检验检测机构资质认定工作应当遵循统一规范、客观公正、科学准确、公平公开、便利高效的原则。

第二章　资质认定条件和程序

第八条 国务院有关部门以及相关行业主管部门依法成立的检验检测机构，其资质认定由市场监管总局负责组织实施；其他检验检测机构的资质认定，由其所在行政区域的省级市场监督管理部门负责组织实施。

第九条 申请资质认定的检验检测机构应当符合以下条件：

（一）依法成立并能够承担相应法律责任的法人或者其他组织；

（二）具有与其从事检验检测活动相适应的检验检测技术人员和管理人员；

（三）具有固定的工作场所，工作环境满足检验检测要求；

（四）具备从事检验检测活动所必需的检验检测设备设施；

（五）具有并有效运行保证其检验检测活动独立、公正、科学、诚信的管理体系；

（六）符合有关法律法规或者标准、技术规范规定的特殊要求。

第十条 检验检测机构资质认定程序分为一般程序和告知承诺程序。除法律、行政法规或者国务院规定必须采用一般程序或者告知承诺程序的外，检验检测机构可以自主选择资质认定程序。

检验检测机构资质认定推行网上审批，有条件的市场监督管理部门可以颁发资质认定电子证书。

第十一条 检验检测机构资质认定一般程序：

（一）申请资质认定的检验检测机构（以下简称申请人），应当向市场监管总局或者省级市场监督管理部门（以下统称资质认定部门）提交书面申请和相关材料，并对其真实性负责；

（二）资质认定部门应当对申请人提交的申请和相关材料进行初审，自收到申请之日起5个工作日内作出受理或者不予受理的决定，并书面告知申请人；

（三）资质认定部门自受理申请之日起，应当在30个工作日内，依据检验检测机构资质认定基本规范、评审准则的要求，完成对申请人的技术评审。技术评审包括书面审查和现场评审（或者远程评审）。技术评审时间不计算在资质认定期限内，资质认定部门应当将技术评审时间告知申请人。由于申请人整改或者其他自身原因导致无法在规定时间内完成的情况除外；

（四）资质认定部门自收到技术评审结论之日起，应当在10个工作日内，作出是否准予许可的决定。准予许可的，自作出决定之日起7个工作日内，向申请人颁发资质认定证书。不予许可的，应当书面通知申请人，并说明理由。

第十二条 采用告知承诺程序实施资质认定的，按照市场监管总局有关规定执行。

资质认定部门作出许可决定前，申请人有合理理由的，可以撤回告知承诺申请。告知承诺申请撤回后，申请人再次提出申请的，应当按照一般程序办理。

第十三条 资质认定证书有效期为6年。

需要延续资质认定证书有效期的，应当在其有效期届满3个月前提出申请。

资质认定部门根据检验检测机构的申请事项、信用信息、分类监管等情况，采取书面审查、现场评审（或者远程评审）的方式进行技术评审，并作出是否准予延续的决定。

对上一许可周期内无违反市场监管法律、法规、规章行为的检验检测机构，资质认定部门可以采取书面审查方式，对于符合要求的，予以延续资质认定证书有效期。

第十四条 有下列情形之一的，检验检测机构应当向资质认定部门申请办理变更手续：

（一）机构名称、地址、法人性质发生变更的；

（二）法定代表人、最高管理者、技术负责人、检验检测报告授权签字人发生变更的；

（三）资质认定检验检测项目取消的；

（四）检验检测标准或者检验检测方法发生变更的；

（五）依法需要办理变更的其他事项。

检验检测机构申请增加资质认定检验检测项目或者发生变更的事项影响其符合资质认定条件和要求的，依照本办法第十条规定的程序实施。

第十五条 资质认定证书内容包括：发证机关、获证机构名称和地址、检验检测能力范围、有效期限、证书编号、资质认定标志。

检验检测机构资质认定标志，由China Inspection Body and Laboratory Mandatory Approval的英文缩写CMA形成的图案和资质认定证书编号组成。式样如下：

第十六条 外方投资者在中国境内依法成立的检验检测机构，申请资质认定时，除应当符合本办法第九条规定的资质认定条件外，还应当符合我国外商投资法律法规的有关规定。

第十七条 检验检测机构依法设立的从事检验检测活动的分支机构，应当依法取得资质认定后，方可从事相关检验检测活动。

资质认定部门可以根据具体情况简化技术评审程序、缩短技术评审时间。

第十八条 检验检测机构应当定期审查和完善管理体系，保证其基本条件和技术能力能够持续符合资质认定条件和要求，并确保质量管理措施有效实施。

检验检测机构不再符合资质认定条件和要求的，不得向社会出具具有证明作用的检验检测数据和结果。

第十九条 检验检测机构应当在资质认定证书规定的检验检测能力范围内，依据相关标准或者技术规范规定的程序和要求，出具检验检测数据、结果。

第二十条 检验检测机构不得转让、出租、出借资质认定证书或者标志；不得伪造、变造、冒用资质认定证书或者标志；不得使用已经过期或者被撤销、注销的资质认定证书或者标志。

第二十一条 检验检测机构向社会出具具有证明作用的检验检测数据、结果的，应当在其检验检测报告上标注资质认定标志。

第二十二条 资质认定部门应当在其官方网站上公布取得资质认定的检验检测机构信息，并注明资质认定证书状态。

第二十三条 因应对突发事件等需要，资质认定部门可以公布符合应急工作要求的检验检测机构名录及相关信息，允许相关检验检测机构临时承担应急工作。

第三章　技术评审管理

第二十四条 资质认定部门根据技术评审需要和专业要求，可以自行或者委托专业技术评价机构组织实施技术评审。

资质认定部门或者其委托的专业技术评价机构组织现场评审（或者远程评审）时，应当指派两名以上与技术评审内容相适应的评审人员组成评审组，并确定评审组组长。必要时，可以聘请相关技术专家参加技术评审。

第二十五条 评审组应当严格按照资质认定基本规范、评审准则开展技术评审活动，在规定时间内出具技术评审结论。

专业技术评价机构、评审组应当对其承担的技术评审活动和技术评审结论的真实性、符合性负责，并承担相应法律责任。

第二十六条 评审组在技术评审中发现有不符合要求的，应当书面通知申请人限期整改，整改期限不得超过30个工作日。逾期未完成整改或者整改后仍不符合要求的，相应评审项目应当判定为不合格。

评审组在技术评审中发现申请人存在违法行为的，应当及时向资质认定部门报告。

第二十七条 资质认定部门应当建立并完善评审人员专业技能培训、考核、使用和监督制度。

第二十八条 资质认定部门应当对技术评审活动进行监督，建立责任追究机制。

资质认定部门委托专业技术评价机构组织技术评审的，应当对专业技术评价机构及其组织的技术评审活动进行监督。

第二十九条 专业技术评价机构、评审人员在评审活动中有下列情形之一的，资质认定部门可以根据情节轻重，对其进行约谈、暂停直至取消委托其从事技术评审活动：

（一）未按照资质认定基本规范、评审准则规定的要求和时间实施技术评审的；

（二）对同一检验检测机构既从事咨询又从事技术评审的；

（三）与所评审的检验检测机构有利害关系或者其评审可能对公正性产生影响，未进行回避的；

（四）透露工作中所知悉的国家秘密、商业秘密或者技术秘密的；

（五）向所评审的检验检测机构谋取不正当利益的；

（六）出具虚假或者不实的技术评审结论的。

第四章　监督检查

第三十条 市场监管总局对省级市场监督管理部门实施的检验检测机构资质认定工作进行监督和指导。

第三十一条 检验检测机构有下列情形之一的，资质认定部门应当依法办理注销手续：

（一）资质认定证书有效期届满，未申请延续或者依法不予延续批准的；

（二）检验检测机构依法终止的；

（三）检验检测机构申请注销资质认定证书的；

（四）法律、法规规定应当注销的其他情形。

第三十二条 以欺骗、贿赂等不正当手段取得资质认定的，资质认定部门应当依法撤销资质认定。

被撤销资质认定的检验检测机构，三年内不得再次申请资质认定。

第三十三条 检验检测机构申请资质认定时提供虚假材料或者隐瞒有关情况的，资质认定部门应当不予受理或者不予许可。检验检测机构在一年内不得再次申请资质认定。

第三十四条 检验检测机构未依法取得资质认定，擅自向社会出具具有证明作用的数据、结果的，依照法律、法规的规定执行；法律、法规未作规定的，由县级以上市场监督管理部门责令限期改正，处3万元罚款。

第三十五条 检验检测机构有下列情形之一的，由县级以上市场监督管理部门责令限期改正；逾期未改正或者改正后仍不符合要求的，处1万元以下罚款。

（一）未按照本办法第十四条规定办理变更手续的；

（二）未按照本办法第二十一条规定标注资质认定标志的。

第三十六条 检验检测机构有下列情形之一的，法律、法规对撤销、吊销、取消检验检测资质或者证书等有行政处罚规定的，依照法律、法规的规定执行；法律、法规未作规定的，由县级以上市场监督管理部门责令限期改正，处3万元罚款：

（一）基本条件和技术能力不能持续符合资质认定条件和要求，擅自向社会出具具有证明作用的检验检测数据、结果的；

（二）超出资质认定证书规定的检验检测能力范围，擅自向社会出具具有证明作用的数据、结果的。

第三十七条 检验检测机构违反本办法规定，转让、出租、出借资质认定证书或者标志，伪造、变造、冒用资质认定证书或者标志，使用已经过期或者被撤销、注销的资质认定证书或者标志的，由县级以上市场监督管理部门责令改正，处3万元以下罚款。

第三十八条 对资质认定部门、专业技术评价机构以及相关评审人员的违法违规行为，任何单位和个人有权举报。相关部门应当依据各自职责及时处理，并为举报人保密。

第三十九条 从事资质认定的工作人员，在工作中滥用职权、玩忽职守、徇私舞弊的，依法予以处理；构成犯罪的，依法追究刑事责任。

第五章　附则

第四十条 本办法自2015年8月1日起施行。国家质量监督检验检疫总局于2006年2月21日发布的《实验室和检查机构资质认定管理办法》同时废止。

附录3 检验检测机构监督管理办法

《检验检测机构监督管理办法》已经2021年3月25日国家市场监督管理总局第5次局务会议审议通过，现予公布，自2021年6月1日起施行。

第一条 为了加强检验检测机构监督管理工作，规范检验检测机构从业行为，营造公平有序的检验检测市场环境，依照《中华人民共和国计量法》及其实施细则、《中华人民共和国认证认可条例》等法律、行政法规，制定本办法。

第二条 在中华人民共和国境内检验检测机构从事向社会出具具有证明作用的检验检测数据、结果、报告（以下统称检验检测报告）的活动及其监督管理，适用本办法。

法律、行政法规对检验检测机构的监督管理另有规定的，依照其规定。

第三条 本办法所称检验检测机构，是指依法成立，依据相关标准等规定利用仪器设备、环境设施等技术条件和专业技能，对产品或者其他特定对象进行检验检测的专业技术组织。

第四条 国家市场监督管理总局统一负责、综合协调检验检测机构监督管理工作。

省级市场监督管理部门负责本行政区域内检验检测机构监督管理工作。

地（市）、县级市场监督管理部门负责本行政区域内检验检测机构监督检查工作。

第五条 检验检测机构及其人员应当对其出具的检验检测报告负责，依法承担民事、行政和刑事法律责任。

第六条 检验检测机构及其人员从事检验检测活动应当遵守法律、行政法规、部门规章的规定，遵循客观独立、公平公正、诚实信用原则，恪守职业道德，承担社会责任。

检验检测机构及其人员应当独立于其出具的检验检测报告所涉及的利益相关方，不受任何可能干扰其技术判断的因素影响，保证其出具的检验检测报告真实、客观、准确、完整。

第七条 从事检验检测活动的人员，不得同时在两个以上检验检测机构从业。检验检测授权签字人应当符合相关技术能力要求。

法律、行政法规对检验检测人员或者授权签字人的执业资格或者禁止从业另有规定的，依照其规定。

第八条 检验检测机构应当按照国家有关强制性规定的样品管理、仪器设备管理与使用、检验检测规程或者方法、数据传输与保存等要求进行检验检测。

检验检测机构与委托人可以对不涉及国家有关强制性规定的检验检测规程或者方法等作出约定。

第九条 检验检测机构对委托人送检的样品进行检验的，检验检测报告对样品所检项目的符合性情况负责，送检样品的代表性和真实性由委托人负责。

第十条 需要分包检验检测项目的，检验检测机构应当分包给具备相应条件和能力的检验检测机构，并事先取得委托人对分包的检验检测项目以及拟承担分包项目的检验检测机构的同意。

检验检测机构应当在检验检测报告中注明分包的检验检测项目以及承担分包项目的检验检测机构。

第十一条 检验检测机构应当在其检验检测报告上加盖检验检测机构公章或者检验检测专用章，由授权签字人在其技术能力范围内签发。

检验检测报告用语应当符合相关要求，列明标准等技术依据。检验检测报告存在文字错误，确需更正的，检验检测机构应当按照标准等规定进行更正，并予以标注或者说明。

第十二条 检验检测机构应当对检验检测原始记录和报告进行归档留存。保存期限不少于6年。

第十三条 检验检测机构不得出具不实检验检测报告。

检验检测机构出具的检验检测报告存在下列情形之一，并且数据、结果存在错误或者无法复核的，属于不实检验检测报告：

（一）样品的采集、标识、分发、流转、制备、保存、处置不符合标准等规定，存在样品污染、混淆、损毁、性状异常改变等情形的；

（二）使用未经检定或者校准的仪器、设备、设施的；

（三）违反国家有关强制性规定的检验检测规程或者方法的；

（四）未按照标准等规定传输、保存原始数据和报告的。

第十四条 检验检测机构不得出具虚假检验检测报告。

检验检测机构出具的检验检测报告存在下列情形之一的，属于虚假检验检测报告：

（一）未经检验检测的；

（二）伪造、变造原始数据、记录，或者未按照标准等规定采用原始数据、记录的；

（三）减少、遗漏或者变更标准等规定的应当检验检测的项目，或者改变关键检验检测条件的；

（四）调换检验检测样品或者改变其原有状态进行检验检测的；

（五）伪造检验检测机构公章或者检验检测专用章，或者伪造授权签字人签名或者签发时间的。

第十五条 检验检测机构及其人员应当对其在检验检测工作中所知悉的国家秘密、商业秘密予以保密。

第十六条 检验检测机构应当在其官方网站或者以其他公开方式对其遵守法定要求、独立公正从业、履行社会责任、严守诚实信用等情况进行自我声明，并对声明内容的真实性、全面性、准确性负责。

检验检测机构应当向所在地省级市场监督管理部门报告持续符合相应条件和要求、遵守从业规范、开展检验检测活动以及统计数据等信息。

检验检测机构在检验检测活动中发现普遍存在的产品质量问题的，应当及时向市场监督管理部门报告。

第十七条 县级以上市场监督管理部门应当依据检验检测机构年度监督检查计划，随机抽取检查对象、随机选派执法检查人员开展监督检查工作。

因应对突发事件等需要，县级以上市场监督管理部门可以应急开展相关监督检查工作。

国家市场监督管理总局可以根据工作需要，委托省级市场监督管理部门开展监督检查。

第十八条 省级以上市场监督管理部门可以根据工作需要，定期组织检验检测机构能力验证工作，并公布能力验证结果。

检验检测机构应当按照要求参加前款规定的能力验证工作。

第十九条 省级市场监督管理部门可以结合风险程度、能力验证及监督检查结果、投诉举报情况等，对本行政区域内检验检测机构进行分类监管。

第二十条 市场监督管理部门可以依法行使下列职权：

（一）进入检验检测机构进行现场检查；

（二）向检验检测机构、委托人等有关单位及人员询问、调查有关情况或者验证相关检验检测活动；

（三）查阅、复制有关检验检测原始记录、报告、发票、账簿及其他相关资料；

（四）法律、行政法规规定的其他职权。

检验检测机构应当采取自查自改措施，依法从事检验检测活动，并积极配合市场监督管理部门开展的监督检查工作。

第二十一条 县级以上地方市场监督管理部门应当定期逐级上报年度检验检测机构监督检查结果等信息，并将检验检测机构违法行为查处情况通报实施资质认定的市场监督管理部门和同级有关行业主管部门。

第二十二条 县级以上市场监督管理部门应当依法公开监督检查结果，并将检验检测机构受到的行政处罚等信息纳入国家企业信用信息公示系统等平台。

第二十三条 任何单位和个人有权向县级以上市场监督管理部门举报检验检测机构违反本办法规定的行为。

第二十四条 县级以上市场监督管理部门发现检验检测机构存在不符合本办法规定，但无须追究行政和刑事法律责任的情形的，可以采用说服教育、提醒纠正等非强制性手段予以处理。

第二十五条 检验检测机构有下列情形之一的，由县级以上市场监督管理部门责令限期改正；逾期未改正或者改正后仍不符合要求的，处3万元以下罚款：

（一）违反本办法第八条第一款规定，进行检验检测的；

（二）违反本办法第十条规定分包检验检测项目，或者应当注明而未注明的；

（三）违反本办法第十一条第一款规定，未在检验检测报告上加盖检验检测机构公章或者检验检测专用章，或者未经授权签字人签发或者授权签字人超出其技术能力范围签发的。

第二十六条 检验检测机构有下列情形之一的，法律、法规对撤销、吊销、取消检验检测资质或者证书等有行政处罚规定的，依照法律、法规的规定执行；法律、法规未作规定的，由县级以上市场监督管理部门责令限期改正，处3万元罚款：

（一）违反本办法第十三条规定，出具不实检验检测报告的；

（二）违反本办法第十四条规定，出具虚假检验检测报告的。

第二十七条 市场监督管理部门工作人员玩忽职守、滥用职权、徇私舞弊的，依法予以处理；涉嫌构成犯罪，依法需要追究刑事责任的，按照有关规定移送公安机关。

第二十八条 本办法自2021年6月1日起施行。

附录4　环境监测数据弄虚作假行为判定及处理办法

第一条 为保障环境监测数据真实准确，依法查处环境监测数据弄虚作假行为，依据《中华人民共和国环境保护法》和《生态环境监测网络建设方案》（国办发〔2015〕56 号）等有关法律法规和文件，结合工作实际，指定本办法。

第二条 本办法所称环境监测数据弄虚作假行为，系指故意违反国家法律法规、规章等以及环境监测技术规范，篡改、伪造或者指使篡改、伪造环境监测数据等行为。

本办法所称环境监测数据，系指按照相关技术规范和规定，通过手工或者自动监测方法取得的环境监测原始记录、分析数据、监测报告等信息。

本办法所称环境监测机构，系指县级以上环境保护主管部门所属环境监测机构、其他负有环境保护监督管理职责的部门所属环境监测机构以及承担环境监测工作的实验室与从事环境监测业务的企事业单位等其他社会环境监测机构。

第三条 本办法适用于以下活动中涉及的环境监测数据弄虚作假行为：

（一）依法开展的环境质量监测、污染源监测、应急监测；

（二）监管执法涉及的环境监测；

（三）政府购买的环境监测服务或者委托开展的环境监测；

（四）企事业单位依法开展或者委托开展的自行监测；

（五）依照法律、法规开展的其他环境监测行为。

第四条 篡改监测数据，系指利用某种职务或者工作上的便利条件，故意干预环境监测活动的正常开展，导致监测数据失真的行为，包括以下情形：

（一）未经批准部门同意，擅自停运、变更、增减环境监测点位或者故意改变环境监测点位属性的；

（二）采取人工遮挡、堵塞和喷淋等方法，干扰采样口或周围局部环境的；

（三）人为操纵、干预或者破坏排污单位生产工况、污染源净化设施，使生产或污染状况未符合实际情况的；

（四）稀释排放或者旁路排放，或者将部分或全部污染物未经规范的排污口排放，逃避自动监控设施监控的；

（五）破坏、损毁监测设备站房、通讯线路、信息采集传输设备、视频设备、电力设备、空调、风机、采样泵、采样管线、监控仪器或仪表以及其他监测监控或辅助设施的；

（六）故意更换、隐匿、遗弃监测样品或者通过稀释、吸附、吸收、过滤、改变样品保存条件等方法改变监测样品性质的；

（七）故意漏检关键项目或者无正当理由故意改动关键项目的监测方法的；

（八）故意改动、干扰仪器设备的环境条件或运行状态或者删除、修改、增加、干扰监测设备中存储、处理、传输的数据和应用程序，或者人为使用试剂、标样干扰仪器的；

（九）未向环境保护主管部门备案，自动监测设备暗藏可通过特殊代码、组合按键、远程登录、遥控、模拟等方法进入未公开的操作界面对自动监测设备的参数和监测数据进行秘密修改的；

（十）故意不真实记录或者选择性记录原始数据的；

（十一）篡改、销毁原始记录，或者不按规范传输原始数据的；

（十二）对原始数据进行不合理修约、取舍，或者有选择性评价监测数据、出具监测报告或者发布结果，以至评价结论失真的；

（十三）擅自修改数据的；

（十四）其他涉嫌篡改监测数据的情形。

第五条 伪造监测数据，系指没有实施实质性的环境监测活动，凭空编造虚假监测数据的行为，包括以下情形：

（一）纸质原始记录与电子存储记录不一致，或者谱图与分析结果不对应，或者用其他样品的分析结果和图谱替代的；

（二）监测报告与原始记录信息不一致，或者没有相应原始数据的；

（三）监测报告的副本与正本不一致的；

（四）伪造监测时间或者签名的；

（五）通过仪器数据模拟功能，或者植入模拟软件，凭空生成监测数据的；

（六）未开展采样、分析，直接出具监测数据或者到现场采样、但未开设烟道采样口，出具监测报告的；

（七）未按规定对样品留样或保存，导致无法对监测结果进行复核的;

（八）其他涉嫌伪造监测数据的情形。

第六条 涉嫌指使篡改、伪造监测数据的行为，包括以下情形：

（一）强令、授意有关人员篡改、伪造监测数据的；

（二）将考核达标或者评比排名情况列为下属监测机构、监测人员的工作考核要求，意图干预监测数据的；

（三）无正当理由，强制要求监测机构多次监测并从中挑选数据，或者无正当理由拒签上报监测数据的；

（四）委托方人员授意监测机构工作人员篡改、伪造监测数据或者在未作整改的前提下，进行多家或多次监测委托，挑选其中“合格”监测报告的；

（五）其他涉嫌指使篡改、伪造监测数据的情形。

第七条 环境监测机构及其负责人对监测数据的真实性和准确性负责。

负责环境自动监测设备日常运行维护的机构及其负责人按照运行维护合同对监测数据承担责任。

第八条 地市级以上人民政府环境保护主管部门负责调查环境监测数据弄虚作假行为。地市级以上人民政府环境保护主管部门应定期或者不定期组织开展环境监测质量监督检查，发现环境监测数据弄虚作假行为的，应当依法查处，并向上级环境保护主管部门报告。

第九条 对干预环境监测活动，指使篡改、伪造监测数据的行为，相关人员应如实记录。任何单位和个人有权举报环境监测数据弄虚作假行为，接受举报的环境保护主管部门应当为举报人保密，对能提供基本事实线索或相关证明材料的举报，应当予以受理。

第十条 负责调查的环境保护主管部门应当通报环境监测数据弄虚作假行为及相关责任人，记入社会诚信档案，及时向社会公布。

第十一条 环境保护主管部门发现篡改、伪造监测数据，涉及目标考核的，视情节严重程度将考核结果降低等级或者确定为不合格，情节严重的，取消授予的环境保护荣誉称号；涉及县域生态考核的，视情节严重程度，建议国务院财政主管部门减少或者取消当年中央财政资金转移支付；涉及《大气污染防治行动计划》《水污染防治行动计划》排名的，分别以当日或当月监测数据的历史最高浓度值计算排名。

第十二条 社会环境监测机构以及从事环境监测设备维护、运营的机构篡改、伪造监测数据或出具虚假监测报告的，由负责调查的环境保护主管部门将该机构和涉及弄虚作假行为的人员列入不良记录名单，并报上级环境保护主管部门，禁止其参与政府购买环境监测服务或政府委托项目。

第十三条 监测仪器设备应当具备防止修改、伪造监测数据的功能，监测仪器设备生产及销售单位配合环境监测数据造假的，由负责调查的环境保护部主管部门通报公示生产厂家、销售单位及其产品名录，并上报环境保护部，将涉嫌弄虚作假的单位列入不良记录名单，禁止其参与政府购买环境监测服务或政府委托项目，对安装在企业的设备不予验收、联网。

第十四条 国家机关工作人员篡改、伪造或指使篡改、伪造监测数据的，由负责调查的环境保护主管部门提出建议，移送有关任免机关或监察机关依据《行政机关公务员处分条例》和《事业单位工作人员处分暂行规定》的有关规定予以处理。

第十五条 党政领导干部指使篡改、伪造监测数据的，由负责调查的环境保护主管部门提出建议，移送有关任免机关或监察机关依据《党政领导干部生态环境损害责任追究办法（试行）》的有关规定予以处理。

第十六条 环境监测数据弄虚作假行为构成违法的，按照有关法律法规的规定处理。

第十七条 本办法由国务院环境保护主管部门负责解释。

第十八条 本办法自 2016 年 1 月 1 日起实施。

附录5　检验检测机构资质认定 生态环境监测机构评审补充要求

第一条 本补充要求是在检验检测机构资质认定评审通用要求的基础上，针对生态环境监测机构特殊性而制定，在生态环境监测机构资质认定评审时应与评审通用要求一并执行。

第二条 本补充要求所称生态环境监测，是指运用化学、物理、生物等技术手段，针对水和废水、环境空气和废气、海水、土壤、沉积物、固体废物、生物、噪声、振动、辐射等要素开展环境质量和污染排放的监测（检测）活动。

第三条 本补充要求所称生态环境监测机构，指依法成立，依据相关标准或规范开展生态环境监测，向社会出具具有证明作用的数据、结果，并能够承担相应法律责任的专业技术机构。

第四条 生态环境监测机构及其监测人员应当遵守《中华人民共和国环境保护法》和《中华人民共和国计量法》等相关法律法规。

第五条 生态环境监测机构应建立防范和惩治弄虚作假行为的制度和措施，确保其出具的监测数据准确、客观、真实、可追溯。生态环境监测机构及其负责人对其监测数据的真实性和准确性负责，采样与分析人员、审核与授权签字人分别对原始监测数据、监测报告的真实性终身负责。

第六条 生态环境监测机构应保证人员数量，及其专业技术背景、工作经历、监测能力等与所开展的监测活动相匹配，中级及以上专业技术职称或同等能力的人员数量应不少于生态环境监测人员总数的15%。

第七条 生态环境监测机构技术负责人应掌握机构所开展的生态环境监测工作范围内的相关专业知识，具有生态环境监测领域相关专业背景或教育培训经历，具备中级及以上专业技术职称或同等能力，且具有从事生态环境监测相关工作 5 年以上的经历。

第八条 生态环境监测机构授权签字人应掌握较丰富的授权范围内的相关专业知识，并且具有与授权签字范围相适应的相关专业背景或教育培训经历，具备中级及以上专业技术职称或同等能力，且具有从事生态环境监测相关工作 3 年以上经历。

第九条 生态环境监测机构质量负责人应了解机构所开展的生态环境监测工作范围内的相关专业知识，熟悉生态环境监测领域的质量管理要求。

第十条 生态环境监测人员应符合下列要求：

（一）掌握与所处岗位相适应的环境保护基础知识、法律法规、评价标准、监测标准或技术规范、质量控制要求，以及有关化学、生物、辐射等安全防护知识；

（二）承担生态环境监测工作前应经过必要的培训和能力确认，能力确认方式应包括基础理论、基本技能、样品分析的培训与考核等。

第十一条 生态环境监测机构应按照监测标准或技术规范对现场测试或采样的场所环境提出相应的控制要求并记录，包括但不限于电力供应、安全防护设施、场地条件和环境条件等。应对实验区域进行合理分区，并明示其具体功能，应按监测标准或技术规范设置独立的样品制备、存贮与检测分析场所。根据区域功能和相关控制要求，配置排风、防尘、避震和温湿度控制设备或设施；避免环境或交叉污染对监测结果产生影响。环境测试场所应根据需要配备安全防护装备或设施，并定期检查其有效性。现场测试或采样场所应有安全警示标识。

第十二条 生态环境监测机构应配齐包括现场测试和采样、样品保存运输和制备、实验室分析及数据处理等监测工作各环节所需的仪器设备。现场测试和采样仪器设备在数量配备方面需满足相关监测标准或技术规范对现场布点和同步测试采样要求。应明确现场测试和采样设备使用和管理要求，以确保其正常规范使用与维护保养，防止其污染和功能退化。现场测试设备在使用前后，应按相关监测标准或技术规范的要求，对关键性能指标进行核查并记录，以确认设备状态能够满足监测工作要求。

第十三条 生态环境监测机构应建立与所开展的监测业务相适应的管理体系。管理体系应覆盖生态环境监测机构全部场所进行的监测活动，包括但不限于点位布设、样品采集、现场测试、样品运输和保存、样品制备、分析测试、数据传输、记录、报告编制和档案管理等过程。

第十四条 生态环境监测机构可采取纸质或电子介质的方式对文件进行有效控制。采用电子介质方式时，电子文件管理应纳入管理体系，电子文件亦需明确授权、发布、标识、加密、修改、变更、废止、备份和归档等要求。与生态环境监测机构的监测活动相关的外来文件，包括环境质量标准、污染排放或控制标准、监测技术规范、监测标准（包括修改单）等，均应受控。

第十五条 有分包事项时，生态环境监测机构应事先征得客户同意，对分包方资质和能力进行确认，并规定不得进行二次分包。生态环境监测机构应就分包结果向客户负责（客户或法律法规指定的分包除外），应对分包方监测质量进行监督或验证。

第十六条 生态环境监测机构应及时记录样品采集、现场测试、样品运输和保存、样品制备、分析测试等监测全过程的技术活动，保证记录信息的充分性、原始性和规范性，能够再现监测全过程。所有对记录的更改（包括电子记录）实现全程留痕。监测活动中由仪器设备直接输出的数据和谱图，应以纸质或电子介质的形式完整保存，电子介质存储的记录应采取适当措施备份保存，保证可追溯和可读取，以防止记录丢失、失效或篡改。当输出数据打印在热敏纸或光敏纸等保存时间较短的介质上时，应同时保存记录的复印件或扫描件。

第十七条 生态环境监测机构对于方法验证或方法确认应做到：

（一）初次使用标准方法前，应进行方法验证。包括对方法涉及的人员培训和技术能力、设施和环境条件、采样及分析仪器设备、试剂材料、标准物质、原始记录和监测报告格式、方法性能指标（如校准曲线、检出限、测定下限、准确度、精密度）等内容进行验证，并根据标准的适用范围，选取不少于一种实际样品进行测定；

（二）使用非标准方法前，应进行方法确认。包括对方法的适用范围、干扰和消除、试剂和材料、仪器设备、方法性能指标（如：校准曲线、检出限、测定下限、准确度、精密度）等要素进行确认，并根据方法的适用范围，选取不少于一种实际样品进行测定。非标准方法应由不少于 3 名本领域高级职称及以上专家进行审定。生态环境监测机构应确保其人员培训和技术能力、设施和环境条件、采样及分析仪器设备、试剂材料、标准物质、原始记录和监测报告格式等符合非标准方法的要求；

（三）方法验证或方法确认的过程及结果应形成报告，并附验证或确认全过程的原始记录，保证方法验证或确认过程可追溯。

第十八条 使用实验室信息管理系统（LIMS）时，对于系统无法直接采集的数据，应以纸质或电子介质的形式予以完整保存，并能实现系统对这类记录的追溯。对系统的任何变更在实施前应得到批准。有条件时，系统需采取异地备份的保护措施。

第十九条 开展现场测试或采样时，应根据任务要求制定监测方案或采样计划，明确监测点位、监测项目、监测方法、监测频次等内容。可使用地理信息定位、照相或录音录像等辅助手段，保证现场测试或采样过程客观、真实和可追溯。现场测试和采样应至少有 2 名监测人员在场。

第二十条 应根据相关监测标准或技术规范的要求，采取加保存剂、冷藏、避光、防震等保护措施，保证样品在保存、运输和制备等过程中性状稳定，避免玷污、损坏或丢失。环境样品应分区存放，并有明显标识，以免混淆和交叉污染。实验室接受样品时，应对样品的时效性、完整性和保存条件进行检查和记录，对不符合要求的样品可以拒收，或明确告知客户有关样品偏离情况，并在报告中注明。环境样品在制备、前处理和分析过程中注意保持样品标识的可追溯性。

第二十一条 生态环境监测机构的质量控制活动应覆盖生态环境监测活动全过程，所采取的质量控制措施应满足相关监测标准和技术规范的要求，保证监测结果的准确性。应根据监测标准或技术规范，或基于对质控数据的统计分析制定各项措施的控制限要求。

第二十二条 当在生态环境监测报告中给出符合（或不符合）要求或规范的声明时，报告审核人员和授权签字人应充分了解相关环境质量标准和污染排放/控制标准的适用范围，并具备对监测结果进行符合性判定的能力。

第二十三条 生态环境监测档案的保存期限应满足生态环境监测领域相关法律法规和技术文件的规定，生态环境监测档案应做到：

（一）监测任务合同（委托书/任务单）、原始记录及报告审核记录等应与监测报告一起归档。如果有与监测任务相关的其他资料，如监测方案/采样计划、委托方（被测方）提供的项目工程建设、企业生产工艺和工况、原辅材料、排污状况（在线监测或企业自行监测数据）、合同评审记录、分包等资料，也应同时归档；

（二）在保证安全性、完整性和可追溯的前提下，可使用电子介质存储的报告和记录代替纸质文本存档。

附录6　建设工程质量检测管理办法

《建设工程质量检测管理办法》已于2005年8月23日经第71次常务会议讨论通过，现予发布，自2005年11月1日起施行。

第一条 为了加强对建设工程质量检测的管理，根据《中华人民共和国建筑法》《建设工程质量管理条例》，制定本办法。

第二条 申请从事对涉及建筑物、构筑物结构安全的试块、试件以及有关材料检测的工程质量检测机构资质，实施对建设工程质量检测活动的监督管理，应当遵守本办法。本办法所称建设工程质量检测（以下简称质量检测），是指工程质量检测机构（以下简称检测机构）接受委托，依据国家有关法律、法规和工程建设强制性标准，对涉及结构安全项目的抽样检测和对进入施工现场的建筑材料、构配件的见证取样检测。

第三条 国务院建设主管部门负责对全国质量检测活动实施监督管理，并负责制定检测机构资质标准。

省、自治区、直辖市人民政府建设主管部门负责对本行政区域内的质量检测活动实施监督管理，并负责检测机构的资质审批。市、县人民政府建设主管部门负责对本行政区域内的质量检测活动实施监督管理。

第四条 检测机构是具有独立法人资格的中介机构。检测机构从事本办法附件一规定的质量检测业务，应当依据本办法取得相应的资质证书。

检测机构资质按照其承担的检测业务内容分为专项检测机构资质和见证取样检测机构资质。检测机构资质标准由附件二规定。

检测机构未取得相应的资质证书，不得承担本办法规定的质量检测业务。

第五条 申请检测资质的机构应当向省、自治区、直辖市人民政府建设主管部门提交下列申请材料：

（一）《检测机构资质申请表》一式三份；

（二）工商营业执照原件及复印件；

（三）与所申请检测资质范围相对应的计量认证证书原件及复印件；

（四）主要检测仪器、设备清单；

（五）技术人员的职称证书、身份证和社会保险合同的原件及复印件；

（六）检测机构管理制度及质量控制措施。

《检测机构资质申请表》由国务院建设主管部门制定式样。

第六条 省、自治区、直辖市人民政府建设主管部门在收到申请人的申请材料后，应当即时作出是否受理的决定，并向申请人出具书面凭证；申请材料不齐全或者不符合法定形式的，应当在5日内一次性告知申请人需要补正的全部内容。逾期不告知的，自收到申请材料之日起即为受理。

省、自治区、直辖市建设主管部门受理资质申请后，应当对申报材料进行审查，自受理之日起20个工作日内审批完毕并作出书面决定。对符合资质标准的，自作出决定之日起10个工作日内颁发《检测机构资质证书》，并报国务院建设主管部门备案。

第七条 《检测机构资质证书》应当注明检测业务范围，分为正本和副本，由国务院建设主管部门制订式样，正、副本具有同等法律效力。

第八条 检测机构资质证书有效期为3年。资质证书有效期满需要延期的，检测机构应当在资质证书有效期满30个工作日前申请办理延期手续。

检测机构在资质证书有效期内没有下列行为的，资质证书有效期届满时，经原审批机关同意，不再审查，资质证书有效期延期3年，由原审批机关在其资质证书副本上加盖延期专用章；检测机构在资质证书有效期内有下列行为之一的，原审批机关不予延期：

（一）超出资质范围从事检测活动的；

（二）转包检测业务的；

（三）涂改、倒卖、出租、出借或者以其他形式非法转让资质证书的；

（四）未按照国家有关工程建设强制性标准进行检测，造成质量安全事故或致使事故损失扩大的；

（五）伪造检测数据，出具虚假检测报告或者鉴定结论的。

第九条 检测机构取得检测机构资质后，不再符合相应资质标准的，省、自治区、直辖市人民政府建设主管部门根据利害关系人的请求或者依据职权，可以责令其限期改正；逾期不改的，可以撤回相应的资质证书。

第十条 任何单位和个人不得涂改、倒卖、出租、出借或者以其他形式非法转让资质证书。

第十一条 检测机构变更名称、地址、法定代表人、技术负责人，应当在3个月内到原审批机关办理变更手续。

第十二条 本办法规定的质量检测业务，由工程项目建设单位委托具有相应资质的检测机构进行检测。委托方与被委托方应当签订书面合同。

检测结果利害关系人对检测结果发生争议的，由双方共同认可的检测机构复检，复检结果由提出复检方报当地建设主管部门备案。

第十三条 质量检测试样的取样应当严格执行有关工程建设标准和国家有关规定，在建设单位或者工程监理单位监督下现场取样。提供质量检测试样的单位和个人，应当对试样的真实性负责。

第十四条 检测机构完成检测业务后，应当及时出具检测报告。检测报告经检测人员签字、检测机构法定代表人或者其授权的签字人签署，并加盖检测机构公章或者检测专用章后方可生效。检测报告经建设单位或者工程监理单位确认后，由施工单位归档。

见证取样检测的检测报告中应当注明见证人单位及姓名。

第十五条 任何单位和个人不得明示或者暗示检测机构出具虚假检测报告，不得篡改或者伪造检测报告。

第十六条 检测人员不得同时受聘于两个或者两个以上的检测机构。

检测机构和检测人员不得推荐或者监制建筑材料、构配件和设备。

检测机构不得与行政机关，法律、法规授权的具有管理公共事务职能的组织以及所检测工程项目相关的设计单位、施工单位、监理单位有隶属关系或者其他利害关系。

第十七条 检测机构不得转包检测业务。

检测机构跨省、自治区、直辖市承担检测业务的，应当向工程所在地的省、自治区、直辖市人民政府建设主管部门备案。

第十八条 检测机构应当对其检测数据和检测报告的真实性和准确性负责。

检测机构违反法律、法规和工程建设强制性标准，给他人造成损失的，应当依法承担相应的赔偿责任。

第十九条 检测机构应当将检测过程中发现的建设单位、监理单位、施工单位违反有关法律、法规和工程建设强制性标准的情况，以及涉及结构安全检测结果的不合格情况，及时报告工程所在地建设主管部门。

第二十条 检测机构应当建立档案管理制度。检测合同、委托单、原始记录、检测报告应当按年度统一编号，编号应当连续，不得随意抽撤、涂改。

检测机构应当单独建立检测结果不合格项目台账。

第二十一条 县级以上地方人民政府建设主管部门应当加强对检测机构的监督检查，主要检查下列内容：

（一）是否符合本办法规定的资质标准；

（二）是否超出资质范围从事质量检测活动；

（三）是否有涂改、倒卖、出租、出借或者以其他形式非法转让资质证书的行为；

（四）是否按规定在检测报告上签字盖章，检测报告是否真实；

（五）检测机构是否按有关技术标准和规定进行检测；

（六）仪器设备及环境条件是否符合计量认证要求；

（七）法律、法规规定的其他事项。

第二十二条 建设主管部门实施监督检查时，有权采取下列措施：

（一）要求检测机构或者委托方提供相关的文件和资料；

（二）进入检测机构的工作场地（包括施工现场）进行抽查；

（三）组织进行比对试验以验证检测机构的检测能力；

（四）发现有不符合国家有关法律、法规和工程建设标准要求的检测行为时，责令改正。

第二十三条 建设主管部门在监督检查中为收集证据的需要，可以对有关试样和检测资料采取抽样取证的方法；在证据可能灭失或者以后难以取得的情况下，经部门负责人批准，可以先行登记保存有关试样和检测资料，并应当在7日内及时作出处理决定，在此期间，当事人或者有关人员不得销毁或者转移有关试样和检测资料。

第二十四条 县级以上地方人民政府建设主管部门，对监督检查中发现的问题应当按规定权限进行处理，并及时报告资质审批机关。

第二十五条 建设主管部门应当建立投诉受理和处理制度，公开投诉电话号码、通讯地址和电子邮件信箱。

检测机构违反国家有关法律、法规和工程建设标准规定进行检测的，任何单位和个人都有权向建设主管部门投诉。建设主管部门收到投诉后，应当及时核实并依据本办法对检测机构作出相应的处理决定，于30日内将处理意见答复投诉人。

第二十六条 违反本办法规定，未取得相应的资质，擅自承担本办法规定的检测业务的，其检测报告无效，由县级以上地方人民政府建设主管部门责令改正，并处1万元以上3万元以下的罚款。

第二十七条 检测机构隐瞒有关情况或者提供虚假材料申请资质的，省、自治区、直辖市人民政府建设主管部门不予受理或者不予行政许可，并给予警告，1年之内不得再次申请资质。

第二十八条 以欺骗、贿赂等不正当手段取得资质证书的，由省、自治区、直辖市人民政府建设主管部门撤销其资质证书，3年内不得再次申请资质证书；并由县级以上地方人民政府建设主管部门处以1万元以上3万元以下的罚款；构成犯罪的，依法追究刑事责任。

第二十九条 检测机构违反本办法规定，有下列行为之一的，由县级以上地方人民政府建设主管部门责令改正，可并处1万元以上3万元以下的罚款；构成犯罪的，依法追究刑事责任：

（一）超出资质范围从事检测活动的；

（二）涂改、倒卖、出租、出借、转让资质证书的；

（三）使用不符合条件的检测人员的；

（四）未按规定上报发现的违法违规行为和检测不合格事项的；

（五）未按规定在检测报告上签字盖章的；

（六）未按照国家有关工程建设强制性标准进行检测的；

（七）档案资料管理混乱，造成检测数据无法追溯的；

（八）转包检测业务的。

第三十条 检测机构伪造检测数据，出具虚假检测报告或者鉴定结论的，县级以上地方人民政府建设主管部门给予警告，并处3万元罚款；给他人造成损失的，依法承担赔偿责任；构成犯罪的，依法追究其刑事责任。

第三十一条 违反本办法规定，委托方有下列行为之一的，由县级以上地方人民政府建设主管部门责令改正，处1万元以上3万元以下的罚款：

（一）委托未取得相应资质的检测机构进行检测的；

（二）明示或暗示检测机构出具虚假检测报告，篡改或伪造检测报告的；

（三）弄虚作假送检试样的。

第三十二条 依照本办法规定，给予检测机构罚款处罚的，对检测机构的法定代表人和其他直接责任人员处罚款数额5%以上10%以下的罚款。

第三十三条 县级以上人民政府建设主管部门工作人员在质量检测管理工作中，有下列情形之一的，依法给予行政处分；构成犯罪的，依法追究刑事责任：

（一）对不符合法定条件的申请人颁发资质证书的；

（二）对符合法定条件的申请人不予颁发资质证书的；

（三）对符合法定条件的申请人未在法定期限内颁发资质证书的；

（四）利用职务上的便利，收受他人财物或者其他好处的；

（五）不依法履行监督管理职责，或者发现违法行为不予查处的。

第三十四条 检测机构和委托方应当按照有关规定收取、支付检测费用。没有收费标准的项目由双方协商收取费用。

第三十五条 水利工程、铁道工程、公路工程等工程中涉及结构安全的试块、试件及有关材料的检测按照有关规定，可以参照本办法执行。节能检测按照国家有关规定执行。

第三十六条 本规定自2005年11月1日起施行。

附件一：

质量检测的业务内容

一、专项检测

（一）地基基础工程检测

1. 地基及复合地基承载力静载检测；

2. 桩的承载力检测；

3. 桩身完整性检测；

4. 锚杆锁定力检测。

（二）主体结构工程现场检测

1. 混凝土、砂浆、砌体强度现场检测；

2. 钢筋保护层厚度检测；

3. 混凝土预制构件结构性能检测；

4.后置埋件的力学性能检测。

（三）建筑幕墙工程检测

1. 建筑幕墙的气密性、水密性、风压变形性能、层间变位性能检测；

2. 硅酮结构胶相容性检测。

（四）钢结构工程检测

1. 钢结构焊接质量无损检测；

2. 钢结构防腐及防火涂装检测；

3. 钢结构节点、机械连接用紧固标准件及高强度螺栓力学性能检测；

4. 钢网架结构的变形检测。

二、见证取样检测

（一）水泥物理力学性能检验；

（二）钢筋（含焊接与机械连接）力学性能检验；

（三）砂、石常规检验；

（四）混凝土、砂浆强度检验；

（五）简易土工试验；

（六）混凝土掺加剂检验；

（七）预应力钢绞线、锚夹具检验；

（八）沥青、沥青混合料检验。

附件二：

检测机构资质标准

一、专项检测机构和见证取样检测机构应满足下列基本条件：

（一）专项检测机构的注册资本不少于100万元人民币，见证取样检测机构不少于80万元人民币；

（二）所申请检测资质对应的项目应通过计量认证；

（三）有质量检测、施工、监理或设计经历，并接受了相关检测技术培训的专业技术人员不少于10人；边远的县（区）的专业技术人员可不少于6人；

（四）有符合开展检测工作所需的仪器、设备和工作场所；其中，使用属于强制检定的计量器具，要经过计量检定合格后，方可使用；

（五）有健全的技术管理和质量保证体系。

二、专项检测机构除应满足基本条件外，还需满足下列条件：

（一）地基基础工程检测类

专业技术人员中从事工程桩检测工作3年以上并具有高级或者中级职称的不得少于4名，其中1人应当具备注册岩土工程师资格。

（二）主体结构工程检测类

专业技术人员中从事结构工程检测工作3年以上并具有高级或者中级职称的不得少于4名，其中1人应当具备二级注册结构工程师资格。

（三）建筑幕墙工程检测类

专业技术人员中从事建筑幕墙检测工作3年以上并具有高级或者中级职称的不得少于4名。

（四）钢结构工程检测类

专业技术人员中从事钢结构机械连接检测、钢网架结构变形检测工作3年以上并具有高级或者中级职称的不得少于4名，其中1人应当具备二级注册结构工程师资格。

三、见证取样检测机构除应满足基本条件外，9专业技术人员中从事检测工作3年以上并具有高级或者中级职称的不得少于3名；边远的县（区）可不少于2人。

附录7　农产品质量安全检测机构考核办法

2007年12月12日农业部令第7号公布，2017年11月30日农业部令第8号修订

第一章　总　　则

第一条 为加强农产品质量安全检测机构管理，规范农产品质量安全检测机构考核，根据《中华人民共和国农产品质量安全法》等有关法律、行政法规的规定，制定本办法。

第二条 本办法所称考核，是指省级以上人民政府农业行政主管部门按照法律、法规以及相关标准和技术规范的要求，对向社会出具具有证明作用的数据和结果的农产品质量安全检测机构进行条件与能力评审和确认的活动。

第三条 农产品质量安全检测机构经考核和计量认证合格后，方可对外从事农产品、农业投入品和产地环境检测工作。

第四条 农业部负责全国农产品质量安全检测机构考核的监督管理工作。

省、自治区、直辖市人民政府农业行政主管部门（以下简称省级农业行政主管部门）负责本行政区域农产品质量安全检测机构考核的监督管理工作。

第五条 农产品质量安全检测机构建设，应当统筹规划，合理布局。鼓励检测资源共享，推进县级农产品综合性质检测机构建设。

第二章　基本条件与能力要求

第六条 农产品质量安全检测机构应当依法设立，保证客观、公正和独立地从事检测活动，并承担相应的法律责任。

第七条 农产品质量安全检测机构应当具有与其从事的农产品质量安全检测活动相适应的管理和技术人员。

从事农产品质量安全检测的技术人员应当具有相关专业中专以上学历，并经所在机构考核合格，持证上岗。

第八条 农产品质量安全检测机构的技术人员应当不少于5人，其中中级以上技术职称或同等能力的人员比例不低于40%。技术负责人、质量负责人和授权签字人应当具有中级以上技术职称或同等能力，并从事农产品质量安全相关工作5年以上。博士研究生毕业，从事相关专业检验检测工作1年及以上；硕士研究生毕业，从事相关专业检验检测工作3年及以上；大学本科毕业，从事相关专业检验检测工作5年及以上；大学专科毕业，从事相关专业检验检测工作8年及以上，可视为同等能力。

第九条 农产品质量安全检测机构应当具有与其从事的农产品质量安全检测活动相适应的检测仪器设备，仪器设备配备率达到98%，在用仪器设备完好率达到100%。

第十条 农产品质量安全检测机构应当具有与检测活动相适应的固定工作场所，并具备保证检测数据准确的环境条件。

从事相关田间试验和饲养实验动物试验检测的，还应当符合检疫、防疫和环保的要求。从事农业转基因生物及其产品检测的，还应当具备防范对人体、动植物和环境产生危害的条件。

第十一条 农产品质量安全检测机构应当建立质量管理与质量保证体系。

第十二条 农产品质量安全检测机构应当具有相对稳定的工作经费。

第三章　申请与评审

第十三条 申请考核的农产品质量安全检测机构（以下简称申请人），应当向农业部或者省级人民政府农业行政主管部门（以下简称考核机关）提出书面申请。

国务院有关部门依法设立或者授权的农产品质量安全检测机构，经有关部门审核同意后向农业部提出申请。

其他农产品质量安全检测机构，向所在地省级人民政府农业行政主管部门提出申请。

第十四条 申请人应当向考核机关提交下列材料：

申请书；

机构法人资格证书或者其授权的证明文件；

上级或者有关部门批准机构设置的证明文件；

质量体系文件；

计量认证情况；

近两年内的典型性检验报告2份；

其他证明材料。

第十五条 考核机关设立或者委托的技术审查机构，负责对申请材料进行初审。

第十六条 考核机关受理申请的，应当及时通知申请人，并将申请材料送技术审查机构；不予受理的，应当及时通知申请人并说明理由。

第十七条 技术审查机构应当自收到申请材料之日起10个工作日内完成对申请材料的初审，并向考核机关提交初审报告。

通过初审的，考核机关安排现场评审；未通过初审的，考核机关应当出具初审不合格通知书。

第十八条 现场评审实行评审专家组负责制。专家组由3-5名评审员组成，必要时可聘请其他技术专家参加。

评审员应当具有高级技术职称、从事农产品质量安全检测或相关工作5年以上，并经农业部考核合格。

评审专家组应当在3个工作日内完成评审工作，并向考核机关提交现场评审报告。

第十九条 现场评审应当包括以下内容：

（一）质量体系运行情况；

（二）检测仪器设备和设施条件；

（三）检测能力。

第四章　审批与颁证

第二十条 考核机关应当自收到现场评审报告之日起10个工作日内，做出申请人是否通过考核的决定。

通过考核的，颁发《中华人民共和国农产品质量安全检测机构考核合格证书》（以下简称《考核合格证书》），准许使用农产品质量安全检测考核标志，并予以公告。

未通过考核的，书面通知申请人并说明理由。

第二十一条 《考核合格证书》应当载明农产品质量安全检测机构名称、检测范围和有效期等内容。

第二十二条 省级农业行政主管部门应当自颁发《考核合格证书》之日起15个工作日内向农业部备案。

第五章 延续与变更

第二十三条 《考核合格证书》有效期为6年。证书期满继续从事农产品质量安全检测工作的，应当在有效期届满3个月前提出申请，重新办理《考核合格证书》。

第二十四条 在证书有效期内，农产品质量安全检测机构法定代表人、名称或者地址变更的，应当向原考核机关办理变更手续。

第二十五条 在证书有效期内，农产品质量安全检测机构有下列情形之一的，应当向原考核机关重新申请考核：

（一）检测机构分设或者合并的；

（二）检测仪器设备和设施条件发生重大变化的；

（三）检测场所变更的；

（四）检测项目增加的。

第六章 监督管理

第二十六条 考核机关通过年度报告、能力验证、现场检查等方式，对农产品质量安全检测机构进行监督管理。

农产品质量安全检测机构应当按照考核机关的要求，参加其组织开展的能力验证或者比对，以保证持续符合机构考核条件和要求。

第二十七条 对于农产品质量安全检测机构考核工作中的违法行为，任何单位和个人均可以向考核机关举报。考核机关应当对举报内容进行调查核实，并为举报人保密。

第二十八条 农产品质量安全检测机构在考核中隐瞒有关情况或者弄虚作假的，考核机关应当予以警告，取消考核资格，一年内不再受理其考核申请；采取欺骗、贿赂等不正当手段取得考核证书的，撤销考核证书，三年内不再受理其考核申请。

农产品质量安全检测机构伪造检测结果或者出具虚假证明的，或擅自发布检测数据和结果，并造成不良后果的，依照《中华人民共和国农产品质量安全法》相关规定处罚，三年内不受理其机构考核申请。

第二十九条 农产品质量安全检测机构有下列情形之一的，由考核机关责令其1个月内改正；逾期未改正或改正后仍不符合要求的，由考核机关暂停其检测工作。

（一）未按规定对人员、仪器设备、设施条件、质量管理体系、检测工作等实施有效管理的；

（二）未按规定办理变更手续的；

（三）检验报告、原始记录及其他档案管理不规范的。

第三十条 农产品质量安全检测机构有下列情形之一的，由考核机关责令其3个月内整改，整改期间不得向社会出具具有证明作用的检验检测数据、结果；逾期未整改或整改后仍不符合要求的，由考核机关注销其《考核合格证书》。

（一）超出批准的检测能力范围，擅自向社会出具检验数据、结果的；

（二）非授权签字人签发检验报告的；

（三）检测工作存在较大风险隐患的。

第三十一条 农产品质量安全检测机构有下列行为之一的，考核机关应当视情况注销其《考核合格证书》：

（一）所在单位撤销或者法人资格终结的；

（二）检测仪器设备和设施条件发生重大变化，不具备相应检测能力，未按本办法规定重新申请考核的；

（三）《考核合格证书》有效期届满，未申请延续或者依法不予延续批准的；

（四）无正当理由未按照考核机关要求参加能力验证的；

（五）无正当理由不接受、不配合监督检查的；

（六）依法可注销检测机构资格的其他情形。

第三十二条 从事考核工作的人员不履行职责或者滥用职权的，依法给予处分。

第七章　附　　则

第三十三条 法律、行政法规和农业部规章对农业投入品检测机构考核另有规定的，从其规定。

第三十四条 本办法自2017年11月30日起施行。

附录8 CNAS—RL01：2019《实验室认可规则》节选

6 申请受理要求

6.1 提交的申请资料应真实可靠，申请人不存在欺骗、隐瞒信息或故意违反认可要求的行为。注： 违反申请资料真实可靠的行为包括但不限于：

—— 申请资料与事实不符；

—— 提交的申请资料有不真实的情况；

—— 同一材料内或材料与材料之间多处出现自相矛盾或时间逻辑错误；

—— 与其他申请人资料雷同等。

6.2 申请人应对 CNAS 的相关要求基本了解，且进行了有效的自我评估，提交的申请资料齐全完整、表述准确、文字清晰。

注：申请认可的境内实验室，应提交完整的中文申请材料，必要时可提供中、外文对照材料。6.3 申请人具有明确的法律地位，其活动应符合国家法律法规的要求。

6.4 建立了符合认可要求的管理体系，且正式、 有效运行 6 个月以上。即：管理体系覆盖了全部申请范围，满足认可准则及其在特殊领域应用说明的要求， 并具有可操作性的文件。

组织机构设置合理，岗位职责明确，各层文件之间接口清晰。

6.5 进行过完整的内审和管理评审， 并能达到预期目的，且所有体系要素应有运行记录。

6.6 申请的技术能力满足 CNAS—RL02《能力验证规则》的要求。

6.7 申请人具有开展申请范围内的检测/校准/鉴定活动所需的足够资源，例如主要人员，包括授权签字人应能满足相关资格要求等。

6.8 仪器设备的量值溯源应能满足 CNAS 相关要求。

6.9 申请认可的技术能力有相应的检测/校准/鉴定经历，上述经历应覆盖申请的全部项目/参数。

注1：申请人申请的检测/校准/鉴定能力应为经常开展且成熟的项目。

注2：对于不申请实验室的主要业务范围，只申请次要工作领域的，原则上不予受理。对于虽然申请了主要业务范围，但不申请认可其中的主要项目，只申请认可次要项目的，原则上不予受理。

注3：对申请认可的能力，申请人应有足够的、持续不断的检测/校准/鉴定经历予以支持。如近两年没有检测/校准/鉴定经历， 原则上该能力不予受理。申请人不经常进行的检测/校准/鉴定活动，如每个月低于 1 次，应在认可申请时提交近期方法验证和相关质量控制记录。对特定检测/校准/鉴定项目，申请人由于接收和委托样品太少，无法建立质量控制措施的，原则上该能力不予受理。

6.10 CNAS 具备对申请人申请的检测/校准/鉴定能力，开展认可活动的能力。

6.11 CNAS 认可准则和要求类文件不能作为申请人的能力申请认可。

6.12 CNAS 秘书处认为有必要满足的其他方面要求。

6.13 存在以下情况时，将不受理申请人的认可申请：

a）申请人提交的申请资料与事实不符，或提交的申请资料有不真实的情况，或申请人存在欺骗行为、隐瞒信息或故意违反认可要求等；

b）申请人不能遵守认可合同关于公正诚实、廉洁自律等内容；

c）不能满足上述6.2 ~ 6.12条的要求；

d）5.1.2.4 所述情况。

6.14 当 CNAS 对申请人的申请作出不予受理的决定后， 申请人再次提交认可申请时，根据不同情况须分别满足以下要求：

a）由于6.13 a）和b）所述原因不予受理认可申请的， CNAS秘书处在作出受理决定之后的 36 个月内不再接受申请人的申请。在获得对该实验室诚信、廉洁自律的信心之前，不再受理其再次提出的认可申请；

b）由于申请人管理体系不能满足认可要求或体系运行有效性存在问题不予受理认可申请的（如不能满足 6.4、 6.5 条要求）， 申请人须在作出受理决定6个月以后才能再次提交认可申请；

c）由于技术内容不能满足要求不予受理认可申请的（如6.6 ~ 6.9条），申请人须在满足相关技术要求后才能再次提交认可申请。

7 认可评审要求

7.1 评审组审查申请人提交的管理体系文件和相关资料，当发现文件不符合要求时， CNAS秘书处或评审组应以书面方式通知申请人采取纠正或纠正措施，经验证合格后，方可实施现场评审。必要时CNAS秘书处可要求申请人的管理体系再运行相应时间（一般为3个月） 后实施现场评审。

7.2 根据技术能力确认需要， 现场评审时， 评审组可安排测量审核，由此产生的费用由申请人承担。

7.3 评审组应对申请的授权签字人进行考核。 CNAS要求授权签字人必须具备以下资格条件：

a）有必要的专业知识和相应的工作经历，熟悉授权签字范围内有关检测/校准/鉴定标准、 方法及程序，能对检测/校准/鉴定结果作出正确的评价，了解测量结果的不确定度，了解设备维护保养和校准的规定并掌握校准状态；

b）熟悉认可规则和政策要求、认可条件，特别是获准认可实验室义务，以及带认可标识/联合标识检测/校准/鉴定报告或证书的使用规定；

c）在对检测/校准/鉴定结果的正确性负责的岗位上任职，并有相应的管理职权。

7.4 对于使用租用设备的申请人，必须能够完全独立支配使用。 租用设备的使用权必须完全转移，并在申请人的设施中使用。

7.5 对于开展内部校准的检测实验室，应满足CNAS关于内部校准的要求。

7.6 当测量结果无法溯源至国际单位制（SI）单位或与SI单位不相关时，测量结果应溯源至RM、公认的或约定的测量方法/标准，或通过实验室间比对等途径，证明其测量结果与同类实验室的一致性。 当采用实验室间比对的方式来提供测量的可信度时，应保证定期与3家以上（含3家）实验室比对。 可行时， 应是获得CNAS认可，或APAC、ILAC多边承认协议成员认可的实验室。

7.7 申请人中的关键岗位人员（如授权签字人、 给出意见和解释的人员、操作专用设备人员等）应与实验室有固定、合法的劳动关系。 从事检测/校准/鉴定活动的人员不得在其他同类型实验室从事同类的检测/校准/鉴定活动。 对法律法规中有从业资质要求的人员，应符合相关要求。

7.8 现场评审时， 被评审实验室存在下列任何情况之一，可以中止评审，不予推荐认可：

a）申请人实际状况与申请资料描述严重不符，或发现申请人存在欺骗、隐瞒信息或故意违反认可要求的行为；

b）申请人管理体系控制失效；

c）现场不具备评审条件；

d）申请人不配合评审工作，以致无法进行评审；

e）发现申请人存在不诚信行为；

f）5.1.5.3中所述情况。

7.9 发现被评审实验室存在以下情况时，实验室将不能获得认可：

a）实验室的实际状况与申请资料严重不符，或发现申请人存在欺骗、隐瞒信息或故意违反认可要求的行为；

b）申请认可范围中多个项目/参数不具备检测/校准/鉴定能力，包括缺少仪器设备、设施环境不能满足要求、人力资源不能满足要求等；

c）对于申请的技术能力没有检测/校准/鉴定经历，或没有对检测/校准/鉴定结果的准确性、可靠性进行过评价、确认，或没有实施质量控制；

d）被评审实验室提供不真实的管理体系运行记录，包括相应的检测/校准/鉴定记录；

e）被评审实验室的管理体系运行失效，认可准则大部分要素存在不符合的情况。

f）7.8 中所述情况。

8 对多场所实验室认可的特殊要求

对于多检测/校准/鉴定场所的实验室认可，除满足单一场所实验室认可的要求外，还应满足以下各条的要求。

8.1 管理体系

8.1.1 实验室的管理体系应覆盖开展检测/校准/鉴定活动或与开展检测/校准/鉴定活动相关的所有场所。

8.1.2 各场所内部的组织机构和人员职责应明确，需要时，应配备相应的质量和技术管理人员。

8.1.3 各场所参加能力验证活动的频次和覆盖的领域应满足 CNAS—RL02《能力验证规则》的要求。

8.2 申请及受理

8.2.1 实验室填写认可申请书时，应按申请书的要求分场所提供相关材料。

8.2.2 对于不在同一地址开展检测/校准/鉴定活动的实验室，应符合相关法律法规要求。

8.2.3 申请认可时，各个开展检测/校准/鉴定活动的场所其管理体系均应正式运行 6 个月以上，且进行过覆盖该场所所有活动的内审和管理评审。

8.3 认可评审

8.3.1 实验室认可现场评审活动应覆盖申请人申请范围涉及的所有场所。

8.3.2 现场评审时，各场所的技术能力应分别进行确认（包括进行现场试验），即使其技术能力与总部或其他场所完全相同。

8.4 认可证书

8.4.1 CNAS 根据实验室开展检测/校准/鉴定活动的不同场所，分别公布能力范围。

8.4.2 当同一检测/校准/鉴定活动需要在多个场所共同完成时，可在公布的认可范围内对地址进行说明。

9 认可变更的要求

9.1 获准认可实验室的变更

9.1.1 变更通知

获准认可实验室如发生下列变化，应在 20 个工作日内通知 CNAS 秘书处：

a）获准认可实验室的名称、地址、法律地位和主要政策发生变化；

b）获准认可实验室的组织机构、高级管理和技术人员、授权签字人发生变更；

c）认可范围内的检测/校准/鉴定依据的标准/方法、重要试验设备、环境、检测/校准/鉴定工作范围及有关项目发生改变；

d）其他可能影响其认可范围内业务活动和体系运行的变更。

注 1：获准认可实验室的名称、地址、检测/校准/鉴定依据的标准/方法、授权签字人等发生变更，应填写并提交《变更申请书》。

注 2：获准认可实验室的其他信息（如联系人、联系方式等）发生变更，应及时更新。

9.1.2 变更的处理

9.1.2.1 CNAS秘书处在得到变更通知并核实情况后，CNAS视变更性质可以采取以下措施：

a）进行监督评审或复评审；

b）维持、扩大、缩小、暂停或撤销认可；

c）对新申请的授权签字人进行考核；

d）对变更情况进行登记备案。

9.1.2.2 当实验室的环境发生变化，如搬迁，实验室除按 9.1.1 条规定通报 CNAS 秘书处外，还应立即停止使用认可标识/联合标识，并制定相应的验证计划，保留相关记录，待CNAS 确认后，方可继续（恢复）在相应领域内使用认可标识/联合标识。

9.1.2.3 当实验室发生 9.1.1 条所述变更但未及时或如实通报 CNAS 秘书处，或对于需要CNAS 确认但尚未获得 CNAS 确认，就使用认可标识/联合标识时，CNAS 将视情况作出告诫、暂停或撤销认可处理。

9.2 认可规则、认可准则的变更

9.2.1 当认可规则、认可准则、认可要求发生变更时，CNAS 秘书处应及时通知可能受到影响的获准认可实验室和有关申请人，说明认可规则、认可准则以及有关要求所发生的变化。9.2.2 当认可条件和认可准则发生变化时，CNAS 应制订并公布向新要求转换的政策和期限，在此之前要听取各有关方面的意见，以便让获准认可实验室有足够的时间适应新的要求。CNAS 可以通过监督评审或复评审的方式对获准认可实验室与新要求的符合性进行确认，在确认合格后方能维持认可。

9.2.3 获准认可实验室在完成转换后，应及时通知 CNAS 秘书处。获准认可实验室如在规定期限内不能完成转换，CNAS 可以暂停、撤销认可。

10 告诫、暂停、恢复、撤销、注销认可及缩小认可范围

CNAS 秘书处可用 CNAS 网站公告、邮寄信函、传真、电子邮件或者其他适当方式送达认可决定。

在 CNAS 启动对实验室认可能力和/或认可资格的处置程序后，不再受理实验室对相应认可能力和/或认可资格的缩小认可范围、暂停认可和注销认可等各项申请。

10.1 告诫

如果获准认可实验室存在影响认可管理有效性的问题，且属于孤立、偶发事件，在CNAS 规定的时间内进行纠正并采取有效纠正措施的，CNAS 将予以告诫。包括但不限于：

a）违规问题严重程度尚未达到暂停认可资格的；

b）超范围使用认可标识/联合标识或超范围声明认可状态，情节轻微的；

c）现场评审发现个别申请/获准认可项目不具备能力的，如缺少辅助仪器设备、环境设施不符合要求等；

d）实验室对获准认可的技术能力不能有效管理，且情节轻微的；

e）实验室获准认可的个别技术能力，如：检测/校准/鉴定依据的方法、 测量标准等发生变化，未按9.1.1 条规定通报 CNAS 秘书处，或未经 CNAS 确认继续使用认可标识/联合标识 ，且非主观故意的。

10.2 暂停认可

10.2.1 获准认可实验室由于自身原因主动申请， 或不能持续地符合 CNAS 认可条件和要求， 例如：

a）被告诫的实验室在规定期限内未对其存在的问题，采取有效纠正或纠正措施，或告诫后在一个认可证书有效期内同类问题重复发生的；

b）超范围使用认可标识/联合标识或错误声明认可状态，造成一定恶劣影响的；

c）不能按期接受定期监督或复评审；

d）不按时缴纳费用；

e）监督评审或复评审现场评审过程中发现少量已获认可的技术能力不能维持或不能在规定的期限内完成纠正措施；

注： 该条内容同样适用于监督+扩项评审、复评审+扩项评审时，少量申请认可的项目明显不具备能力的情况。

f）实验室的技术能力，如： 人员、设施、环境（如搬迁）、 检测/校准/鉴定依据的方法、计量标准（数量较少） 等发生变化，未按 9.1.1 条规定通报 CNAS 秘书处，或未经 CNAS 确认继续使用认可标识/联合标识；

g）现场评审发现实验室的管理能力和/或技术能力不能满足认可要求；

注： 实验室的管理能力和/或技术能力不能满足认可要求的情况，包括但不限于以下几种：

——实验室的管理体系运行较差，但问题的严重程度尚未达到撤销认可资格；

——不能满足能力验证要求；

——缺少少量检测/校准/鉴定设备；

——少数技术人员明显不满足相关认可要求；

——未经有效确认而不按检测/校准/鉴定标准/规程/规范操作，但尚未造成严重后果；

——对少数获准认可的技术能力不能有效管理；

——其他影响检测/校准/鉴定结果有效性的问题。

h）当认可规则、认可要求和认可准则发生变化，获准认可实验室不能按时完成转换；

i）未履行认可合同；

j）获准认可实验室存在其他违反认可规定，但严重程度尚未达到撤销认可资格的情况。

CNAS 可以暂停实验室部分或全部认可范围， 暂停期不大于 6 个月。

10.2.2 获准认可实验室在暂停期间不得在相关项目上发出带有认可标识/联合标识的报告或证书，也不得以任何明示或隐含的方式向外界表示被暂停认可的范围仍然有效。

10.3 恢复认可

10.3.1 被暂停认可的实验室，在规定的暂停期限内实施纠正措施，并经 CNAS 确认符合要求后，可以恢复认可资格。

10.3.2 对于由于违反认可规定而被暂停认可的实验室，不能提前恢复认可资格。

10.4 撤销认可

10.4.1 在下列情况下， CNAS 应撤销认可：

a）被暂停认可的获准认可实验室超过暂停期仍不能恢复认可；

b）由于认可规则或认可准则变更，获准认可实验室不能或不愿继续满足认可要求；

c）现场评审发现实验室的管理体系不能有效运行，且情节严重的；

d）暂停期间或恢复认可后同类问题继续发生；

e）获准认可实验室不能履行 CNAS 规则规定的义务；

f）不接受或不配合专项监督和投诉调查；

g）严重违反认可合同；

h）现场评审发现实验室不具备相应技术能力；

注：实验室不具备相应技术能力，包括但不限于：

——缺少部分检测/校准/鉴定设备；

——部分技术人员明显不满足相关认可要求；

——未经有效确认而不按检测/校准/鉴定标准/规程/规范操作，影响检测/校准/鉴定结果有效性，情节严重的；

——对部分获准认可的技术能力不能有效管理，情节严重的；

——其他严重影响检测/校准/鉴定结果有效性的问题。

i）超范围使用认可标识/联合标识或错误声明认可状态，造成严重影响的；

j）发现获准认可实验室有恶意损害 CNAS 声誉行为；

k）实验室存在不诚信行为，包括但不限于：弄虚作假， 不如实做出承诺， 或不遵守承诺，出具虚假报告/证书， 存在欺骗、隐瞒信息或故意违反认可要求的行为等。

10.4.2 当 CNAS 对实验室作出撤销认可的决定后，实验室再次提交认可申请时，根据不同情况须满足以下要求：

a）由于10.4.1条中a）原因撤销认可的，实验室在自我评估已满足要求后，可再次提交认可申请；

b）由于10.4.1条中b）和c）原因撤销认可的，实验室须在作出认可决定之日起6个月后，才能再次提交认可申请；

c）由于10.4.1条中 d）、e）原因撤销认可的，实验室须在作出认可决定之日起12个月后，才能再次提交认可申请；

d）由于10.4.1条中 f）、g）、h）、i）、j）和 k）原因撤销认可的， 实验室须在作出认可决定之日起36个月后，才能再次提交认可申请，同时CNAS保留不再接受其认可申请的权力。

10.5 注销认可

在下列情况下，CNAS应注销认可：

a）获准认可实验室自愿申请注销认可；

b）认可有效期到期未获得认可资格。

10.6 缩小认可范围

10.6.1 缩小认可范围的条件

以下情况（但不限于），可以导致缩小认可范围：

a）获准认可实验室自愿申请缩小其认可范围；

b）业务范围变动使获准认可实验室失去原认可范围内的部分能力；

c）各类评审或能力验证的结果表明，在CNAS秘书处规定的时间内，获准认可实验室的某些技术能力或质量管理不再满足认可要求。

注：该种情况包括但不限于：现场评审时发现实验室不再具备获准认可的技术能力（例如：设备不满足要求、缺少检测/校准/鉴定经历等）；对涉及技术能力的不符合或能力验证结果为不满意的，实验室不能在规定时间内完成整改或其整改未通过验证。

d）CNAS的认可要求变化后，在CNAS秘书处规定的时间内，获准认可实验室未能完成转换，导致其某些技术能力或质量管理不再满足认可要求。

10.6.2 缩小认可的范围经批准后，新的认可范围将按5.1.7.4条的规定予以公布。

附录9 CNAS—RL02：2018《能力验证规则》节选

4 对合格评定机构的要求

4.1 总则

4.1.1 能力验证作为重要的外部质量评价活动，寻求并参加能力验证是合格评定机构的责任和义务。

4.1.2 合格评定机构应结合自身需求参加能力验证，本规则规定的是合格评定机构参加能力验证的最低要求。

4.1.3 合格评定机构应按照本规则的规定利用能力验证结果，并按要求向CNAS报告其参加能力验证的信息。

4.2 制定参加能力验证工作计划的要求

4.2 制定参加能力验证工作计划的要求

4.2.1 合格评定机构的质量管理体系文件中，应有参加能力验证的程序和记录要求，包括参加能力验证工作计划和不满意结果的处理措施等内容。

注：参加能力验证的程序可以是独立的程序，也可以包含在其他程序中。

4.2.2 合格评定机构应分析自身的能力验证需求，制定参加能力验证的工作计划并实施，同时根据人员、方法、场所和设备等变动情况，定期审查和调整参加能力验证的工作计划。

4.2.3 参加能力验证工作计划应至少满足本规则 4.3 条款的要求，同时应考虑以下因素（不限于）：

a）认可范围所覆盖的领域；

b）人员的培训、知识和经验；

c）内部质量控制情况；

d）检测、校准和检验的数量、种类以及结果的用途；

e）检测、校准和检验技术的稳定性；

f）能力验证是否可获得。

注1：当合格评定机构使用了不同型号设备、多台相同设备和/或不同方法对同一项目（或参数）出具数据时，鼓励这类机构参加针对每一设备和方法的不同能力验证。

注2：当同一子领域存在多个可获得的能力验证时， 鼓励合格评定机构基于自身风险分析，在持续参加同一能力验证项目的基础上，参加涉及不同检测参数和方法的能力验证。

4.2.4 在没有适当能力验证的领域，合格评定机构应当通过强化其他质量保证手段（例如： CNAS—CL01 中7.7条款规定的方式）来确保能力，这些措施也应当作为合格评定机构相关质量控制计划或参加能力验证工作计划的组成部分。

4.3 参加能力验证的最低要求

4.3.1 初次认可和扩大认可范围

4.3.1.1 只要存在可获得的能力验证，合格评定机构申请认可的每个子领域应至少参加过1次能力验证且获得满意结果，或虽为有问题（可疑）结果，但仍符合认可项目依据的标准或规范所规定的判定要求。

注1：子领域的划分见附录 B《能力验证领域和频次表》。

注2：从能力验证最终报告发布之日至申请认可之日，3年内的能力验证经历均为有效。

4.3.1.2 若无特殊理由， 申请认可的合格评定机构应参加 CNAS 指定的能力验证计划，例如：亚太实验室认可合作组织（APLAC）的能力验证计划。

注：指定参加的计划通常不收取费用。

4.3.1.3 对于多场所合格评定机构，其每个场所均应分别满足4.3.1.1的要求。

4.3.2 复评审和监督评审

4.3.2.1 只要存在可获得的能力验证，获准认可合格评定机构参加能力验证的领域和频次应满足CNAS能力验证领域和频次的要求（见附录b）。对CNAS能力验证领域和频次表中未列入的领域（子领域），只要存在可获得的能力验证，鼓励获准认可合格评定机构积极参加。

注：能力验证的频次以参加能力验证的合格评定机构报出结果的年度来计算。

4.3.2.2 即使满足能力验证领域和频次要求，获准认可合格评定机构也应参加CNAS指定的能力验证计划。

4.3.2.3 对于多场所合格评定机构，其每个场所均应分别满足4.3.2.1的要求。

4.4 不满意结果的处理要求

4.4.1 合格评定机构在参加能力验证中结果为不满意且已不能符合认可项目依据的标准或规范所规定的判定要求时，应自行暂停在相应项目的证书/报告中使用CNAS认可标识，并按照合格评定机构体系文件的规定采取相应的纠正措施，验证措施的有效性。在验证纠正措施有效后，合格评定机构自行恢复使用认可标识。合格评定机构的纠正措施和验证活动（可行时）应在180天（自能力验证最终报告发布之日起计）内完成。合格评定机构应保存上述记录以备评审组检查。

注1：纠正措施有效性的验证方式包括：再次参加能力验证活动（能力验证活动应当符合4.5条款的要求）或通过CNAS评审组的现场评价。

注2：当合格评定机构使用同一设备或方法对不同认可项目出具数据，在能力验证中出现不满意结果时，其纠正措施应当考虑到所有与该设备或方法相关的项目。

注3：符合认可项目依据的标准或规范的判定方法可参见CNAS—GL002《能力验证结果的统计处理和能力评价指南》的附录C。

4.4.2 合格评定机构参加能力验证的结果虽为不满意，但仍符合认可项目依据的标准或规范所规定的判定要求，或当合格评定机构参加能力验证结果为可疑或有问题时， 合格评定机构应对相应项目进行风险评估，必要时，采取预防或纠正措施。

4.4.3 在参加CNAS指定的能力验证计划中，合格评定机构的结果为不满意时，如果不满意项目已获CNAS认可，CNAS可暂停合格评定机构在相关项目的证书/报告中使用CNAS认可标识，直至撤销其相关项目的认可。

4.5 选择能力验证活动的要求

4.5.1 合格评定机构应优先选择按照ISO/IEC 17043运作的能力验证计划， 并按照以下顺序选择参加：

a）CNAS认可的能力验证提供者（PTP）以及已签署PTP相互承认协议（MRA）的认可机构认可的PTP在其认可范围内运作的能力验证计划；

b）未签署PTP MRA的认可机构依据ISO/IEC 17043认可的PTP在其认可范围内运作的能力验证计划；

c）国际认可合作组织运作的能力验证计划，例如：亚太实验室认可合作组织（APLAC）等开展的能力验证计划；

d）国际权威组织实施的实验室间比对，例如：国际计量委员会（CIPM）、亚太计量规划组织

（APMP）、世界反兴奋剂联盟（WADA）等开展的国际、区域实验室间比对；

e）依据ISO/IEC 17043获准认可的PTP在其认可范围外运作的能力验证计划；

f）行业主管部门或行业协会组织的实验室间比对；

g）其他机构组织的实验室间比对。

注：为帮助合格评定机构满足本规则的要求，合格评定机构选择参加能力验证时，可在CNAS网站（www.cnas.org.cn）的能力验证专栏中查询相关参考信息。

4.5.2 如果合格评定机构选择4.5.1中第e至g项来满足能力验证的领域和频次要求时，合格评定机构应填写附录A《能力验证活动适宜性核查表》，以对所选能力验证活动的适宜性进行评价。

附录10　CNAS—R01：2020《认可标识使用和认可状态声明规则》节选

5 合格评定机构使用CNAS认可标识和声明认可状态的要求

5.1 使用CNAS认可标识和声明认可状态的通用要求

5.1.1 CNAS 拥有CNAS认可标识的所有权；合格评定机构在认可范围和认可有效期内按照本规则以及相关要求的规定使用 CNAS 认可标识或声明认可状态，其他机构不得使用认可标识或声明认可状态。合格评定机构拥有CNAS认可标识的使用权，但不得转让认可标识使用权。CNAS对合格评定机构使用CNAS认可标识或声明认可状态的情况进行监督。

注1：申请认可的合格评定机构不应使用认可标识。

注2：如果获准认可的校准实验室签发的校准证书被用于检测实验室、质量管理体系认证的组织建立测量溯源体系时，应当在校准证书上使用CNAS认可标识。

5.1.2 合格评定机构应对CNAS认可标识使用和认可状态声明建立管理程序以保证符合本规则的规定，且不得在与认可范围无关的其他业务中使用CNAS认可标识或声明认可状态。

5.1.3 合格评定机构应在认可范围和认可有效期内按照本规则的规定准确、客观的声明认可状态，不得将认可状态声明用于其或其母体组织的其他活动。

5.1.4 合格评定机构应以认可证书上标注的机构名称或CNAS同意的名称使用CNAS认可标识或声明认可状态。

5.1.5 合格评定机构使用CNAS认可标识或声明认可状态时不应产生误导，使相关方误认为CNAS对合格评定机构出具的报告或证书结果负责，或对此结果的意见或解释负责。

5.1.6 当认可要求发生变化，合格评定机构未按时完成转换的，不得继续使用认可标识，也不得以任何方式声明认可状态仍然有效。

5.1.7 合格评定机构应按照CNAS秘书处颁布的式样正确使用CNAS认可标识，保证CNAS认可标识的完整性；CNAS认可标识可按比例放大或缩小，且应清晰可辨；CNAS秘书处向合格评定机构提供CNAS认可标识式样，供其使用。

5.1.8 CNAS秘书处通过在CNAS网站（http：//www.cnas.org.cn）下载区内或其他方式向合格评定机构提供CNAS认可标识。

5.1.9 合格评定机构可在报告或证书、文件、办公用品、宣传品和网页等上使用CNAS认可标识或声明认可状态。使用CNAS认可标识或声明认可状态可采用印刷、图文和印章（印章仅限实验室、检验机构认可标识）等方式。

5.1.10 被暂停认可资格的合格评定机构应在被暂停范围内立即停止任何关于获得CNAS认可的宣传，并应立即停止在报告或证书、文件、办公用品、宣传品和网页等上使用CNAS认可标识或声明认可状态。

5.1.11 被撤销、注销认可资格或缩小认可范围的合格评定机构应在CNAS作出撤销、注销或缩小认可范围决定之日起，在被撤销、注销认可资格或缩小认可范围内立即停止任何关于获CNAS认可的宣传，收回、销毁和删除一切带有CNAS认可标识或声明认可状态的证书、报告、文件、办公用品、宣传品和网页等。

5.1.12 认可资格到期后，合格评定机构如未获得新的认可资格，不得继续使用CNAS认可标识，也不得以任何方式声明认可状态仍然有效。

5.1.13 合格评定机构应将认可资格的暂停、注销、撤销以及认可范围的缩小等变化及相关后果及时告知其受影响的客户，不得有不当延误。

5.1.14 合格评定机构在认可范围内未使用CNAS认可标识或未声明认可状态的，应按照CNAS的规定从事合格评定活动。

5.1.15 当合格评定机构因使用CNAS认可标识或声明认可状态引起法律诉讼时，应及时通告CNAS，CNAS有权根据诉讼需要亲自申请或要求其申请CNAS作为第三人参与诉讼；如果采取和解、撤诉等法律行动，应经 CNAS 书面准许。

5.3实验室或检测机构使用CNAS认可标识和声明认可状态的要求

5.3.1 实验室或检验机构应将CNAS认可标识置于其签发的报告、证书首页上部适当的位置。

5.3.2 带CNAS认可标识或认可状态声明的报告或证书应由授权签字人在其授权范围内签发。

5.3.3 如果实验室或检验机构签发的报告或证书结果全部不在认可范围内或全部结果来自外部供应商，则不得在其报告或证书上使用CNAS认可标识或声明认可状态。

5.3.4 实验室或检验机构签发的带CNAS认可标识或认可状态声明的报告或证书中包含部分非认可项目时，应清晰标明此项目不在认可范围内；实验室或检验机构签发的带CNAS认可标识或认可状态声明的报告或证书中的结果/结论依据部分非认可项目时，应清晰标明结果/结论所依据的合格评定活动不在认可范围内。

5.3.5 实验室或检验机构签发的带CNAS认可标识或认可状态声明的报告或证书中部分结果来自外部供应商时，应予以清晰标明。实验室或检验机构从外部供应商的报告或证书中摘录信息应得到外部供应商的同意；如果外部供应商的项目未获CNAS认可，应标明此项目不在认可范围内。

5.3.6 如果实验室或检验机构签发的报告或证书中包含CNAS与其他认可机构签署多边或双边互认协议的信息，相关内容应经CNAS书面准许。实验室或检验机构不应在签发的报告或证书上使用其他签署多边承认协议认可机构的认可标识，除非其获得其他签署多边承认协议认可机构认可或CNAS与其他认可机构间有特定双边协议规定。

5.3.7 对于多地点的实验室或检验机构，CNAS认可标识使用或认可状态声明不应使相关方误认为未获认可地点的相关能力在认可范围内。

5.3.8 实验室或检验机构在非认可范围内的所有活动（包括外部提供的服务）中，不得在相关的来往函件中含有CNAS认可标识或认可状态声明的描述，出具的报告或证书及其他相关材料也不能提及、暗示或使相关方误认为获CNAS认可。

5.3.9 如果实验室或检验机构同时也通过管理体系认证，报告或证书上只允许使用CNAS认可标识，而不得使用认证标志。

5.3.10 实验室或检验机构不得将CNAS 认可标识或认可状态声明用于样品或产品（或独立的产品部件）上，使相关方误认为产品已获认证。

5.3.11 实验室签发的带CNAS认可标识或认可状态声明的报告或证书中若含对结果解释的内容，应作必要的文字说明，并明确所指的具体规范、标准，以避免客户产生歧义或误解。

5.3.12 实验室签发的带CNAS认可标识或认可状态声明的报告或证书中包含意见或解释时，意见或解释应获得CNAS认可，且意见或解释所依据的检测、校准能力等也应获得CNAS认可。如果意见或解释不在CNAS认可范围之内，应在报告或证书上予以注明。实验室可将不在认可范围内的意见或解释另行签发不带CNAS

认可标识或认可状态声明的报告或证书。

5.3.13 根据检测或校准结果，与规范或客户的规定限量做出的符合性判断，不属于本规则所规定的“意见和解释”。实验室签发的报告或证书中仅包含判定标准（无具体的检测或校准方法）时，不得在报告或证书上使用认可标识或声明认可状态。

5.3.14 同时获得检测和校准认可资格的实验室，应分别签发检测和校准的报告或证书，检测报告或证书应仅使用检测实验室CNAS认可标识，校准报告或证书应仅使用校准实验室CNAS认可标识。

5.3.15 校准实验室CNAS认可标识或认可状态声明只能用于校准报告或证书（Calibration Report/Certificate），不得用于其他名称的报告或证书。

5.3.16 能力验证提供者CNAS认可标识或认可状态声明只能用于能力验证计划报告、测量审核报告，不得用于其他名称的报告或证书。

5.3.17 标准物质或标准样品生产者CNAS认可标识或认可状态声明只能用于标准物质或标准样品证书或宣传的媒介上，不得用于标签。

5.3.18 良好实验室规范CNAS认可标识或资格状态声明只能用于试验机构出具的研究报告，不得用于其他名称的报告或证书。

5.3.19 实验室生物安全CNAS认可标识或认可状态声明不得用于报告或证书，只能用于宣传的媒介上，如网页、简介。

5.3.20 实验动物机构CNAS认可标识或认可状态声明不得用于报告或证书，只能用于宣传的媒介上，如网页、简介。

5.3.21 科研实验室CNAS认可标识或认可状态声明只能用于科研实验室出具的研究报告、技术报告等文件或宣传的媒介上，如网页、简介。

5.3.22 检验机构CNAS认可标识或认可状态声明只能用于检验报告、证书或宣传的媒介上，如网页、简介，不得用于标签。

5.3.23 生物样本库CNAS认可标识或认可状态声明只能用于报告或宣传的媒介上，如网页、简介。

6 国际互认联合认可标识的使用要求

IAF—MLA/CNAS标识和ILAC—MRA/CNAS标识的使用应符合本规则第5条款中有关CNAS认可标识的使用要求， 同时还应符合以下要求。

6.1 CNAS允许合格评定机构在其与IAF和ILAC签署的多边互认协议领域内使用国际互认联合认可标识，CNAS秘书处颁布多边互认协议领域和国际互认联合认可标识式样， 国际互认联合认可标识式样见本文件附录1和附录2。

6.1.1 认证机构只有在与CNAS秘书处签署《IAF—MLA/CNAS国际互认联合认可标识使用协议》后，方可使用相关标识。

6.1.2 实验室、检验机构获得CNAS认可批准后，可使用相关标识。

6.2 《IAF—MLA/CNAS国际互认联合认可标识使用协议》 和国际互认联合认可标识式样可凭CNAS秘书处提供的用户名和密码在CNAS网站（http：//www.cnas.org.cn）标识下载区内下载。

6.3 国际互认联合认可标识可用于报告、证书、公开出版物、文件、办公用品、宣传品、网页宣传等，可采用印刷和电子图文等方式使用。 实验室或检验机构不应在名片中使用ILAC—MRA/CNAS标识。

6.4 使用国际互认联合认可标识的合格评定机构不得提及或暗示IAF、ILAC和CNAS对其活动负责。

6.5 IAF—MLA/CNAS标识与获得认可的认证机构名称和/或认证机构徽标应在同一页面上，并且大小相近。

6.6 认证机构不得允许其获证组织使用IAF—MLA/CNAS标识或 IAF—MLA国际互认标志。6.7产品认证机构与CNAS签订《IAF—MLA/CNAS国际互认联合认可标识使用协议》后，可将IAF—MLA/CNAS标识用于公开出版物、文件、办公用品、宣传品、网页等；但在IAF批准相关的产品认证方案前，获准认可的产品认证机构即使与CNAS签订了《IAF—MLA/CNAS国际互认联合认可标识使用协议》，也不得在其颁发的认证证书上使用IAF—MLA/CNAS标识。

6.8 合格评定机构因国际互认联合认可标识引起法律诉讼时5.1.14条款适用。

7 认可证书使用要求

7.1 合格评定机构向客户展示的认可证书应在认可证书有效期内。在单独使用认可证书的部分文件时，应准确地表述其认可状态和认可范围，避免产生误导或歧义。

7.2 合格评定机构的名称、地址等发生变化时，应向CNAS提出变更申请，并换发认可证书；当认可范围发生变化时，CNAS将增发或重新公布认可范围。

7.3 合格评定机构可在公开出版物、文件、宣传品、网页等载体上展示认可证书及其认可范围，且应清晰可辨。

7.4 合格评定机构被撤销或注销认可资格后，应立即交还认可证书。

8 对于误用或滥用CNAS认可标识、认可证书以及误导宣传认可状态的处理

8.1 CNAS 将根据任何机构和个人误用、滥用或伪造CNAS认可标识、 国际互认联合认可标识、认可证书以及误导宣传认可状态的情节轻重作出处理，包括告诫、暂停、撤销或提起法律诉讼。

8.2 被暂停或撤销（含注销）认可资格的合格评定机构，如果继续使用CNAS认可标识、国际互认联合认可标识、认可证书以及声明认可状态的，CNAS有权要求其承担由此给CNAS造成的全部损失并承担法律责任。

8.3 合格评定机构由于使用CNAS认可标识、国际互认联合认可标识、认可证书以及声明认可状态，而导致其他机构提起诉讼， 如未及时通告CNAS或者给CNAS造成声誉或经济上的损失，CNAS将撤销其认可资格，并有权要求其承担由此给CNAS造成的全部损失及相关法律责任。

8.4 上述合格评定机构或个人应对8.1至8.3项中情形导致CNAS产生的损失进行赔偿，该赔偿范围包括但不限于：CNAS采取前述处理措施所发生的费用，CNAS承担的各种罚款、赔偿费用，裁判机构或其他机构收取的各种诉讼费用。